Nouvelles écrivaines : nouvelles voix ?

sous la direction de

Nathalie Morello

et

Catherine Rodgers

AMSTERDAM - NEW YORK, NY 2002

The paper on which this book is printed meets the requirements of
'ISO 9706: 1994, Information and documentation - Paper for documents -
Requirements for permanence'.

Le papier sur lequel le présent ouvrage est imprimé remplit les prescriptions de "ISO 9706:1994, Information et documentation - Papier pour
documents - Prescriptions pour la permanence".

ISBN: 90-420-1043-6
Editions Rodopi B.V., Amsterdam - New York, NY 2002
Printed in The Netherlands

Remerciements

D'abord nous aimerions remercier toutes les personnes dont les articles figurent dans ce volume d'avoir accepté de collaborer à notre projet.

Nos sincères remerciements également à Gabriel Jacobs pour son aide précieuse aussi bien pour la traduction des résumés d'articles que pour la préparation du prêt-à-clicher.

Nathalie Morello et Catherine Rodgers

Introduction
Nathalie Morello et Catherine Rodgers

Ce volume regroupe quinze articles sur quinze écrivaines,[1] non seulement contemporaines, mais qui ne sont devenues vraiment connues qu'au cours des années 1990. Par ce choix d'auteures nouvelles, nous souhaitons ainsi participer à un effort pour rendre les écrivaines plus visibles, ne serait-ce que dans le monde universitaire, auprès des enseignant-e-s et étudiant-e-s de la littérature française, mais aussi auprès de tous ceux et de toutes celles qui s'intéressent d'une part aux développements du roman contemporain, et d'autre part à la contribution des femmes à la culture française.

Dans un premier temps nous allons justifier plus avant la nécessité de s'intéresser particulièrement aux écrivaines en soulignant la regrettable discrimination qui les frappe encore dans le monde des lettres. Pour cela nous tracerons l'évolution de la place des femmes au niveau de la publication, mais aussi de leur reconnaissance publique, nous concentrant sur la période la plus récente, les années 1990. Les romans des femmes s'inscrivent évidemment dans un ensemble plus vaste qui est celui de la production romanesque, et, dans un deuxième temps, nous aborderons donc la situation du roman contemporain telle qu'elle a été décrite par les critiques littéraires, les journalistes, les chercheurs/chercheuses universitaires. Après constat de la relative absence de réflexion critique sur les romans d'écrivaines, nous envisagerons ensuite quelles aides les études spécifiquement féministes d'écrivaines peuvent nous apporter. Finalement, nous proposerons nos propres réflexions, basées sur les contributions de ce volume : nous essaierons de dégager les caractéristiques de ces romans de femmes, d'évaluer comment ils s'inscrivent dans l'histoire littéraire contemporaine et comment ils se situent par rapport aux écrits des femmes de la génération précédente, ce qui nous permettra de voir si l'on peut

---

[1] Nous avons adopté une terminologie non sexiste et avons encouragé les participant-e-s à faire de même, tout en leur laissant la liberté finale de leur choix, ce qui explique des pratiques différentes selon les articles.

parler d'une génération de nouvelles écrivaines, comme a pu le suggérer Josyane Savigneau.[2]

Pourquoi les femmes ?

Pourquoi, à l'aube du troisième millénaire, concevoir un livre qui ne s'intéresse qu'à des écrivaines ? Un quart de siècle après la « révolution » féministe, après que beaucoup de femmes (et quelques hommes) se sont battu-e-s pour que cesse la division entre les deux sexes, et alors que la plupart s'accordent à dire que l'égalité entre hommes et femmes est désormais inscrite dans les lois, pourquoi continuer à séparer hommes et femmes, et en particulier ici la production littéraire masculine et féminine ? N'est-ce pas perpétuer une conception traditionnellement masculiniste de la critique littéraire selon laquelle la production des femmes constitue un cas à part par rapport à la production des hommes, considérée comme représentative de la condition humaine universelle ? Ne serait-il pas temps de dépasser ce que certain-e-s considèrent comme une pratique sexiste ? Dans un monde parfait, nous sommes d'avis que toute étude visant à évaluer la production romanesque à un moment donné de l'histoire devrait prendre en compte *toute* la production romanesque, celle des hommes *et* celle des femmes, mais force est de constater que la réalité est autre. La présence des femmes dans la littérature au cours des dix dernières années est loin d'avoir autant progressé qu'on ne le laisse parfois entendre, que ce soit au niveau des ouvrages publiés, des prix littéraires obtenus ou de la reconnaissance critique.

La situation en 1990 était loin d'être équitable. Certes, sous l'influence du MLF, les années 1970 ont vu une augmentation très rapide de publications d'écrivaines, augmentation qui s'est confirmée dans les années 1980. À en croire les médias, les femmes auraient même beaucoup publié et auraient totalement conquis le monde des

---

[2] Dans « Romans français : au bonheur des femmes » Josyane Savigneau identifie une « nouvelle génération [qui] pourrait bien être très féminine » (*Le Monde*, 4 septembre 1998, 6). Émilie Grangerai dans « Nouvelle génération » annonçait : « Il y a deux ans, J'ai Lu lançait sa collection " Nouvelle génération ", regroupant notamment Michel Houellebecq, Virginie Despentes et Laurette Nobécourt [*sic*]. Pocket lance aujourd'hui " Nouvelle Voix " avec, entre autres, Vincent de Swarte, Linda Lê et Christine Angot » (*Le Monde*, 8 octobre 1999, 2). Ces lancements indiquent bien le besoin d'identifier une nouvelle génération d'écrivain-e-s, même si dans ces cas, cette génération n'est pas vue comme particulièrement féminine.

lettres au cours de ces deux décennies. Ainsi, dans un article datant de 1989, intitulé « Les 80 femmes qui dominent les lettres », Jean-Marie Rouart écrivait que les femmes « ont apporté la preuve éclatante que le génie littéraire n'a pas plus de sexe qu'il n'a de race ou de pays » avant d'ajouter qu'« avec un peu de retard, comme toujours, les institutions reconnaissent cet état de fait ».[3] Cependant, en 1992, Marini réfutait « cette vision paradisiaque de la littérature [qui] est largement répandue » selon laquelle les femmes avaient désormais conquis tous les échelons des institutions littéraires.[4] Elle cherchait tout d'abord en vain « cette présence " éclatante " des femmes » :

> Michèle Vessilier-Ressi (*Le Métier d'auteur*), Pierrette Dionne et Chantal Théry («Le monde du livre : des femmes entre parenthèses»), en recoupant attentivement des données parcellaires et approximatives, estiment la répartition actuelle des auteurs par sexe à 70-75 % pour les hommes et 25-30 % pour les femmes. Notre équipe de recherches à l'université Paris VII, après dépouillement systématique de toute la production en littérature générale pour les années 1950-1955 (sans aucun critère de valeur), obtient le pourcentage de 75 % contre 25 %. Trois fois plus d'hommes que de femmes. Et l'on note une grande stabilité sur quarante ans, malgré l'essor du MLF, stabilité confirmée par les études québécoises. Tout discours sur la « féminisation » de la littérature, si l'on entend par là un déséquilibre en faveur des femmes ou, au moins, une quasi-égalité, est donc invalidé.[5]

Marini repoussait également l'idée que les institutions littéraires reconnaissaient enfin la contribution des femmes et observait que lorsqu'on « entre dans le jeu sélectif de la reconnaissance : il n'y a pas plus de 8 % de femmes dans le *Who's Who* des lettres. Or, nous arrivons à peu près à ce pourcentage pour les années 1950-1955, tout

---

[3] Publié dans un numéro spécial Salon du livre du *Figaro littéraire* le 19 mai 1989.

[4] Marini, Marcelle, « La Place des femmes dans la production culturelle », in Duby, Georges et Perrot Michelle, *Histoire des femmes en Occident, Vol. 5, Le XXᵉ siècle* (sous la direction de Françoise Thébaud), Paris : Plon, 1992, 284.

[5] *Ibid.*, 285. Marini fait référence ici à deux textes : *Le Métier d'auteur* de Michèle Vessilier-Ressi, Paris : Dunod, 1982, et « Le monde du livre : des femmes entre parenthèses » de Pierrette Dionne et Chantal Théry, *Recherches féministes*, vol. 2, nᵒ 2, Université de Laval, Québec, 1989. Les recherches poursuivies à l'université de Paris VII ont été détaillées par Nicole Mozet dans un article intitulé : « La Place des femmes dans l'institution littéraire ou les enseignements d'une mixité relative » in Calle, Mireille (sous la direction de), *Du féminin*, Sainte-Foy, Québec : Le Griffon d'argile, 1992.

en découvrant que la plupart des écrivaines alors très connues ont déjà sombré dans l'oubli ».[6] De son côté, Elizabeth Fallaize a noté que l'attribution des prix littéraires au cours des années 1980 restait une affaire d'hommes : sur le nombre total de lauréat-e-s des cinq principaux prix littéraires (Goncourt, Renaudot, Interallié, Médicis, Fémina), elle a dénombré 7 femmes sur 40 lauréat-e-s pour les quatre premiers prix et 5 sur 10 pour le dernier qui ne compte que des jurés féminins.[7]

Si l'on examine maintenant l'intérêt de la critique universitaire pour la littérature des femmes, on n'est pas surpris-e de ce constat fait en 1990 : dans l'introduction de leur livre *Contemporary French Fiction by Women : Feminist Perspectives*, consacré à des écrivaines ayant publié entre 1960 et 1980, Margaret Atack et Phil Powrie expliquaient que leur livre résultait d'une frustration engendrée par la rareté des études critiques sur les romans d'écrivaines contemporaines.[8] Il y avait certes eu tout d'abord dans les années 1970 *Women Writers in France* de Germaine Brée et *Women of Iron and Velvet : French Women Writers after George Sand* de Margaret Crosland.[9] Parurent ensuite dans les années 80 *Masks of Tradition : Women and the Politics of Writing in Twentieth Century France* de Martha Noel Evans, *Twentieth Century French Women Novelists* de Lucille Frackman Becker, *French Women Novelists : Defining a Female Style* d'Adele King, et *Feminist Novelists of the Belle Époque : Love as a Lifestyle* de Jennifer Waelti-Walters, couvrant les écrivaines les plus connues des XIXe et XXe siècles jusqu'aux années 1970 (Hélène Cixous et Monique Wittig étant les dernières nouveautés).[10] Tous ces livres s'attachaient à présenter et à analyser

---

[6] *Ibid.*, 285.

[7] Fallaize, Elizabeth, *French Women's Writing : Recent Fiction*, Basingstoke : Macmillan, 1993, 20.

[8] Atack, Margaret et Powrie, Phil (sous la direction de), *Contemporary French Fiction by Women : Feminist Perspectives,* Manchester et New York : Manchester University Press, 1990, 1.

[9] Brée, Germaine, *Women Writers in France*, New Brunswick : Rutgers University Press, 1973 ; Crosland, Margaret, *Women of Iron and Velvet : French Women Writers after George Sand*, New York : Taplinger, 1976.

[10] Evans, Martha Noel, *Masks of Tradition : Women and the Politics of Writing in Twentieth Century France*, Ithaca, New York et London : Cornell University Press,

l'écriture des femmes, mais pour ce faire, ils s'appuyaient essentiellement sur une étude d'écrivaines reconnues. Le volume d'Atack et Powrie, s'il comprenait des écrivaines phares (Simone de Beauvoir, Marguerite Duras, Hélène Cixous, Monique Wittig), incluait aussi des écrivaines dont la renommée était plus récente, telles que Marie Cardinal, Christiane Rochefort, Annie Ernaux et Michèle Perrein. Il a ainsi souligné la richesse et la diversité de l'écriture des femmes depuis l'après-guerre jusqu'aux années 1980. À ce titre, cet ouvrage mérite amplement d'être devenu une référence incontournable pour tous ceux et toutes celles qui s'intéressent à la fiction d'écrivaines de langue française de cette période.

Bien que Atack et Powrie aient présenté le but de leur livre comme étant une tentative de palier le déséquilibre évident entre d'un côté l'abondance d'écrits se rapportant à la *théorie* littéraire féministe en France et de l'autre côté la rareté des analyses critiques de *romans* d'écrivaines, leur ouvrage remplit aussi une autre fonction : celle de faire sortir les écrivaines françaises de la sous-représentation dans laquelle les livres et articles ayant pour but d'évaluer l'état du roman contemporain les ont trop souvent consignées.[11]

La situation a-t-elle évolué au cours des dix dernières années ? Nous avons analysé les données fournies par le répertoire *Livre-Hebdo : un an de nouveautés, janvier-décembre 1999* et les résultats contredisent l'idée apparemment largement répandue selon laquelle la présence des femmes dans le domaine de la littérature croît régulièrement. En effet le dépouillement de la catégorie « romans et nouvelles français »[12] aboutit à la répartition suivante : 70 % de publications par

---

1987 ; Becker, Lucille Frackman, *Twentieth Century French Women Novelists*, Boston : Twayne, 1989 ; King, Adele, *French Women Novelists : Defining a Female Style*, Basingstoke : Macmillan, 1989 ; Waelti-Walters, Jennifer, *Feminist Novelists of the Belle Époque : Love as a Lifestyle*, Bloomington et Indianapolis : Indiana University Press, 1990.

[11] En 1997, Valérie Baisnée aboutissait à la même conclusion pour le genre autobiographique dans l'introduction de son livre : *Gendered Resistance : The Autobiographies of Simone de Beauvoir, Maya Angelou, Janet Frame and Marguerite Duras*, Amsterdam : Rodopi, 1997, 1-15.

[12] Cette catégorie n'inclut pas les romans fantastiques et de science-fiction, ni les romans policiers, deux catégories qui sont présentées séparément dans le répertoire. Nous avons de plus exclu de la catégorie « romans et nouvelles français » les romans parus à l'étranger, ceux publiés en dehors de l'année 1999 ainsi que les publications

des hommes, 28 % par des femmes et 2 % indéterminés. La situation reste identique à celle rapportée par Marini pour la fin des années 1980, elle-même constante par rapport au milieu du XXe siècle.

Pour ce qui est de l'attribution des prix littéraires, les chiffres suggèrent que la reconnaissance des écrivaines non seulement reste faible mais diminue. Ainsi, pour les cinq principaux prix décernés entre 1990 et 2000, on compte : 2 femmes sur 11 pour le Goncourt, 1 sur 11 pour le Renaudot, 1 sur 11 pour l'Interallié, 2 sur 13 pour le Médicis (deux romans primés en 1995 et 1996) et 6 sur 11 pour le Fémina, soit une proportion de 21 % de femmes, comparé à 30 % pour les années 1980.[13] Certes, certaines nouvelles écrivaines sont très médiatisées, mais il s'agit plus de la personne que de l'œuvre : on connaît désormais Angot et son « fichu caractère », en particulier depuis sa prestation à l'émission de Bernard Pivot *Bouillon de culture,* Nothomb et sa gourmandise pour les fruits pourris, Despentes et sa provocation sexuelle. Mais notoriété publique et reconnaissance intellectuelle ne devraient pas être confondues.

On ne peut pas dire non plus que l'Académie française ait contribué à une meilleure reconnaissance des femmes. L'élection en 1980 de Marguerite Yourcenar, la première femme à siéger à l'Académie depuis sa création en 1635, n'a pas été suivie par la féminisation progressive que certain-e-s avaient espéré voir dans cette institution. Seules trois autres femmes ont été élues depuis : Jacqueline de Romilly en 1988, Hélène Carrère d'Encausse en 1990 et Françoise Delay en 2000.

Du côté de la critique littéraire, une exploration des principaux ouvrages ayant pour thème de réflexion le roman à la fin du XXe siècle et publiés au cours des années 1990 assombrit ce tableau pessimiste. Nous n'envisageons dans cette partie que les ouvrages généraux, et non ceux de visée féministe que nous considérerons séparément.

---

collectives. Nous avons par contre comptabilisé les éditions de poche ainsi que les rééditions car il nous a semblé que leur inclusion permettait de refléter l'intérêt porté à chacun des deux sexes dans le monde de l'édition.

[13] Parmi les écrivaines figurant dans ce volume, deux obtinrent un de ces cinq prix : Pascale Roze reçut le prix Goncourt en 1996 pour *Le Chasseur Zéro*, et Geneviève Brisac reçut le prix Fémina en 1996 pour *Week-end de chasse à la mère.*

Toutes les recherches universitaires sur le roman contemporain, aussi intéressantes et utiles soient-elles, s'appuient comme nous allons le voir sur l'analyse de textes essentiellement masculins. Ceci est particulièrement vrai pour les ouvrages critiques français qui, lorsqu'ils n'oblitèrent pas totalement la production des femmes, incluent une ou deux femmes déjà très connues et censées représenter le courant féminin contemporain. Dans le meilleur des cas, un chapitre entier leur est consacré, mais la nécessaire rapidité de l'analyse et les rapprochements forcément simplifiés ne peuvent ni rendre justice à leur tribut ni réellement servir à mieux faire valoir leur apport artistique. Bien que les ouvrages publiés dans les pays anglo-saxons soient plus disposés à prendre en considération l'écriture des femmes, l'approche globale tend cependant à faire la part belle à la contribution masculine. Il nous faut donc conclure qu'à l'aube du troisième millénaire, l'écriture des femmes reste sous-représentée dans les ouvrages de critique littéraire et dans les réflexions sur l'état du roman contemporain qui y figurent, ce qui a pour conséquence de perpétuer l'idée que, visiblement, l'apport des écrivaines n'est pas aussi important que celui des écrivains. Ces ouvrages valent cependant la peine d'être considérés, car ils s'interrogent sur l'état du roman contemporain et esquissent ses grandes tendances. Ils nous seront donc utiles pour mieux comprendre et situer les romans des auteures de ce volume.

Le roman contemporain

Parmi les ouvrages publiés en français, nous retiendrons *Nouveaux territoires romanesques* de Jean-Claude Lebrun et Claude Prévost (1990), *La Nouvelle Fiction* de Jean-Luc Moreau (1992), *Terrains de lecture* de Jean-Pierre Richard (1996), *La Littérature française aujourd'hui* de Pierre Brunel (1997), *Écritures contemporaines 1 : « Mémoires du récit »*, dirigé par Dominique Viart (1998) et *Écritures contemporaines 2 : états du roman contemporain*, dirigé par Jan Baetens et Dominique Viart (1999).[14] Trois revues ont également

---

[14] Lebrun, Jean-Claude et Prévost, Claude, *Nouveaux territoires romanesques*, Paris : Messidor/Éditions sociales, 1990 ; Moreau, Jean-Luc, *La Nouvelle Fiction*, Paris : Criterion, 1992 ; Richard, Jean-Pierre, *Terrains de lecture*, Paris : Gallimard, 1996 ; Brunel, Pierre, *La Littérature française aujourd'hui*, Paris : Vuibert, 1997 ; Viart, Dominique (sous la direction de), *Écritures contemporaines 1 : « Mémoires du récit »*, Paris/Caen : Lettres Modernes-Minard, 1998 ; Baetens, Jan et Viart, Dominique (sous la direction de), *Écritures contemporaines 2 : états du roman contemporain*, Paris/Caen : Lettres Modernes-Minard, 1999.

consacré un dossier à l'état du roman contemporain au début de l'année 2001 : *La Revue des deux Mondes* : « Que veulent les jeunes écrivains ? », *La NRF* : « Le roman français, mort et vif », *Le Monde des Débats* : « Qu'attendre encore du roman ? ».[15] Dans les pays anglo-saxons, quatre ouvrages sont dans la même veine : *Beyond the Nouveau Roman : Essays on the Contemporary French Novel* de Michael Tilby (1990), *The Contemporary Novel in France* de William Thompson (1995), *Small Worlds* de Warren Motte (1999), et *French Fiction in the Mitterrand Years : Memory, Narrative, Desire* de Colin Davis et Elizabeth Fallaize (2000).[16]

Ces réflexions sur le roman contemporain tournent autour de la question d'une éventuelle crise qui durerait maintenant depuis une vingtaine ou une trentaine d'années. Certain-e-s, comme Davis et Fallaize, ne manquent pas de rappeler que la prétendue crise du roman n'est pas un débat nouveau et que ce genre a régulièrement été accusé de traverser des périodes de crise alors que c'est en fait la condition de sa continuité et la source de sa vitalité.[17] Mais un certain nombre de paramètres nouveaux, spécifiques à la société de la fin du XXᵉ siècle, semblent concourir à alimenter la thèse d'une crise. Dans un article publié dans *L'Express* en mars 2001 et intitulé « Le roman français est-il mort ? », Michel Crépu résume ainsi le contexte contemporain :

> pour la première fois de son histoire, le roman français doit apprendre à marcher tout seul, en l'absence de ses dieux. Pour un changement, c'est un changement. Car enfin, depuis le XIXᵉ siècle, âge d'or du roman en Europe, c'était la France qui apprenait aux autres l'art de la littérature [...]. Au fond, malgré tout, pas de véritable rupture historique, de ce point de vue, entre Diderot et l'auteur des *Mythologies*. Or cette histoire est

---

[15] « Que veulent les jeunes écrivains ? », *La Revue des deux Mondes*, nº 3, mars 2001, 7-117 ; « Le roman français, mort et vif », *La NRF*, nº 557, avril 2001, 52-132 ; « Qu'attendre encore du roman ? », *Le Monde des Débats*, nº 23, mars 2001, 30-38.

[16] Tilby, Michael (sous la direction de), *Beyond the Nouveau Roman : Essays on the Contemporary French Novel*, New York : Berg French Studies/Oxford : Berg, 1990 ; Thompson, William (sous la direction de), *The Contemporary Novel in France*, Jacksonville : University Press of Florida, 1995 ; Motte, Warren, *Small Worlds : Minimalism in Contemporary French Literature*, Lincoln et London : University of Nebraska Press, 1999 ; Davis, Colin et Fallaize, Elizabeth, *French Fiction in the Mitterrand Years : Memory, Narrative, Desire*, Oxford : Oxford University Press, 2000.

[17] Davis et Fallaize, *op. cit.*, 1.

achevée : le temps des maîtres est clos, Paris n'est plus ce lieu irradiant où un Hemingway, un Faulkner venaient goûter à la source pure. [...] Ce qui a changé ? La vraie fin du couple siamois XIXe-XXe siècles, avec ses hantises, son énorme bric-à-brac idéologique, ses manifestes morts. Fin du communisme, chute du Mur et ce qu'il a entraîné avec lui d'archaïsmes et de nostalgies mortifères.[18]

On ne compte plus les commentaires et analyses sur ce fameux passage de l'ère moderne à l'ère post-moderne, ou « l'ère du vide », comme la nomme Gilles Lipovetsky :

Les grands axes modernes, la révolution, les disciplines, la laïcité, l'avant-garde ont été désaffectés à force de personnalisation hédoniste ; l'optimisme technologique et scientifique est tombé, les innombrables découvertes s'accompagnent de surarmement des blocs, de la dégradation de l'environnement, de la déréliction accrue des individus ; plus aucune idéologie politique n'est capable d'enflammer les foules, la société post-moderne n'a plus d'idole ni de tabou, plus d'image glorieuse d'elle-même, plus de projet historique mobilisateur, c'est désormais le vide qui nous régit, un vide pourtant sans tragique ni apocalypse.[19]

On s'interroge en effet sur les conséquences du manque de directives intellectuelles dominantes : intellectuels, théoriciens de la littérature, maîtres à penser, qu'ils soient idéologiques ou critiques, ne semblent plus participer à une réflexion commune, ce qui se traduit par une multitude de réflexions individuelles. Comme le remarque Dominique Viart, cet éparpillement idéologique qui engendre l'isolement se retrouve dans la production littéraire qui se déploie « hors des théories et des écoles, chaque écrivain frayant sa propre voie dans la solitude de ses préoccupations ».[20]

À ces mutations idéologiques s'ajoutent d'autres facteurs qui viennent davantage brouiller les repères d'antan : on observe en effet au cours des trente dernières années une croissance significative du nombre de romans publiés. Mais cette augmentation n'est pas sans provoquer des critiques : le livre, et en particulier le roman, est devenu un produit de consommation comme un autre, un parmi tant d'autres, et pris dans la vague des parutions qui se succèdent, les lecteurs et les

[18] Crépu, Michel, « Le roman français est-il mort ? », *L'Express*, 29 mars 2001, 66.

[19] Lipovetsky, Gilles, *L'Ère du vide : essais sur l'individualisme contemporain*, Paris : Gallimard, 1983, Folio essais, 15-16.

[20] Viart, Dominique, « Écritures contemporaines », in *Écritures contemporaines 1 : « Mémoires du récit »*, *op. cit.*, I.

lectrices ne savent plus trop à qui se fier pour découvrir les œuvres de valeur littéraire « supérieure ».

Les critiques sont en effet accusé-e-s de ne plus remplir leur rôle d'éclaireurs et d'éclaireuses et les reproches abondent : trop obsédé-e-s par les phénomènes de modes, notamment la pornographie, par « la course à la " tendance ", une façon de coller à la demande du public et aux nécessités du marché : on veut de l'épate »,[21] trop enclin-e-s aussi à privilégier les « produits » issus d'un marketing forcené, à inventer des classifications aussi hâtives que déroutantes – « " œuvres postmodernes ", " extrême contemporain ", " autofictions ", " romans impassibles ", " écriture blanche ", " minimalisme littéraire ", " essais-fictions ", " néo-lyrisme ", " nouvelle fiction "... ».[22] Il faut ajouter enfin qu'à force de rivalités ouvertes entre jurés et entre maisons d'édition, les prix littéraires ont eux aussi perdu de leur crédibilité et remplissent de moins en moins leur rôle de référence littéraire. Perdu-e-s dans un dédale de soi-disant nouveautés à ne pas manquer, les lecteurs et les lectrices le sont davantage encore du fait que d'une part les romanciers et les romancières « ont tendance à passer d'un genre ou, plus exactement, d'un type d'écriture à l'autre, le roman n'étant plus qu'une halte sur le lent glissement à travers toutes les cases de l'échiquier littéraire »,[23] et d'autre part beaucoup de personnes du monde politique et artistique aiment à tenter leur chance dans le roman. Pour Alain Nadeau, cette « production frelatée et sans lendemain a parasité jusqu'au roman traditionnel et a fini par saturer le marché, faussant le goût du public, le décevant plus que de raison, l'induisant souvent en erreur, le déroutant par amalgame de la littérature proprement dite, marginalisant toujours plus les véritables écrivains ».[24]

En résumé, et comme l'écrit Jan Baetens, si crise il y a, tous les acteurs/toutes les actrices du système littéraire, qu'ils/elles écrivent,

---

[21] Frébourg, Olivier, « L'ennemi, c'est la course à la " tendance " », in « Le roman français est-il mort ? », *op. cit.*, 68.

[22] Viart, « Écritures contemporaines », *op. cit.*, II.

[23] Baetens, « Crise des romans ou crise du roman ? », in *Écritures contemporaines 2 : états du roman contemporain, op. cit.*, 14.

[24] Nadaud, Alain, « Roman français contemporain : une crise exemplaire », http://www.france.diplomatie.fr/culture/France/biblio/folio/roman/crise.html.

lisent, éditent ou critiquent, sont tour à tour, ou tous/toutes ensemble, jugé-e-s responsables :

> Les [auteurs] s'isolent, se taisent, se plaignent et, c'est bien connu, ne se lisent plus les uns les autres (à aucun moment de l'histoire littéraire moderne, l'éclatement du champ n'a été plus manifeste). Les [lecteurs] boudent le roman français au profit des traductions de plus en plus massives, qui paraissent offrir ce qu'on réclame en vain aux produits domestiques. Les [éditeurs], devenus excessivement prudents, fuient le risque comme la peste, censurant ainsi de fait une littérature vivante devenue par là quasiment clandestine [...]. Les [critiques], enfin, répètent tout ce que disent ou ne disent pas les autres, et se croient surtout eux-mêmes victimes d'une époque massmédiatisée qui les empêcherait de faire leur travail comme il faut (la thèse de la *conspiration* des industries culturelles garde une vigueur jamais fléchissante). Et tous, des premiers aux derniers, de rejeter la faute sur tous les autres, puis aussi sur la télévision, ce qui donne au moins bonne conscience...[25]

La télévision et autres divertissements audio-visuels auraient en effet nui à la lecture, comme le confirme un rapport intitulé *Les Pratiques culturelles des Français. Enquête 1997.*[26] Avec la popularisation fulgurante d'Internet, et notamment le lancement du e-book, d'aucun-e-s prédisent la disparition « programmée » du livre, même s'il est encore trop tôt pour évaluer l'impact de ces nouveautés sur la lecture.

Tous ces facteurs servent à alimenter le débat sur la crise du roman et si certain-e-s y voient une preuve évidente des faiblesses du roman contemporain, d'autres au contraire choisissent de les interpréter de façon plus positive, à l'image d'Alain Nadaud qui parle par exemple d'une « crise exemplaire », « bénéfique » :

> L'importance des contradictions où se débat le roman aujourd'hui mérite qu'on s'y arrête, car elle donne justement la mesure des ressources qu'il lui faut mettre en œuvre pour sortir du labyrinthe où il s'est lui-même laissé surprendre. Il n'y a donc pas à avoir honte de cette apparente baisse de régime, ou de ces tâtonnements qui sont la condition même d'un renouvellement en profondeur.[27]

Jean Baetens et Dominique Viart rappellent quant à eux que « le roman ne se porte jamais mieux que lorsqu'il est " en crise " » :

---

[25] Baetens, « Crise des romans ou crise du roman ? », *op. cit.*, 11-12.

[26] Donnat, Olivier, *Les Pratiques culturelles des Français. Enquête 1997*, Paris : Ministère de la Culture et de la Communication, La Documentation française, 1998.

[27] Nadaud, *op. cit.*.

Car, moment critique par excellence, la *crise* est l'état le plus aigu, le plus vivant de la création romanesque, ce moment où l'écriture se retourne sur elle-même, met en question ses propres pratiques, interroge la pertinence de ses formes et la légitimité de ses objets. Aussi le contraire de la crise n'est-il pas la santé mais l'inertie et l'académisme.[28]

De son côté, Joël Schmidt explique que, loin de paralyser l'imagination des romanciers et romancières, l'état de doute que génère notre société en mutation les conduit « à l'ébriété intellectuelle, à inventer ou illustrer de multiples formes romanesques, à les reproduire toutes ou en partie, à imiter les anciennes, à les brouiller ou à les embrouiller ».[29]

Avant de proposer un tableau de tendances spécifiques repérées dans diverses œuvres de littérature contemporaine, on se doit de faire le point sur ce qui a été écrit sur l'état du roman à la fin du XXe siècle. Les critiques s'accordent à faire remarquer l'absence de « véritable dominante », tel Jan Baetens qui constate :

force est de reconnaître que l'abandon du modernisme a créé un grand flou. On a du mal à situer, à caser, et donc à juger les textes d'aujourd'hui, tachetés de styles très divers sans véritable dominante. L'envahissante production romanesque devient ainsi une grande nébuleuse où les lignes directrices et même toute idée de centre font défaut.[30]

Malgré cette très grande diversité, il semble y avoir un certain consensus sur le fait que les romans d'aujourd'hui révèlent une désillusion, voire une méfiance, envers le pouvoir de la littérature de « changer le monde ». Soulignant que c'est de l'étranger que nous viennent les échos les plus pessimistes, Jan Baetens écrit :

Aux États-Unis, par exemple, on peut estimer que le roman français n'existe plus et que ce qui en reste (ou en émerge) n'a que de lointaines ressemblances avec la tradition hexagonale du genre. [...] en effet, les Américains – mais de nombreux Français ont repris cette thèse – estiment que le roman français est totalement dénué d'intérêt, et ce pour cause de nombrilisme et de verbiage : les Français auraient renoncé au référent, au récit, au monde tel qu'il est ou tel qu'il se rêve, pour se consacrer à la seule alchimie du verbe et, partant, ils auraient perdu également ce qui constitue

---

[28] Baetens et Viart, *Écritures contemporaines 2*, *op. cit.*, 4.

[29] Schmidt, Joël, « Éclatements du roman français »,
http:/www.France.diplomatie.fr/culture/France/biblio/folio/roman/schm1.html.

[30] Baetens, « Crise des romans ou crise du roman ? », *op. cit.*, 13.

le vecteur le plus dynamique de l'art contemporain : sa possibilité d'intervention *politique*.[31]

Et le roman français contemporain d'être accusé d'intimisme, de narcissisme, de manque d'inspiration, d'imagination et d'ambition. La dimension utopiste a cédé la place à une quête d'originalité. Originalité formelle d'abord, qui prend souvent des formes ludiques : jeux de miroirs, intratextuels et intertextuels, jeux de patience avec les lecteurs et les lectrices. Mais aussi originalité générique : la littérature s'aventure désormais dans des genres préalablement qualifiés de paralittéraires tels que le roman policier, la science-fiction ou même récemment la pornographie ; elle emprunte à tous les domaines, en particulier celui de l'audio-visuel depuis que les écrans, quels qu'ils soient, ont envahi notre vie quotidienne ; elle mélange et/ou parodie les genres. Le renoncement à son pouvoir salvateur sur le genre humain semble avoir engendré une littérature romanesque qui tend à se prendre moins au sérieux que celle d'avant « l'ère du soupçon» et qui s'écrit davantage sur un mode ludique, voire ironique, s'inscrivant bien ainsi dans l'air du temps qui se caractérise, selon Lipovetsky, par « le développement généralisé du code humoristique ».[32]

Au-delà de ces considérations d'ordre général, un certain nombre de tendances plus ciblées ont été observées dans les romans contemporains. Nous avons indiqué entre parenthèses les noms des auteur-e-s dont les textes sont analysés pour souligner la sous-représentation des femmes.

Dans *French Fiction in the Mitterrand Years : Memory, Narrative, Desire*, Davis et Fallaize en repèrent trois, qui marquent toutes un retour en arrière par rapport aux pratiques expérimentales associées au Nouveau roman, puis à la production des membres du groupe *Tel Quel* : retour de l'Histoire (illustré par les textes de Marguerite Duras et Jorge Semprun), retour du sujet (Marguerite Duras, Hervé Guibert et Annie Ernaux) et retour du récit (Daniel Pennac et Jean Echenoz).[33]

[31] Baetens, *ibid.*, 10.

[32] Lipovetsky, *op. cit.*, 194.

[33] Davis et Fallaize, *op. cit.*, 13-15.

Dans la présentation d'*Écritures contemporaines 2*, Baetens et Viart confirment certaines de ces tendances ; tout d'abord le plaisir de raconter qui se présente sous deux formes : soit enrichissement des possibilités du romanesque (Jean-Claude Pirotte, Pascal Quignard, Sylvie Germain, Marie NDiaye, Catherine Lépront et Danielle Sallenave),[34] soit au contraire renouvellement du récit traditionnel par le biais de jeux divers, de formes et de langage, et création d'un romanesque qui devient « l'objet de remises en questions, de dérisions et de bousculements » (Jean Echenoz, Eugène Savitzkaya et Antoine Volodine).[35] Baetens et Viart signalent également le retour de l'Histoire, notamment avec les récits de filiation, ainsi que le retour du sujet (Jean Rouand, Pierre Michon, François Bon). Ils définissent cependant aussi une autre tendance, intitulée « Ellipses du sujet », regroupant des écrivains qui « au contraire, persistent à vouloir en effacer toutes les manifestations. Convaincus que le sujet et plus encore le récit du sujet sont une illusion, un piège, voire une mystification, ils en instituent l'absence manifeste par des jeux de miroirs sans fin où se dissout la notion même d'identité » (Jean-Benoît Puech et Benoît Peeters).[36]

Dans son article de mars 2001, Michel Crépu préfère citer « la soif du réel » plutôt que le retour à l'Histoire parmi les trois « sources » qu'il repère :

> La première : le moi. Ce qui reste quand le surmoi (politique, religieux, moral) a disparu. Un moi hystérique, tout en nerfs et en tripes, misérabiliste et mégalomane, obsédé de transparence, extraordinairement puritain et pornographique en même temps. À quoi sert le moi ? À avoir des états d'âme ? Non : à dire la vérité. Pas la vérité d'une idéologie quelconque, mais la vérité du corps sexué, la vérité « sociale » aussi bien. [...] Deuxième source : la soif de réel. On est épuisé d'avoir tout soupçonné. Ce que l'on veut maintenant, c'est *toucher*. N'importe quoi, mais toucher. « Ceci n'est pas une pipe », disait Magritte. Eh bien, si, justement, ceci est bien une pipe. Retour du naturalisme ? En un sens. D'où une fascination pour le fait divers. [La troisième source] : l'art du récit. *Raconter une histoire.*[37]

---

[34] Alors qu'un chapitre est consacré à chaque écrivain, il est significatif que les quatre écrivaines soient rassemblées dans un seul chapitre.

[35] Baetens et Viart, *op. cit.*, 6.

[36] *Ibid.*, 6.

[37] Crépu, *op. cit.*, 66-67.

Dominique Noguez relève également la vogue des récits à la première personne, qu'il nomme « autographie »,[38] ainsi qu'une appétence pour l'écriture du réel lorsqu'il parle de cette tendance « à incorporer dorénavant des morceaux entiers de réel dans le roman, sans chercher à transposer ».[39] Peut-être parce que dans certains cas extrêmes l'écriture du réel a mené à des poursuites judiciaires,[40] cette écriture est une caractéristique remarquée dans la production romanesque contemporaine. Le réel dépeint est à l'image de l'ambiance qui domine la fin du XXe siècle : des êtres déboussolés, isolés et esseulés, en mal de communication « réelle » dans un « univers communicationnaire », comme le nomme Bertrand Leclair.[41] Des êtres en mal de repères identitaires, pris dans le courant de mutations en tout genre et emportés par une sensation de fuite en avant. Les incertitudes quant au devenir à la fois de l'être humain et du monde, intensifiées par le passage à un nouveau millénaire et par la rapidité des développements dans le domaine de la recherche génétique, ont contribué à remettre en question la perception du temps. C'est donc la représentation

---

[38] Noguez définit ainsi l'autographie : « tout texte où l'on parle à la première personne, de l'autobiographie au journal intime, des *Essais* de Montaigne aux *Mémoires d'outre-tombe*, qui respecte le pacte autobiographique défini par Philippe Lejeune : c'est-à-dire tout texte où celui qui parle est l'objet de son livre, et fait savoir explicitement ou implicitement qu'il dit la vérité. […] Ce genre connaît aujourd'hui une vogue certaine. Pourquoi, je ne sais pas. Mais tout se passe comme si ce type d'écrits, avec leur force de vérité et de réalité brutes, périmait un peu ce qui est de l'ordre de la fiction, procurait un sentiment de griserie que celle-ci ne parvient plus à donner », Noguez, Dominique, « Mort le roman ? Non, increvable ! », http://www.construire.ch/SOMMAIRE/0117/17entre.htm.

[39] *Ibid.*.

[40] Le roman de Michel Houellebecq *Les Particules élémentaires* (Paris : Flammarion, 1998) a fait l'objet d'une demande de saisie lors de sa parution de la part de la société L'Espace du possible, qui a jugé la description de son camping dans le roman de Houellebecq calomnieuse. Malgré le changement de nom – L'Espace du possible est devenu Le Lieu du changement – et le déplacement du site du camping dans les rééditions du livre, la société a réitéré sa demande d'interdiction de la diffusion du livre et de destruction des stocks. Cette demande a été rejetée par le tribunal de grande instance de Paris, mais Flammarion et Houellebecq ont été condamnés à payer 5000F aux plaignants. Frédéric Beigbeder a utilisé dans *99 Francs* (Paris : Grasset, 2000) des noms existant réellement, à part celui de l'agence de publicité où il travaillait et celui de la marque de yaourts (qui est devenu Madone dans son livre). Il a tout de même perdu son emploi pour avoir révélé certaines pratiques des annonceurs.

[41] Leclair, Bertrand, *Théorie de la déroute*, Paris : Verticales, 2001.

désenchantée d'une réalité sombre qui tend à se dégager du roman contemporain.

Notons pour terminer que le pur plaisir de narrer est le dénominateur commun qui rassemble les sept écrivains présentés par Jean-Luc Moreau dans *La Nouvelle Fiction*, à savoir Frédérick Tristan, François Coupry, Georges-Olivier Châteaureynaud, Hubert Haddad, Marc Petit, Jean Levy et Patrick Carré. Ces écrivains ne sont certes pas des novices, mais leur rapprochement dans *La Nouvelle Fiction* permet à Moreau de discerner une « nouvelle » conception du récit romanesque, nouvelle dans la mesure où la manière dont ces écrivains conçoivent l'écriture romanesque se différencie des pratiques contemporaines qui résultent pour la plupart « de l'air du temps, d'une marque de fabrique ou d'une théorie préconçue ».[42] Moreau cite d'ailleurs Frédérick Tristan pour expliciter la particularité de cette littérature qu'il considère novatrice :

> L'œuvre écrite fondée sur une aventure vécue de l'imaginaire, sans frontière d'aucune sorte, mêlant audacieusement les mythes, l'histoire réinventée, les personnages fabuleux, l'univers reconstruit dans un élan épique et onirique non exempt d'humour, redonnera sa place éminente à la fiction à l'encontre de la pseudo-authenticité du document petit-bourgeois et du réalisme franchouillard. L'écrivain est créateur d'espace.[43]

Tous ces ouvrages nous ont permis de répertorier les grandes tendances du roman contemporain, même si elles ont surtout été repérées à partir d'une étude des romans d'écrivains. Nous allons maintenant nous tourner vers les recherches dédiées aux écrivaines pour tenter d'identifier certaines tendances récurrentes dans les romans de femmes et situer les textes de nos auteures dans une lignée féminine.

Les romans des écrivaines

Les textes de femmes sont principalement étudiés en profondeur dans des travaux qui résultent de recherches faites par des universitaires de sexe féminin et qui ont tous été publiés dans les pays anglo-saxons (ce qui est révélateur du manque d'intérêt critique pour les écrivaines

---

[42] Moreau, *op. cit.*, 10.

[43] *Ibid.*, 13.

parmi les universitaires français-es).[44] Au cours des dix dernières années, nous avons pu recenser : *French Women Writers : A Bio-Bibliography Source Book* d'Eva Martin Sartori et Dorothy Wynne Zimmerman (1991), *Language and Sexual Difference : Feminist Writing in France* de Susan Sellers (1991), *French Women's Writing : Recent Fiction* d'Elizabeth Fallaize (1993), *French Women's Writing 1848-1994* de Diana Holmes (1996), *Desiring Writing : Twentieth Century Erotic Fiction by Women* d'Alex Hughes et Kate Ince (1996) et *A History of Women's Writing in France* de Sonya Stephens (2000).[45] Tous ces travaux ont grandement contribué à rendre la participation des romancières plus significative et plus visible, mais aucun ne couvre vraiment la période à laquelle nous nous intéressons dans ce volume.

Diana Holmes présente le tableau le plus ambitieux puisqu'il englobe presque cent cinquante années de production féminine. Elle observe le thème de l'exil dans une société qui limitait fortement les possibilités d'existence pour les femmes en dehors du mariage, mais ce thème est moins proéminent depuis que les femmes ont investi la plupart des domaines publics. Les autres traits communs, mais certainement pas systématiques, qui, selon Holmes, se dégagent des romans de femmes sont la figure de la bonne mère (source de liberté et de créativité), la tentative de rébellion face à l'apprentissage du devenir femme, la subversion ou l'inversion de l'histoire d'amour traditionnelle (le mariage qui clôt le récit n'annonce plus le bonheur mais la fin de l'espoir), l'écriture du corps et de la sexualité (thème de plus en plus présent depuis le tournant du XXe siècle, d'abord de façon timide puis de façon beaucoup plus centrale à partir des années

---

[44] Notre volume contient deux articles écrits par des hommes, contre treize écrits par des femmes, ce qui est indicatif de la répartition des sexes quand il s'agit d'étudier des textes de femmes.

[45] Sartori, Eva Martin et Zimmerman, Dorothy Wynne (sous la direction de), *French Women Writers : A Bio-Bibliography Source Book*, New York/Westwood, London : Greenwood Press, 1991 ; Sellers, Susan, *Language and Sexual Difference : Feminist Writing in France*, New York : St Martin's Press, 1991 ; Fallaize, Elizabeth, *French Women's Writing : Recent Fiction, op. cit.* ; Holmes, Diana, *French Women's Writing 1848-1994*, London : Athlone, 1996 ; Hughes, Alex et Ince, Kate, *Desiring Writing : Twentieth Century Erotic Fiction by Women*, London : Berg, 1996 ; Stephens, Sonya (sous la direction de), *A History of Women's Writing in France*, Cambridge : Cambridge University Press, 2000.

1970), la préférence pour un temps plus cyclique que linéaire et l'importance du conte de fée et de la tradition de l'oralité dans les récits.

En plus des thèmes de la quête identitaire du sujet femme et de la relation fille-mère, ainsi que de la tendance à rejeter le récit linéaire, Adele King ajoute d'autres caractéristiques repérées à partir de l'étude de cinq écrivaines françaises du XXe siècle (Colette, Nathalie Sarraute, Marguerite Yourcenar, Marguerite Duras et Monique Wittig) : personnages moins nettement délimités, acceptation de sujets et formes non traditionnels, refus d'attribuer une grande autorité à l'instance narratrice, souvent doublé par une identification entre narratrice et personnage, expression souvent directe d'expériences personnelles et enfin rejet d'identités sexuelles bien définies et de critères moraux patriarcaux. Bien que certaines de ces caractéristiques se confondent avec des pratiques modernistes et post-modernistes, elles ressortent davantage dans l'écriture des femmes du XXe siècle, même s'il ne s'agit là bien sûr que d'une tendance collective.

Notes sur l'état du roman féminin des années 1990

Avant de nous lancer dans la partie la plus spéculative de notre introduction, et étant donné que nous allons prendre comme point de départ les études individuelles des quinze écrivaines retenues, il est nécessaire que nous justifions cette sélection. D'abord, il doit être clair que notre choix d'auteures ne constitue absolument pas une liste exhaustive des écrivaines canoniques des années 1990, et que notre propos n'est aucunement d'indiquer ici celles qui occupent, ou occuperont à l'avenir, une place déterminante dans le paysage littéraire français. La liste des auteures sélectionnées dans ce volume est dans une certaine mesure arbitraire, en partie fonction des propositions qui nous ont été soumises, et l'on pourra nous reprocher toutes celles que nous n'avons pas incluses.

L'appel à contribution que nous avons lancé était volontairement sans restriction, sinon que le volume se rapporterait uniquement à des écrivaines « françaises » ayant commencé leur carrière autour des années 1990. Par écrivaines « françaises », nous entendions des auteures publiant en français et reconnues dans la vie littéraire française métropolitaine, ce qui n'excluait donc ni la présence d'Amélie Nothomb, qui est belge, ni de Linda Lê qui est d'origine vietnamienne. Notre décision la plus discutable est peut-être de n'avoir pas inclus d'auteures francophones, non que leur travail ne soit pas intéressant et pertinent pour une étude du roman contemporain féminin français, mais il nous a semblé que leurs textes soulevaient des problèmes de racisme, de nationalisme, de différences culturelles, et présentaient des caractéristiques qui leur étaient spécifiques, et donc qu'ils seraient mieux traités dans une étude spécialisée. Nous nous rendons compte que nous risquons d'être l'objet d'une critique similaire à celle que nous avons formulée vis-à-vis des études qui n'envisagent que des textes d'hommes. Mais nous avions des contraintes d'espace, et avons dû effectuer des choix.

Étant donné le but ouvertement féministe de notre livre, le fait de ne pas avoir exigé une perspective féministe sur les textes retenus pourra peut-être surprendre. Nous ne voulions pas enfermer les nouvelles auteures dans une réflexion automatiquement féministe, parce que nous ne voulions pas exclure d'autres approches critiques possibles et parce que nous n'étions pas sûres qu'une approche féministe fût obligatoirement la plus appropriée à l'auteure, la plus efficace pour faire ressortir l'originalité principale de son écriture. Le résultat semble nous avoir donné raison. Dans ce volume, seuls cinq articles sur quinze relèvent d'une lecture féministe, alors que tous traitent d'œuvres d'écrivaines.[46] En ceci notre livre est lui-même signe des temps : il n'est plus nécessaire d'imposer une approche féministe, même s'il faut poursuivre le combat pour que les œuvres d'écrivaines reçoivent le même degré d'attention et de sérieux que celles des écrivains. Dans cette partie, nous allons tenter de dégager, par delà la diversité thématique, formelle et stylistique des auteures étudiées dans ce volume, les tendances et les thèmes principaux qui sont repérables dans notre corpus, et pour ce faire nous nous appuierons principale-ment sur les études individuelles de ce volume. En nous servant de

---

[46] On remarquera de plus que chacune de ces cinq lectures féministes a été effectuée par une contributrice affiliée à une institution américaine ou britannique. Aucune des personnes travaillant en France n'a retenu une approche féministe. On pourrait rétorquer que le choix de l'approche critique est en partie fonction du texte que l'on étudie, mais tous les textes peuvent se prêter à une lecture féministe. Cette collection reflète donc une division marquée entre les cultures anglo-américaine et française, et le manque d'intérêt en France pour les critiques littéraires féministes, bien qu'il y ait par ailleurs des recherches féministes dans d'autres domaines, comme les sciences sociales, et des mouvements de réflexions féministes liées à des combats plus politiques que théoriques.

notre repérage préalable, nous essaierons d'indiquer comment les écrivaines retenues ici se situent par rapport au roman contemporain et par rapport aux écrivaines des générations précédentes. Nous ne saurions évidemment faire un relevé exhaustif des thèmes et tendances du corpus choisi, mais nous voudrions en indiquer quelques-uns et quelques-unes pour tenter de mieux cerner, si elle existe, cette nouvelle génération d'écrivaines dont ont parlé les médias.

Certaines tendances du roman contemporain sont aussi des caractéristiques traditionnelles de l'écriture des femmes. C'est le cas du retour du sujet. Les femmes se sont traditionnellement intéressées au roman psychologique, aux relations interpersonnelles, et à la recherche du moi. Si l'on compare les textes figurant dans ce recueil avec les Nouveaux romans, il est clair que le sujet est revenu en force. La plupart des textes offrent des personnages reconnaissables, dotés d'une personnalité, d'attributs physiques et psychologiques. Certains textes – ceux de Desarthe, de Despentes, de Lambrichs, de Monferrand[47] – ont même une approche conservatrice de la construction des personnages. Certes ce retour du sujet n'est pas universel parmi nos écrivaines, pas plus qu'il ne l'est dans le roman contemporain en général. Darrieussecq, dans *Naissance des fantômes* et *Le Mal de mer* a visiblement intégré les procédés de description et de dépersonnalisation chers au Nouveau roman. D'autres textes encore, plus rares, comme *La Ligne âpre* de Detambel ou *La Décomposition* de Garréta, ne font pas dépendre l'intérêt romanesque de la présentation des personnages, et sont donc plus proches des expérimentations textuelles de l'Oulipo, ou du Nouveau roman. On pourrait, pour ces derniers, parler d'« ellipse du sujet ».

Un certain nombre de textes sont en outre de nature autobiographique, ce qui constitue un autre symptôme du retour du sujet. Depuis les premières réflexions sur l'autobiographie proposées par Philippe Lejeune dans *Le Pacte autobiographique*,[48] les théories sur le sujet fictionnel sont devenues plus complexes et la pratique autobiographique de plus en plus ambiguë, notamment avec le développement de l'autofiction. Christine Angot est peut-être

---

[47] Il n'est évidemment pas question de faire un relevé de tous les cas, mais seulement d'indiquer des exemples et d'encourager des rapprochements possibles.

[48] Lejeune, Philippe, *Le Pacte autobiographique*, Paris : Seuil, 1975.

l'écrivaine qui a le plus joué de l'ambiguïté référentielle de ses écrits. Alors que tous ses textes gravitent autour de Christine Angot – au point que l'adjectif « angotcentrique » a été créé –, elle refuse de leur reconnaître un pacte référentiel. Pourtant son avocate, dont le rapport est inclus dans *L'Inceste*, lui a conseillé de changer les noms réels de personnes qu'elle avait utilisés et d'effectuer des coupes dans son texte par crainte de la voir accusée d'« atteinte à la vie privée ».[49] À ce jour, Amélie Nothomb a publié trois textes dans lesquels la vie de la narratrice/du personnage principal ressemble fortement à la sienne : *Le Sabotage amoureux, Stupeur et tremblements* et *Métaphysique des tubes*. Dans ce dernier, elle se joue des règles implicites du genre autobiographique, écrivant par exemple sur les premiers mois de sa vie, de l'intérieur, affirmant que « depuis février 1970, je me souviens de tout » pour ajouter : « Une affirmation aussi énorme […] n'a aucune chance d'être crue par quiconque. Cela n'a pas d'importance. S'agissant d'un énoncé aussi invérifiable, je vois moins que jamais l'intérêt d'être crédible ».[50] Si *Lettre d'été* est une lettre d'amour à Tolstoï, c'est aussi un texte dans lequel Roze essaie de comprendre sa presque mort, sa survivance à sa rupture d'anévrisme et ensuite sa découverte du bonheur de vivre. Certains textes de Lê et ceux de Nobécourt sont aussi en partie de nature autobiographique. Nouk, la protagoniste principale de quatre textes de Brisac, présente des ressemblances avec son auteure, et celle-ci souligne le glissement de l'une à l'autre dans *Petite*. Si l'ampleur de l'intérêt autobiographique a été récemment saluée comme un phénomène moderne, il est tout de même nécessaire de rappeler que la tendance autobiographique a toujours été associée à l'écriture des femmes.[51] Pendant longtemps, cela leur a d'ailleurs été reproché : elles n'étaient capables d'écrire que des textes intimistes, narcissiques, repliés sur eux-mêmes, qui ne contribuaient pas véritablement à explorer les grands problèmes du monde. Sans remonter jusqu'à Colette, plusieurs des écrivaines des générations précédentes ont certainement produit des textes qui entretenaient des liens étroits avec leur vie personnelle, voire des textes purement autobiographiques – Beauvoir, Cardinal, Cixous,

---

[49] Angot, Christine, *L'Inceste*, Paris : Stock, 1999, 41-43.

[50] Notomb, Amélie, *Métaphysique des tubes*, Paris : Albin Michel, 2000, 41.

[51] Didier, Béatrice, *L'Écriture-femme*, Paris : PUF, Écriture, 1981.

Duras, Ernaux, et Leduc par exemple. Les écrivaines de ce volume s'inscrivent à la croisée de la continuité d'une tradition autobiographique plus particulière aux femmes et d'une réflexion tout à fait contemporaine sur le sujet.

Le sujet est donc de retour dans notre corpus, mais on est cependant loin d'avoir affaire au sujet complet, continu, unifié et unique d'antan. Il est clair que la psychanalyse, le post-modernisme et toutes les formes de déconstruction ont marqué cette génération : beaucoup de sujets mis en scène sont dédoublés, éclatés, mal définis, gagnés par la folie, en danger de se perdre. Mais, là encore, les femmes ont souvent mis en scène des personnages plus fragiles, plus fous, et ont même dans les années 1970 revendiqué la folie comme forme de résistance féminine à l'ordre patriarcal. Marguerite Duras ou Jeanne Hyvrard viennent tout de suite à l'esprit. Sans être touchés par la folie proprement dite, plusieurs des personnages des écrivaines de ce volume sont déchirés par les contradictions de la société contemporaine. Ils apparaissent souvent en mal de repères, perdus dans une culture qui ne leur offre pas de valeurs sûres et où tout semble permis. Despentes est peut-être celle qui peint la déliquescence contemporaine avec le plus de vitalité, mais la plupart des textes sont écrits avec une conscience aiguë de la misère ambiante. Seule l'écriture semble capable, jusqu'à un certain point, de donner quelque direction aux personnages dérivants dans « l'ère du vide ».

Cette représentation éclatée du sujet peut être rattachée à cette tradition identifiée par King selon laquelle les écrivaines tendent à créer des personnages moins nettement délimités, aux identités sexuelles mal définies.[52] Nous retrouvons certainement ces tendances dans notre corpus mais, là encore, elles peuvent tout aussi bien être rapportées au sexe des auteures qu'à l'époque.

Par rapport toujours au Nouveau roman qui se caractérise souvent par des expérimentations formelles, des recherches textuelles apparemment détachées de la réalité sociale, historique, quotidienne, la plupart des écrivaines présentes dans ce volume peignent la réalité de la vie à la fin du XXe siècle, même si certaines, comme Darrieussecq dans *Truismes*, ne le font pas sur le mode réaliste. En effet, presque tous les romans étudiés dans ce volume mettent en scène des

---

[52] King, *op. cit.*, 191 et 196.

protagonistes qui se débattent dans des situations créées par la société contemporaine.

Cette écriture du réel a pris une forme extrême dans certains textes contemporains, et en ce qui concerne notre corpus, ce sont les textes de Angot qui représentent cette tendance, puisque ces textes incorporent, sans les modifier, des pans entiers de la réalité de la société française contemporaine. Dans *L'Inceste*, comme nous l'avons vu, elle aborde directement les difficultés que crée l'incorporation dans ses textes des noms de personnes de son entourage, mais aussi de leurs actions, de leurs paroles, le tout parfois accompagné d'attaques violentes de l'auteure. *Quitter la ville* est la chronique détaillée de son expérience d'auteure l'année précédente, lors de la parution de *L'Inceste* : rien ne semble épargné au lecteur/à la lectrice, qui se trouve englué-e dans l'enfer personnel d'une certaine Christine Angot. Se crucifie-t-elle pour nous, lecteurs et lectrices ? Tous les textes autobiographiques, et nous avons signalé leur grand nombre, témoignent aussi de cette volonté de coller à la réalité, même si tous ne vont pas aussi loin que ceux de Angot.

Participe aussi de ce retour du réel la narration de la vie au jour le jour, dans ses petits faits quotidiens. Ainsi Brisac, dans sa chronique du développement de Nouk, protagoniste écho de l'auteure, restitue « l'air du temps » : au cours de quatre décennies, elle lui fait prendre part, de près ou de loin, aux événements et aux mouvements marquants de sa génération, qu'ils soient idéologiques, politiques ou socio-culturels. Elle note des évolutions au niveau des vêtements, de la maison, des loisirs, des chansons, du langage. Elle peint des instants d'expérience, des scènes fugitives. Dans sa trilogie, Monferrand nous fait elle aussi vivre les émotions de ses protagonistes au jour le jour. Mai 68, mais aussi par exemple la disparition de l'enseignement du latin, l'introduction de la mixité dans les lycées, les changements de mode sont notés, faisant de cette trilogie une grande fresque du quotidien. King a identifié l'écriture d'expériences personnelles comme un trait féminin, et c'est ce même trait que nous retrouvons chez certaines auteures de notre corpus, même si chez Angot, il a pris une dimension tout à fait post-moderne.

Notre corpus fait également ressortir une autre caractéristique identifiée dans le roman contemporain : le retour de l'intrigue et le plaisir de narrer. Mais est-il besoin de rappeler que ce sont les femmes qui ont été associées, depuis le XIXe siècle au moins, au genre romanesque, parce que celui-ci leur permettait à la fois de développer un intérêt psychologique, mais aussi de créer des histoires. Certains textes de notre corpus sont d'une écriture très conventionnelle, tels ceux de Desarthe ou de Lambrichs. Dans ces derniers, le plaisir de la lecture est sans nul doute lié au désir de savoir ce qui va se passer, par le bonheur d'être pris-e dans une histoire, une aventure même. Mais là encore, s'il y a retour, ce n'est pas, pour la plupart de nos auteures, retour à l'histoire « bien ficelée » du roman balzacien. Du point de vue de la narration, nos écrivaines ont incorporé les découvertes faites tout au long du vingtième siècle, et elles les considèrent comme acquises par leur public. Notons également que l'intérêt pour l'histoire racontée peut cohabiter avec des recherches textuelles plus formelles, comme dans *Sphinx* de Garréta, où l'on peut être subjugué-e à la fois par la richesse intertextuelle, la beauté du style, la virtuosité d'une écriture qui se plie à un impératif grammatical fort contraignant en français, et par l'histoire romanesque qui se trame entre A*** et l'instance narratrice. Enfin, l'intrigue peut céder sa place à un principe organisateur tout autre, tel celui que dicte le squelette humain dans *La Ligne âpre* de Detambel.

Le plaisir de narrer ne marque pas nécessairement un retour à une écriture réaliste traditionnelle. Les récits peuvent certes comporter des aspects tout à fait réalistes, mais aussi incorporer des éléments mythiques (*Sphinx*), oniriques (*Un secret sans importance*), des personnages fantastiques (*Truismes*), ou encore des éléments de science-fiction (*À ton image*). Nos auteures n'hésitent pas à déstabiliser les genres et à en combiner les conventions. Là encore, si cet amalgame a été identifié comme une caractéristique récente du roman, il avait auparavant été rattaché à l'écriture féminine. Ainsi, au niveau de la narration, King a noté, parmi les caractéristiques qui seraient plus spécifiquement féminines, des histoires moins nettement définies et peu linéaires, un mélange de genres, une acceptation de sujets/thèmes et formes non traditionnels.[53]

En particulier, plusieurs des écrivaines de notre corpus ont recours au fantastique. Holmes dans sa conclusion soulignait l'importance des contes de fées, des mythes, de l'irréel dans les écrits

---

[53] King, *op. cit.*, 191-92.

de femmes, et elle citait Sylvie Germain et Marie Redonnet en exemples.[54] Cet attrait pour l'écriture fantastique se remarque dans plusieurs de nos textes : discrètement dans *Un secret sans importance* de Desarthe où le fantôme bien intentionné de Sonia arrange le destin des autres personnages, de façon plus soutenue chez Roze (*Le Chasseur Zéro*) et Lê (*Voix*) où le fantastique est un effet du délire de la narratrice, un moyen de rendre la perception d'un esprit dérangé. Les textes qui relèvent le plus du fantastique sont bien sûr ceux de Darrieussecq, que ce soit par le thème de la métamorphose (*Truismes*), des fantômes (*Naissance des fantômes*), ou dans une écriture qui privilégie le fantastique, déréalisant les expériences les plus simples (*Le Mal de mer*). Le recours au clonage dans *À ton image* fait de ce texte un texte de science-fiction (tout du moins pour un peu de temps encore...) mais ce sont surtout son atmosphère et sa thématique du clone comme spectre qui le rattachent au roman gothique et donc au fantastique. *À ton image* est aussi un roman noir. Les romans de Despentes sont à la fois des romans policiers, des romans noirs et des textes pornographiques. *Truismes* est un pastiche de tout un ensemble de genres – fable morale, politique, texte pornographique, fantastique, roman à l'eau de rose, *etc.* – qui se combinent et font de lui, à l'image de la narratrice/protagoniste, un véritable monstre.

King signale aussi que le refus d'attribuer une grande autorité à l'instance narrative, couplé souvent à une identification entre personnage et narratrice, est un trait de l'écriture des femmes. De nombreux textes retenus dans ce volume, et pas seulement ceux de nature autobiographique, sont écrits à la première personne du singulier, en général par une narratrice – mais pas toujours (voir *À ton image* de Lambrichs ou *La Déclaration* de Salvayre, et bien entendu *Sphinx* de Garréta qui repose sur l'ambiguïté sexuelle du « je »). Le refus de l'omniscience est certainement une caractéristique de ces textes, mais là encore, il est difficile de la lier au sexe de l'auteure, car la méfiance à l'égard de l'autorité, de l'ordre semble être un trait de la fin du XXᵉ siècle. Dans les diégèses de notre corpus, les personnes rangées du côté de l'ordre – on peut évoquer le père d'Hortense dans *Horsita* de Nobécourt, ou encore l'huissier de *La Compagnie des Spectres* de Salvayre – sont en tout cas suspectes. Mais s'agit-il d'une

---

[54] Holmes, *op. cit.*, 271-72.

méfiance à l'égard d'une autorité vue comme émanant d'un ordre patriarcal, suspicion féministe donc, ou bien de la remise en question de l'ordre et de l'autorité qui a commencé avec Mai 68 ?

Cette méfiance est à relier au fait que la littérature de la fin du XXe siècle a de plus en plus de mal à se prendre au sérieux. L'écriture aujourd'hui n'est certainement plus un ersatz de religion qui apporterait le salut à l'écrivain, comme c'était le cas pour le Sartre d'avant *Les Mots*, même si elle se présente quand même comme une des seules valeurs qui demeurent. Par le passé, ce sont surtout les écrivaines qui, manquant d'autorité et peut-être de confiance en elles, ont tempéré leur hardiesse à prendre la plume en adoptant un ton enjoué ou léger. C'était certainement le cas de Colette, ou de Françoise Sagan. Certaines de nos écrivaines, malgré la noirceur de leur vision, adoptent une écriture légère, qui laisse percevoir la souffrance, mais sans s'appesantir, ou qui prennent le parti du gai désespoir dont Duras a parlé dans certains textes bien qu'elle n'écrivît pas avec la même légèreté.[55] C'est le cas de Reza, qui refuse de s'enliser dans le sérieux et qui mêle larmes et rires. Desarthe aussi – leur culture juive y est-elle pour quelque chose ? – allie humour et désespoir, et son ton est tendre, même si la douleur affleure. De même, Brisac adopte une écriture légère, pleine d'humour et de dérision pour cacher la profondeur de ses propos et la souffrance qu'ils recèlent. L'humour décapant, la drôlerie vivifiante de l'écriture de Nothomb masquent en partie un univers hautement conflictuel. Par pudeur, par refus de se prendre au sérieux, par conviction qu'il vaut mieux en rire plutôt qu'en pleurer puisque rien ne peut changer, ces écrivaines optent pour des formes d'écriture légère.

Nous allons maintenant aborder deux thèmes qui, bien que traditionnellement féminins et participant aussi de la littérature de la fin du XXe siècle, n'ont jamais été traités par les écrivaines avec autant de franchise. Le premier est l'écriture du corps, et plus particulièrement du corps sexué féminin. L'écriture du corps n'est pas nouvelle, et Marie Cardinal, Chantal Chawaf, Xavière Gauthier ou Annie Leclerc, pour n'en nommer que quelques-unes, avaient déjà osé

---

[55] Marguerite Duras semble avoir été une inspiration pour de nombreuses écrivaines. Les articles sur Darrieussecq, Nobécourt, Reza et Roze y font allusion, et Angot fait plusieurs références à Duras.

écrire et décrire les « fêtes dionysiaques de la vie »,[56] mais elles ne l'avaient assurément pas fait de la même façon que certaines des écrivaines de ce volume. Angot, Despentes, Darrieussecq ou Nobécourt non seulement parlent de leur corps de femme mais le font avec une franchise qui peut surprendre, voire choquer. Dans leurs textes, les notations crues sur les parties sexuelles et sur leurs fonctions n'ont pas essentiellement un but érotique.[57] Le réalisme des descriptions s'accompagne souvent de la violence des actions sexuelles et les auteures ont visiblement l'intention de choquer leur public, de lui imposer une violence difficilement soutenable pour le mettre mal à l'aise, pour le forcer à réfléchir, plutôt que de lui procurer du plaisir. Cette écriture franche et provocatrice a aussi pour but de refuser les limites qui ont été traditionnellement imposées aux écrivaines : elles ne devaient pas s'aventurer dans certains genres (roman pornographique, roman noir), et les sujets liés à leur sexualité demeuraient proscrits.

Ainsi l'avortement est abordé dans plusieurs textes, dans *La Conversation* en particulier où il est décrit en détail, dans « L'ange est à ses côté » de Despentes,[58] dans *Truismes*. Tout lecteur/toute lectrice de *Voyage au bout de la nuit* n'aura pu oublier la scène d'avortement, mais les femmes n'ont que récemment commencé à écrire en détail et sans auto-censure sur ce traumatisme qui touche une Française sur deux.[59]

Beaucoup de nouvelles écrivaines refusent les limites qui les cantonnaient dans le « bon goût », et elles font éclater les derniers tabous en ce qui concerne la représentation des corps et de la sexualité des femmes. Elles montrent qu'elles peuvent tout écrire, même

---

[56] Leclerc, Annie, *Parole de femme*, Paris : Grasset, Poche, 1974, 11.

[57] Des écrivaines se sont engagées dans la littérature érotique, mais malheureusement aucune n'est représentée dans ce volume. Voir l'article de Shirley Jordan dans le présent volume pour des indications à ce sujet.

[58] Despentes, Virginie, *Mordre au travers*, Paris : Librio, 1999, 83-90.

[59] Ce n'est pas avant 1999 qu'Annie Ernaux a pu écrire de façon autobiographique son avortement datant de 1963 (*L'Événement*, Paris : Gallimard, 2000), après l'avoir fait sous le couvert de la fiction dans *Les Armoires vides* (Paris : Gallimard, 1974).

l'insoutenable.[60] Elles concourent donc à cette sorte de renché-
rissement de la provocation sexuelle et autre – violence physique et
verbale – qui marque l'évolution très récente de l'écriture romanesque, mais paradoxalement, leurs écrits parviennent difficilement à
choquer. Darrieussecq a même admis son dépit devant le peu de
réactions adverses que *Truismes* a finalement provoqué : « je pensais
que cela allait choquer pas mal les esprits et je me retrouve face à un
consensus. C'est un petit peu décevant ».[61]

Le deuxième thème est celui de la relation amoureuse.
Traditionnellement, les romans de femmes ont souvent eu comme
centre d'intérêt la rencontre amoureuse. Holmes a cependant noté que
plus récemment beaucoup d'écrivaines subvertissaient dans leur
roman la parfaite rencontre hétérosexuelle de maints contes de fées ou
de romans à l'eau de rose. Si la plupart des textes de notre corpus
continuent à représenter la relation amoureuse, ils en donnent une vue
plutôt sombre, et en cela ils contribuent à la représentation de la
misère des relations interpersonnelles, telles qu'elles ont pu être
décrites dans *Les Particules élémentaires* par exemple. D'abord, il
faut dire que la recherche du bonheur à travers l'amour se fait rare, et
qu'elle ne semble pas être la première préoccupation des héroïnes.
Reflets de la société, les textes racontent plutôt des échecs de relations
homme/femme : le couple médiocre que Nouk et Berg constituent
chez Brisac finit par se désagréger, *La Déclaration* de Salvayre
évoque l'enfer du couple, *Cinq photos de ma femme* de Desarthe
révèle l'étendue de l'incompréhension entre le narrateur et sa femme,
malgré plus de quarante ans de mariage. Dans *Lettre morte*, la
narratrice est bloquée dans une relation masochiste et mortifère avec
le bien nommé Morgue. Chez Despentes, les relations homme/femme
ne se déclinent qu'en violence, coups, viols et meurtres, comme si les
sexes ne se rencontraient que pour s'entre-déchirer. Curieusement, la
relation amoureuse survit mieux dans les marges : entre A*** et

---

[60] Il est difficile d'imaginer texte plus insoutenable que l'histoire courte « À terme »
dans *Mordre au travers* de Virginie Despentes (*op. cit.*, 59-63), qui met en scène cette
accouchée qui castre avec ses dents son nouveau-né, avant de le broyer, de le
démanteler, et de le fourrer dans un sac plastique qu'elle envoie, avec note de
remerciement, au père.

[61] Cité dans Phillips, John, *Forbidden Fictions : Pornography and Censorship in
Twentieth Century French Literature*, London : Pluto Press, 1999, 184.

l'instance narratrice de *Sphinx*, couple contrasté, aux sexes non révélés, dans les relations lesbiennes de Monferrand, où les couples lesbiens d'Héloïse et d'Erika, ou même de Suzanne et d'Héloïse, sont parmi les plus aboutis et romanesques de notre corpus ou encore dans le couple que Christine Angot forme avec Marie-Christine dans *L'Inceste*, et, même si c'est en partie sous forme parodique, entre la truie et son beau loup-garou dans *Truismes*. On se doit de remarquer conjointement que dans beaucoup de textes, les hommes occupent une place secondaire, de peu d'importance.

Nous allons maintenant aborder des thèmes et des tendances qui ont été identifiés comme appartenant au roman contemporain, mais qui nous paraissent assez nouveaux dans les textes de femmes.

Traditionnellement, les femmes se sont peu intéressées à l'Histoire, or le retour de l'Histoire est une caractéristique qui a été notée par plusieurs comme étant indubitablement contemporaine, et c'est une tendance que nous retrouvons dans notre corpus, mais avec une inflexion que l'on pourrait qualifier de féminine. L'Histoire est en effet présente sous la forme de la deuxième guerre mondiale dans plusieurs des textes retenus. Dans *Le Chasseur Zéro* de Roze, la narratrice a été marquée par la mort de son père dont le navire a explosé sous l'impact d'un kamikaze japonais, et elle devient obsédée par cette figure du kamikaze. Dans *Horsita* de Nobécourt, Hortense est confrontée, à travers ses recherches sur son père, au monde trouble de la collaboration et à l'antisémitisme. C'est l'arrivée des communistes au Vietnam qui provoque l'expatriation des protagonistes de Linda Lê et la séparation d'avec le père. Dans tous ces cas, le retour sur l'Histoire est lié à la quête du père. *La Compagnie des spectres* est en partie la remémoration faite à haute voix par la mère de sa vie sous l'Occupation. Dans d'autres textes, l'Histoire est plutôt un décor dans lequel évoluent les intrigues psychologiques. C'est le cas du *Journal de Suzanne* de Monferrand : dans toute la première partie de son journal, Suzanne revient sur ses actions pendant la guerre et surtout sur son amour inconsolable pour une jeune femme qui est morte dans un camp en Allemagne. Brisac nous offre aussi une vision de l'Histoire, puisqu'elle recrée les quatre dernières décennies de la société française du XXe siècle. On ne peut pas dire cependant que l'Histoire constitue le thème principal de ces livres ; elle tend plutôt à être vue à travers des expériences personnelles.[62] Par le passé, les écrivaines ont eu tendance à s'intéresser plus au domaine privé que public ; il serait tentant, évidemment, de voir ici à la fois une continuité et une modification de ce phénomène : histoire publique, vie privée sont maintenant imbriquées dans leurs récits.

Ce retour de l'Histoire dans le roman contemporain peut être lié à une recherche de repères dans une société qui ne sait plus très bien où elle va. La vision linéaire du temps qui domine notre société, et qui a été qualifiée de masculine,[63] a sûrement aggravé le sentiment de fuite en avant qui, combiné à un individualisme forcené, n'a pas manqué d'angoisser des sujets confrontés à l'inéluctabilité de la mort, non compensée par la religion ou par l'importance accordée à la descendance. Traditionnellement, les femmes auraient eu un concept du temps plus cyclique, que Holmes retrouve dans les romans de femmes.[64] Or notre corpus n'offre guère d'exemples de cette hypothétique conception féminine du temps. En fait le temps y est représenté de deux façons différentes, mais toutes deux illustrent les désarrois de la société actuelle. Chez Desarthe et Reza nous retrouvons cette peur provoquée par une vision linéaire du temps. Les personnages de Reza tentent vainement de lutter contre le vieillissement et ils sont emplis de regrets du temps passé ; leur vision est désenchantée. Terrifiés, ils se mettent à réfléchir sur l'éthique et se laissent aller à des méditations métaphysiques. Ils s'insurgent aussi contre leur état. Surtout, ils optent pour le moment, le superficiel, la connaissance intuitive et se méfient du sérieux. Face à la même difficulté, les protagonistes de Desarthe réagissent différemment : ils éprouvent au contraire une difficulté à saisir le présent, et se réfugient souvent dans le passé, et plus particulièrement dans la petite enfance. Chez Lambrichs, l'origine du malaise est l'incertitude engendrée par les recherches génétiques qui mènent à l'abolition du temps qui passe.

---

[62] *Le Manteau noir* de Chantal Chawaf (Paris : Flammarion, 1998) est une belle illustration récente de cette approche très personnelle de la deuxième guerre mondiale. Une génération plus tôt, *Hiroshima mon amour* de Marguerite Duras (Paris : Gallimard, 1960) est peut-être l'exemple le plus frappant d'une représentation très personnelle de la guerre.

[63] Kristeva, Julia, « Le Temps des femmes », in *Les Nouvelles Maladies de l'âme*, Paris : Fayard, 1993, 297-331.

[64] Holmes, *op. cit.*, 271.

Avec France, le clone, Lambrichs imagine la hantise d'événements qui se répéteraient à l'infini, l'angoisse d'un temps bloqué dont on ne pourrait s'échapper. *À ton image* présente donc une vue répétitive du temps, mais c'est une vue foncièrement négative. Il semblerait que nos écrivaines se soient détachées d'une perception plus féminine du temps et se soient rapprochées de la perception dominante, traditionnellement jugée masculine, qui met en avant l'angoisse face au temps qui passe.

Plutôt que des thèmes, nous allons maintenant nous intéresser à une certaine façon d'écrire, qui est contemporaine, mais relativement nouvelle en ce qui concerne les femmes.

Un des traits frappants de notre corpus est l'ironie. Certes, cette ironie n'est pas propre aux écrivaines, et elle est en fait une des caractéristiques du post-modernisme, mais elle apparaît comme un trait nouveau en ce qui concerne l'écriture des femmes. De différentes façons, Angot, Darrieussecq, Despentes, Detambel, Lê (dans *Les Trois Parques*), Nothomb, Salvayre et Reza manient toutes l'ironie : ironie dirigée contre les personnages, contre la narratrice/le narrateur, contre le lecteur/la lectrice. Dans certains cas, l'ironie devient auto-dérision. Toutes ces écrivaines habitent définitivement « l'ère du soupçon » et sont hautement conscientes des limites et des pouvoirs de la littérature.

L'ironie peut même aller jusqu'à l'agressivité envers le lecteur/la lectrice. Nothomb, dans *Hygiène de l'assassin* ne manque pas d'asséner au lecteur/à la lectrice ses quatre vérités, et on peut littéralement parler de conflit ouvert entre l'auteure (telle qu'elle se profile à travers ses écrits) et ses lecteurs/lectrices durement apostrophé-e-s. Christine Angot ne se gêne guère non plus pour interpeller et critiquer ceux-ci/celles-ci, parfois avec violence comme dans *Quitter la ville*. Cette agressivité, novatrice par rapport aux écrivaines précédentes, nous semble plus liée à l'air du temps qu'à une « génération » spécifique puisqu'on la retrouve dans *Se perdre*, le dernier livre d'Annie Ernaux.[65]

Un autre trait nouveau en ce qui concerne les écrivaines est le degré d'intertextualité de leurs œuvres. Cette intertextualité relève certainement d'une tendance contemporaine, mais reflète peut-être

---

[65] Ernaux, Annie, *Se perdre*, Paris : Gallimard, 2001.

aussi le fait que les écrivaines envisagées ici sont souvent très éduquées, journalistes, universitaires, qu'elles ont une connaissance poussée de la littérature et des écrits théoriques sur la littérature. Dans certains cas, leur érudition transparaît nettement, notamment dans des textes qui jouent de leur relation à d'autres textes clés de la littérature française. *La Décomposition* est l'exemple le plus évident, puisqu'il naît en partie de la destruction et recomposition d'*À la Recherche du temps perdu*. Il est utile, pour apprécier *Les Amies d'Héloïse* d'avoir en tête *Les Liaisons dangereuses* car Monferrand adopte la forme épistolaire du roman de Laclos pour dérouler ses intrigues lesbiennes. *Truismes* renvoie évidemment à *La Métamorphose* de Kafka, mais Darrieussecq fait allusion à de nombreux autres textes et films.[66] Si la littérature trouve peu de place dans les histoires de Despentes, on y repère par contre des échos de films, de bandes dessinées, et de jeux vidéos (Lara Croft en particulier). À côté de ses références à la « haute culture », Garréta fait également mention de Mortel Kombat. Une tendance marquée d'une bonne partie des textes des nouvelles écrivaines est donc cette intertextualité très consciente, souvent ludique, parfois parodique. Elles s'approprient la culture passée et présente et la mettent au service de leurs textes, et par la même occasion inscrivent aussi leurs textes dans la masse de la production culturelle.

Plusieurs de ces œuvres font preuve d'un degré assez élevé de réflexivité : dans *Truismes* de Darrieussecq, la narratrice-truie écrit son histoire, et cette écriture est profondément liée à son identité en tant qu'humaine ; dans *Naissance des fantômes* aussi, la narratrice commente l'écriture de son histoire. Chez Nobécourt, l'acte d'écriture est intégralement lié à son projet fondamental d'exposer la réalité par creusement, que ce soit celui de la chair, du langage ou de l'Histoire. Écriture et corps tendent donc à s'identifier l'un à l'autre. Garréta inclut toute une réflexion sur le langage en introduisant des mots clés – comme « décomposition » – qui constituent une véritable mise en abyme des opérations mentales générant le texte. Le monde qu'elle construit est indubitablement fictif et il se présente comme tel : elle propose au lecteur/à la lectrice un jeu littéraire. La lecture devient une

---

[66] Catherine Rodgers mentionne certains de ces intertextes dans « Aucune évidence : les *Truismes* de Marie Darrieussecq », *Romance Studies*, vol. 18, n° 1, June 2000, 69-81.

recherche, son texte convoquant un large intertexte éclectique, où les registres linguistiques, les références culturelles s'entrechoquent. Son style est recherché, la composition de ses textes sophistiquée. Il en est de même des *Trois Parques* de Linda Lê : même si le ton en est très différent, la langue y est remarquable.[67] Nothomb, dans *Hygiène de l'assassin* ou *Les Combustibles*, a exploré la nature de la littérature, les relations lecteurs-trices/auteur-e-s, les ressorts de la création littéraire, et nous a donné à vivre dans *Hygiène de l'assassin* la naissance d'un texte en direct. Et même dans des textes qui n'intègrent pas à leur thématique principale leur propre élaboration, l'écriture peut occuper une place de choix. Dans *À ton image* de Lambrichs, c'est par l'écriture de son histoire que le protagoniste tente de s'innocenter, et c'est grâce à ce récit qu'il espère avoir convaincu son avocate de lui donner une chance de renaître, identique à lui-même, mais non soumis au même destin.

Certaines écrivaines, comme Garréta ou Detambel, incorporent des contraintes – sémantiques, grammaticales, stylistiques ou autres – dans la production de leurs textes. Ainsi Garréta réussit à éviter toute marque sexuelle pour évoquer les deux protagonistes principaux de *Sphinx* : tour de force linguistique, mais qui est loin de se ramener à une simple gageure, puisqu'il est motivé par le sujet du texte qu'il génère. Dans *La Ligne âpre*, Detambel prend comme sujet d'écriture le squelette humain et y puise un jeu de contraintes qui stimule l'imagination mais lui permet aussi d'aboutir à un texte qui ne se sépare pas de toute référentialité puisqu'un corps bien reconnaissable, biologique et culturel, est représenté. De façon moins apparente, *La Verrière* fait preuve de recherches formelles proches de celles de l'Oulipo (les paragraphes peuvent être réarrangés au gré du lecteur/de la lectrice). Les textes de Salvayre, eux, sont une exploration critique et ludique des codes oraux. Chez Christine Angot, le projet d'écriture est indéniablement lié à la mise en scène du sujet Angot : celui-ci étant écrivaine, le texte réfléchit souvent sur lui-même, sur son

---

[67] « Une prose coléreuse, ensorceleuse, faite non seulement d'inventions verbales, de transitions acrobatiques, de registres langagiers se démultipliant en feu d'artifice, mais aussi de scènes théâtrales et grandioses, mixture de tragédie shakespearienne, de comédie ironique, de dérives mythologiques, d'images glacées du drame vietnamien et de la diaspora ». C'est ainsi que Marion Van Renterghem présente *Les Trois Parques*, « Le Sabbat de Lady Lê », *Le Monde des Livres*, 31 octobre 1997, 1.

déroulement, et même sur l'effet de lecture qu'il produit. Ainsi les commentaires que fait un lecteur sur le texte que nous lisons (Claude, ex-mari de l'auteure) sont inclus dans *L'Inceste* même.

En effet, de la même façon que de nombreux textes incorporent une réflexion sur l'acte d'écriture, sur leur propre genèse, ils s'adressent souvent directement au lecteur/à la lectrice, ou contiennent une mise en abyme de l'acte de lecture. Le lecteur/la lectrice impliqué-e par le texte varie énormément : il faut être érudit-e pour apprécier la vaste intertextualité des textes de Garréta, alors que les textes de Despentes peuvent être compris par tous et toutes, car ils sont dépourvus d'allusions littéraires, de mots précieux et d'effets formels. Il y a chez Despentes, mais aussi chez Angot ou la Darrieussecq de *Truismes*, une volonté de s'exprimer dans un style non recherché et de fuir message et théorie.

L'ironie, l'agressivité envers le lecteur/la lectrice, l'intertextualité, l'autoréflexivité nous semblent toutes être explicables – mais ceci n'est qu'une hypothèse – par le fait que les nouvelles écrivaines ont plus confiance en elles que leurs aînées, qu'elles n'ont pas le sentiment d'être marginalisées comme pouvaient l'avoir les écrivaines des années 1970, mais qu'au contraire elles se sentent appartenir à la culture dominante. Par conséquent, elles seraient mieux équipées pour adopter une position ironique, pour jouer avec des conventions acquises qu'elles maîtrisent bien, et pour expérimenter. Jusqu'à récemment, c'étaient surtout les hommes, n'ayant pas à justifier leur droit à l'écriture, qui se permettaient d'adopter cette attitude par rapport à la littérature.

Il nous reste maintenant à considérer les thèmes traditionnellement féminins et qui semblent demeurer l'apanage des femmes. Une caractéristique de l'écriture féminine était le rapport étroit que les textes de femmes étaient censés entretenir avec la voix, ce que l'on a parfois nommé l'oralitude. Certaines de nos écrivaines ont privilégié des formes d'expression qui favorisent les discours oraux ou qui les miment. La plupart des textes de Nothomb ne sont constitués que de dialogue. Il suffit d'avoir entendu Angot lire un de ses textes pour se rendre compte combien ses écrits les plus récents sont mis en valeur par une lecture à haute voix, qu'ils sont faits pour faire passer son souffle. Salvayre emprunte aux conventions orales la plupart des formes de ses écrits, même si c'est finalement pour les subvertir.

Le thème le plus intrinsèquement féminin est sans nul doute l'exploration des relations mère/fille, thème qui se rattache à la quête identitaire. Ce thème a été dominant non seulement dans les écrits féministes théoriques, mais aussi dans les fictions des femmes. On le retrouve certainement dans plusieurs textes étudiés ici. Les trois textes de Darrieussecq mettent en scène des relations mère/fille envisagées de façon plutôt négative, sans qu'il y ait de résolution positive, bien au contraire : matricide, séparation, mort et abandon viennent terminer ces relations au cours des romans. Chez Linda Lê, la relation à la mère est d'autant plus destructrice qu'elle s'exprime à peine dans les textes. Elle n'est pas moins à la source de la souffrance mélancolique de la fille. Chez Nobécourt aussi, bien que le personnage de la mère soit à peine évoqué, il est fortement lié à la folie de sa fille. Nouk souffre elle aussi du manque d'amour maternel. La mère dont Detambel nous fait le portrait dans *La Verrière* apparaît à sa fille adolescente comme un personnage dangereux, dévorateur, hystérique et ensorceleur. Il n'y a pas non plus de bonne mère dans *À ton image* : celle de Jean, par son silence face au comportement incestueux du père, consent à la perversion de la loi. Chez Desarthe, le tableau est plus nuancé, puisque des « bonnes » mères, qui correspondent en tous points au stéréotype maternel idéal de l'idéologie patriarcale, cohabitent avec des mères défaillantes, qui ne se dévouent pas suffisamment, qui demeurent trop femmes, et qui sont perçues comme responsables du mal être de leur fille. Ce qui ressort le plus nettement de tous ces textes, c'est la difficulté qu'éprouve la fille à se situer par rapport à la mère, et lorsque celle-ci est représentée, elle n'est plus source de liberté et de créativité, mais de destruction.

Relativement peu de narratrices sont elles-mêmes mères, peut-être parce que cette fonction est perçue de manière si négative. Christine Angot est l'exception majeure qui parle de son grand amour pour sa fille Léonore. Brisac, à travers Nouk, nous montre au contraire les écueils de la maternité pour les femmes contemporaines, qui doivent concilier maternité, travail, et vie amoureuse. Pour Nouk, l'expérience se termine mal, et elle perd mari et enfant. Monferrand aborde la maternité dans le couple lesbien, présentant une vue nuancée de la mère lesbienne à travers divers personnages. Dans *Le Mal de Mer*, Darrieussecq met bien en scène une jeune mère et sa fille, mais c'est finalement un récit d'abandon de la fille qu'elle nous livre. Le personnage d'Irène dans *La Conversation* de Nobécourt éprouve du mal à trouver un juste milieu entre son amour immense pour sa fille et des élans maternels destructeurs.

Une variante de la quête identitaire passant par une meilleure compréhension de la relation à la mère est celle qui explore la relation au père. Ce questionnement du lien au père nous semble se situer dans la continuité de la recherche identitaire des écrivaines filles, mais aussi renouveler ce thème. Par rapport aux auteures des générations précédentes, qui recherchaient plutôt la subjectivité féminine dans le rapport à la mère, certaines nouvelles écrivaines la recherchent aussi dans la relation au père, ce qui n'est guère surprenant quand on considère la réévaluation dont la fonction paternelle a été l'objet récemment dans la société française. La quête du père est cruciale pour quatre des auteures de ce volume : Lê, Roze, Nobécourt et Angot. Les trois textes de Lê (*Les Trois Parques*, *Voix* et *Lettre morte*) parlent de la perte du père, d'abord éloigné géographiquement de la narratrice, puis définitivement perdu car il meurt avant de venir en France. Sa perte cause des troubles psychologiques chez la narratrice, qui sombre dans la folie. Elle en vient à désirer mourir à la place du père, à vouloir mourir pour réparer sa faute. Dans *Lettre morte*, la narratrice parvient à retrouver la voix du père, et ainsi à se constituer comme sujet écrivant. Les parallèles entre le cheminement de la quête paternelle tel qu'il est retracé dans les textes de Lê et ceux de Roze sont frappants. Dans *Le Chasseur Zéro*, l'héroïne, Laura Carlson, souffre aussi de la perte de son père dont le navire a été détruit par un kamikaze. Le père a disparu sans laisser de trace, sans laisser de lois qui eussent permis à sa fille de se structurer, ni de langage qui lui permettrait de symboliser sa souffrance. Dans son délire, Laura va s'identifier à un kamikaze, image de l'assassin de son père, jusqu'à en presque mourir. *Lettre d'été*, l'autre texte de Roze, est un autre appel au père, au père de l'écriture de la narratrice, à Tolstoï. Dans *Horsita*, Hortense recherche la nature des actions de son père pendant la deuxième guerre mondiale, un père antisémite, plus ou moins collaborateur. Cette vaine quête de sens autour de la figure paternelle fissure le sujet : Hortense se dédouble en Horsita, le texte se fragmente, la narration s'effiloche. Dans *L'Inceste*, Christine Angot revient de nouveau sur le traumatisme qu'a causé sa relation incestueuse avec son père dans sa jeunesse. Là aussi, avant qu'elle ne puisse trouver une parole, dans la deuxième moitié du livre, pour dire ce qui s'est passé, le récit est fragmentaire, répétitif, disloqué, prouvant bien l'importance de la relation au père pour la lisibilité du texte de la fille. Dans *À ton image*, les défaillances paternelles sont aussi la cause des événements contre nature qui surviennent dans cette histoire. L'inceste paternel, ainsi que le clonage de Françoise (et donc l'absence absolue de père dans ce cas extrême) sont à l'origine de l'inceste que Jean commet avec France, de son meurtre de France, et plus généralement du mélange des générations et de la transgression des lois œdipiennes qui maintiennent les identités distinctes. Dans tous ces textes, le père, et la fonction symbolique qu'il représente, s'avèrent essentiels.[68]

Le repérage des thèmes principaux qui se dégagent du corpus retenu et des articles de ce volume aboutit à cette première conclusion qu'aucun thème ou aucune tendance ne rassemble toutes les écrivaines en question. Cette diversité est peut-être le fait le plus marquant. Certains regroupements peuvent être esquissés : Angot, Darrieussecq, Despentes, Nobécourt pour la provocation de leurs écrits et une certaine écriture du corps ; Detambel et Garréta, pour leurs expériences formelles ; Brisac, Desarthes, Reza, pour leur pessimisme gai. Mais ces rapprochements sont loin d'englober toutes les écrivaines de ce volume, et ils risquent d'être évanescents et à renouveler au fil des livres futurs. Si le terme génération indique plus qu'une simple tranche d'âge,[69] parler d'une génération de nouvelles écrivaines, dans ces conditions, nous semble un peu hâtif. Et c'est parce que la diversité prime – aussi bien au niveau des auteures que des approches critiques des contributeurs-trices – que nous avons préféré présenter les articles selon l'ordre alphabétique des auteures étudiées. Pour faciliter la tâche du lecteur/de la lectrice qui

---

[68] On pourrait aussi mentionner la quête du père effectuée par Sibylle Lacan qu'a analysée Elizabeth Fallaize dans sa communication intitulée : « Puzzling Out the Fathers : Sibylle Lacan's *Un père* », communication faite lors d'un colloque intitulé « Women's Writing in France in the 1990s : New Writers, New Literatures ? », Londres, 21-22 janvier 2000. Un volume basé sur les communications de ce colloque, intitulé *Women's Writing in Contemporary France : New Writers, New Literatures in the 1990s* et dirigé par Gill Rye et Michael Worton, est à paraître en 2002 (Manchester : Manchester University Press).

[69] Il est vrai que toutes les écrivaines de ce volume ont commencé à publier des textes de fiction pour adultes à partir de la deuxième moitié des années 80. De plus, toutes sont nées entre 1957 et 1968, à l'exception de Brisac (1951), Lambrichs (1952), Monferrand (1947) et Salvayre (1948).

souhaiterait effectuer un survol rapide du contenu de ce volume, nous avons inclus en début de chaque article un résumé très bref.

Notre réflexion fait également apparaître que de nombreuses caractéristiques traditionnellement associées à l'écriture des femmes (sujet fracturé, fuyant, recherche identitaire, écriture autobiographique, mélange des genres, plaisir de la narration, refus de se prendre au sérieux, subversion de l'autorité) se confondent désormais avec des tendances que des critiques ont repérées dans le roman contemporain (soi-disant sans distinction du sexe de l'auteur-e, mais trop souvent à partir d'œuvres écrites par des romanciers). Cette congruence peut peut-être s'expliquer par le fait que les femmes et leur production littéraire ont traditionnellement occupé une place marginalisée. Souvent privées de repères identitaires dès qu'elles sortaient des moules patriarcaux, elles étaient dès lors plus enclines à se poser des questions plus spécifiques à leur situation. Étant donné que la société française de la toute fin du XXe siècle se caractérise par une perte des repères identitaires traditionnels, il n'est peut-être pas surprenant que beaucoup aujourd'hui se posent des questions similaires à celles qu'auparavant se posaient surtout les femmes. Ce qui est par contre surprenant, et même regrettable, c'est que les études critiques continuent trop souvent à exclure les écrivaines, ou au mieux à les réduire à la portion congrue. Par le passé, la marginalisation de l'écriture des femmes était justifiée par le fait qu'il s'agissait d'une autre littérature. Or il semblerait que ce ne soit pas le cas de nos jours. Il est vrai que quelques thèmes restent plus typiquement féminins (relation mère/fille, identité sexuelle féminine, représentation du corps féminin), mais on ne peut pas vraiment dire que ces thèmes soient séparés de la mouvance dominante car la façon dont ils sont traités les rattache à un type d'écriture que l'on qualifie de contemporain. Qu'est-ce qui justifie donc aujourd'hui la mise à l'écart de la contribution des femmes dans le domaine de la littérature, sinon la persistance d'un regard encore profondément imprégné de sexisme ordinaire, d'autant plus difficile à modifier qu'il se déclare, à divers degré de bonne foi, égalitaire ?

Cette convergence des préoccupations du roman et d'un questionnement traditionnellement plus féminin mène inévitablement à la dissolution d'une quelconque spécificité féminine. (Rappelons toutefois que notre but n'était pas d'en dégager une, car pour ce faire il aurait fallu étudier les romans des écrivains. Or notre réflexion est basée sur une comparaison entre d'un côté ce que les critiques ont dit sur le roman contemporain en général, et de l'autre les analyses du corpus de ce volume.) Par rapport au volume de Atack et Powrie qui faisait ressortir une conscience assez marquée dans les romans qu'ils étudiaient de questions ayant trait à l'être femme, notre corpus présente une conscience féminine/féministe nettement moins marquée et par contre une conscience plus aiguë des incertitudes du moment, qu'elles soient sociales, sexuelles, littéraires ou idéologiques. Peu des textes figurant dans ce corpus sont porteurs de messages ouvertement féministes. Nothomb inclut certes des passages féministes dans ses textes, comme celui où elle fait le tableau acerbe de l'oppression de la femme japonaise dans *Stupeur et tremblements*, mais ces passages cohabitent avec d'autres explicitement misogynes. Brisac rapporte bien l'enthousiasme de Nouk pour le féminisme dans les années soixante-dix, mais c'est ensuite le temps de la désillusion et la reconnaissance de la difficulté de demeurer féministe. La position de Darrieussecq, telle qu'elle transparaît dans le passage suivant se rapportant à *Truismes*, nous semble révélatrice de celle de plusieurs écrivaines de sa génération :

> le féminisme de la génération précédente m'a donné une liberté totale vis-à-vis de mon corps. Et à partir du moment où j'ai cette liberté, je peux me permettre d'écrire des choses horribles sur l'image féminine. Une chose est certaine : si c'était un homme qui avait écrit le livre, il se serait fait assassiner ![70]

Certes les œuvres de fiction ne devraient pas, à moins de devenir des textes de propagande, être des outils de prosélytisme, mais il semblerait que certaines écrivaines des années 1990 se sentent capables d'aller plus loin : de se concevoir implicitement féministes tout en produisant des textes qu'il est difficile d'appréhender comme favorables à des pensées féministes. Est-ce à dire que nos écrivaines ont dépassé la nécessité d'affirmer leur être femme ? Il est trop tôt pour répondre à cette question, mais si c'était vraiment le cas, serait-ce forcément une bonne chose ? Certain-e-s verront dans cette évolution un signe d'intégration et d'égalité totales, d'autres au contraire considèreront cet apparent dépassement de la conscience d'être femme comme une preuve évidente de régression. À suivre...

---

[70] Cité dans Phillips, *op. cit.*, 190-91.

Le bruissement d'elles, ou le questionnement identitaire dans l'œuvre de Christine Angot

Johan Faerber

Faerber analyse la mise en place progressive d'une écriture autobiographique, où le sujet, loin d'être stable, est en fait à la recherche de lui-même. Cette quête passe par la volonté de réunir les contraires, d'unir le masculin et le féminin sur le plan ontologique et aussi dans l'écriture, faisant advenir temporairement une écriture androgyne, toute d'amour, à l'image de la parole du Christ auquel Angot s'identifie.

Le bruissement d'elles[1] or the questioning of identity in the works of Christine Angot

Faerber analyses Angot's progressive establishment of an autobiographical mode in which the subject, far from being fixed, is in fact in search of its own identity. The quest involves an aspiration to reunite opposites, to unite masculine and feminine both ontologically and within the writing, temporarily bringing about an androgynous form of written text, that is imbued with love, echoing the word of Christ with whom Angot identifies.

> Né du trou. Bâti autour du trou. Je suis une organisation du vide. Ainsi mon oui est-il toujours creux de mon non. Ainsi puis-je me retourner comme un gant. Il doit y avoir une éternelle équivalence, où cependant la droite ne vaut pas la gauche. Plaie de la symétrie. Je te donne mon cœur contre ton foie.
>
> Bernard Noël, *Extraits du corps.*[2]

---

[1] The title of this contribution contains a play on the phrase « bruissement d'elles » : « rustling of wings » as sounded, but, as written, distantly suggesting shifting female identities.

[2] Noël, Bernard, *Extraits du corps : poèmes complets 1954-1970*, Paris : Flammarion, 1972, 39.

« Scribe et gardien, je ferai de Christine une œuvre ».[3] C'est sur cette ambition que s'ouvre l'entreprise scripturale de Christine Angot. Dans les premières pages de *Vu du ciel*, en effet, l'ange Séverine qui a pour charge de surveiller le personnage de Christine Angot semble ainsi formuler ce qui constitue, livre après livre, le fondement même du travail de l'auteure Christine Angot : « Je fais de Christine un livre » (*VDC*, 28). Ce roman va alors mettre en scène, comme le constate Séverine, une certaine figure de la romancière : « Christine, dans sa vie, tout tourne autour d'elle. Le personnage principal, c'est elle » (*VDC*, 21). En fait, pour paraphraser, tout dans l'œuvre de Christine Angot tourne autour d'elle, ce qui d'emblée place l'ensemble de ses travaux sous le signe du soi, affirmant une écriture qui en fera son objet même. De *Vu du ciel* jusqu'à *Quitter la ville* en passant par *Les Autres* ou *L'Inceste*, tout se construit autour d'elle – du moins d'une certaine image d'elle – de manière, pour reprendre une expression de Christophe Donner, *angotcentrique*.[4] Son sujet de prédilection, du titre emblématique d'un de ses romans, c'est le *Sujet Angot* où elle écrit : « Premièrement, je n'ai jamais écrit sur l'inceste. Aucun intérêt. *Le sujet ne m'intéresse pas. À part le sujet Angot* » (*SA*, 52 ; je souligne). Cet angotcentrisme constitue la ligne de force de tout son discours, car comme elle n'a de cesse de le clamer : « Je ne parle que de moi » (*LT*, 16). Ceci constitue par ailleurs, pour certains, un reproche sur lequel elle ironise ainsi dans *L'Inceste* : « Moi bien sûr, je peux me permettre, d'être tout le temps à vif, de n'écouter que moi-même c'est mon fonds de commerce » (*I*, 54).

Mais il s'agit d'un projet qui met du temps à mûrir dans l'écriture : *Vu du ciel* et *Not to be*, qui sont ces deux premiers romans, amorcent effectivement une réflexion sur le sujet mais, si elle est quelquefois dans ces deux textes hétérodiégétiquement au centre de l'œuvre en tant que personnage,[5] elle ne l'est pas encore

---

[3] Angot, Christine, *Vu du ciel*, 19. Les références aux textes de Christine Angot seront par la suite mises entre parenthèses dans le texte. Les éditions consultées ainsi que les formes abrégées des titres sont indiquées dans la bibliographie à la fin du texte.

[4] Christine Angot elle-même a cité cette expression au cours d'un entretien télévisé, expression qu'elle a attribuée à Christophe Donner.

[5] Ceci ne concerne pas *Not to be* qui à aucun moment n'utilise la figure de Christine Angot. Ce roman qui présente un homme sur le point de mourir participe cependant

autodiégétiquement en tant que narratrice. Il faut attendre *Léonore,
toujours* pour que son œuvre s'oriente vers le récit personnel, ce qui
est annoncé de la sorte : « Au roman je n'y crois plus maintenant, j'ai
fini par comprendre. Ceux qui en écrivent, je les méprise. Alors en ce
moment peu d'envie » (*LT*, 49). Elle finit même par déclarer plus loin
le lapidaire : « Les romans, j'en ai honte » (*LT*, 49).

Semble alors se mettre en place un pacte autobiographique auquel
elle paraît souscrire en répondant à la première condition indispensable qui, selon Philippe Lejeune, veut que « pour qu'il y ait
autobiographie (et plus généralement littérature intime), il faut qu'il y
ait identité de *l'auteur*, du *narrateur* et du *personnage* ».[6] C'est ainsi
que la narratrice s'identifiera, selon toute apparence, à Christine Angot
comme ceci le laisse entendre : « Je vais raconter cette anecdote, je ne
suis pas Nietzsche, je ne suis pas Nijinski, je ne suis pas Artaud, je ne
suis pas Genet, je suis Christine Angot, j'ai les moyens que j'ai, je fais
avec » (*I*, 101). Elle ira même jusqu'à décliner son état-civil dans *Les
Autres* de manière à ce qu'il n'y ait pas d'ambiguïté possible : « Je
suis née le 7-2-59, à Châteauroux. Je vivais seule avec ma mère et ma
grand-mère » (*A*, 90).

Il ne semble cependant s'agir que d'un simulacre de pacte
autobiographique, car même si la narratrice prétend se nommer
Christine Angot, la relation d'équivalence identitaire est en réalité plus
complexe ainsi qu'il est dit dans *Sujet Angot* à propos de la réflexion
d'une critique parue dans la presse : « " Longtemps, Christine Angot a
publié des livres où elle parlait d'elle, des livres comme des
sanglots. " Tu me connais ? On se connaît ? Qui t'a dit que je parlais
de moi ? On ne se connaît pas. Tu n'as pas entendu parler, dans tes
études, de la différence auteur-narrateur, ça ne te dit rien ? » (*SA*, 52).
De même le pacte de référentialité qui constitue selon Lejeune la
deuxième condition de toute autobiographie n'est pas présent :[7]
effectivement – outre que tous les livres de Christine Angot continuent
à porter jusqu'à *L'Inceste* la mention générique de « roman », et cela
en dépit de sa désaffection précédemment vue pour le genre

---

d'une réflexion sur le *soi* amorcée par *Vu du ciel* et qui porte sur l'inanité ontologique
de tout sujet.

[6] Lejeune, Philippe, *Le Pacte autobiographique*, Paris : Seuil, 1975, 15.

[7] Cf. pour plus de détails à Lejeune, *op. cit.*, 13-46.

romanesque –, un pacte de fictionnalité semble présider à cette écriture de l'intime, car, comme le dit le personnage de Claude en s'adressant à son ex-femme Christine Angot, « le vrai, le faux se mélangent, se fixent d'une certaine façon, l'auteur et toi se mélangent et tu continues » (*SA*, 12).[8]

Ses textes ne peuvent appartenir à la stricte autobiographie dans la mesure où, pour elle, « les écrivains ne devraient jamais cesser d'écrire leur vie en fait. Avec le doute, qui plane. Sur la vérité » (*UDV*, 10). Elle finit de cette façon par ne plus écrire sa vie mais par *s'écrire* comme elle le dit encore dans *L'Usage de la vie* : « Ma vie n'est devenue qu'écriture maintenant. Il n'y a plus que ça » (*UDV*, 19). C'est ce que disait déjà Serge Doubrovsky à propos de tout autofictionnaire dont l'activité est proche de celle de Christine Angot : « Le sens d'une vie n'existe nulle part, n'existe pas. Il n'est pas à découvrir, mais à inventer, non de toutes pièces, mais de toutes traces : il est à *construire* ».[9] C'est ce que semblait déjà suggérer l'ange Séverine qui faisait bruire ses ailes sur Christine car, comme elle le disait, « il lui manque un destin » (*VDC*, 22). En ce sens, il s'agira bien de *confections et non pas de confessions*, comme elle le suggère elle-même dans *La Peur du lendemain* en combattant le modèle rousseauiste fondateur des *Confessions* autobiographiques auquel elle fait explicitement référence : « Je parle de ce que je connais. Non pas moi, non, je ne suis pas le nouveau Rousseau. Connais-toi toi-même et je veux faire cette œuvre de parler de moi, qui n'eut jamais d'exemple. Non » (*PDL*, 7).[10]

---

[8] Cette perpétuelle ambiguïté entre vérité et mensonge dans la narration de soi semble relever de l'influence d'Hervé Guibert sur l'écriture de Christine Angot. Celui-ci constitue le modèle scriptural de l'œuvre angotienne comme l'atteste cette phrase tirée de *Léonore, toujours* : « Je veux faire exactement comme Hervé Guibert avec le sida. Mais moi, avec Léonore » (*LT*, 19). Il convient de remarquer également qu'Hervé Guibert est même présent intertextuellement dans *L'Inceste*. Ce texte cite, en effet, assez manifestement quelques passages de *À l'ami qui ne m'a pas sauvé la vie* comme suit : « J'ai été homosexuelle pendant trois mois » (*I*, 11). Phrase qui fait référence à l'incipit du livre de Guibert : « J'ai eu le sida pendant trois mois » (Paris : Gallimard, 1990, 9).

[9] Doubrovsky, Serge, « Autobiographie/vérité/psychanalyse », in *Autobiographiques : De Corneille à Sartre*, Paris : Presses Universitaires de France, collection Perspectives critiques, 1988, 61-79, 77.

[10] On peut également se reporter à ce que dit le personnage de Claude des livres de Christine Angot dans *Sujet Angot* : « La partie autobiographique, fantasmée, se

Mais en vérité si l'œuvre de Christine Angot ne parvient pas à conclure un pacte autobiographique, c'est parce que la construction du sujet Angot est problématique. Effectivement, ce qui fait difficulté ce n'est tant de se prendre pour sujet que d'*être un sujet* entendu au sens ontologique, si bien que la question de l'identité est au cœur du discours angotien : « Se poser la question : qui est-ce ? Qui est ce nom [Angot] ? Je ne sais plus trop qui tu es. Qui es-tu ? Qui est-elle celle que j'aime ? Qui est Christine Angot ? » (*SA*, 76-77). Effectivement, plus qu'un récit de soi, il s'agit avant tout d'une interrogation de soi qui prend la forme d'une herméneutique, où *le soi ne va pas de soi*, où le soi éprouve des difficultés à se saisir ainsi que le constate Claude : « Mais qu'y a-t-il de plus doux que je ? Pourtant ce que je suis m'échappe, glisse entre mes doigts comme du savon mouillé » (*LT*, 145). S'affirme manifestement l'inadéquation de soi à soi d'un sujet qui a du mal à se définir et qui, ne sachant procéder autrement, se définit par élimination ou presque par l'absurde en quelque sorte : « Je ne suis pas un animal, je suis un être humain » (*LT*, 44). Ou encore dans *L'Inceste*, parlant par métaphore, elle se définit par un rapport d'asservissement : « J'étais un chien, je cherchais un maître » (*I*, 215). Des fissures ontologiques conduisent ainsi ce sujet à ne plus faire corps avec lui-même si bien qu'un manque de cohésion identitaire l'affecte : « J'amorçais un processus, de faillite. Dans lequel je ne me reconnaissais pas. Ce n'était plus mon histoire. Ce n'était pas moi » (*I*, 11). Le soi angotien devient étranger à lui-même au point que les autres s'en aperçoivent comme Claude : « Tu fais du Angot mais ce n'est pas toi » (*SA*, 37). Le sujet est opaque à lui-même ainsi qu'il le clame : « Je ne me connais pas bien, je ne connais pas bien mon histoire » (*PDL*, 11-12). Il peine à se connaître et, partant, à se re-connaître, ce que montre cette scène de *Quitter la ville* :

> Et je sors, j'avais rendez-vous je devais sortir, à ce moment-là entrer dans la librairie, c'est tout à fait normal, une femme qui me dit : vous êtes Christine Angot ? Et là, je ne sais pas pourquoi, ça m'est venu naturellement, comme ça, spontanément, ça m'est sorti dans la bouche, comme une évidence, la seule à dire, j'ai fait : non. [...] Je n'étais pas Christine Angot et dans la rue, quelle douceur après. (*QLV*, 112-13).

Se dessine alors un sujet chancelant auquel il semble impossible de fixer une stabilité même précaire où l'unité de soi serait de mise, ce

---

mélange et se fixe. Il n'y a pas de confession avec toi, jamais, pas de partage, jamais, pas de dépôt de rien avec toi. Jamais. Tu ne te confies pas » (*SA*, 12).

qu'indique la narratrice de la manière suivante : « J'ai vraiment été pendant trois mois hors de moi » (*I*, 26). L'*ego* chez Christine Angot ne s'éprouve jamais *un* : « À l'intérieur d'eux-mêmes ils se fractionnent. Combien de toi y a-t-il en toi, ils se demandent » (*A*, 114). Le sujet Angot ne cesse d'être en *déport/départ de lui-même* en s'éprouvant lui-même pareil à un autre, affirmant lui-même : « J'ai vraiment du mal à croire maintenant que ça m'est arrivé. J'ai l'impression de parler de quelqu'un d'autre » (*I*, 26). Et cette altérité prend souvent la forme de la folie : l'aliénation à soi est considérée dans son sens propre, ce que montre clairement cet extrait d'un dictionnaire de psychanalyse cité dans *L'Inceste* : « Qu'elle s'appelle fureur, manie, délire, rage, frénésie, aliénation, la folie a toujours été considérée comme *l'autre* de la raison » (*I*, 132). C'est cette même folie qui transparaît notamment dans sa relation avec Marie-Christine à propos de laquelle on peut lire : « Après l'homosexualité, ç'a été la folie, c'est Noël qui m'a rendue folle, on avait repris ». Épisode dont la conclusion est la suivante : « L'aliénation, qui vous possède, ce n'est plus moi » (*I*, 101).

Une rhétorique de l'altérité s'élabore ainsi, rhétorique où le sujet ne se contente pas de s'éprouver autre mais où il *devient un autre*. Cette rhétorique s'amorçait déjà dans *Vu du ciel* où l'ange Séverine se considérait elle-même comme une autre Christine Angot au point de lui dire : « Christine, je t'appelle, je me sens seule au ciel. Viens à moi tu peux tout dire. [...] Je suis une autre toi. Parle-moi ! Je veux tellement oublier ma mort horrible. Oublier cette mort » (*VDC*, 26). Elle devient Christine Angot au point de déclarer à son propos : « Sans moi elle est perdue ; j'ai charge d'elle. Quand elle s'en va le silence reprend. Quand elle n'est pas là, y suis-je ? » (*VDC*, 27). Le soi peut alors projeter le fantasme d'être l'autre si bien que la connaissance du premier pourra passer par le second. Mais une telle esthétique de l'altérité pose de ce fait un problème d'ordre énonciatif : le sujet Angot va ainsi parler de lui comme d'un autre si bien que *l'altérité entraîne l'altération du discours* car comment, en étant soi-même comme un autre, continuer à parler de soi à la première personne ? C'est une question que l'œuvre pose ouvertement mais d'une manière ambiguë qui reflète toute sa complexité. En effet, c'est sous la plume d'un autre, en l'occurrence Claude dans son journal cité par le propre journal de Christine, que l'œuvre de Christine Angot se fait l'écho d'une telle réflexion : « Pourtant je doute de moi ou me déteste si souvent. Cela non plus n'est pas bon à avouer. Comment faut-il parler de soi ? » (*LT*, 35). L'autodiégétisme ne constitue plus la condition *sine qua non* de la quête ontologique car, comme l'affirme Paul Ricœur, dans certains cas « dire *soi*, ce n'est pas dire *je* ».[11] C'est par ailleurs ce qui apparaît manifestement dans *Sujet Angot* où *le cognitif identitaire passe par le conatif*, à savoir le récit de soi fait au vocatif à l'instar de *L'Autobiographie d'Alice B. Toklas* de Gertrude Stein[12] où le sujet devient un objet d'étude à lui-même étranger voire presque inconnu. Le narrateur est Claude, l'ancien époux de Christine Angot, et s'adresse à cette dernière pour lui parler de son livre *Sujet Angot* et tenter de la dépeindre mieux qu'elle n'a su le faire. C'est pourquoi ce roman est parsemé de réflexions métatextuelles y faisant directement référence : « De quoi tu parles là ? De quoi parle-t-on ? Parle de toi. De quoi me parles-tu ? Tu veux faire un autoportrait, sans y être. En creux. Pour t'épargner en fait. Un autoportrait, et tu n'y es pas. C'est quand même un comble » (*SA*, 24). Il essaie là de la cerner et ainsi de la définir dans son ipséité : « Il faut que tu y sois. Toi. Toi, Christine. Toi, Christine Angot, toi. Il faut que tu y sois, toi. [...] Ce qu'on veut nous, c'est ton style unique. Et toi ce que tu as à dire, unique aussi. Toi. Qui tu es. Toi. Toi qui es unique. Je pourrais en parler des heures, moi » (*SA*, 11). Il ne cesse d'ailleurs d'insister sur ce point dans des constructions répétitives à dessein :

> Je sais que tu es unique, rare, que tu ne ressembles à personne. Tu vas dire « comme tout le monde ». Je te réponds : tu es géniale. Comme tout le monde, oui, chacun est unique et génial. Tu as une personnalité hors du commun. Là, tu ne vas pas me dire comme tout le monde. L'ensemble forme un commun et toi, tu es hors, du commun. (*SA*, 32)

Mais ici, à l'instar de l'extrait cité plus haut de *Léonore, toujours*, cette ipséité s'affirme paradoxalement dans l'ambiguïté et dans un mouvement dialectique de négation d'elle-même. Ce style prétendument unique fait de répétitions est, en effet, repris par Claude, car bien

---

[11] Ricœur, Paul, *Soi-même comme un autre*, Paris : Seuil, collection Points-essais, 1990, 30.

[12] Outre que *Sujet Angot* repose sur la même technique énonciative que *L'Autobiographie d'Alice B. Toklas* – le narrateur Claude parle de Christine Angot comme la narratrice Alice Toklas parle de Gertrude Stein –, le roman de Christine Angot y fait directement référence et n'hésite pas à le citer comme modèle, ce que suggère peut-être l'extrait suivant : « Est-ce que tu as lu l'autobiographie d'Alice Toklas ? » (*SA*, 34).

évidemment prêté par Christine Angot à son ex-mari, ce qui en atténue inévitablement le caractère original, et souligne encore un peu plus la difficulté et la complexité qu'il y a à parvenir à cerner sa spécificité ontique. Le sujet Angot ne cesse, en fait, au moment où il s'avance de se dérober.

D'évidence, pour Christine Angot, l'altérité est constitutive de toute égologie, comme dans *Les Autres* – dont le titre est révélateur de la prégnance de l'esthétique de l'altérité – où la narratrice suggère emblématiquement à propos d'une jeune fille très proche d'elle voulant devenir écrivain : « Elle existe. C'est pour ça qu'elle veut écrire. Parce qu'elle se cherche et qu'elle cherche les autres. Qu'elle existe. Elle veut leur dire : j'existe » (*A*, 56). Mais comme ces derniers extraits le sous-entendent, l'Autre est aussi en proie au questionnement identitaire. Ainsi de Claude qui, dans *Sujet Angot*, en vient à déclarer lui aussi sa méconnaissance ontologique par la question présidant à toute introspection : « Qui suis-je ? » (*SA*, 16). Il indique par ailleurs que pour lui, écrire a pour « raison principale : trouver [s]es contours propres » (*SA*, 17). En fait, l'Autre est lui-même en quête de son Autre comme le suggère une remarque à propos d'une des femmes croisées par la narratrice des *Autres* : « Comme en soi, on peut entrer en soi, ça double » (*A*, 70). L'autre renvoie à son propre échec d'unité ontologique. Lui qui semblait être un moyen pour accéder à la connaissance de soi débouche sur une nouvelle interrogation aussi insoluble que la première car se renvoyant indéfiniment à elle-même, comme Claude le déclare encore dans *Sujet Angot* : « Les autres, j'arrête d'en parler, je n'en sais rien, qu'est-ce que j'en sais après tout ? » (*SA*, 13).

Et si, plus profondément, pour Christine Angot, le sujet est perpétuellement à la recherche de soi, c'est qu'à l'origine le sujet était indivis. Il n'a pas toujours été en quête de soi et a le fantasme de redevenir un, de retrouver cette unité ontologique perdue qui était celle du sujet dans son enfance, âge d'or comme il est dit dans *Interview* : « J'étais une source de bonheur. Maman se désaltérait à moi, j'étais sa rosée du matin. *J'étais l'eau, le feu, l'air et la terre.* Elle savait que ça ne durerait que le temps de l'enfance » (*Int*, 63 ; je souligne). La scission interne va être déclenchée par un changement onomastique qui est narré en détail dans *Quitter la ville*. Cet épisode survient quand, en 1972, par la loi sur les enfants naturels, elle se fait reconnaître par son père et passe de Christine Schwartz à Christine

Angot, et de Châteauroux – où elle habitait jusque lors – à Reims. Ceci est vécu comme une déchirure au sens fort du terme et une mort à soi donnée par ce père *incestueur* :

> On fait des faux papiers, en douce, on change de ville. Ni vu ni connu, personne que moi ne s'en apercevra, du changement d'identité. [...] [Avec la loi de 1972] tu vas pouvoir dire que comme toutes les autres petites filles, [ton père] vit, en revanche la Schwartz Christine *on la supprime*. Je meurs, *ich sterbe*, qu'est-ce qu'elle en aurait dit la Nathalie. Rien, des presque riens, des petits bouts de rien, *des moitiés* [...]. Alors que moi, évidemment, comme j'ai été, d'emblée, *d'un coup d'épée, coupée*. (*QLV*, 196-98 ; je souligne).[13]

Quitter la ville équivaut en réalité à quitter la vie...

La césure est la clef de voûte de toute l'égologie angotienne ainsi qu'elle le laissait entendre dans une interview portant sur l'importance, pour elle, du chiffre deux : « 2, c'est coupé en deux. Une partie des deux est obligatoirement sacrifiée, amputation, perte. Ce qui m'intéresse beaucoup c'est être dans l'entre-deux ».[14] En cela, le sujet Angot fonctionne comme un *sumbolon*, à savoir « un objet coupé en deux parties, dont la réunion peut constituer un signe de reconnaissance pour deux personnes qui en possèdent chacune une partie ».[15] Mais en fait, plus globalement, c'est celui qui incarne dans la mythologie grecque la brisure identitaire du *sumbolon* dont l'œuvre de Christine Angot se propose de réinterpréter le mythe : l'Androgyne, cet être coupé en deux à jamais. L'*Ego* Angot, effectivement, est comparable à l'Androgyne tel qu'il est présenté par Aristophane dans son discours sur *Eros* rapporté dans *Le Banquet* de Platon.[16] En effet, pour Aristophane, « au temps jadis, notre nature n'était pas la même qu'aujourd'hui, mais elle était d'un genre différent ».[17] Comme pour l'*ego* angotien, il existe un âge d'or où l'être n'était qu'unité, car, selon Aristophane,

---

[13] « la Nathalie » : il s'agit d'une allusion au texte liminaire « *Ich Sterbe* » de *L'Usage de la parole* de Nathalie Sarraute (Paris : Gallimard, 1980).

[14] Déclaration à l'hebdomadaire français *Elle*, 6 décembre 1999, 206.

[15] Brisson, Luc, in notes de l'édition de Platon, *Le Banquet*, Paris : Garnier-Flammarion, traduction de Luc Brisson, 1999, 200.

[16] Platon, *Le Banquet*, 189d-193b in Brisson, *op. cit.*.

[17] *Ibid.*, 114.

il y avait trois catégories d'êtres humains et non pas deux comme maintenant, à savoir le mâle et la femelle. Mais il existait encore une troisième qui participait des deux autres, dont le nom subsiste aujourd'hui, mais qui, elle, a disparu. En ce temps-là en effet il y avait l'androgyne, un genre distinct qui, pour le nom comme pour la forme, faisait la synthèse des deux autres, le mâle et la femelle. Aujourd'hui, cette catégorie n'existe plus, et il n'en reste plus qu'un nom tenu pour infamant.[18]

Et, si les androgynes disparurent, c'est parce qu'ils se révoltèrent contre les Dieux, ce que, d'après Aristophane, Zeus leur fit payer de la façon suivante : « il coupa les hommes en deux, ou comme on coupe les œufs avec un crin ».[19] L'Androgyne devint alors un être dédoublé caractérisé par l'amputation[20] comme l'est le sujet Angot, ce qui est très clairement affirmé dans *L'Inceste* : « [Marie-Christine] m'avait dit " non, horrible, c'est quand quelqu'un vous est arraché ". Et j'avais répondu " justement ". On est bien arraché à soi-même » (*I*, 23). C'est cette binarité qui apparaît également dans un passage d'*Interview* : « Mon corps dansant se désorganise, se plie et se déploie. Se déforme, va vite et se dédouble. Quelle vitalité il y a en moi » (*Int*, 121).

Toute la quête identitaire, pour l'Androgyne d'Aristophane et partant pour Christine Angot dont le sujet pourrait être considéré comme un *Angotgyne*, est alors de retrouver cette partie de soi manquante qui a appartenu au sujet et qui est devenu autre, car comme l'affirme Aristophane : « Chacun d'entre nous est donc la moitié complémentaire d'un être humain, puisqu'il a été coupé, à la façon des soles, un seul être en produisant deux ; sans cesse donc chacun est en quête de sa moitié complémentaire ».[21] Toute son entreprise va donc consister en une tentative de réconciliation des contraires, comme elle le clame elle-même : « Mélanger, c'est ma tendance, dans la première partie [de *L'Inceste*] vous avez vu. Aucun ordre, tout est mélangé,

---

[18] *Ibid.*, 114-15.

[19] *Ibid.*, 116.

[20] L'amputation est une image angotienne récurrente comme l'atteste cette phrase tirée de *L'Inceste* : « Je vais me faire exciser, peut-être infibuler, *des morceaux de ma chair, de mon sexe*, sécheront au soleil pour le prochain livre » (*I*, 27 ; je souligne). Ce fantasme de l'amputation s'explique également par l'identification du·sujet à sainte Christine : « Christine, prenant des morceaux de sa chair, les jetait au visage de son père, lui disait " prends cela tyran, mange cette chair que tu as engendrée ! " » (*Int*, 57).

[21] Brisson, *op. cit.*, 117.

incestueux d'accord c'est ma structure mentale, j'atteins la limite, je ne plaisante pas, je le sens » (*I*, 104). Mais une telle fusion ne peut s'effectuer que par le biais de l'*eros* pour tout Androgyne, car, au dire d'Aristophane, « c'est donc d'une époque aussi lointaine que date l'implantation dans les êtres humains de cet amour, celui qui rassemble les parties de notre antique nature, celui qui de deux êtres tente de n'en faire qu'un seul pour ainsi guérir la nature humaine ».[22] Et cet *eros* qui se trouve au cœur des préoccupations de l'Androgyne caractérise de même celles du sujet qui déclare dans *La Peur du lendemain* : « j'arrive à l'amour parce que mon sujet c'est l'amour [...]. Je ne connais pas l'amour, mais c'est mon sujet, mon sujet de prédilection » (*PDL*, 27). C'est donc dans la relation amoureuse – dont la précédente citation laisse deviner le caractère aporétique – que va s'effectuer, comme pour l'Androgyne, cette recherche de la moitié manquante, comme c'est le cas notamment dans la relation de Christine avec Marie-Christine présentée dans *L'Inceste* : « La moitié du monde, c'était mon grand argument, me manquait. Un être c'est un monde, c'était le sien. À lui tout seul, déjà... énorme » (*I*, 31).

À l'image de l'Androgyne, la narratrice de *L'Inceste* va tenter de faire s'unir les notions de masculin et de féminin afin de retrouver cette plénitude ontologique : « Je rêvais, je réfléchissais. La moitié de ma vie, l'homme, la deuxième, la femme » (*I*, 44). C'est pourquoi elle attribue à Marie-Christine ainsi qu'à elle-même des caractères masculins :

> Elle s'en servait comme d'une queue de sa langue. Quand elle embrassait, j'ouvrais. Je la voulais. Vivre d'expédients, c'était excitant. On perd la moitié du monde, et il y a beaucoup de torsions. Mais je la voulais quand même. On ne peut pas tout avoir. Elle m'a dit une fois : t'es un vrai petit macho. J'avais eu du mal à réprimer mon sourire, de satisfaction. (*I*, 30-31)

Pour elle, comme pour l'Androgyne, « quand donc l'être humain primitif eut été dédoublé par cette coupure, chaque morceau, regrettant sa moitié, tentait de s'unir de nouveau à elle ».[23] La fusion semble telle qu'elle affirme même redevenir – être – androgyne : « Dans l'avenue Saint-Lazare la semaine dernière, Sylvie a été attirée par *une fille androgyne, c'était moi* elle s'en est aperçue de profil. À l'hôtel,

---

[22] *Ibid.*.

[23] *Ibid.*, 116.

j'avais besoin d'un taxi, on m'a dit " vous êtes prêt ?... Euh pardon,
prête ? " *J'ai un visage et une allure ambigus*, j'ai toujours eu » (*I*,
39 ; je souligne). Elle va même jusqu'à se comparer symboliquement
à la morphologie de l'Androgyne : « [C'est] comme si ma tête, arti-
culée sur un pivot, avait deux faces toujours présentes, je connecte,
j'associe, tout communique, c'est ce que j'appelle ma structure
mentale incestueuse. Que j'essaie de réduire un peu, comme *une
fracture*, et une facture » (*I*, 154 ; je souligne). Elle se rapproche bien
ainsi de l'Androgyne d'Aristophane dont « chacun avait quatre mains,
un nombre de jambes égal à celui des mains, *deux visages* sur un cou
rond avec, au-dessus de ces deux visages en tout point pareils et situés
à l'opposé l'un de l'autre, une tête pourvue de quatre oreilles ».[24] Mais
cette réconciliation n'est que momentanée, car elle cesse avec la fin de
l'amour. Rapidement, la scission ontologique réapparaît violemment
avec Marie-Christine à qui elle adresse les reproches suivants : « Avec
moi qu'est-ce qui te manque ? Mais la moitié du monde, ma chérie,
tout simplement. Avec toi il me manque la moitié du monde, rien que
ça. Ça ne me fait pas bander ceux qui n'ont rien. Ceux qui n'ont pas
de queue, moi, eh bien je trouve que ça manque » (*I*, 31). Le soi ne
cesse pas d'être coupé en deux, de s'opposer sans cesse à lui-même,
d'être une antithèse irréconciliable, ce qui apparaît nettement quand la
narratrice avoue : « je mets en évidence des contraires, tout le temps »
(*I*, 105), car, effectivement, elle qui a eu une liaison avec une femme,
déclare à plusieurs reprises : « Je n'ai jamais été homosexuelle » (*I*,
15), ou « je ne suis pas homosexuelle » (*I*, 71). Pour Christine Angot,
l'être est oxymorique car « tout se retourne toujours comme des
gants » (*I*, 56). Jamais il ne va pouvoir connaître en fait l'univocité,
étant toujours travaillé par son contraire. Le fantasme de réunion et de
cohésion ontologiques redevient ce qu'il n'a cessé qu'un moment
d'être avec l'*eros*, à savoir un fantasme.

Cependant cette fusion de l'Androgyne va tout de même pouvoir
s'effectuer non sur un plan strictement ontologique et, dans une
moindre mesure référentiellement relationnel, mais sur un plan sémiotique et scriptural. En effet, pour Christine Angot, c'est l'écriture qui,
seule, apporte l'Amour, réconcilie et soude les antithèses. Chez elle, il

---

[24] *Ibid.*, 115 ; je souligne.

y a identification entre pratique scripturale et *eros*, ce qu'elle expose dans *L'Usage de la vie* :

> On se plaint que dans la littérature française il n'y ait plus de peinture de société. Plus que des femmes et des pédés. Trop de textes narcissiques, nombriliques. « Je » est le pronom de l'intimité, il n'a sa place que dans les lettres d'amour. Quand on dit « Je » dans un texte public, *c'est de l'amour pour vous*, est-ce que vous le comprenez ? Ou continuerez-vous de taxer la littérature française de narcissisme, de nombrilisme ? (*UDV*, 11 ; je souligne)

Cette écriture *érotique* pose alors le problème de son caractère sexué, et, plus généralement, du caractère sexué de toute écriture. Christine Angot va ainsi se jouer de l'idée reçue réductrice selon laquelle être une femme suffirait à définir la féminité d'une écriture. C'est ce point de vue simplificateur qu'expose le personnage de la journaliste dans *Interview* à la narratrice dont le silence paraît dubitatif et désapprobateur : « S'il y a une écriture féminine. Ou alors pas du tout. Que j'en fais partie. Qu'au fond j'écris pour les femmes. Que je donne des messages. Ou alors pas du tout » (*Int*, 91). Pour Christine Angot, cela ne constitue pas un critère suffisant, car son travail, on l'a vu, consiste essentiellement à remettre en perspective l'identité sexuelle de la femme – et de l'homme – si bien qu'il est difficile, partant, de parler à son propos d'écriture féminine puisqu'elle tente d'effectuer une synthèse entre masculin et féminin. S'affirme alors la volonté de créer une écriture opérant un brouillage des caractérisations sexuées simplistes, une écriture produite par une femme mais qui, paradoxalement, pourrait écrire comme un homme. C'est ce qu'elle tente d'affirmer ainsi avec toute l'ambiguïté d'une telle position scripturale : « Prendre le pouvoir, avoir le dessus. Et maintenant, je l'ai. Lui [son père] a perdu la tête, Alzheimer. Moi j'ai le dessus sur l'inceste. *Le pouvoir, le pénis sadique, ça y est, grâce au stylo dans ma main sûrement, essentiellement* » (*I*, 173 ; je souligne). L'écriture supposée féminine se réapproprie alors des caractères et des signes à connotation masculine qui viennent saturer nombre de remarques métatextuelles comme celle-ci : « Ma ponctuation, il faut que je m'en défasse, que j'en prenne une plus courante, plus naturelle, que les gens aient moins d'efforts à faire, c'est ridicule, c'était ridicule. *Surtout que virgule étymologiquement ça veut dire petite verge* » (*I*, 106 ; je souligne). Mais ces extraits, somme toute, en faisant massivement et délibérément usage de ce qu'ils prétendent refuser, peuvent être

considérés comme autant de constats d'échec où la fusion sexuelle
scripturale n'aurait pas encore eu lieu mais serait seulement désirée,
où la fracture entre masculinité et féminité serait encore à vif, et
d'autant plus visible qu'elle ne cesserait de chercher à être niée. Il
convient cependant de remarquer que dans certains passages –
notamment dans la première partie de *L'Inceste* qui expose
principalement la relation avec Marie-Christine –, une écriture
androgyne qui aurait su devenir une, totalisante et pleine parvient à se
faire jour, une écriture expliquant elle-même son dépassement des
catégorisations sexuées en réutilisant celles-ci :[25] « Un jour pâle fade
Le manque de toi aigu et pourtant je ne bouge pas je ne fais pas un pas
vers toi (Il n'y a pas de ponctuation du tout. Pas de limites, les métaux
se confondent, la fusion, le mélange, pas de virgule, pas de point.) »
(*I*, 76-77). L'écriture, pour Christine Angot, peut alors réaliser le
fantasme de l'Androgyne par moments, non pas uniquement le temps
que dure l'amour mais aussi lorsque la parole devient Parole,
lorsqu'elle devient la voix d'un Amour mythique, ce qui est à l'œuvre
dans les premières pages de *Quitter la ville* où toutes les moitiés se
soudent grâce à la conjonction *copulative* « et » dans un mouvement
de conciliation universalisant :

> On entend le mensonge *et* on entend la vérité, on entend le dedans *et* on
> entend le dehors, on est soi *et* on est hors de soi, hors de soi, oui parfois
> hors de moi, en moi *et* hors de moi, pas folle, en moi *et* hors de moi, *les
> deux*, je prends la langue à l'intérieur et je la projette, dehors, la parole est
> un acte pour nous. C'est un acte quand on parle. Quand on parle c'est un
> acte. Et donc ça fait des choses, ça produit, des effets, ça agit. C'est un
> acte, ce n'est pas un jeu. (*QLV*, 13 ; je souligne).

Cette écriture androgyne qui n'est qu'amour amène ainsi le sujet à la
croisée d'une autre identification, cette fois-ci non plus mythologique
mais biblique : la figure du Christ dont la parole n'est également
qu'Amour, d'où les nombreuses allusions et références qui lui sont
faites : « Mon psychanalyste m'a dit que ce n'était pas grave si je me
prenais pour le Christ. Mes lecteurs sont mes sauveurs. Les lecteurs,
l'électeur, l'élue » (*I*, 84). Christine s'assimile au *Christ* comme elle le
note elle-même : « Hier, mon psychanalyste : Qui vous a donné votre

---

[25] Christine Angot expose elle-même, par ailleurs, cette perpétuelle logique de
l'affirmation qui se trouve frappée de négation au moment même où elle est proférée :
« C'est vrai que tu m'aimes moins qu'avant ? J'ai dit ça parce que je t'aime plus
qu'avant. Ah ! oui c'est la logique Angot, ah ! oui, t'as raison » (*I*, 87).

prénom ? Dans Christine allusion au Christ. Je lui parlais de ma mission salvatrice, sauver les autres, crever leurs bouées habituelles, qu'ils se sauvent avec moi ou par eux-mêmes » (*I*, 54). Cette écriture se réapproprie par là-même le caractère salvateur christique, ce qui lui confère ainsi une portée universalisante explicitement revendiquée qui lui permet de dépasser les clivages autobiographique et autofictionnel comme elle le clame :

> Oui, réfléchissONS, ce n'est pas MON histoire. Ce n'est pas une HISTOIRE. Ce n'est pas MON livre. [...] Je ne RACONTE pas. Je ne raconte pas MON histoire. Je ne raconte pas une HISTOIRE. Je ne débrouille pas MON affaire. Je ne lave pas MON linge sale. *Mais le drap social.* (*QLV*, 168-69, 172 ; je souligne).

Elle parle essentiellement à destination des autres à qui elle semble apporter la parole épiphanique : « Est-ce que vous savez seulement ce que vous pensez ? J'arrête, non je ne vous agresse pas, au contraire. Dès que vous voyez quelque chose, vous pensez que c'est moi, *pensez à le retourner, c'est vous. C'est presque toujours vous, moi je renvoie* » (*QLV*, 85 ; je souligne). L'écriture angotienne est alors devenue le lieu d'une perpétuelle prophétie : « Comme les héros doivent toujours quitter les villes. Parce que nul n'est prophète en son pays, parce qu'il faut toujours sortir pour prêcher, et donc prêcher toujours ailleurs, et donc toujours quitter » (*QLV*, 164).

Textes de Christine Angot

Si l'édition originale n'est pas l'édition consultée, celle-ci est indiquée entre parenthèses. Les abréviations de titres utilisées dans l'article figurent entre crochets.

Vu du ciel, Paris : L'Arpenteur-Gallimard, 1990 (Folio, 2000 [*VDC*]).

Not to be, Paris : L'Arpenteur-Gallimard, 1991.

Léonore, toujours, Paris : L'Arpenteur-Gallimard, 1994 (Paris : Fayard, 1997 [*LT*]).

Interview, Paris : Fayard, 1995 (Pocket, 1997 [*Int*]).

Les Autres, Paris : Fayard, 1997 [*A*].
L'Usage de la vie, Paris : Fayard, 1998 [*UDV*].
Sujet Angot, Paris : Fayard, 1998 [*SA*].
L'Inceste, Paris : Stock, 1999 [*I*].
La Peur du lendemain, Paris : HFA-Elle, 2000 [*PDL*].
Quitter la ville, Paris : Stock, 2000 [*QLV*].

Geneviève Brisac : un certain air du temps et au-delà
Anne-Marie Obajtek-Kirkwood

Obajtek-Kirkwood fait ressortir la représentativité sociale et historique du personnage de Nouk qui parcourt les quatre dernières décennies du XXᵉ siècle. Elle montre comment Brisac, écrivaine du quotidien, repère les événements, les mouvements sociaux et culturels contemporains, et comment elle exemplifie, avec légèreté, les dilemmes souvent douloureux qui se posent à une jeune fille, puis une femme, entre ses rôles de féministe, d'amante, d'épouse, de mère mariée puis célibataire.

Geneviève Brisac : a certain zeitgeist and beyond

Obajtek-Kirkwood reveals the extent to which the character Nouk is representative of her time : the last four decades of the twentieth century. She shows how Brisac, a chronicler of daily life, discerns the social and cultural events and movements of the period, and how, with a lightness of touch, she illustrates the often agonizing dilemmas faced by a young girl, later a woman, in her roles as feminist, lover, wife, and mother, at first married then single.

> Le roman n'apporte jamais de réponse à rien, telle est sa plus belle vertu. Comme Job, il nous laisse avec une perception renouvelée de l'épaisseur du monde.[1]

Née à Paris en 1951, normalienne et agrégée de lettres, professeure de collège pour un temps, Geneviève Brisac, qui a créé la collection « Page blanche » chez Gallimard, est journaliste (elle collabore au *Monde des livres*), et éditrice à L'Ecole des Loisirs où elle a publié

---

[1] Brisac, Geneviève, *Loin du Paradis*, 129. Les références aux textes de Geneviève Brisac seront par la suite mises entre parenthèses dans le texte. Les éditions consultées ainsi que les formes abrégées des titres sont indiquées dans la bibliographie à la fin du texte.

des récits pour enfants. Écrivaine, elle a rédigé une biographie de Flannery O'Connor : *Loin du Paradis* (1991), produit un roman cauchemardesque à l'image des totalitarismes qui ont traversé le XXe siècle : *Madame Placard* (1989), et une fresque romanesque commencée en 1987 avec *Les Filles* (Prix de l'Académie française) suivi de *Petite* (1994), *Week-end de chasse à la mère* (1996, Prix Femina) et achevée en 1999 par *Voir les jardins de Babylone*. Au printemps 2001 est sorti *Pour qui vous prenez-vous ?*, recueil de nouvelles où sont traités, selon Frédéric Beigbeder, de « vrais sujets : la résignation, la mélancolie, la cruauté tendre, une sorte de désespoir gai, un peu à la Duras… ».[2]

Les quatre textes de notre étude constituent un ensemble avec thèmes et personnages récurrents dont le principal est Nouk. Nous suivons son parcours, de l'adolescence fragile aux années universitaires, de la jeune femme avec compagnon et bébé à la mère divorcée qui élève seule son fils Eugenio. Il couvre les quatre dernières décennies, des années 60 (*Les Filles* et *Petite*) aux années 80 (*Voir les jardins de Babylone*) et 90 (*Week-end de chasse à la mère*).

« Le tissu de l'histoire est ce que nous appellerons une intrigue, un mélange très humain, très peu " scientifique " de causes matérielles, de fins et de hasards ; une tranche de vie, en un mot, que l'historien découpe à son gré et où les faits ont leurs liaisons objectives et leur importance relative », nous dit Paul Veyne.[3] La romancière procède similairement, par le biais de sa protagoniste, avec les événements, l'histoire vécue puis remémorée. Cette étude portant sur Nouk, personnage féminin et féministe, cernera sa représentativité sociale et historique (caractérisée par les grands événements mais aussi les petits faits qui marquent une époque) puisque chacun-e est tributaire du temps et du lieu qu'il/elle épouse, rejette ou accommode, comme le suggère cette remarque de Nouk à propos des années 90 : « L'époque est grossière, il serait présomptueux d'imaginer que cela puisse ne déteindre en aucune façon » (*WCM*, 159).

Au commencement donc il y a Nouk, petite bourgeoise du début des années soixante, vêtue comme sa sœur Cora d'un polo et kilt

---

[2] Livres de *Paris Première*, 17 Avril 2001,
http://www.paris-premiere.fr/livres/fiche_livre.phtml?pI=48

[3] Veyne, Paul, *Comment on écrit l'histoire*, Paris : Seuil, 1971, 46.

marron, « habits moches et chics qui font gros ventres et maigres pattes » (*F*, 37), dont l'adolescence coïncide avec l'essor de la société de consommation. Nouk traverse ces années en personnage et narratrice restituant un certain air du temps avec « effet de réel » garanti par la mention d'objets, d'usages, de chansons, de mots en vogue. Avec humour elle affirme que la maison des années 60 se modernise avec moquette, broyeur de déchets, aspirateur de table et que le frigidaire « participe aussi de cette nouvelle vision du monde » (*P*, 69). S'ensuivent d'autres habitudes alimentaires, procédés d'achats, exigences pour l'étiquetage et l'emballage des produits (*P*, 69). Les supermarchés, nouveaux temples de la consommation, surgissent, avec leur organisation interne obéissant aux lois du marketing (*WCM*, 115). Costa-Rosaz insiste sur l'impact de ces années de croissance économique de 1954 à 1974, « véritable révolution économique, sociale et aussi culturelle » où « les conditions de vie, les comportements, les valeurs et les représentations collectives, tout est chamboulé ».[4] Elle y voit un travail de sape des vertus et tabous traditionnels avec avènement d'une culture nouvelle fondée sur le matérialisme, l'individualisme et l'hédonisme, et l'accélération des mutations annoncées depuis la fin du XIXᵉ siècle : déclin du christianisme, émancipation de la jeunesse et des femmes ainsi qu'érotisation de la société. En découlent davantage de temps libre, le développement des voyages organisés dont Nouk se moque à l'Acropole (*WCM*, 99). Les loisirs deviennent partie intégrante de l'emploi du temps hebdomadaire : télévision si chichement accordée à Nouk adolescente, beaucoup plus libéralement à Eugenio, maison de campagne des grands-parents le week-end, plus tard « le béton tropical » et l'eau chlorée d'Aquaboulevard (*WCM*, 93, 96-107).

Autre signe de cette société de consommation, l'autonomie progressive de la jeunesse qui élabore sa propre culture « non plus socio-familiale, mais internationale, une culture de la " modernité déracinée " ».[5] Les jeunes se retrouvent de plus en plus entre eux, lors de surprises-parties où Nouk fait tapisserie à écouter Johnny Halliday (*P*, 54) et des chansons, « tranche[s] de vie », « costume[s] de [leur]

---

[4] Costa-Rosaz, Fabienne, *Histoire du flirt : les jeux de l'innocence et de la perversité*, Paris : Grasset, 2000, 291.

[5] *Ibid.*, 296.

époque »,[6] tubes tels que : *Nights in White Satin* (*VJB*, 57-58),
Strangers in the Night (*P*, 107), *Ne me quitte pas* version Nina
Simone, ou *For the times they are a-changin'* (*VJB*, 130). Ils se
distinguent des autres générations également par leur mode
vestimentaire « ridicule » illustrée dans les magazines par le
mannequin Twiggy (*P*, 49), et par un langage argotique qui étonne
dans l'écriture de Brisac.

Nouk adolescente appartient bien à cette société de consommation
par ses activités, ses choix vestimentaires ou langagiers. D'autres événements historiques ont sur elle un effet plus perturbateur : l'horreur
des camps cachée par la famille car trop douloureuse – « on ne parle
pas de ces choses-là chez nous. C'est indécent, et c'est dangereux.
C'est de la curiosité malsaine. Parce que cela échappe à la raison » (*P*,
48). Et parce que caché, réprimé, ce sujet tabou hante plus encore,
comme ces yeux en couverture de *Treblinka*, livre de Jean-François
Steiner, que Nouk dissimule derrière les rayons de la bibliothèque
familiale.

Un autre drame, contemporain de ses débuts de lycée, se révèle à
elle par une bombe qui explose au jardin du Luxembourg. L'horrible
face de la guerre d'Algérie est alors identifiée en Métropole : « Dans
les classes, tous les jours on prononce les syllabes O.A.S., wilaya,
O.A.S., plastique. Plastic. [Nouk et Cora] ne faisaient pas la différence, et le plastic dans leur tête avait des couleurs bleu et orange.
Plastic et mort, désormais » (*F*, 44). Reliée à ce drame, la traque du
porteur de valise, hébergé par la mère (*F*, 46), entraîne l'expédition
des enfants en Bretagne, éloignées des parents et de la réalité concrète,
et perturbées par l'Histoire non expliquée (*F*, 79). Ne leur reste que
l'imagination morbide des faits, plus douloureuse que la réalité
souvent chaotique et inquiétante où « tout fait un tout, les cris et la
sexualité, la violence et l'ami blessé, la vulgarité et la vraie vie, les
bombes et l'odeur du sexe qu'il ne faut pas avoir au bout des doigts
quand passe un parent » (*F*, 83).

Nouk est marquée dès son enfance par plusieurs exigences
profondes et difficiles : la nécessité de comprendre et de maîtriser la
réalité autour d'elle, alliée à un souci de vérité. Intelligente, vive,

---

[6] Pénet, Martin, *Mémoire de la chanson : 1100 chansons du Moyen-Âge à 1919*,
Paris : France-Culture, Omnibus, 1999, xvii.

allant au fond des choses, elle débusque les vrais motifs, les faux-semblants et remet en question certaines conduites adultes : « Les actes d'autorité ne cachent-ils pas presque toujours les caprices de celui qui les commet ? » (*F*, 33) ou « il n'y a personne pour espionner toutes les abominations que les adultes disent aux enfants » (*F*, 38). D'autres fois, elle tolère très bien le « nuage de mensonges idiots » (*P*, 62). Adolescente, elle découvrira, elle aussi, la voix du mensonge avec la tristesse de s'éloigner de ce monde « où l'œil ne vous suit pas partout » puisqu'« on n'est pas dans le vrai » (*P*, 100).

À cette exigence de vérité, s'ajoute un réel besoin de communiquer et d'aimer, difficile à satisfaire dans cette famille bourgeoise où aisance matérielle et disette affective vont de pair. Il y a des sujets tabous, des questions qu'il ne faut pas poser : « on ne dit rien de ce qui peut inquiéter dans cette famille. C'est du poison, cette manière » (*F*, 80). Nouk aimerait que le père parle vrai à propos du décès de la grand-mère (*F*, 89) avec laquelle la communication relevait de l'exploit, engendrant « des plaques de silence plus lourdes que des plaques de glace ou de béton » (*F*, 70). De même, les filles se sentent coupées des parents : « Il est difficile d'attirer leur attention. Et nous ne savons presque rien d'eux, car nous avons appris à ne jamais poser de questions » (*P*, 22). Les relations de la mère avec sa propre mère et son mari ne sont pas heureuses, et sont empreintes de nervosité, d'impatience à l'égard des filles : « Elle n'écoute plus, elle ne pense plus qu'à elle », commente Cora qui, désabusée, énonce : « Comprends, Nouk [...]. Qu'il ne faut pas attendre de l'amour » (*F*, 24). Cet amour, les enfants le reçoivent un peu de Pauline, la bonne d'enfants, et de Mémoire, la cuisinière noire et « pilier » de la maison (*F*, 128). Attente douloureuse de Nouk, en particulier lorsque sa mère ne vient pas l'embrasser le soir au lit (*F*, 34-35) ; caresses qu'elle se donne pour atténuer la douleur, vertement réprimées par la mère par qui Nouk se sent si cruellement rejetée (*F*, 88) ; lorsque les parents ne les rejoignent pas en Bretagne, Nouk, de désespoir, s'enfuit le plus haut possible sur les rochers et cherche encore une consolation dans la masturbation (*F*, 75-76). Nouk l'aînée est atteinte de « cette absence d'amour où le moi se meurt » ;[7] sa souffrance affective se manifestera aussi par une atroce anorexie, très graphiquement et cliniquement

---

[7] Mercier, Michel, *Le Roman féminin*, Paris : PUF, Littératures modernes, 1976, 81.

décrite dans *Petite*.[8] Les parents traiteront alors Nouk en adulte, pour se dégager de leur propre responsabilité et l'imputer à leur fille, sans essayer de la comprendre, de lui poser les vraies questions ni de lui donner le soutien et l'affection qui la sortiraient du gouffre dans lequel elle est tombée ; ce seront de nouveau des gens extérieurs à la famille immédiate et son grand-père qui ramèneront Nouk à la vie et au regain d'un certain équilibre. Ainsi le comportement de Nouk adolescente illustre tout à fait ces propos :

> C'est cette tension entre assimilation identificatoire et différenciation désidentificatoire qui se manifeste par exemple dans ce symptôme typiquement féminin, et spécialement adolescent, qu'est le couplage de la boulimie et de l'anorexie, où se rejoue le rapport à la mère sous la double forme contradictoire et complémentaire de l'assimilation et de la différenciation, de l'ingestion et du rejet.[9]

Ce vécu laissera des séquelles en Nouk adulte, dans sa vision des mères en particulier, puisqu'elle aura cette opinion : « Il n'y a que les mères mortes, me surprends-je à songer parfois, celles-là ne font pas de mal, elles sont les plus douces et les plus parfaites » (*WCM*, 14), écho réverbéré chez ses amies féministes : « Que maudites soient nos mères, dit Rosa en riant, et [Nouk] tremble, tandis que Merle et Libuse se récrient, le passé maudit est derrière nous » (*VJB*, 193).[10] Refus de la mère en même temps que désir intense de la retrouver qui s'exprime dans son attachement passager à la sociologue Hazelle Gallant :

> *Aussi ai-je renoncé provisoirement à adopter Hazelle Gallant comme mère attentive. Bon Dieu, j'en prenais le chemin, charmée par sa fantaisie, sa fragilité, son malheur, son humour. [...] N'en as-tu point assez des mères*

---

[8] Évoquée vers la fin des *Filles* mais faisant tout l'objet de *Petite*, des quatre romans le plus chargé « de flux autobiographique » (Didier, Béatrice, *L'Écriture-femme*, Paris : PUF, Écriture, 1981, 19), avec plusieurs interventions de la narratrice-auteure : « Je m'appelle Geneviève, c'est mon véritable prénom. On ne m'appelle jamais ainsi pourtant. C'est un nom trop lourd » (*P*, 12), notamment de la page 29 à 30, avec aussi des ruptures, des glissements de Nouk personnage et narratrice à un autre « je » (29-30 et autres) qui semble plus particulièrement se référer à la narratrice hors diégèse, Brisac elle-même.

[9] Heinich, Nathalie, *États de femme : l'identité féminine dans la fiction occidentale*, Paris : Gallimard, NRF essais, 1996, 338.

[10] Ou encore : « Les mères, cette engeance ! disions-nous. La littérature n'est-elle pas pleine de leurs crimes et de leurs bonnes consciences, de leurs plaintes et de leurs ravages » (*WCM*, 186).

et de leurs catastrophes ? De toutes ces souffrances évitables avec un peu de discernement, de fermeté ? Ne pourrais-tu renoncer à te faire comprendre, à te faire adopter, ne pourrais-tu, une bonne fois pour toutes, cesser de croire qu'une personne au monde, celle qui par miracle se trouve en face de toi, va te comprendre et t'aimer ? (*VJB*, 106, en italique dans le texte)

Séparée affectivement de ses parents, Nouk va le devenir de plus en plus idéologiquement, socialement aussi, et ce par le biais de Mai 68, à l'impact profond sur sa vie. Cet événement, que ses parents bourgeois redoutent pour les coups de matraque possibles, et aussi parce qu'ils craignent – à tort – que Nouk ne « couche avec un garçon » (*P*, 107), Nouk le vit activement et passivement à la fois, « elle ne sait pas très bien ce qu'elle fait, c'est *l'air du temps* » (*P*, 106, mes propres italiques pour cette expression qui me semble si bien correspondre à une certaine écriture de Brisac).

Suivent des années militantes avec foi dans le marxisme et ses lendemains radieux où flirt et politique font parfois bon ménage : « [Berg et Nouk] se font du charme en discutant de l'extinction de l'État bourgeois » (*P*, 110). Réunions, activités, manifestations, lui donnent la vision d'un monde autre, et lui permettent de prendre conscience de ce « qu'elle sait déjà : son arrogance bourgeoise, sa manière de penser, fausse, toujours fausse, que seul, peut-être, le marxisme pourrait laver » (*P*, 105).[11]

Mai 68 laisse une profonde empreinte sur Nouk, dans sa vie privée et publique, idéologique et professionnelle. Sur le plan personnel, c'est à ce mois particulier qu'elle doit sa rencontre avec Berg, le militant, devenu son compagnon et dont elle aura un fils.[12] Sur le plan politique et social, en découlent, outre sa perception d'une autre réalité sociale qui tient compte des plus démunis (clochard-e-s, chômeurs-ses, SDF, *WCM*, 12, 88-89), son féminisme dont l'origine remonte à ces « manifestations de filles dansantes et gaies, de filles

---

[11] Arrogance vis-à-vis de ce qui est autre et donc jugé inexistant, car selon Barthes « en société bourgeoise, il n'y a ni culture, ni morale prolétarienne, il n'y a pas d'art prolétarien : idéologiquement, tout ce qui n'est pas bourgeois est obligé d'*emprunter* à la bourgeoisie », arrogance encore définie par ces caractéristiques de l'idéologie bourgeoise : « l'universalisme, le refus d'explication, une hiérarchie inaltérable du monde », *Mythologies*, Paris : Seuil, 1957, coll. Points, 1970, 226 et 242.

[12] Son parcours amoureux est jugé, par la sociologue Hazelle Gallant, « tellement révélateur de la fracture des sixties » (*VJB*, 111).

sans peur et sans douleurs » (*VJB*, 40). Enfin, professeure, elle y puise une pratique enseignante pluridisciplinaire, fournissant « une grille à la transmission des savoirs, battue en brèche par tout ce qu'on sait » (*VJB*, 69). Dans cet événement plus que dans tout autre concernant Nouk, histoire collective et histoire individuelle s'entremêlent, comme l'explique très bien Margaret Atack : « Mai est, de nombreux points de vue, l'un des moments autobiographiques majeurs du siècle, où la valeur de l'individualité et de l'expression de soi-même fut immense – ainsi le soi existe comme soi dans la mesure où il est le soi de beaucoup. C'est le texte collectif de Mai qui se profile sur le texte de l'individu et en articule la possibilité ».[13]

Mai 68, étape historique nécessaire à Nouk pour s'éloigner, se libérer de son milieu, acquérir une certaine indépendance, maturité émotionnelle, affective, sexuelle, bref devenir adulte. L'impact réel ou supposé de ce « mois » est souligné : « Tout est à cause de Mai 68, d'ailleurs. Il y a, dans l'univers en expansion qui est le nôtre, trois grands " à cause " : la crise de la famille, le capitalisme, Mai 68 » (*VJB*, 68). Elle en interroge lectures et relectures : « C'est une constante des évocations soixante-huitardes de provoquer l'agacement ostentatoire de tous et toutes sans exception. L'étonnant, c'est qu'elles perdurent pourtant et soient un constant sujet d'études, de reconstitutions, de parodies. Et de dénégation » (*VJB*, 135). Brisac rejoint Costa-Rosaz qui voit en Mai 68, entre autres facteurs, la libération de la sexualité :

> La sexualité sort du champ du tabou dans lequel elle était jusque-là confinée. Elle devient un sujet de société et de politique. L'étau des interdits qui verrouillait l'éros se desserre encore un peu plus. Si la pilule fait sauter un verrou biologique, les étudiants de Mai 68 contribuent, eux, à faire sauter un verrou moral.[14]

Les tout premiers rapports de Nouk, ceux avec Berg, seront ainsi placés sous le signe de la politique. Berg, en gauchiste convaincu, dénonce la politique sexuelle du capitalisme : « Aimer est un concept bourgeois, […]. Jamais nous ne prononcerons ces mots minables : Je t'aime ! C'est le produit, dans la superstructure, de la célèbre lâcheté

---

[13] Atack, Margaret, *May 68 in French Fiction and Film : Rethinking Society, Rethinking Representation*, Oxford, New York : Oxford University Press, 1999, 4, ma traduction.

[14] Costa-Rosaz, *op. cit.*, 333.

des bourgeois sans scrupules. Le romantisme est un pur produit du capitalisme décadent, [...] l'expression de son impuissance » (*VJB*, 160) ou encore : « Le culte de la virginité est une invention bourgeoise, pour protéger la propriété privée, c'est la représentation symbolique de la détention par le plus petit nombre des moyens de production » (*VJB*, 163). La nature aussi impose sa loi : « Les besoins biologiques de l'espèce, il n'y a rien d'autre ! » (*VJB*, 160), « c'est la nature, Nouk, qui unit nos corps » (*VJB*, 163). En l'absence de Berg, Nouk abandonnera ce prêt-à-porter marxiste pour vivre une brève et vraie passion romantique avec Tiburce, chasseur, séducteur, qui la trouvera « hypocrite et coincée » (*VJB*, 181), pleine d'habitudes petites bourgeoises !

L'institution du mariage, la solidité de la famille se désagrègent. Nouk vit ainsi en union libre avec Berg depuis treize ans, mais paradoxalement une nouvelle éthique se dessine dans cette « libération sexuelle » : la valorisation de la fidélité, puisque l'amour est désormais le fondement du couple – c'est certainement le cas pour Nouk, mais c'est beaucoup plus discutable pour Berg – et donc s'ensuit une plus grande intolérance aux trahisons. Nouk ressent ainsi auprès de Berg ce tourment de le voir papillonner ailleurs avant la naissance d'Eugenio (*VJB*, 175), puis, après, cette hantise récurrente de le rencontrer dans tout couple d'amoureux (*VJB*, 104) et de sentir rôder « l'atroce vent humide et coupant de la jalousie » (*VJB*, 74). Elle n'est pas prête à cette revendication du corps, à cet appel de la nature, que prônait Berg jeune. De ce point de vue, Nouk appartiendrait, selon Jean-Claude Kaufmann, à cette catégorie assez traditionnelle de femmes qui « à l'inverse de leurs partenaires, [...] conçoivent plus difficilement que les hommes d'avoir des rapports sexuels sans amour ».[15]

Années 80, Nouk est pour Hazelle Gallant « cette jeune femme moderne et simple, épanouie » (*VJB*, 136), vision qui ne correspond pas à sa propre perception d'elle-même : « moi, qui ne sers à rien, qui ne fais plus grand-chose, le bébé, la voiture, le collège, les cours, la voiture, le bébé, et qui ne sais jamais quoi répondre. Obsédée d'être utile, cela doit être une certaine façon de se tenir debout » (*VJB*, 10).

---

[15] Kaufmann, Jean-Claude, *La Femme seule et le Prince charmant : enquête sur la vie en solo*, Paris : Nathan, Essais, 1999, 111.

Au seuil d'une nouvelle décennie, Nouk garde cependant un certain espoir en l'avenir malgré de nombreuses promesses idéologiques non tenues :

> on vient justement de changer de président, d'époque, de sentiments. Les années quatre-vingt, [...] ce n'est pas ce qu'on nous avait dit, le meilleur des mondes postmodernes, rien n'arrive jamais comme on avait dit, on ne sait pas vraiment de quoi c'est fait, cet avenir un peu mou, un peu bizarre qui nous tombe dessus. (*VJB*, 141)

De nouveau histoire personnelle et histoire collective s'entrecroisent. Les caractéristiques des deux dernières décennies que souligne Brisac ne sont que les formes plus achevées des ruptures, des mutations que la société de consommation a amorcées, que Mai 68 a accentuées avec éclat et qui, s'il faut schématiser, découlent pratiquement toutes d'un individualisme forcené et d'une absence de plus en plus forte de valeurs et de repères.

Les anciennes militantes que furent Nouk et Hazelle s'accordent à observer qu'en ces « grossières » années 80 et 90 (*WCM*, 159), l'engagement aux grandes causes, la solidarité de masse font défaut : « il n'y a plus de défilés pour protester contre les crimes. Ou presque plus. Nous sommes dans une période de marée basse » (*VJB*, 133). En philosophe, Lipovetsky confirme cette désaffection de la chose publique au profit du moi :

> la confiance et la foi dans l'avenir se dissolvent, les lendemains radieux de la révolution et du progrès ne sont plus crus par personne [...] ; plus aucune idéologie politique n'est capable d'enflammer les foules, la société post-moderne n'a plus d'idole ni de tabou, plus d'image glorieuse d'elle-même, plus de projet historique mobilisateur, c'est désormais le vide qui nous régit, un vide pourtant sans tragique ni apocalypse.[16]

Désaffection non seulement pour la chose publique mais aussi manque d'intérêt envers l'autre, un désintérêt que Nouk perçoit par exemple dans l'expression « savez-vous à qui vous parlez ? », à propos de laquelle elle commente avec ironie que c'est « l'une des choses les plus courantes et les plus sottes que l'on puisse dire de nos jours, à notre époque, où personne n'a cure de savoir à qui vous parlez » (*VJB*, 27). Cette indifférence envers autrui se double d'une progression exacerbée de l'individualisme exemplifié par des signes extérieurs,

---

[16] Lipovetsky, Gilles, *L'Ère du vide : essais sur l'individualisme contemporain*, Paris : Gallimard, 1983, 12.

comme la tyrannie du « look » dictée par les média : « Maintenant, les petites bourgeoises au front bas, au lieu de porter des chemisiers fleuris, des jupes droites, de se faire des permanentes frisées, prennent des allures qu'elles ont vues à la télé. L'invention du look » (*VJB*, 74), ce que déplore Michel Mercier lorsqu'il qualifie le XXe de « siècle sans âme, où l'image tue les valeurs spirituelles et où l'objet est censé créer la personnalité ».[17] Et qui dit look dit mode vestimentaire et autres, culte de la beauté, hantise de vieillir, quête d'une jeunesse éternelle, tout ce dont est victime Hazelle, elle qui pendant trois ans a joué la comédie pour cacher à son mari son besoin de lunettes, symbole de ses hantises :

> J'avais le sentiment d'être un monstre, une femme dévaluée, avec une pancarte sur le front : presbyte et ménopausée. La honte de vieillir m'avait saisie comme on vous met en cage, comme on éteint la lumière, comme une condamnation. Je croyais mener un combat, je ne voulais pas me résigner. Préserver les apparences ! (*VJB*, 108)

Pour Lipovetsky, le corps est ainsi devenu une valeur :

> Le corps ne désigne plus une abjection ou une machine, il désigne notre identité profonde dont il n'y a plus lieu d'avoir honte [...]. En tant que personne, le corps gagne la dignité ; on se doit de le respecter, c'est-à-dire veiller en permanence à son bon fonctionnement, lutter contre son obsolescence, combattre les signes de sa dégradation par un recyclage permanent chirurgical, sportif, diététique, etc. : la décrépitude « physique » est devenue une turpitude.[18]

Désintérêt pour la chose publique et retour obsessionnel sur soi, notre contemporain-e est devenu-e Narcisse :

> Dans un système organisé selon le principe de l'isolation « douce », les idéaux et valeurs publiques ne peuvent que décliner, seule demeure la quête de l'ego et de son intérêt propre, l'extase de la libération « personnelle », l'obsession du corps et du sexe : hyper-investissement du privé et conséquemment démobilisation de l'espace public.[19]

« Hyper-investissement du privé » qui se manifeste par un hédonisme forcené dont l'une des expressions est cette exclamation de Libuse, amie de Nouk : « Moi d'abord est le seul cri authentique que

---

[17] Mercier, *op. cit.*, 54.

[18] Lipovetsky, *op. cit.*, 68-69.

[19] *Ibid.*, 48.

je connaisse !» (*VJB*, 195). Merle, amie de Nouk et de Libuse, critique durement cet hédonisme comme étant une « tyrannie du plaisir » et de la lâcheté, un manque d'engagement profond de la personne vis-à-vis de l'autre (*VJB*, 147-49). Dominique Noguez, quant à lui, le qualifie d'« idéologie du "je-prends-mon-pied-et-je-vous-emmerde" » et le situe en héritage direct de Mai 68 : « ce culte du pseudo-bonheur procède de l'absence assez préoccupante de surmoi individuel ou collectif (ou disons, plus simplement, de souci de l'autre), qui fait suite peut-être à notre cher " *interdit d'interdire* " d'il y a trente ans ».[20] Nouk taxe cette approche de « marche forcée vers le bonheur » (*WCM*, 55), exprimée aussi par un énorme besoin d'expression, une logorrhée continue et vide de sens dont romancière et philosophe s'accordent à déplorer la forme sémantique et l'absence de teneur : « C'est cela précisément le narcissisme, l'expression à tout-va, la primauté de l'acte de communication sur la nature du communiqué, l'indifférence aux contenus, la résorption ludique du sens, la communication sans but ni public, le destinateur devenu son principal destinataire ».[21] Narcissisme verbal dont la caricature est cette enquête sur la sexualité des Françaises à laquelle Nouk se prête et où tout doit se définir en expériences et termes sexuels pour la Professeure Gallant : « Quand prenez-vous la pilule pour la première fois ? Masturbations, flirts de voiture, les sorties, votre premier amour ?» (*VJB*, 112), alors que Nouk est bien incapable de fournir des données aussi « cliniques » : « Je ne vois pas ma vie comme vous. Vos mots sont comme des bâtons. Ils ne désignent rien pour moi, aucune image. Ils sont des choses de l'extérieur. Oui, ils sont des sortes d'habits qu'il faudrait mettre, pour assurer la conformité de nos vies » (*VJB*, 112). Nancy Huston abonde dans le sens de Nouk lorsqu'elle affirme :

> Comment échapper aux rets du langage qui balise et banalise notre sexualité tous les jours un peu plus ? […] Comment se soustraire, enfin, à l'exigence impérieuse de notre époque de *tout dire*, si l'on ne veut pas finir par *ne rien ressentir* ?[22]

---

[20] Noguez, Dominique, « Du bonheur faisons table rase », *Le Nouvel Observateur*, 27 avril 2000, 63.

[21] Lipovetsky, *op. cit.*, 18.

[22] Huston, Nancy, *Désirs et réalités : textes choisis 1978 – 1994*, Montréal : Léméac, 1995, 61.

Besoin de se pencher sur soi perceptible encore chez « ces gogos qui vont sur des divans » (*P*, 14), alors qu'« il n'est pas sûr que ce [la cure] soit un immense progrès » selon Nouk (*WCM*, 70), d'autant plus qu'elle échoue à en appliquer les grilles au féminin : « Mon esprit s'embrouille à tenter de suivre [Marie-Sandra, une des sœurs de son amie Martha], dans son univers de psychologie-fiction, régi par les règles simplifiées de l'œdipe non résolu chez la femme de la fin du XXe siècle » (*WCM*, 191).

À ce vide politique, idéologique, sémantique, s'ajoute un vide religieux. Nouk constate encore que « le besoin de croire, qui caractérise notre fin de siècle, prend parfois des formes pénibles » (*WCM*, 190). Elle en veut pour preuve Martha et ses sœurs, leur pèlerinage sur la tombe de leur père, conseiller et guide bien que décédé (*WCM*, 189-90). Elle ne partage pas non plus l'admiration de ses amis pour le dalaï-lama, en fait « personne ne [l'] ennuie plus que ce type-là » (*VJB*, 143). Nouk ainsi réagit aux assertions de ses ami-e-s, à leurs attitudes ou conduites, évolue avec ou contre « l'air du temps ». Femme et féministe, épouse et mère, ce n'est pas une mince affaire pour elle de concilier ces différents rôles, *a fortiori* en un tout harmonieux.

De Mai 68 datent son engagement à la cause des femmes et sa sympathie pour leur sort, qu'elles soient afghanes, pachtounes ou françaises. Elle est fidèle à cet engagement au fil des ans, même si force lui est de reconnaître des résultats assez divergents des idéaux de départ et donc d'éprouver des désillusions : des débuts prometteurs – « il y avait eu des années de joie à se retrouver ensemble, avec le sentiment de faire des découvertes inouïes, d'obtenir des victoires impensables. D'être nos propres miroirs en marche le long des chemins » (*VJB*, 192) –, aux hiatus de parcours – « ce n'est pas ce que nous devions devenir, ces personnes acharnées à défendre leurs minuscules choix qui n'en sont même pas, quitte à tout détruire sur leur passage » (*VJB*, 150-51) –, à la constatation réaliste et désenchantée, les années passant – « nous nous regardons, étonnées d'être si différentes alors que nous avons tant caressé le rêve de ne faire qu'une, d'établir notre commune définition, la femme libre, douce et forte, drôle et sincère, et réparée, qui nous était promise, à portée de la main » (*VJB*, 195). Il n'en reste pas moins une complicité réelle avec « les filles » (*WCM*, 109) au travail, lieu de camaraderie, d'amitié, cadre de socialisation et discipline de vie. Malheureuse en Bretagne chez Martha, obligée de supporter « les vacances, la famille, quelle arnaque » (*WCM*, 183), Nouk en vient à rêvasser à sa vie au bureau, « mon nid, mon ancre, ma sécurité, peut-être le seul endroit du monde où l'on m'attende, où j'aie une chaise à moi et pour toujours » (*WCM*, 183). Elle illustre ainsi ce qu'affirme Kaufmann à propos de certaines femmes vivant en solo : « Entre vie privée et travail, il arrive qu'il devienne difficile de dire où est le vrai chez soi. La hiérarchie des valeurs peut même s'inverser totalement ».[23] Il lui est néanmoins difficile de concilier la mère et la féministe vis-à-vis des « pures et dures » qui n'ont pas évolué vers la maternité :

> Nous sommes toutes féministes, à la Bibliothèque, même si nous ne prononçons plus jamais ce mot qui sonne comme une condamnation à la lourdeur, ces temps-ci, et éventuellement au malheur aussi. Mais il y a les âmes fortes et les cœurs défaillants. Les seconds agacent les premières à cause de leur mauvaise volonté, de leur mauvais esprit, de leur névrose d'échec, c'est le nom qu'on donne actuellement à l'aliénation d'avant-hier, à l'oppression d'hier, à la mouise de tous les temps. (*WCM*, 113)

Nouk étant mère se range du côté des « cœurs défaillants ». Elle souffre de ce que Nancy Huston considère comme appartenant au passé : « pendant plusieurs années, c'était plutôt mal vu pour une féministe de dire qu'elle avait envie de faire un enfant, tant la grossesse, l'accouchement et le maternage avaient été dénoncés en tant que " destin " ou " fonction imprescriptible " de toutes les femmes. Aujourd'hui cela se laisse dire ».[24] Brisac représente cependant le dilemme comme étant toujours actuel. Nouk ne doit son acceptation dans le groupe féministe qu'à la rareté de ses fréquentations (*VJB*, 141) car procréer ou pas constitue encore un sujet de débat très enflammé et la maternité n'est pas favorisée. Elle s'oppose bravement au courant majoritaire en avouant l'importance de son enfant qui lui « sauve [la vie] tous les jours » (*VJB*, 195). Malgré cette valorisation de l'enfant, elle se sent diminuée physiquement car elle envie à Libuse la fine taille qu'elle-même a perdue, et intellectuellement aussi dans cette conversation entre ami-e-s où elle est automatiquement reléguée au rôle de mère, à un fantôme d'épouse, pratiquement oubliée, inexistante. La maternité est pour elle synonyme d'un certain appauvrissement intellectuel, d'un abêtissement : « ma tête est toute

---

[23] Kaufmann, *op. cit.*, 105.

[24] Huston, *op. cit.*, 51.

vide. Où est mon cerveau, où est ma mémoire, où est mon esprit si vif, j'ai l'impression d'avoir de la cellulite sur la langue » (*VJB*, 144).

Son engagement féministe est aussi mal vécu dans son couple. Berg, tout marxiste qu'il soit, se révèle très misogyne sur ce plan, lui reprochant ses réunions, pourtant si peu nombreuses (*VJB*, 188-89), la faisant même une fois rentrer d'urgence, utilisant comme prétexte la maladie de l'enfant (*VJB*, 199). Il est aussi loin d'accomplir sa part des corvées ménagères et Nouk, en féministe, proteste :

> Berg n'a pas entendu. Cela fait déjà quelque temps qu'il n'entend plus mes attaques du matin. C'est ainsi que les hommes deviennent sourds. C'est ainsi que les femmes deviennent grognons.
> Mégères aux cordes vocales déglinguées. Futures Médées aux mains tordues. (*VJB*, 70)

De guerre lasse, elle accepte pourtant cet état de fait, se console de l'effritement du couple dans le ménage ou les soins du bébé et jouit du bonheur d'être avec son enfant (*VJB*, 199-200).

L'univers de Nouk est essentiellement féminin. Les relations de couple ne sont en général pas très développées si ce n'est dans *Voir les jardins de Babylone* où sont retracés la rencontre de Nouk et de Berg, le cheminement vers la constitution de leur couple et famille. Les hommes y apparaissent souvent distants, passifs, indéfinis, falots, (exception faite pour le grand-père de *Petite*), « effacement de l'homme dans les œuvres féminines » dont parle Béatrice Didier.[25] Nouk ne témoigne pas souvent de relations très réussies avec les garçons de son adolescence car elle est trop arrogante, cérébrale, effrayée par la sexualité tout en la souhaitant. Pas beaucoup plus de bonheur non plus avec les hommes qui la jugent agressive (*VJB*, 117), voulant toujours avoir le dessus, car elle refuse généralement mais de façon assez floue « d'appliquer les règles de la séduction féminine » (*VJB*, 117). Nouk est épouse et mère, certainement pas épouse, mère *et* séductrice. Nouk n'aurait ainsi pas pris part à la révolution conjugale de la fin des années 60, telle que la conçoit Fabienne Costa-Rosaz : « La femme ne doit plus être madone *ou* putain comme à la Belle Époque, mais madone *et* putain : une épouse, une mère et une séductrice ».[26] Refus de séduction chez Nouk car malaise réel avec son

---

[25] Didier, *op. cit.*, 29.

[26] Costa-Rosaz, *op. cit.*, 306.

corps, avec la sexualité en général, refus par féminisme pur et dur,
peut-être, quoique sa position ambiguë sur le sujet ne permette pas de
l'affirmer vraiment. Est-ce donc ce refus de séduction, de sensualité,
qui lui fait perdre Berg pour la belle Libuse qui avoue : « Le sexe,
Merle, comment ça se passe au lit. Je ne connais rien d'autre en
amour » (*VJB*, 148) ? Libuse abonde ici dans le sens de Berg et
préfigure, s'il faut en croire Catherine Cohen, la nouvelle génération
de féministes qui ne confond pas pouvoir économique et rapport
amoureux, erreur de la précédente :

> Comment cette fille si jeune pouvait-elle se soumettre avec bonheur à ce
> que nous avions considéré comme un asservissement ? La condition
> ménagère nous avait paru le pire des tue-l'amour et nous avions réclamé
> l'égalité à cor et à cri. Égalité qui, des années plus tard, ferait de beaucoup
> d'entre nous des femmes qui certes mèneraient leur vie tambour battant, à
> qui certes leur corps appartiendrait comme l'avaient proclamé les slogans
> des mouvements de libération mais pour quoi faire ?
> Les hommes avaient délaissé leurs lits où elles ne voulaient plus être des
> captives dociles. Ils n'avaient su que faire de ces amazones qui
> brandissaient leurs désirs et leur plaisir comme un droit et non une offrande
> […]. En confondant le pouvoir économique que les hommes exerçaient sur
> nous dans la société – dont nous voulions légitimement notre part – et leur
> indispensable puissance de mâles au lit, nous avions discrédité l'animalité
> du rapport amoureux.[27]

Nouk, années 90, reste seule à élever son fils Eugenio, s'efforçant
de ne pas répéter les erreurs de ses parents, lui accordant attention,
droit de parole et de critique. Elle suit ainsi l'évolution générale des
mœurs mais met aussi en pratique cette défense du « droit des enfants
à être des enfants » (*P*, 65) qui lui avait manqué en grandissant.
Persuadée du bien-fondé de sa démarche, elle n'en est pas moins
sujette au doute parfois, souffre d'une certaine distance avec Eugenio,
sur le sujet de la sexualité, exemplifiée par l'écoute de Fun-Radio, et
reste partagée entre la peur de rendre son fils monstrueux par trop de
gâteries ou infirme par leur manque (*WCM*, 13). Investissant temps et
affection dans son enfant, Nouk se voit récompensée d'un attachement
profond de sa part et tous deux connaissent de réels moments de
complicité, de bonheur. Elle demeure néanmoins l'objet de critiques
de la part de collègues de travail ou de sa « meilleure amie » Martha
qui lui reprochent de trop couver Eugenio, et ne jugent pas saine cette

---

[27] Cohen, Catherine, *La Préférée*, Paris : Seuil, 1999, 29-30.

famille monoparentale si restreinte. En proie au découragement, à la tristesse, à la solitude parfois, face à une vie qu'elle qualifie de « tissu qui part en loques » (*WCM*, 113-14), elle éprouve, comme son amie Wendy, incertitude, fatigue, attente non comblée :

> Qu'est-ce qui nous rend si tristes le matin ? Pourquoi sommes-nous si fatiguées ? Pourquoi, parfois, n'avons-nous plus la moindre idée de ce qu'il serait possible de manger ce soir ? Et pourquoi n'avons-nous d'autre sentiment à notre disposition que celui de prisonnière – mais de qui ? – ou d'évadée, mais de quoi ? (*WCM*, 122-23).

À l'actif de Nouk, compagne ou mère seule, se retrouvent encore ces caractéristiques perceptibles dès son enfance : souci de vérité, d'authenticité, besoin d'aimer et d'être aimée, même si elle devient de plus en plus sceptique sur cette dernière possibilité : « aimer vraiment, [...] qu'en savons-nous ? » (*WCM*, 35). Elle n'envisage d'ailleurs pas de nouveau partenaire dans sa vie puisque son bonheur serait d'être « une femme seule, sourire aux lèvres, tranquille, l'âme aussi claire que le ciel, moi, forte et tranquille. Libre, libre, libre » (*WCM*, 197), bien dans l'air du temps selon Nathalie Heinich, puisque Nouk, « femme non liée, découvrant le bonheur amer de n'appartenir qu'à soi », opte pour « le désinvestissement », compensé par « une maternité autarcique cherchant à concilier [...] l'identité traditionnelle de la mère avec celle, moderne, de la célibataire ».[28] Nouk ne veut pas revenir à l'ordre « ancien », elle le renie et par cette décision persiste donc dans la voie de la famille monoparentale, se situant ainsi dans une perspective relativement novatrice puisque, s'il faut en croire les sociologues, « le groupe mère-enfants porte en germe une alternative radicale au modèle fondé sur le couple. [...] " Il semble que la relation mère-enfant constituera de plus en plus l'axe moteur de la vie familiale " (Schultheis, 1991, p. 36). L'hypothèse est audacieuse mais elle mérite d'être posée ».[29] Pour donner la parole à Nouk, tout ceci se résumerait à : « Comment peut-on vivre libre, rester intègre, et élever un enfant ? » (*VJB*, 144).

Par cette « série Nouk », Brisac s'inscrit parmi d'autres écrivaines du quotidien, comme Annie Ernaux ou plus récemment Marie Desplechin. Avec Ernaux en général, mais avec celle du *Journal du dehors* et

---

[28] Heinich, *op. cit.*, 324.

[29] Kaufmann, *op. cit.*, 62.

de *La Vie extérieure* en particulier, elle partage ce penchant « à transcrire des scènes fugitives, des paroles entendues dans la rue, le RER, *etc.* »,[30] dans les magasins ; elle éprouve elle aussi une sympathie pour les moins favorisés de la société, SDF et autres, une certaine conscience de classe à travers les privilèges dont jouissent ou non certaines sections de la société. Avec Desplechin, elle peint cet univers de femmes jeunes qui peinent à assurer avec succès sur tous les fronts (conjugal, maternel, professionnel, *etc.*) et use d'une écriture empreinte d'humour ou de dérision qui cache souvent la profondeur, la sévérité des propos, car elle veut que ce soit drôle.

« Selon Norbert Elias, la plus grande révolution dans toute l'histoire des sociétés occidentales est, au cours du XXe siècle, l'accession des femmes à une identité qui leur soit propre, sans plus être celle de leur père ou de leur mari ».[31] Il semble que le parcours de Nouk, de l'adolescence à l'âge adulte illustre bien ce propos, l'identité de Nouk s'étant davantage formée par les femmes de sa famille, son milieu scolaire, professionnel ou affectif. Son univers féministe est toutefois paradoxal. Du féminisme, elle a épousé les causes et les élans pour constater, les années passant, combien la vie, la réalité éloignaient des buts recherchés, séparaient les femmes les unes des autres sur divers sujets. Spontanément attirée par les femmes, en confiance en leur compagnie, éperdument à la recherche de cette mère qu'elle aurait souhaitée et qu'elle n'a jamais eue, c'est toutefois d'elles qu'elle reçoit les coups les plus durs. S'il faut en juger du dénouement des deux derniers romans, ce sont des femmes, les meilleures amies de Nouk, qui la trahissent magistralement, en s'accaparant soit son mari, soit son fils, la laissant totalement brisée au bout du cycle romanesque : « Je ne sais pas comment je vais faire. Parfois, on ne voit plus rien devant soi. Il n'y a plus aucun dessin de route, ni de chemin. Absolument rien » (*WCM*, 205). Cet univers affectif est donc bien sombre puisque les seuls îlots de sagesse, de réconfort, de chaleur, sont réellement les grands-parents, les personnes âgées, ou les enfants, des êtres non encore meurtris par la vie ou si meurtris qu'ils en ont acquis tendresse et compassion. Cette vision

---

[30] Voir l'introduction d'Annie Ernaux pour la suite de *La Vie extérieure*, début 2000, publiée dans le magazine *Inventaire/Invention* en ligne, http://www.metafort.org/inventaire/PRINTXT/Ernaux.rtf.

[31] Heinich, *op. cit.*, 329.

plutôt noire qui s'attache aux relations humaines, englobe aussi l'Histoire, décrite comme brutale, meurtrière, inhumaine, dans les guerres qui ont marqué le siècle, mais aussi dans les diverses idéologies, bourgeoise, marxiste, individualiste, toutes incapables d'offrir le bonheur imaginé. Cet univers romanesque est aussi décapant parce qu'à la manière des moralistes, Brisac refuse mensonges et compromissions et ce autant pour l'individu, que pour la société ou les idéologies : défendre « le minuscule terrain vague de la vérité » (*VJB*, 197), empêcher que « les mots se mélangent et nous salissent » (*WCM*, 156), s'arrêter « sur la pente savonneuse de la vie ordinaire, où les trahisons, les mensonges et la mort, l'égoïsme et les petits arrangements nous façonnent des visages de pierre » (*VJB*, 184). Seule son écriture, légère, sensible et fine, qui s'attaque aux choses l'air de rien, en joue et s'en moque avec esprit, invention, originalité, humour ou dérision, rachète cette vision sombre et fait que le désespoir n'occupe pas le devant de la scène.

Textes de Geneviève Brisac
Si l'édition originale n'est pas l'édition consultée, celle-ci est indiquée entre parenthèses. Les abréviations de titres utilisées dans l'article figurent entre crochets.

Les Filles, Paris : Gallimard, 1987 (Folio, 1997 [*F*]).

Madame Placard, Paris : Gallimard, 1989 [*MP*].

Loin du Paradis, Flannery O'Connor, Paris : Gallimard, coll. L'Un et l'autre, 1991 [*LP*].

Petite, Paris : Éditions de l'Olivier, 1994 (Points, 1996 [*P*]).

Week-end de chasse à la mère, Paris : Éditions de l'Olivier, 1996 [*WCM*].

Voir les jardins de Babylone, Paris : Éditions de l'Olivier, 1999 [*VJB*].

Pour qui vous prenez-vous ?, Paris : Éditions de l'Olivier, 2001.

« Entrevoir l'absence des bords du monde »[1] dans les romans de Marie Darrieussecq

Catherine Rodgers

Rodgers aborde l'œuvre de Darrieussecq sous deux angles, féministe et fantastique. Elle découvre que malgré la présence de thèmes potentiellement porteurs de messages féministes et d'une focalisation féminine dans les textes de Darrieussecq, il est difficile d'en dégager un message féministe, parce que l'intérêt de l'auteure est ailleurs, dans l'exploration des états limites de la réalité, qu'elle appréhende par une écriture fantastique.

« *Glimpsing the absence of the world's ends* » *in the novels of Marie Darrieussecq*

Rodgers treats Darrieussecq's works from the viewpoints of feminism and fantasy. She ascertains that despite themes which could potentially deliver feminist messages and the presence of female narrators, it is difficult to discern any clear feminist intention since the author's interest lies elsewhere, specifically in exploring the boundaries of reality apprehended in her writing by way of fantasy.

Dans ses trois premiers romans,[2] Marie Darrieussecq présente des situations qui pourraient *a priori* se faire porteuses de messages féministes. Dans le premier, *Truismes*, la protagoniste devient la victime d'une société matérialiste, totalitaire et patriarcale qui l'exploite économiquement et sexuellement. Dans le deuxième, *Naissance des fantômes*, la protagoniste voit son monde, et peut-être sa raison, s'écrouler suite à la disparition inexplicable de son mari. Le dernier, *Le Mal de mer*, explore le moment qu'une jeune mère, ayant quitté mari et domicile conjugal, passe au bord de la mer avec sa fille avant

---

[1] Darrieussecq, Marie, *Naissance des fantômes*, 92. Les références aux textes de Darrieussecq seront par la suite mises entre parenthèses dans le texte. Les éditions consultées ainsi que les formes abrégées des titres sont indiquées dans la bibliographie à la fin du texte.

[2] Depuis la rédaction de cet article, Darrieussecq a publié un autre roman, *Bref séjour chez les vivants* (2001).

de finalement partir seule. Ainsi, chacun de ces romans développe des thèmes auxquels la critique féministe s'est intéressée, tels les relations mère/fille ou femme/homme, ou encore l'expérience du corps féminin. Les choix de focalisation et de narration de Darrieussecq la rallient aussi à une perspective féministe, car dans la plupart de ses textes elle privilégie le point de vue d'une femme. Et pourtant, pour chaque texte, il est difficile de dégager un message ou une position clairement féministe, comme si l'enjeu de son écriture était... ailleurs,[3] dans l'évocation d'un monde autre qui serait aussi le nôtre. Afin de montrer cet ailleurs cependant si présent dans notre quotidien, Darrieussecq a recours au fantastique, dont relèvent, mais de façon différente, *Truismes, Naissance des fantômes* et *Le Mal de mer* : au fil des trois romans, l'étrange réside de plus en plus au cœur de notre réalité, et l'écriture fantastique se combine de plus en plus étroitement au réalisme.

Par l'intermédiaire de la fable de cette jeune femme naïve et non-éduquée qui est exploitée sexuellement et économiquement par une société sexiste et matérialiste, Darrieussecq semble dans *Truismes* dénoncer la façon dont le corps des femmes est approprié et consommé par les hommes. La scène d'embauche, où l'employeur brandit un contrat de travail pendant que la protagoniste doit le satisfaire sexuellement, est typique de la manière dont Darrieussecq, avec humour (même s'il est parfois très noir) et exagération, fait ressortir l'exploitation de certaines employées. La jeune femme se trouve ainsi prise dans l'escalade de la prostitution : elle accepte d'aller toujours plus loin, jusqu'à être molestée physiquement.

Ce n'est d'ailleurs pas uniquement dans la sphère professionnelle qu'elle subit les exigences sexuelles des hommes. Tous ceux qu'elle rencontre se servent d'elle, que ce soit Honoré son compagnon, le Marabout, l'immigré de l'hôtel, ou même les clochards. Et Edgar n'hésite pas à utiliser son image à ses fins électorales. Malgré son « travail », elle est maintenue dans la pauvreté, car la chaîne de parfumerie la paye misérablement, ou pas du tout. Sa situation ne lui laisse pas la liberté d'avoir un enfant, mais la contraception (dont la

---

[3] « La Vérité est ailleurs » est le sous-titre français de la série américaine fantastique *X-Files* que Darrieussecq cite dans une de ses interviews où elle évoque la pertinence du fantastique pour décrire la réalité d'aujourd'hui, « Darrieussecq, du cochon au volatil », interview d'Antoine de Gaudemar, *Libération*, 26 février 1998.

responsabilité lui échoue inévitablement) étant trop coûteuse, elle tombe néanmoins enceinte. C'est encore elle, dans son corps, qui subit les conséquences de ses relations avec les hommes : elle doit avoir recours à un avortement pénible, douloureux, et humiliant, qu'elle doit de surcroît cacher à la parfumerie et à son ami.

Ces éléments de *Truismes* – et d'autres comme la moquerie de la tyrannie des journaux féminins et de leur idéal de beauté, l'isolement de la protagoniste, le choix même d'une narratrice[4] – permettent ainsi de voir en *Truismes* un texte intentionnellement féministe. Comment justifier alors la conclusion opposée à laquelle parvient Shirley Jordan ?[5] Il n'est pas possible de reprendre ici tout son argument, mais elle a montré en particulier que Darrieussecq met en scène, à travers sa protagoniste, un corps dont la féminité est abjecte, car exacerbée : plus de chair, de graisse, de cellulite, des seins plus nombreux, des chaleurs prononcées et de grosses pertes de sang, des fausses-couches multiples. De plus, la métamorphose de la protagoniste est plutôt pénible lorsqu'on la compare à celle de son amant Yvan, dont la transformation, plus spectaculaire, est loin d'être repoussante. Au contraire, en loup-garou, il est une image idéale de la masculinité. C'est lui, et non elle, qui est en harmonie avec la lune. Et si la narratrice a par instants une conscience féministe, son discours est en général des plus rétrogrades et misogynes.

Pour aborder le texte sous un autre aspect, mais toujours dans une approche féministe, que peut-on dire de la relation mère/fille qui occupe une place discrète, mais significative, dans *Truismes* ? (Les pères, eux, et même les hommes en général, sont remarquablement absents, fuyants ou estompés – fantomatiques ! – dans les textes de Darrieussecq, en particulier dans les deux derniers, ce qui en soi-même pourrait être interprété comme un aspect plutôt féministe de son œuvre.) Darrieussecq met en scène dans *Truismes* une fille matricide et une mère dénaturée. Apparemment dépourvue de sentiment mater-

---

[4] Darrieussecq privilégie les narratrices. Les histoires courtes : « Quand je me sens très fatiguée le soir », « Isabel », « My Mother told me monsters do not exist », et « Claire dans la forêt », sont toutes narrées/focalisées par des femmes. Seule « Joyeux Noël, Emmanuel ! » l'est par un petit garçon.

[5] Jordan, Shirley, « Metamorphosis and Monstrosity in Marie Darrieussecq's *Truismes* », communication faite au colloque « Women's Writing in France in the 1990s : New Writers, New Literatures ? » (Londres, janvier 2000).

nel, la mère n'apporte à sa fille aucun secours et ne recule pas devant
le chantage aux sentiments pour s'approprier l'argent de sa fille une
fois que cette dernière est devenue riche. Elle n'hésite pas non plus à
tenter de la tuer sous sa forme porcine. Pour se défendre, sa fille
l'abattra, après avoir tué son amant. En fait, c'est en la nature que la
truie trouvera sa vraie mère. C'est la terre qui, lorsque la narratrice va
à la recherche de sa mère, lui procure nourriture, litière et chaleur,
dans le creux de laquelle elle s'endort et sombre dans un oubli
régressif, où non seulement elle renoue avec les temps passés et
l'univers entier, mais où elle risque de se perdre. La relation mère/fille
est on ne peut plus négative dans *Truismes*, mais il est difficile d'en
tirer une conclusion définitive quant au féminisme du texte. En effet la
négativité de la relation mère/fille peut être interprétée comme
révélatrice de la perversion qu'une société patriarcale fait subir à cette
relation. Tout ce que l'on peut dire, c'est que Darrieussecq, ni dans ce
texte, ni dans les autres comme on le verra, ne promeut une image
utopique d'une généalogie de femmes.

En fin de compte les deux interprétations de *Truismes* – texte
féministe, texte misogyne – coexistent d'une manière qui peut paraître
gênante. De façon plus générale, ce premier roman, si populaire en
France et dans le monde, a défrayé la chronique et a suscité des
réactions extrêmes et polarisées. Les critiques sont allées de l'encense-
ment à la condamnation. Ainsi Eric Ollivier réfléchit : « Le succès
foudroyant de ce récit donne une idée bizarre sur la capacité de jugement de nos contemporains, et conduit à s'interroger sur les rêves de
dégueulasserie agitant beaucoup d'entre eux »,[6] alors que Jean-Louis
Ezine annonce la venue d'un « fameux écrivain ».[7] Dans « Aucune
évidence : les *Truismes* de Marie Darrieussecq »,[8] j'ai montré la

---

[6] Ollier, Eric, « Un conte à vomir debout », *Figaro*, jeudi 28 mai 1998. Dans la même
veine on peut citer le compte rendu de Bertrand Leclair, « *Truismes* et les tauto-
logues », *Quinzaine littéraire*, 1996 (dossier de la bibliothèque Marguerite Durand,
référence incomplète), ou celui de Renaud Matignon, « Marie Darrieussecq : un tour
de cochon », *Figaro*, 12 septembre 1996.

[7] Ezine, Jean-Louis, « Si le groin ne meurt. Histoire de lard », *Le Nouvel Observateur*,
29 août 1996. Patrick Kéchichian, dans « La Bête humaine », est aussi élogieux, *Le
Monde*, 6 septembre 1996.

[8] Rodgers, Catherine, « Aucune évidence : les *Truismes* de Marie Darrieussecq »,
Romance Studies, vol. 18, n° 1, June 2000, 69-81. On trouvera aussi dans cet article

difficulté qu'il y avait à statuer définitivement sur ce texte hybride, fantastique, qui favorise l'entre-deux et qui en participe. Que la protagoniste de Darrieussecq se transforme en truie est certes un coup textuel qui permet beaucoup d'humour et qui crée la distanciation nécessaire pour effectuer une critique de notre société et de l'humanité. Mais on est loin avec *Truismes* d'une simple critique féministe, et le texte est beaucoup plus trouble et troublé, comme si le principe même de la métamorphose était devenu son mode de signification.

En effet, si la métamorphose est pour commencer graduelle et instable, la protagoniste oscillant continuellement dans la deuxième partie du texte entre les deux états d'humaine et de truie, elle est ensuite maîtrisée. Et la narratrice choisit de vivre ses deux états, de truie et de femme, mais sans être ni tout à fait l'une ni tout à fait l'autre. Avec l'acceptation de l'animalité viennent une certaine sensualité, les joies de la nourriture simple, l'état extatique provoqué par la conscience d'appartenir au règne animal depuis le début des temps, de participer à tout le cosmos. La transformation est donc loin d'être une punition, qui viendrait sanctionner une héroïne qui aurait immoralement accepté de se comporter en cochonne.[9] Mais bien que plutôt positive, la métamorphose en truie n'est pas sans danger, car la pure animalité conduit à l'oubli de soi et à la perte d'identité. Or la narratrice ne veut pas se dissoudre dans l'univers : elle se relève donc à chaque pleine lune, se retrouve dans la douleur de la perte d'Yvan, et elle écrit. Humanité, identité, douleur, écriture sont liées pour Darrieussecq, et sont opposées à animalité, jouissance, oubli. Grâce à la possibilité de la métamorphose, sa narratrice appartient aux deux modes. Dans *Naissances des Fantômes*, les otaries, grosses masses de chair amorphe échouées sur la grève, représenteront cette tentation de l'animalité, de l'oubli de la douleur et de soi. Cependant, après avoir bafoué le mâle dominant des otaries, la narratrice choisira résolument

---

une étude de certains éléments fantastiques de *Truismes,* en particulier les métamorphoses, sa structure onirique puisque les personnages sont pris dans des phénomènes de déplacement et de condensation comme dans un rêve, ainsi que son côté texte d'anticipation.

[9] À l'origine de *Truismes* se trouve sûrement la prise littérale de l'expression – quelle cochonne ! – ce que Todorov a identifié comme étant une des tropes du fantastique : « Le surnaturel naît souvent de ce que l'on prend le sens figuré à la lettre », Todorov, Tzvetan, *Introduction à la littérature fantastique*, Paris : Seuil, 1970, 82.

de se lever, et de marcher dans sa douleur, comme la petite sirène d'Andersen. La narratrice de *Truismes*, elle, ne choisit pas entre ses deux états, elle joue des deux.[10]

Tout le roman reste également dans l'entre-deux, trait typique du fantastique. C'est un texte critique de la société mais aussi qui en participe, une sorte de mutant inclassable. Il condamne notre société mais souffre de ses travers. Si d'un côté il dénonce l'exploitation et la consommation du corps des femmes, il incorpore trop de scènes sexuellement avilissantes sans les critiquer pour ne pas faire douter de la raison d'être de ces scènes. La difficulté à trancher quant à la nature exacte de *Truismes* m'apparaît finalement comme une conséquence directe de la philosophie de ce texte qui promeut l'indécidable, d'où son thème central de la métamorphose. Féminisme et misogynie y cohabitent dans un mélange monstrueux.

Dans *Naissance des fantômes*, le sujet incite là encore à une approche féministe, puisque le texte explore l'état dans lequel la narratrice est plongée suite à la disparition de son mari qui, un soir, ne rentre pas après être sorti chercher une baguette de pain. La narratrice ne dispose d'aucun repère pour comprendre son absence, ni même d'aucune preuve tangible de sa disparition, puisque aucun corps n'est retrouvé, aucune trace n'est découverte, aucune lettre n'est envoyée, aucun désaccord particulier n'a précédé son non-retour. Elle doit ainsi confronter une absence inexplicable. Elle se retrouve au bord d'une béance : le vide laissé dans sa vie par son mari. Cette perte l'amène à redéfinir ses relations avec ses proches – sa mère, son amie Jacqueline, sa belle-mère (trois femmes donc) – et à reconsidérer ce que fut son mariage.

La première constatation est que la disparition de son mari fait sombrer la narratrice dans un état second et tous ses repères s'écroulent. Elle souffre de cette disparition dans son corps même. L'anxiété l'envahit. Darrieussecq refuse toute explication psychologique,[11] mais documente avec minutie les sensations physiques

---

[10] François Valéry soutient, avec raison, que « la métamorphose est le moyen – le but est d'acquérir (de retrouver) une nature double et non hiérarchisée », « Un souffle de liberté insolente », *Ténèbres*, n° 8, octobre, novembre, décembre 1999, 70.

[11] « Tout mon travail consiste à éviter la psychologie » a-t-elle dit à Jérémi Sauvage, « Marie Darrieussecq, interviewée par Jérémi Sauvage », *Ténèbres*, n° 8, octobre, novembre, décembre 1999, 64.

ressenties. La narratrice éprouve sueurs, essoufflements, accélérations cardiaques, nausées, douleurs, évanouissements, hallucinations. Son corps est soumis à tout un éventail de sensations de métamorphoses : il se pulvérise, éclate, se pétrifie, s'évide, se liquéfie, devient l'empreinte en creux de lui-même, échange sa substance avec les matériaux alentour. Elle annonce en début de récit le sort qui va lui être fait : « Ce soir-là, ce fut la dernière fois, à mon souvenir, que je réussis à me percevoir comme entière, pleine et ramassée ; ensuite je me suis diffusée comme les galaxies, vaporisée très loin comme les géantes rouges » (*NF*, 13). Elle connaît dans son corps ce que nous dit la physique quantique sur la qualité de la matière : rien n'est solide, et les faits observés sont fonction de l'intention de l'observateur-trice. Son monde subit la même métamorphose et perd de même sa solidité newtonienne. L'espace et la matière se désintègrent tout au long du texte. Le temps subit également des distorsions : il se coagule (*NF*, 80) ou ne passe plus (*NF*, 148). Des passages continuels s'opèrent d'un état à l'autre : du solide au liquide ou au gazeux ; de la lumière ou du vide au liquide. La distinction entre animé et inanimé s'estompe, comme lorsque la narratrice se rend au bord de la mer, lieu propice aux échanges entre les différentes formes de la matière. Dans la dernière partie du récit, la mer envahit d'ailleurs l'espace. Et la désintégration à l'œuvre dans l'univers de la narratrice ne concerne pas seulement son moi et son environnement physique, mais aussi les personnes qui l'entourent, comme par exemple le rétrécissement de la mère ou de Jacqueline (*NF*, 73 et 123).

Le mari semble avoir emmené avec lui la possibilité de la signification. Sans lui, sans sa solidité physique et morale, la narratrice est confrontée au non-sens :

> Je sentais dans mon corps et dans tout ce que j'étais une sorte de décollement, d'envol vide et sans but, comme on croit s'approcher dans les cauchemars, d'un point qui se recule toujours de la moitié de la distance, et vous laisse là, rendu fou, incapable de comprendre que vous ne l'atteindrez pas. (*NF*, 147)

Pour tenter de comprendre, elle en vient à réfléchir à son mariage et son rôle d'épouse. Elle ne peut s'empêcher de se demander si ce n'est pas parce qu'elle faisait peu de ménage, peu de cuisine, n'achetait pas la baguette de pain (*NF*, 44), que son mari est parti. De plus, elle est incapable d'avoir des enfants, autre échec aux yeux d'une société patriarcale. Rétrospectivement, le jour de son mariage ne semble pas avoir été vécu de façon très satisfaisante, et le manque de complicité entre les époux ressort d'ailleurs différemment sur les albums de mariage qu'elle regarde, chez elle et chez sa belle-mère. De petits désaccords conjugaux remontent à sa mémoire au détour d'une phrase ici et là.

Au risque de surprendre, on pourrait comparer *Naissance des fantômes* à « La femme rompue » de Beauvoir. Dans les deux cas, il s'agit de l'histoire d'une femme qui perd son mari et dont tout l'univers s'effondre car elle avait tout misé sur ce dernier pour donner sens à sa propre vie. Beauvoir voulait montrer – même si son intention ne fut généralement pas perçue – combien le sentiment de fusion qu'une femme peut entretenir avec un homme est une illusion néfaste. Darrieussecq a donné cette interprétation de son texte : « La narratrice découvre avec la disparition de son mari qu'elle n'est ni son mari ni son amie ni sa mère ni sa belle-mère. Elle découvre que la fusion n'existe pas, qu'elle n'est qu'elle-même. C'est pour elle le passage à l'état adulte ».[12] Compris ainsi, *Naissance des fantômes* pourrait faire figure de texte féministe, à l'instar du texte de Beauvoir. De nouveau, cependant, comme dans le cas de *Truismes*, cette interprétation tranchée ne me semble pas rendre l'ambiguïté du texte.

En effet, vers la fin du texte, la narratrice paraît prête à intégrer une image plutôt conservatrice de l'amour, de la relation de couple, et surtout de l'épouse : « nous rentrerions à la maison. Je lui promettrais tout ce qu'il voudrait. Je l'aimerais toute ma vie. Je m'occuperais de lui » (*NF*, 141), et elle promet : « Nous verrions les mêmes couleurs, les mêmes formes, et je cesserais de me demander si mon mari [...] sentait et voyait tout de même ce que moi je sentais et voyais » (*NF*, 142). À la fin du texte, la même phrase est reprise au passé : « je sais avoir cessé [....] » (*NF*, 158). Voir et sentir les mêmes choses, n'est-ce pas la réalisation de la fusion entre deux êtres ? De plus, elle a retrouvé son mari non en le comprimant, non en le réduisant en un corps net comme elle pensait qu'il lui faudrait le faire (*NF*, 143), mais en se fondant dans sa nébuleuse (*NF*, 157). N'épouse-t-elle pas ainsi sa façon d'être à lui ? Et ce n'est qu'après son union (surnaturelle ? imaginée ?) avec son fantôme de mari, que la narratrice est de nouveau prête à affronter la vie. Ces dernières pages offrent une fin

---

[12] « Darrieussecq, du cochon au volatil », *op. cit.*.

heureuse où l'amour triomphe, mais leur portée féministe est plus qu'incertaine : ne signifient-elles pas en effet qu'il n'y a de salut pour la narratrice qu'avec son homme, que celui-ci soit un fantôme ou bien le résultat de ses souvenirs ou de son imagination ?

Il est vrai que la narratrice apprend à se détacher de son amie et de sa mère – toutes les deux perdent de leur consistance pour la narratrice (*NF*, 73 et 123). En fait la relation fille/mère est de nouveau peinte de façon fort négative. En effet mère et fille ne se comprennent pas, leur solitude et étrangeté réciproques ressortant surtout au bord de la mer. La fille réalise :

> mais ce que je percevais tout à coup en regardant ma mère qui regardait les vagues, c'est que pour mon mari, mon avenir, mes enfants morts et ma vie d'adulte, elle se souciait désormais aussi peu de se mettre à ma place, que je m'étais souciée, moi, de me mettre à la sienne. (*NF*, 125)

La mère et la fille sont deux étrangères, ont deux façons opposées d'appréhender le monde. En fait la fille a plus d'affinités avec sa belle-mère, qui elle aussi connaît l'assaut des fantômes et qui prend des neuroleptiques pour « renforcer au mastic les barrières de sa raison » (*NF*, 115). La mère est décrite à la fin du texte alors qu'elle s'apprête à partir (pour retrouver le père ?) comme une femme mondaine, belle mais froide dans sa robe de silicone bleue (*NF*, 129). La mère est une femme qui aurait fait le parcours parallèle mais inverse par rapport à celui de la petite sirène, et donc de sa fille (et jusqu'à un certain point de la narratrice de *Truismes*), une femme qui aurait renoncé à sa douleur, et donc à son humanité (*NF*, 125, 129, 130). La narratrice, elle, tient viscéralement à sa vision de la réalité, la « vraie » selon elle (*NF*, 121), même si cela lui procure de la douleur. Elle prête à sa mère un pouvoir « surnaturel » (*NF*, 121) et castrateur puisqu'en sa présence ses efforts pour maintenir son appréhension du monde « se trouvaient avortés sans sursis » (*NF*, 121). La fille refuse cependant de se laisser enfermer et ramener à une vision « raisonnable ». La narratrice de *Truismes* trouvait un substitut maternel en la terre ; le réconfort que sa mère ne lui apporte pas, la narratrice de *Naissance des fantômes* le trouve au bord de la mer : « On pouvait accepter ça, de ne pas comprendre la mer. On pouvait se raconter des histoires et s'y laisser bercer, se dire que la mer était une mémoire » (*NF*, 149).

La narratrice de *Naissance des fantômes* tient à sa perception poreuse et fluctuante de la réalité, une perception que certain-e-s qualifieraient de folle. Folle ? Qualificatif arrangeant, qui permet de dénigrer et réprimer ce qui dérange, ce qui perturbe les conventions et la construction de la réalité. De même, Lol V. Stein était qualifiée de folle par les autres dans *Le Ravissement de Lol V. Stein*. Marguerite Duras, et tout un courant féministe différentialiste des années 70, avaient présenté la folie comme lieu de résistance féministe, comme refus d'accepter l'idéologie patriarcale dominante. Peut-on retrouver une telle stratégie politique/féministe chez Darrieussecq ? Dans *Naissance des fantômes*, la vision qui domine est celle de la narratrice, tandis que celle des personnages pleins de bon sens, solides, est ridiculisée. Jacqueline est souvent décrite avec ironie, et la solidité même du mari est perçue de façon négative par la narratrice : son mari ne sait pas s'évader dans son sommeil (*NF*, 43) et il est dépourvu d'imagination (*NF*, 33). Mais c'est surtout le bon sens de la mère qui, comme on l'a vu, est stérile. Toutes les femmes ne partagent donc pas la vision de la narratrice, vision qui n'est d'ailleurs pas présentée comme essentiellement féminine puisqu'à aucun moment ses différences de perception de la réalité ne sont liées à son être femme ; lui attribuer une portée féministe, étant donné les autres éléments du texte, ne semble pas justifié, même si son refus de la normalité est indubitablement subversif.

Par son adoption des thèmes et tropes du fantastique pour décrire un état limite, Darrieussecq remet certainement en cause les conventions réalistes, et partant l'idéologie humaniste. Anne Cranny-Francis, à la suite de Rosemary Jackson ou d'Ursula Leguin,[13] a signalé le pouvoir subversif du fantastique :

> Les conventions du réalisme construisent des textes qui encodent les catégories construisant le réel contemporain et bourgeois ; les textes fantastiques révèlent le côté arbitraire de ces constructions, et montrent que ce ne sont pas des absolus philosophiques, qu'elles ne sont pas inévitables malgré leur sens commun, mais qu'elles sont en fait déterminées idéologiquement.[14]

---

[13] Jackson, Rosemary, *Fantasy : The Literature of Subversion*, London : Routledge, 1981 et LeGuin, Ursula K., *The Language of the Night : Essays on Fantasy and Science Fiction*, dirigé par Susan Wood, New York : Perigee, 1979.

[14] Cranny-Francis, Anne, *Feminist Fiction : Feminist Uses of Generic Fiction*, Cambridge : Polity Press, 1990, 76, ma traduction.

Cette charge subversive attribuée au fantastique fait que de nombreuses écrivaines l'ont utilisé à des fins féministes, comme le prouve Nancy A. Walker dans son étude. Elle note les convergences qui existent entre récits fantastiques et perspectives féministes : « Les récits ironiques et fantastiques représentent, respectivement, des défis intellectuels et intuitifs lancés à la réalité perçue, défis qui reflètent, sous la forme narrative, les défis socio-politiques que le mouvement des femmes a lancés au status quo ».[15] Mais il est par ailleurs évident que tout récit fantastique n'est pas d'emblée féministe. Encore faut-il que la subversion à l'œuvre attaque l'idéologie patriarcale, comme Cranny-Francis le précise :

> les textes fantastiques qui fonctionnent comme des textes féministes sont ceux qui situent le lecteur/la lectrice dans une position féministe, c'est-à-dire une position de lecture pour laquelle la déconstruction du discours patriarcal est une stratégie fondamentale.[16]

Or comme nous l'avons vu dans le cas de *Naissance des fantômes*, la fin du texte ne déconstruit pas le discours patriarcal. Et il me semble que la stratégie fondamentale de Darrieussecq ne se situe pas sur le plan féministe. Ne pourrait-on pas avancer qu'en fait, chez Darrieussecq, la prépondérance de l'écriture fantastique, avec son attirance pour l'entropie et la non-signification, vient brouiller le message féministe ? Car le sujet premier de *Naissance des fantômes* est de faire ressentir l'angoisse d'une conscience qui a perdu ses repères et qui est confrontée à la non-signification. Ce qui intéresse Darrieussecq avant tout dans ce roman, à mon avis, est l'exploration de cet état extrême, à la limite de la raison, du sens. Pour ce faire, elle a recours à tous les états limites possibles. Elle mentionne la très grande fatigue, l'insomnie, l'ivresse, les drogues, les massages, la masturbation, sous l'action desquels le corps et l'esprit se déconstruisent. Elle emprunte aussi ses comparaisons au monde du fantastique et fait intervenir fantômes, vampires, sorcières et ombres. Elle fait appel par ailleurs à divers films fantastiques – *Psychose* (*NF*, 97), *Alien* et *Body Snatchers* (*NF*, 58), *Predator* (*NF*, 156) ou *Ghost* à la fin du roman. Certains passages évoquent discrètement Henry James, en particulier « L'Image dans le

---

[15] Walker, Nancy A., *Feminist Alternatives, Irony and Fantasy in the Contemporary Novel by Women*, Jackson and London : University Press of Mississipi, 1990, 4, ma traduction.

[16] Cranny-Francis, *op. cit.*, 79, ma traduction.

tapis » (*NF*, 140), ou Théophile Gautier et *Le Club des Hachichins* (dans la description de l'escalier interminable que gravit la narratrice, *NF*, 150), ainsi que des peintres du fantastique, surtout Escher (la description, encore une fois, de l'escalier interminable), ou James Ensor (*NF*, 136). Elle fait aussi appel aux discours de la physique quantique, de l'astronomie, de la chimie pour rendre compte de la nouvelle perception de la réalité que ces sciences nous ont proposée au cours du XXe siècle. Pour donner une approximation du nouveau corps de son mari, la narratrice redouble d'images empruntées au monde informatique (*NF*, 143), cinématique, maritime ou même aux jeux des cours de récréation (*NF*, 154-55) dans un foisonnement de signifiants typique du fantastique pour inscrire l'innommable. *Naissance des fantômes* peut aborder des thèmes chers au féminisme, mais avant tout il décrit avec virtuosité un état limite, il interroge le réel. Qu'est-ce que la matière, la lumière, une personne, un souvenir ? Darrieussecq passe par le fantastique pour remettre en question notre sens de la réalité, pour faire ressortir l'étrangeté de notre monde.

Étant donnée la difficulté rencontrée pour interpréter les deux premiers romans de Darrieussecq d'un point de vue féministe, il n'est pas surprenant que l'on retrouve la même résistance avec son troisième roman, *Le Mal de mer*. De nouveau pourtant le sujet traité suggère la possibilité d'une intention féministe : une jeune mère part avec sa petite fille après avoir quitté son mari et son domicile, sans prévenir, sans même avertir sa propre mère. Elle se réfugie dans une station balnéaire pendant un certain temps, avant de tout abandonner – sa fille, sa langue maternelle, son identité – pour partir en Australie. Comment ne pas penser, là encore, à cause du lieu – cette ville alanguie par la chaleur, puis violentée par l'orage, la proximité écrasante de la mer – à cause aussi de la mère, à certains romans et personnages de Duras, en particulier à Anne Desbaresdes dans *Moderato Cantabile*, qui elle aussi abandonne son enfant, connaît une rencontre symboliquement adultère avec un ouvrier, et part vers l'inconnu ? Ou encore à Lol ?[17] Mais si la portée féministe des textes

---

[17] Plusieurs échos de certains textes de Duras résonnent dans l'œuvre de Darrieussecq, comme l'ont noté Francis Valéry, « Marie Darrieussecq : un souffle de liberté insolente », *op. cit.*, 73, ainsi que Patrick Kéchichian, « Les monstres marins de Marie Darrieussecq », *Le Monde*, 19 mars 1999.

de Duras est déjà loin d'être reconnue par tous/toutes,[18] celle de Darrieussecq est encore plus délicate à établir.

Il est vrai que *Le Mal de mer* explore la filiation grand-mère, mère et fille. Les trois femmes sont textuellement unies par le même « elle », à tel point qu'il est parfois difficile en début de paragraphe de savoir à qui l'on a affaire, puisque si la conscience porteuse du texte change, sa sensibilité est étrangement similaire. Toutes trois sont de plus unies par la même apparence physique : la fille est une version miniature de la mère (*MM*, 48), et la grand-mère se rappelant son corps, décrit celui de sa fille et entrevoit celui, futur, de sa petite fille :

> elle voit une main, sa main fine et lisse, ses jambes fines et lisses, ses seins ronds et légers, ce corps de mémoire qui pouvait lui aussi porter élégamment, sur les mêmes jeunes épaules, des robes bleues à bretelles croisées. Ainsi va pousser la petite, grande et maigre, comme si les pères ne pouvaient rien à cette lignée de hanches carrées et de seins petits. (*MM*, 105-6)

La filiation génétique se double d'une filiation culturelle. La grand-mère est fière de transmettre ses connaissances, de léguer l'héritage de l'humanité et de la planète à sa petite fille. C'est aussi elle qui lui fait entrevoir « le fantôme de la mer » dans les ondulations des branches de la forêt (*MM*, 94).

Le lien filial entre les trois femmes aurait pu être une force positive, mais Darrieussecq le dépeint au moment où il se désagrège et se rompt. La mère n'a rien laissé entendre de son départ à la grand-mère. Très tôt elle est tentée d'abandonner sa fille lors de son arrêt à une station essence, puis elle craint de l'avoir perdue sur la dune, ce qui déclenche une réaction de terreur et un réflexe de rappropriation physique : « l'avaler, la reprendre ; la faire rentrer dans le bas de son ventre » (*MM*, 63). Finalement, elle la laissera à son mari, en même temps qu'elle abandonnera sa langue maternelle pour ne plus parler qu'anglais, rompant ainsi toute filiation, pour partir de l'autre côté du monde, où la rejoindra peut-être son amant. Si elle quitte maintenant sa fille, c'est peut-être aussi parce que celle-ci a appris à nager, qu'elle a été initiée aux vagues, à la pleine mer, dans un mouvement parallèle

---

[18] Voir par exemple Trista Selous, « Marguerite and the Mountain », in Atack, Margaret et Powrie, Phil (sous la direction de), *Contemporary French Fiction by Women : Feminist Perspectives*, Manchester et New York : Manchester University Press, 1990, 84-95.

à celui d'Anne Desbaresdes qui acceptait qu'une autre qu'elle s'occupe de son fils car ce dernier connaissait ses gammes, était donc déjà grand. La mère ne se confie à personne, et certainement pas à sa fille. Il semble qu'elle ne puisse lui parler, ni faire les gestes nécessaires du réconfort, de l'amour (*MM*, 62-63). Peut-être à cause de la disparition de sa fille et de sa petite fille, la grand-mère éprouve des malaises qui la handicapent profondément. Ses problèmes de cœur font qu'elle ne retrouvera ni sa fille ni sa petite fille : elle ne quittera le centre de thalassothérapie où elle est venue s'anéantir qu'à la fin du texte, amenée dans une ambulance, image inverse mais tout aussi douloureuse du requin pèlerin qui, lui, agonise sur la terre ferme. Son déclin physique semble refléter l'agonie de la relation mère/fille qui se joue entre les deux autres personnages. S'agirait-il en fait du *Mal de mère* ?

La mère, insondable, est présentée comme « vacante, inépuisable, sous le soleil qui la renverse » (*MM*, 91). Dans un mouvement inverse et parallèle à celui de *Naissance des fantômes*, la mère se voit attribuée les caractéristiques habituelles de la mer. Cette dernière par contre devient porteuse d'une charge émotionnelle, symbolique et fantasmatique, très forte, comme si tout le non-dit vis-à-vis de la mère se trouvait transféré dans les évocations de la mer.

La mer domine le texte. La mère loue un appartement face à la mer et elle passe tout son temps en son bord. Le texte s'ouvre sur une description fantasmatique de la mer (sur laquelle je reviendrai). Elle est « absente » et « immobile » (*MM*, 44), par instants « miroir bleu et lisse » (51), « rideau » liquide qui rappelle la frontière entre deux mondes (*MM*, 28) et qui fait penser à des films fantastiques, que ce soit *Orphée* de Cocteau ou *Stargate* d'Emmerich, la mer peut receler dans ces profondeurs des monstres : des poulpes, des calamars géants, des requins pèlerins.[19] Le bord de mer est présenté comme la jointure – terme qui revient souvent dans ce roman (*MM*, 76, 78, 84, 112) – entre deux mondes, le solide et le liquide, mais une jointure instable et mal définie où se produisent des échanges constants entre les deux matières. Le bord de mer est un lieu dangereux, lieu des vagues, au

---

[19] Dans « Darrieussecq, du cochon au volatil », *op. cit.*, Darrieussecq parle de sa fascination pour les animaux marins : otaries, poulpes, animaux « doubles », comme un « passage d'un monde à l'autre », répugnants hors de l'eau, et féeriques dans leur élément.

creux desquelles personne ne peut survivre car il est le vide (*MM*, 111).[20] La traversée des vagues est une expérience initiatique pour la petite fille qui, guidée par Patrick (surfeur, maître-nageur et amant de la mère) parvient de l'autre côté des vagues. Elle est plutôt traumatisante pour le détective qui est renversé par une vague (*MM*, 88) : retourné, il se réfugie dans une baîne, ignorant la traîtrise de cette eau qui dort (*MM*, 89), une baîne que Darrieussecq décrit dans *Précisions sur les vagues* comme « l'antimatière de l'eau » (*PV*, 11). Endroit terrifiant donc que la mer, endroit de mort pour les baigneurs qui, même lorsqu'ils nagent, sont réduits à des « têtes coupées » grimaçantes (*MM*, 113). Les passages les plus marquants du *Mal de mer* sont les dérapages fantasmatiques qui concernent la mer. Celle-ci est constamment décrite sous forme organique : la vague est un « dessous de langue », « ça baille sans rompre, c'est lisse, luisant, une paroi d'organe qu[e] [Patrick et la fille] doivent traverser » (*MM*, 111). Souvent perçue comme une bouche énorme, elle manque d'avaler le détective : « on le goûte, on tente une ingestion, enfin on le vomit par le ressac » (*MM*, 88). Et tout au début du texte se trouve la description la plus chargée en fantasmes :

> l'espace s'est fendu par le milieu, a bondi sur les côtés et s'est liquéfié en cette masse noire, repoussant les bords du ciel et les fondant, les buvant, et respirant, par millions de fentes rouges s'ouvrant et se fermant sur la masse noire immobile, par millions de petites bouches sur l'énorme bouche noire close où persiste une lueur pâle à l'endroit où le soleil a joué de la langue. (*MM*, 10)

Cette scène primordiale, de sexe, de naissance et d'absorption, que contemple la fille marque à jamais ceux et celles qui l'ont vue : « cela sa mère le croit, qu'on le voit, sur le visage des gens, et particulière-ment des enfants, ceux qui ont vu la mer et ceux qui ne l'ont pas vue » (*MM*, 11). Pour mieux comprendre la fascination et l'angoisse que la mer suscite chez la fille lorsqu'elle la découvre au début du *Mal de Mer*, il faut se rappeler que le sexe de la femme est aussi objet de frayeur, en fait il est une des terreurs enfantines qui assaillent la narratrice dans *Naissance des fantômes* : « Ou bien, j'allais buter dans

---

[20] Dans *Précisions sur les vagues*, Darrieussecq fait tout un inventaire des différentes vagues, en commençant par les « spots », ces creux que forment les rouleaux dans la mer de son enfance (on peut supposer que *Le Mal de mer* est situé à Biarritz, bien que la ville ne soit pas nommée), qu'elle décrit comme des trous, des absences où se constate le jeu de la charnière (*PV*, 6).

quelque chose de tiède, velu, moite et collant par endroits, et je me dirais, si le jour se lève enfin, n'est-ce pas du sang que tu verras sur tes doigts ? » (*NF*, 95).[21] Que conclure d'un point de vue féministe de cette fascination pour la mer/mère, de la négativité de la relation mère/fille ? Que les récits de Darrieussecq témoignent de la difficulté qu'ont les femmes à établir des liens positifs avec leurs mères ? Que, comme l'ont signalé Chantal Chawaf, Antoinette Fouque ou Luce Irigaray,[22] entre autres, la fonction maternelle reste à symboliser, et que tant qu'elle ne le sera pas, sa représentation ne pourra susciter que peur, angoisse ou donner lieu à des discours matricides ? Dans *Le Mal de mer*, l'ambiguïté des relations avec la mère est projetée sur les descriptions de la mer, mais malgré ce déplacement, la mère/mer ne semble pouvoir être évoquée que dans une écriture fantastique. On est certainement très éloigné-e d'un texte qui promeut une vision optimiste de la lignée féminine. Mais Darrieussecq n'a pas pour but de construire des utopies. Si elle cherche à faire quelque chose, c'est à dépeindre le réel, comme elle l'a annoncé dans son article « Sorguina » : « Il y a des jeunes femmes qui écrivent dans la zone du fantastique, pour mieux parler peut-être du réel ».[23] En effet, comme Sartre l'a noté, depuis Kafka l'étrange s'est introduit à un point tel dans la réalité quotidienne que c'est cette dernière qui en est devenue tout entière fantastique.[24]

La distinction entre réel et fantastique a commencé de s'éroder avec Kafka. Avec certains des nouveaux romanciers, c'est toute leur écriture, dans sa façon de présenter la « réalité », qui a pris des

---

[21] Il est malheureusement impossible, faute de place, d'analyser en détail les liens entre la description inaugurale de la mer dans *Le Mal de mer*, ce passage de *Naissance des fantômes* ou l'allusion à la mère comme un trou noir (*NF*, 124), et l'histoire courte « My Mother told me monsters do not exist », où le monstre est une masse noire avec une bouche rouge (57).

[22] Voir en particulier Chawaf, Chantal, *Le Corps et le verbe : la langue en sens inverse*, Paris : Presses de la Renaissance, 1992 ; Fouque, Antoinette, *Il y a deux sexes : essais de féminologie, 1989-1995*, Paris : Gallimard, 1995, et Irigaray, Luce, en particulier dans *Le Corps-à-corps avec la mère*, Montréal : éditions de la pleine lune, 1981.

[23] Darrieussecq, Marie, « Sorguina », *Libération*, 10 mars 1998.

[24] Sartre, Jean-Paul « *Aminadab* ou du fantastique considéré comme un langage », in *Situations, I*, Paris : Gallimard, 1947, 113-32.

tournures fantastiques. C'est certainement le cas du *Mal de mer*. Alors que dans *Truismes*, et dans une moindre mesure dans *Naissance des fantômes*, le fantastique surgissait d'un événement étrange – la métamorphose et la possible existence d'un fantôme – dans *Le Mal de mer*, aucun fait n'est en lui-même extraordinaire. C'est de l'écriture même que naît le fantastique. Ainsi les descriptions de la mer, même si elles sont les plus marquantes, ne sont pas les seuls éléments fantastiques de ce roman. La ville balnéaire où la mère se réfugie est un lieu irréel. D'avion, la ville semble être une carte postale (*MM*, 64). Le vent est « de cinéma » (*MM*, 65). Les personnages sont ceux d'un film. Patrick surtout est décrit comme un mannequin, avec ses « avant-bras de statues », « ses dents stupidement blanches », « ses mâchoires parfaites » (*MM*, 83) et « ses iris bleus [qui] déferl[ent] comme une publicité pour désodorisant » (*MM*, 86).[25] Des villas modèles avec leur famille parfaite sont offertes dans les vitrines de l'agence immobilière (*MM*, 39). C'est un univers factice, à l'image de ces paysages que l'on enferme dans des bulles de plastique et que l'on vend aux touristes – image dont Darrieussecq se sert à plusieurs reprises. Un endroit de vacances où l'on ne fait rien, où l'on vient s'échouer et parfois mourir comme le requin pèlerin ou la grand-mère. Un endroit entre parenthèses : la fille vit les quelques semaines qu'elle passe là dans l'étonnement d'y être, et la mère semble ne se rendre compte de rien, ne rien voir, passer à travers le temps : son visage est le même à la fin qu'au début (*MM*, 121).

L'art de Darrieussecq consiste avant tout ici à rendre compte de ce temps de vacance, à faire percevoir l'irréel dans une situation toutefois banale. Elle y parvient par des procédés qui relèvent moins des thèmes du fantastique[26] que de l'écriture, même s'il y a toujours des références aux fantômes dans les rideaux (*MM*, 34), aux formes dans les matériaux (*MM*, 77) et dans le bleu qui symbolise la mer sur les cartes (*MM*, 54), aux métamorphoses (comme lorsque la fille s'éprouve comme langouste dans la piscine, *MM*, 61-62), aux mirages,

---

[25] Duras avait commenté que la personne de Chauvin dans *Moderato Cantabile* importait peu ; Darrieussecq a certainement radicalisé cette insignifiance de la personnalité de l'amant…

[26] Dans « Marie Darrieussecq : un souffle de liberté insolente », Francis Valéry répertorie certaines des œuvres fantastiques qui, à ses yeux, ont des échos dans *Le Mal de Mer*, *op. cit.*, 73.

à l'effet paralysant et ensorcelant du soleil (*MM*, 122), aux vampires, aux fantômes, aux Atlantes (*MM*, 56), aux sirènes et autres monstres marins. Les corps s'évaporent toujours, surtout celui de la mère, qui se dédouble, se défait, s'évaporerait s'il n'était retenu par sa robe (*MM*, 32, 35, 122). De nombreuses métaphores suggèrent des changements d'état, de l'organique à l'inorganique, de l'immatériel au matériel et vice et versa. Mais alors que dans *Naissance des fantômes*, ces références et métaphores pouvaient donner lieu à une interprétation littérale, et devenaient donc créatrices de phénomènes fantastiques, dans *Le Mal de mer*, elles ne renvoient plus à une réalité autre, mais décrivent autrement notre réalité, qui s'en trouve évidemment transformée. Darrieussecq utilise aussi des procédés chers à Robbe-Grillet, jouant de descriptions hyperréalistes qui déréalisent l'objet décrit. La plus frappante est celle de la photographie de la mère – la seule description que l'on aura de son visage – au cours de laquelle Darrieussecq nous donne d'ailleurs la recette de ce genre de description obtenu « si l'on bloque un instant l'automatisme du cerveau, la compensation qu'il opère pour un visage de femme » (*MM*, 42). Elle dépeint uniquement ce qui est visible, dans ce cas les effets de lumière qui masquent le visage et le rendent en partie aveugle. Ce refus de compenser pour reconstruire la réalité connue donne une des clés de son entreprise d'écriture dans ce texte. Elle opère aussi des glissements non signalés entre niveaux diégétiques : ainsi des reportages télévisés comme celui sur l'ours brun (*MM*, 71-72) ou les histoires de Patrick (*MM*, 74-75) sont incorporés au même titre que les autres éléments diégétiques, ce qui a pour effet de déstabiliser l'impression de réel, et donc d'amener à un questionnement généralisé. Mais les glissements les plus déroutants sont ceux, continuels, entre les consciences narratives, glissements qui se font sur un lieu, un objet, ou un mot.[27] La forme narrative rappelle ainsi étrangement la succession ininterrompue des vagues, renouvelées, différentes mais semblables, et toutes surgies d'un même fond commun. La fascination pour la mer aurait-elle contaminé jusqu'à la narration ?

Que ce soit dans *Truismes*, dans *Naissance des fantômes* ou dans *Le Mal de mer*, c'est donc le fantastique, par les thèmes et par les procédés d'écriture, qui domine. Darrieussecq ne cache d'ailleurs pas

---

[27] Voir l'analyse que Francis Valéry fait d'un tel passage, *op. cit.*, 73-74.

sa passion pour la littérature fantastique. Dans l'interview accordée à
Jérémi Sauvage dans *Ténèbres*, un magazine de littérature fantastique,
elle dit avoir dévoré dans son adolescence des romans fantastiques,
ceux de Stephen King et d'Anne Rice en particulier, et avoue que le
fantastique et la science-fiction forment «une clef de [s]on
imaginaire».[28] Lors de la controverse avec Marie NDiaye,[29] elle a
écrit une «réponse» dans *Libération* où elle cite certaines de ses
sources pour *Naissance des fantômes*, dont plusieurs sont des textes
fantastiques :

> je pensais à Georges Perec [...] *La Vie mode d'emploi* [...] *La Disparition*.
> Je pensais à Henry James, «L'Image dans le tapis», «Le Coin plaisant»,
> «Le Tour d'écrou». À Duras, au *Ravissement de Lol V. Stein*. Je pensais à
> la phrase de Proust, à *Albertine disparue* [...] aux *Contes de la lune vague
> après la pluie*, de Mizoguchi.[30]

Le fantastique occupe de plus une part importante dans l'élaboration
de la réalité de Darrieussecq : elle se construit comme héritière
«d'une lignée de sorcières basques» comme elle l'annonce en début
de «Sorguina» – «sorcière» en basque – et sorcière puisque «de nos
jours, les sorcières sont les femmes qui écrivent».[31]

Dans cette définition d'elle-même se retrouvent les deux aspects
de son œuvre que nous avons envisagés – féminisme et fantastique. La
place proéminente accordée au corps féminin dans ses textes, la
sensibilité principale que l'on pourrait qualifier de féminine, en particulier les mois poreux, non monolithiques qui y sont présentés, la
place faite à la problématique mère/fille, l'effacement des personnages
masculins, tous ces éléments encouragent une lecture féministe. Mais

---

[28] «Marie Darrieussecq, interviewée par Jérémi Sauvage», *op. cit.*, 62.

[29] Marie NDiaye, dans une lettre adressée à la presse, a reproché à Darrieussecq de
l'avoir «singé» dans *Naissance des fantômes* : elle se serait inspirée d'*Un temps de
saison* (Paris : Minuit, 1994) et de *La Sorcière* (Paris : Minuit, 1996). Darrieussecq,
atterrée par cette accusation, a écrit «Sorguina» en réponse (*Libération*, 10 mars
1998). La plupart des journaux français se sont fait l'écho de cette polémique.

[30] Darrieussecq, Marie, «Sorguina», *op. cit.*.

[31] La figure de la sorcière a bien sûr été choisie par un courant du féminisme français
comme image controversée dans les années 70 de la lutte féministe. Darrieussecq est
là aussi proche de Marguerite Duras. Voir Rodgers, Catherine, «Lectures de la
sorcière, ensorcellement de l'écriture» in Rodgers, Catherine et Udris, Raynalle (sous la
direction de), *Marguerite Duras : lectures plurielles*, Amsterdam : Rodopi, 1998, 17-34.

d'autres viennent saper cette lecture : la misogynie de certains passages de *Truismes*, le conservatisme du dénouement de *Naissance des fantômes*, la négativité des relations entre femmes, et en particulier entre mères et filles dans les trois textes. Le plus frappant est la difficulté à interpréter les textes de Darrieussecq : aucun message féministe explicite ne se dégage malgré certains aspects féministes évidents. Mais Darrieussecq nous avait prévenu-e-s : « Le roman n'est ni bien ni mal, ce n'est ni un fait, ni une thèse, ni une opinion. C'est un objet, posé là, encombrant, l'objet par excellence, impossible à réduire, à résumer, à contracter en formules, à peser, à juger ».[32]

Plutôt que d'apporter un sens, fut-il féministe ou non, les romans de Darrieussecq remettent en question les catégories établies, que ce soient les limites entre animalité et humanité, entre organique et inorganique, solide et liquide, présence et absence. Ils interrogent la réalité et le concept du moi. Ils le font par le fantastique, et il se peut que le fantastique qui, « avec sa propension à dissoudre les structures, tend vers un idéal d'indifférenciation », qui est « préoccupé par le problème des limites et par le projet de dissolution de ces limites »,[33] s'accommode mal de quelque message que ce soit. L'écriture de Darrieussecq m'apparaît plus une écriture de questionnement des limites qu'une écriture féministe. À plusieurs reprises l'écrivaine insiste sur la nécessité de regarder à la marge, au bord, pour percevoir un phénomène évanescent, et c'est là que se situent ses textes, dans un effort pour « entrevoir l'absence des bords du monde ».

Textes de Marie Darrieussecq

Les abréviations de titres utilisées dans l'article figurent entre crochets.

Truismes, Paris : P.O.L., 1996 [*T*].
Naissance des fantômes, Paris : P.O.L., 1998 [*NF*].
Le Mal de mer, Paris : P.O.L., 1999 [*MM*].
Précisions sur les vagues, Paris : P.O.L., 1999, [*PV*].

---

[32] http ://www.liberation.fr/quotidien/debats/octobre 1999/991016a.html

[33] Jackson, *op. cit.*, 72 et 78, mes traductions.

« Joyeux Noël, Emmanuel ! », *Dix*, *Les Inrockuptibles*, Paris: Grasset, 1997, 208-29.

« Quand je me sens très fatiguée le soir », *L'Infini*, été 1997, n° 58, 26-28.

« Isabel », *L'Infini*, été 1998, n° 62 ,16-19.

« My Mother told me monsters do not exist », *Ténèbres*, octobre, novembre, décembre 1999, 56-60.

« Claire dans la forêt », Paris : HFA 2000.

Bref séjour chez les vivants, Paris : P.O.L., 2001.

Le Bébé, Paris : P.O.L., 2002.

Le pouvoir merveilleux de la psyché féminine dans les romans d'Agnès Desarthe
Nathalie Morello

Morello analyse la représentation dichotomique de la réaction des personnages masculins et féminins face à l'inéluctable passage du temps. Alors que les hommes adoptent une vision cartésienne du monde, les femmes s'en remettent à un imaginaire basé sur des croyances fabuleuses ou mythiques, qui les rapproche de la figure de la sorcière. Figure de révolte contre l'ordre patriarcal pour certaines féministes, la femme-sorcière renvoie cependant ici à une représentation conservatrice de l'éternel féminin, et surtout de l'éternel maternel.

The wondrous power of the feminine psyche in the novels of Agnès Desarthe

Morello analyses the dichotomous representation of the reactions of Desarthe's masculine and feminine characters to the relentless passage of time. The men adopt a Cartesian view of the world, while the almost witch-like women embrace an imaginary universe based on fantastic or mythical beliefs. The notion of the woman-witch, for certain feminists a figure of revolt against the patriarchal order, is here that of a conservative representation of l'éternel féminin, *and above all of* l'éternel maternel.

Auteure de trois romans,[1] Agnès Desarthe est rapidement devenue une des écrivaines les plus remarquées de la « nouvelle génération » des années 90. Si son premier roman, *Quelques minutes de bonheur absolu* (1993), fut discrètement accueilli par la critique, le deuxième, *Un secret sans importance* (1996), grimpa rapidement en tête des best-sellers après avoir reçu le très respecté prix du Livre Inter (il

---

[1] Avant de se lancer dans le roman « pour adulte », Desarthe a publié de nombreux livres pour la jeunesse à l'École des loisirs. Depuis la rédaction de cet article, Desarthe a publié un quatrième roman, *Les Bonnes Intentions* (2000).

remporta aussi le prix Jeune écrivain de la Fondation Hachette). Au troisième roman, *Cinq photos de ma femme* (1998), la critique confirma un vrai talent de romancière.[2] Elle souligne le style simple, léger, poétique, fait de phrases courtes et précises. Mais c'est surtout le ton qui retient l'attention, un ton tendre, où se mélangent l'humour, l'émotion et aussi le désespoir.

À la fois graves, tendres et drôles donc, les trois romans d'Agnès Desarthe partagent un thème commun : la difficulté d'être et de vivre face au temps qui passe et qui fuit inéluctablement vers la mort. *Quelques minutes de bonheur absolu* retrace plusieurs semaines du tumulte intérieur de Cyrille, jeune sage-femme de vingt-cinq ans, incapable de se remettre d'une déception amoureuse. Son mal être est exacerbé par la perspective du prochain mariage de sa sœur Marion et celui de sa collègue de travail, Viviane. Confrontée au bonheur osten-tatoire des futures mariées, Cyrille éprouve avec une intensité qu'elle ignorait jusque-là la difficulté de trouver sa place dans le monde des adultes. Elle ressent finalement un certain apaisement lorsqu'elle en vient à la conclusion que la meilleure solution est « de se laisser flotter, sans lutter contre le courant, d'un pont à l'autre, la tête juste assez hors de l'eau pour admirer les changements de paysage » (*QM*, 192).

Également concentré sur une tranche de vie, *Un secret sans importance* retrace les quelques mois dans la vie d'une poignée de personnages, aux destins disparates, réunis un soir d'hiver grâce au « secret sans importance » éponyme. Il y a d'abord Émile, grand pro-fesseur de linguistique, hanté par le souvenir d'un jeune amour raté pour la belle Irina, qu'il a fuie après une nuit d'amour. Émile est secrètement amoureux de sa voisine Violette qui, après avoir perdu son père lorsqu'elle était enfant, son mari dans la guerre du kippour, l'enfant qu'elle attendait de lui, puis sa mère, est tétanisée par la peur de retourner dans le service de psychiatrie où elle vient de séjourner pour dépression nerveuse. Il y a aussi Dan, l'ami d'Émile, linguiste lui-aussi, toujours amoureux de sa femme Sonia, mais ne sachant plus comment l'aborder. Car Sonia se meurt d'un cancer et attend patiem-ment sa mort prochaine. Il y a enfin Gabriel, qui prépare une thèse

---

[2] Les références à ces ouvrages seront par la suite indiquées entre parenthèses dans le texte, en utilisant les abréviations et les éditions listées en fin d'article.

sous la direction de Dan. Orphelin de mère, il cherche le père qu'il n'a jamais connu et s'éprend d'Harriet, la secrétaire d'Émile. À travers une série de saynètes, Desarthe évoque la souffrance de ces personnages, les possibilités de bonheur qu'ils laissent échapper faute de dialogue, d'honnêteté et de courage. Le récit entre ensuite dans le domaine du merveilleux lorsque le fantôme de Sonia se chargera de guider les pas de tous ces esprits égarés, en leur réservant des destins divers.

Cinq photos de ma femme est de nouveau centré sur quelques mois dans la vie d'un personnage. Mais il s'agit cette fois d'un homme âgé de quatre-vingts ans, Max Opass, qui décide de demander à différents artistes choisis au hasard de peindre un portrait de sa femme Telma, décédée un an plus tôt. Le récit des rencontres est ponctué de cinq lettres que Max envoie périodiquement à ses enfants, les trois premières destinées à sa fille qui vit à Tokyo et les deux dernières à son fils installé à La Paz. Au cours de sa quête, Max repense l'histoire de sa vie et prend peu à peu conscience de ses erreurs passées : trop de doutes, de non-dits, de lâcheté, mais aussi trop d'acharnement vain à vouloir se préserver et préserver son amour contre les effets du temps. Comme on pouvait s'y attendre, il est déçu et même révolté par les portraits, tous différents, qu'on lui présente. Mais grâce à la perspicacité extra-ordinaire de Nina Brodsky, une vieille dame quelque peu excentrique qui perçoit le désarroi de Max, il parviendra à laisser reposer le souvenir de sa femme, à se détacher du passé pour se projeter vers un avenir incertain.

Comme on peut le constater, ces trois romans présentent des hommes et des femmes qui ont été vivement confrontés à la conscience de la mort. Cette expérience les a rendus particulièrement sensibles au passage du temps et à ses effets destructeurs, ce qui a provoqué chez la plupart d'entre eux une difficulté à se situer dans le monde et à établir une véritable communication avec les gens qu'ils côtoient (Sonia et Nina constituent deux exceptions marquantes que nous ne tarderons pas à examiner). Leur mal être est en particulier marqué par un sentiment de décalage vis-à-vis du moment présent et des êtres de leur entourage, qui les mure dans une solitude pesante. Ce décalage se manifeste aussi bien sur le plan spatial, temporel que linguistique, et se traduit souvent par un sentiment de malaise physique. Dans les trois romans, de nombreux exemples évoquent cette difficulté de saisir le moment présent, lorsque les personnages ont l'impression de ne jamais être au bon endroit au bon moment, de ne pas avoir fait ou dit ce qu'ils auraient pu ou voulu.

Avec la conscience aiguisée qu'ils ont de la mort, ils tentent, chacun et chacune à leur façon, de s'accommoder de l'insolubilité de l'énigme de la vie. Mais au-delà de cette expérience commune, Desarthe dépeint un univers où les hommes et les femmes vivent différemment cette douloureuse appréhension du temps qui passe. Chacun des deux sexes rassemble en effet des particularités bien distinctes qui correspondent à une division sexuelle de la psychologie et des comportements humains : le masculin dominé par la raison, le féminin par l'intuition et l'imaginaire. De plus, il existe une différence de comportement nette au sein des personnages féminins, qui résulte, semble-t-il, d'une différence de relation à la mère. Il convient donc d'examiner de plus près cette catégorisation des comportements humains avant de s'interroger sur l'éventuelle affiliation féministe d'une telle représentation.

Personnages de moindre importance dans *Quelques minutes de bonheur absolu*, les hommes prennent une place plus centrale dans les deuxième et troisième romans. Comme le suggèrent les résumés d'intrigues, Émile, Dan, Gabriel (*S*) et Max (*CP*) souffrent tous en silence d'une solitude qu'ils ne parviennent pas à exprimer. D'âges différents, ils semblent tous les quatre appartenir à un type de comportement masculin spécifique et à travers eux, ce sont différentes étapes de leur développement qui sont explorées : l'arrogance de la jeunesse (Gabriel), les doutes de la maturité (Émile et Dan) et les regrets de la vieillesse (Max). Tous partagent la particularité d'avoir eu une enfance marquée par la perte d'un parent et ont endossé très tôt le rôle de ce qu'ils s'imaginaient alors être celui de l'homme. Et pour les enfants qu'ils étaient, le désir de se sentir homme et d'être perçu comme tel s'est réalisé seulement après avoir refoulé les souvenirs de la petite enfance. Le cas d'Émile est le plus flagrant, pour qui « l'enfant qu'il avait été reposait dans un cimetière à l'odeur aigre de draps malencontreusement souillés pendant la nuit et de gâteau au fromage blanc » (*S*, 28). Affirmer une identité d'homme équivaut à acquérir une vision rationnelle du monde et à privilégier l'ordre et la discipline. Cette appréhension cartésienne du monde s'oppose nettement à l'esprit intuitif et imaginatif des personnages féminins.

Comme pour les personnages masculins, Desarthe met en scène des femmes d'âges différents et cet éventail fait clairement apparaître une morale de l'épanouissement féminin. Mais avant d'analyser cette évolution, il est important de noter les points communs qui les différencient nettement des personnages masculins. Toutes en effet aiment à puiser dans leur enfance des souvenirs réconfortants, dominés par une impression d'innocence et d'absolu. Contrairement aux hommes, il n'y a pas eu de cassure brutale dans l'évolution de leur comportement entre le statut d'enfant et celui d'adulte. Au contraire, leur être présent est en prolongement direct avec leur enfance, et l'imaginaire enfantin, peuplé du monde merveilleux des fées et des sorcières et nourri de pouvoirs magiques, continue d'influencer leur façon d'être, d'agir et de penser. N'ayant que faire des explications rationnelles que le monde leur propose des choses, elles n'éprouvent aucune honte à rester secrètement fidèles à leur propre appréhension des choses, à l'image de Violette prostrée devant son armoire ouverte car :

> À présent, une autre main se tendait vers elle dans l'ombre des robes pendues. La main de son époux jaillissait du néant pour la rassurer. La main de sa mère tendait vers elle ses griffes pour l'emporter de l'autre côté. Elle aurait aimé parler de ces étreintes magiques, mais elle se méfiait. Les gens l'auraient trouvée folle et l'auraient fuie, elle et ses pensées morbides. Je ne suis pas folle et je ne suis pas morbide, se dit-elle, j'accepte simplement de voir des choses que n'importe quel enfant voit et que les adultes font semblant d'ignorer. (*S*, 94-95)

Cette brève évaluation des caractéristiques psychologiques des hommes et des femmes illustre parfaitement certaines recherches menées sur les différences de développement entre les deux sexes. On pense aux travaux de Nancy Chodorow qui révisa certaines théories de la psychologie comportementale élaborées par Freud, notamment la nature de l'attachement pré-œdipien pour la mère et la période durant laquelle se produit le processus d'individuation,[3] pour aboutir à la conclusion que : « Le moi féminin est perçu comme étant fondamentalement relié au monde, le moi masculin comme étant fondamentalement séparé ».[4] Dans cette optique, les femmes se caractérisent

---

[3] Chodorow, Nancy, *The Reproduction of Mothering : Psychoanalysis and the Reproduction of Gender*, Berkeley : University of California Press, 1978.

[4] Thurman, Judith, « Breaking the Mother-Daughter Code : An Interview with Nancy Chodorow », *Ms*, septembre 1982, 36, ma traduction.

davantage par une éthique de sollicitude qui influence leur rapport à autrui, tandis que le développement des hommes est basé sur l'individuation, l'autonomie, la réussite personnelle et l'acceptation des responsabilités. La représentation des deux sexes dans les romans de Desarthe reproduit fidèlement cette disparité d'expérience et de développement entre les deux sexes.

Comme les hommes cependant, les personnages féminins ont aussi vécu la souffrance de perdre des êtres chers. Mais plutôt que de refouler la douleur de ces deuils dans les recoins de leur inconscient, les femmes semblent beaucoup plus enclines à les confronter et à les intégrer dans leur imaginaire basé sur des croyances fabuleuses ou mystiques, ce qui pousse les hommes à les comparer à des sorcières. Ces comparaisons inscrivent les femmes de Desarthe dans un imaginaire séculaire et peuvent faire penser à l'analyse plus ou moins fantastique que fait Michelet de la figure de la sorcière,[5] et plus particulièrement à son portrait de la sorcière naissante (Cyrille n'est-elle pas après tout sage-femme ? – nom donné pendant mille ans à la bonne sorcière, celle qui guérissait, selon Michelet[6] – et ses dons de communication avec les fœtus impressionnent vivement ses parturientes). Selon lui, l'état latent de la sorcière commença au début du moyen-âge, au moment de ce qu'il nomme la naissance de la femme, lorsque la vie en communauté fit place au foyer familial.[7] Isolée dans sa cabane, et tandis que son mari chasse en forêt, « la dame de ce palais file, assise sur sa porte, en surveillant quelques brebis. [...] Elle est seule » et elle

> n'a d'ami que ses songes, ne cause qu'avec ses bêtes ou l'arbre de la forêt.
>
> Ils lui parlent ; nous savons de quoi. Ils réveillent en elle les choses que lui disait sa mère, sa grand'mère, choses antiques, qui, pendant des siècles, ont passé de femme en femme. C'est l'innocent souvenir des vieux esprits de la contrée, touchante religion de famille, qui, dans l'habitation commune et son bruyant pêle-mêle, eut peu de force sans doute, mais qui *revient* et qui hante la cabane solitaire.

---

[5] Michelet, Jules, *La Sorcière*, Paris : Librairie Internationale, 1867 [première publication 1862].

[6] *Ibid.*, x.

[7] L'état latent est, selon Michelet, la première des trois phases qui caractérisent l'évolution de la sorcière. Il est suivi par l'état triomphant et l'état décadent.

Monde singulier, délicat, des fées, des lutins, fait pour une âme de femme. Dès que la grande création de la Légende des saints s'arrête et tarit, cette légende plus ancienne et bien autrement poétique vient partager avec eux, règne secrètement, doucement. Elle est le trésor de la femme, qui la choie et la caresse.[8]

Comme le fait remarquer Barthes dans un essai critique sur *La Sorcière*, Michelet insiste sur la fragilité de cette première sorcière : « c'est alors une femme mince, faible, apeurée, marquée de la qualité physique qui pouvait le plus toucher Michelet, la petitesse, c'est-à-dire, pensait-il, la fragilité ».[9] La petitesse et la fragilité, physique ou psychologique, souvent les deux, caractérisent les héroïnes de Desarthe, et c'est aussi bien leur aspect extérieur que le rapport autre qu'elles entretiennent avec la réalité du monde, imprégné de cet imaginaire fantastique ancestral, qui en font les descendantes spirituelles de la première sorcière de Michelet, étrangère à l'homme. Car cette apparente affinité entre la femme et la magie, cette communication secrète et viscérale avec la vie, à la fois attirent et terrorisent les hommes de leur entourage.

Dans l'univers de Desarthe, les femmes restent perçues par les hommes comme des êtres mystérieux qui fascinent et révulsent en même temps. La femme est à la fois un être sublime de beauté, de pureté et de perfection, et un être insondable qui profite d'un moindre signe de faiblesse masculine passagère pour ensorceler sa proie et la priver de sa force. Après avoir fait l'amour avec Harriet, par exemple, Gabriel « se surprit à la détester, et sa haine se retourna aussitôt contre lui-même. À sa manière rustre et brutale, elle l'avait piégée. Elle lui avait aspiré le cerveau par la bouche et par la queue et s'était enfuie avec, le laissant seul – avant son arrivée, il n'avait été que solitaire » (*S*, 191). L'ambivalence de l'attitude des hommes face aux femmes vient aussi du fait qu'elles ont le don de réveiller ces souvenirs d'enfance qu'ils ont pris tant de soins à oublier, et donc de les confronter à leurs angoisses refoulées et à leur lâcheté. Ainsi, lorsque Nina offre son aide à Max, il reste « sur ses gardes, craignant de voir surgir un pan lointain du passé » (*CP*, 135). La peur caractérise en effet leur comportement, cette peur de mourir qu'ils redoutent tous et

---

[8] *Op. cit.*, 50-51.

[9] Barthes, Roland, « La Sorcière », in *Essais critiques*, Paris : Seuil, collection Tel Quel, 1964, 117.

qu'ils dissimulent derrière le masque de l'homme maître de lui-même et confiant. Mais les femmes ont le don de démasquer leur stratégie de fuite et de mettre à nu leur effroi le plus secrètement enfoui, ce qui les terrifie davantage encore.

Si les femmes sont plus enclines à confronter la douleur de la perte affective, toutes ne sont visiblement pas en mesure de dépasser le stade du deuil. Pour Cyrille et Violette, les deux plus jeunes, la perte de l'être cher est mal vécue et a provoqué le besoin de se raccrocher au passé, à ce temps d'avant l'acquisition de la conscience du temps qui passe. Leur physique d'adolescente (*QM*, 69 ; *S*, 20) et leur réticence à assumer une féminité adulte attestent de ce comportement régressif. Totalement paralysées par la hantise de perdre à nouveau un être aimé, elles s'auto-proclament gardiennes de leur passé et sont incapables de s'investir dans l'avenir, associant toute forme d'évolution personnelle à une marque de trahison envers leur bonheur passé. Ce sont donc deux jeunes femmes hantées par leurs souvenirs et incapables de laisser reposer en paix ceux et celles qui sont associé-e-s à ce passé. Ainsi Violette, dans sa détresse, aurait voulu pouvoir « saisir les images furtives qui se dessinaient parfois dans sa mémoire et s'effaçaient en laissant un sourire ahuri sur ses lèvres ; étreindre les corps disparus et ne plus les lâcher, ne pas les laisser partir cette fois » (*S*, 44). Quant à Cyrille, elle s'était juré de ne jamais se consoler de son immense chagrin d'amour et se fit « la seule à détenir la clé de cette histoire, une clé avec un anneau en forme de cœur » (*QM*, 47). Cyrille et Violette ont certes une compréhension et une relation au monde et aux êtres que nous avons qualifiées de féminines, mais essentiellement tournées vers un passé sublimé, elles ferment elles-mêmes la voie vers une possibilité de bien être qui serait spécifique à l'être femme.

Face à ces deux éternelles enfants perdues dans le monde des adultes, trop occupées d'elles-mêmes pour pouvoir s'ouvrir aux autres et communiquer avec eux, Desarthe met en scène des femmes plus âgées qui affichent une maturité sereine. Mères, grands-mères, et même arrière-grand-mère dans le cas de Nina, elles portent un regard satisfait sur leur parcours de vie et se réjouissent d'avoir eu jusque-là une existence heureuse, entourées d'enfants sains de corps et d'esprit. Cette attitude de vie commune n'exclut pas un contraste de personnalités : Sonia est une femme très pieuse, toujours vêtue modestement, timide, effacée, prude, alors que Nina est plus volubile, coquette, bavarde et pleine d'humour. La première a trouvé la sérénité dans sa religion et attend de remettre son âme entre les mains de dieu, tandis que la seconde a acquis sa quiétude dans un rêve, la nuit où son mari est mort à côté d'elle :

> J'avais plané toute la nuit sur des collines, des bois, des lacs infinis. J'atterrissais parfois sur un clocher ou sur le toit d'une ferme et je percevais alors les pensées minuscules des gens et des animaux. Un brouhaha inouï. Babel. Mais je comprenais. Mon esprit était comme un trousseau de clés, j'ouvrais toutes les serrures et j'entendais, si clairement, comme jamais depuis quarante ans. Je me suis réveillée en souriant, guérie. (*CP*, 149)

Nina fut guérie cette nuit-là de la peur de mourir, car elle comprit qu'il est vain de chercher à donner un sens à la vie et à la mort : « Rien ne nous prépare à la mort. Mais rien, non plus, ne nous prépare à la vie. Il n'y a pas d'apprentissage. Finalement, on n'est jamais plus avancé qu'une brebis ou qu'un cancrelat. Ça vient, ça part, on ne sait pas pourquoi et l'on n'y peut rien » (*CP*, 149-50).

L'origine de cette différence d'attitude entre d'un côté Cyrille et Violette et de l'autre Sonia et Nina peut s'expliquer par la différence de positionnement de ces femmes par rapport à la mère. Les deux plus jeunes sont visiblement prisonnières d'une relation conflictuelle avec la mère, qui reste perçue à leurs yeux comme une présence étouffante. On reconnaît dans la nature de leur attachement à la mère un problème spécifique à l'évolution de la psychologie des femmes et à la forma-tion de leur identité qui est désormais amplement documenté, à savoir la difficulté qu'éprouve la fille à se séparer de la mère, évoluant, comme l'a montré Chodorow, dans un contexte à la fois de séparation et d'identification, et résultant, selon Irigaray,[10] dans une inter-dépendance étouffante et mutuellement destructrice. Le conflit qui oppose Cyrille à sa mère a, semble-t-il, pris une forme plus explicite après qu'elle eut fait l'expérience de cette épreuve effroyable énoncée en épigraphe : « se cacher est un plaisir, mais ne pas être trouvé est une catastrophe ». Cette citation de D. W. Winnicott renvoie à un épisode marquant de l'enfance de Cyrille, un jour où elle s'était cachée dans un placard et attendait avec trépidation que sa mère, forcément inquiète de son absence, montrât tout son soulagement de la trouver enfin. Mais sa mère ne la chercha même pas : elle sortit pour

---

[10] Irigaray, Luce, *Et l'une ne bouge pas sans l'autre*, Paris : Minuit, 1979.

aller chez le coiffeur, laissant simplement une note explicative à sa fille prosternée de chagrin (*QM*, 50-51). Cyrille dut prendre conscience ce jour-là qu'elle n'était pas le centre de gravité de sa mère, que celle-ci existait également en dehors d'elle. Mais plutôt que d'accepter cette vérité, Cyrille l'a combattue et continue d'ailleurs de la combattre. La complicité qui unissait auparavant la mère et la fille s'est par conséquent transformée en ressentiment, et a empêché Cyrille d'évoluer vers un état plus autonome. D'où son acharnement à se raccrocher aux souvenirs de l'enfance et à une vision très enfantine du monde, une vision où « une mère est là pour aller chercher ses enfants à l'école, pour faire des goûters d'anniversaire, pour leur chanter des berceuses avant de dormir, pour les emmener jouer au jardin » (*QM*, 158). L'inadéquation flagrante entre cette vision-là et la réalité pousse Cyrille à sans cesse essayer de neutraliser l'influence maternelle qu'elle s'imagine subir constamment, persuadée que « si elle l'avait pu, sa mère aurait aussi saupoudré ses filles de flocons gris [la cendre de ses cigarettes], les ensevelissant imperceptiblement » (*QM*, 15). Mais le rejet masque un désir très fort de fusion. Se sentant totalement coupée des autres, Cyrille cherche vainement à lire sur son visage les marques de la filiation pour aboutir à la conclusion qu'elle « ne ressemblait à rien » (*QM*, 44). L'état fusionnel que l'enfant formait avec la mère ayant été rompu, Cyrille passe son temps à tenter en vain de le recréer avec d'autres personnes. Elle avait d'abord rêvé de confondre son avenir avec celui de sa sœur Marion, mais celle-ci trahit leur rêve commun d'acheter une boutique ensemble lorsqu'elle développa ses dons de chant. Elle avait ensuite pensé avoir trouvé cette relation fusionnelle avec Vincent, ce prince charmant avec qui elle avait l'impression de ne faire qu'un (*QM*, 45). Vincent ayant inexplicablement cessé de l'aimer, Cyrille s'imagine maintenant qu'elle va pouvoir recréer cette unité avec une de ses parturientes, Héloïse, qui par une étrange coïncidence est « le portrait de sa mère en jeune fille » (*QM*, 33), avant de se rendre compte d'abord qu'Héloïse ne ressemble en fait pas du tout à sa mère et surtout que cette dernière « l'écrasait. […] Elle l'effrayait, comme sa mère l'effrayait » (*QM*, 123). La projection de son désir de fusion sur tous ces personnages de son entourage ne fait que confirmer que Cyrille demeure enfermée dans une relation de dépendance vis-à-vis de la mère.

Comme Cyrille, Violette a jusque-là été incapable de se concevoir autrement que sous l'emprise de sa mère dominatrice, dont la mort n'a pas modifié son rapport à elle. Son geste désespéré lors de l'enterrement de sa mère – sauter à pieds joints dans sa tombe (*S*, 22) – indique clairement l'impossibilité d'accepter la séparation et le désir de rester intrinsèquement liée à elle. Au-delà de la séparation physique, le souvenir de la mère continue de hanter Violette qui s'imagine que « la main de sa mère tendait vers elle *ses griffes* pour l'emporter de l'autre côté » (*S*, 94-95 ; c'est moi qui souligne). Cyrille et Violette se sentent visiblement prisonnières de la nature de l'attachement qui les relie à la mère et ce n'est qu'après avoir accepté la distanciation psychologique par rapport à leur mère qu'elles vont pouvoir se libérer des chaînes qui entravent leur progression affective et mentale. Pour Cyrille cette délivrance passe par le renoncement à sa conception enfantine de la mère idéale et par l'acceptation de sa mère non pas seulement comme mère, mais comme être sexué existant en dehors d'elle. Lors de la visite de sa mère à la clinique, Cyrille porte en effet soudain un regard nouveau sur cette femme lorsqu'elle prend conscience que celle-ci avait été jeune et amoureuse (*QM*, 162). En la raccompagnant, elle se sent enfin délivrée de l'emprise maternelle et peut désormais se situer plus harmonieusement par rapport à elle : « elle prit le bras de sa mère et s'efforça de régler sa démarche sur la sienne. Elle n'avait plus rien à lui dire et la sentait inoffensive » (*QM*, 163). Et ce n'est qu'après avoir accepté de se concevoir autre que Cyrille peut accéder à une forme d'être nouvelle en se réconciliant avec le temps qui passe, dans un éclair de lucidité qui fait écho à l'expérience vécue par Nina la nuit où son mari mourut :

> Soudain, elle eut le sentiment que son enfance était perdue à jamais. Ce qu'elle avait été resterait enfoui jusqu'à sa mort dans une cabane immobile qu'elle ne pouvait plus habiter. Jusqu'à ce jour, le temps ne lui était jamais apparu comme une flèche pointée vers l'avenir. À vrai dire, le temps n'existait pas. Il y avait l'être – avant, après, pendant – comme une pelote dont on ne pouvait saisir ni le début, ni la fin, emmêlée, close sur elle-même. En pressant le pas pour éviter une voiture, Cyrille se rendit compte qu'elle pensait à la mort.
>
> C'était comme une ligne noire dessinant les contours de son corps. Elle était surprise de ne pas se sentir triste. Elle s'arrêta un instant devant la bouche de métro pour essayer de cerner cette pensée qu'elle croyait fugitive. Mais elle n'avait pas besoin de se concentrer, ni de se presser, l'idée de la mort était stable, si simple qu'on n'avait besoin d'aucune intelligence pour la saisir. (*QM*, 190-91)

Violette, quant à elle, est trop traumatisée pour entrevoir elle-même une issue à son mal être et il faudra la présence fantomatique de Sonia, et son influence bienfaisante, pour lui inspirer la voie à suivre. Violette parvient ainsi à raconter son histoire, ce récit de sa vie avec sa mère qu'elle remettait toujours jusque-là à plus tard. Dans un passage écrit à la première personne (alors que le reste du texte est rédigé par un-e narrateur-trice omniscient-e), elle relie son enfance au moment présent et, ce faisant, confronte la séparation d'avec la mère, et parvient donc à l'accepter. Au lieu de lutter contre l'influence maternelle qu'elle ressentait de façon négative, Violette se surprend à regretter sa mère et sa contribution positive, « pour la première fois depuis longtemps » (*S*, 166). Cette acceptation se traduit par une relation nouvelle à la mère, qui est désormais perçue non pas comme une mère oppressive contre laquelle il faut constamment résister, mais comme une femme qui vit séparément de la fille et qui peut la nourrir sans forcément l'étouffer. Tout comme Sonia a répété à ses enfants les histoires consolatrices de sa propre mère (*S*, 148), Violette peut maintenant reprendre à son compte cette phrase que sa mère prononçait souvent et dont le sens lui avait jusque-là échappé : « ce que j'ai fait, je l'ai bien fait » (*S*, 161), sans se sentir sous l'emprise de son influence. Elle expliquera par la suite à Émile son impression de s'être toujours sentie prisonnière de sa subordination totale à l'influence maternelle dominatrice : « Je crois bien [...] que j'attendais simplement qu'on me donne l'autorisation. J'ai toujours fait ce qu'on me disait de faire. Je n'ai pas l'habitude de prendre des décisions. Je suis si sage que j'aurais pu en mourir » (*S*, 187).

Comme on peut le constater, les femmes sont donc investies d'une force vitale et d'une connaissance profonde de la vie, qui apparaissent parfois surnaturelles, et lorsque le lien avec la mère est reconnu comme étant source d'épanouissement plutôt que de frustration, ces attributs peuvent librement et véritablement donner accès à une forme d'être autre, comme le suggère explicitement l'exemple de Violette, qui retrouve son sens de l'intuition, assoupi depuis longtemps (*S*, 186). Cette spécificité féminine n'est pas sans évoquer celle formulée par certaines partisanes du féminisme différentialiste qui, dans les années 70, revendiquaient la figure de la sorcière et son savoir féminin ancestral, transmis oralement de mère en fille. Dans « De la magicienne à la sorcière », Claudine Herrmann remontait aux origines celtiques de la sorcière, et écrivait de la femme qu'elle « possède un pouvoir merveilleux : elle règne sur l'amour et

sur la mort » et qu'elle « détient les secrets de l'autre monde ».[11]
Xavière Gauthier déclarait que les sorcières

> connaissaient leur corps, elles n'étaient pas coupées de lui, ni de la nature,
> ni du corps des autres. Elles laissaient passer les informations que notre
> corps, que la nature, que les autres nous envoient constamment, elles
> laissaient circuler les messages. Ainsi elles guérissaient. [...] Elles étaient
> les soignantes, les guérisseuses du peuple. Elles étaient Sages-femmes,
> aidaient les femmes à la naissance, à la vie.[12]

Au nom des femmes, Chantal Chawaf écrivait :

> Nous venions de l'aube, nous venions du commencement et nous étions
> celles qui donnaient, qui nourrissaient, qui soignaient la vie […] Sorcières :
> … nous sommes du parti de la vie, nous ne voulons qu'apporter nos voix
> de vivantes, notre volonté de vivre et de réussir une union d'où naîtra
> l'urgent renouveau, une mise au monde comme si nous renouions avec le
> primitif cri poussé aux origines de la vie... par les sorcières ancestrales,
> vieilles croyances, vieille culture, vieille sagesse, patrimoine de chair et de
> souffle.[13]

Mais dans le cas de ces écrivaines, la revendication de la figure de la
sorcière, symbole de pouvoir, s'inscrit dans le cadre d'une lutte contre
l'ordre patriarcal. Or, chez Desarthe, la représentation de la spécificité
féminine ne comporte aucun élan de révolte contre un ordre dominant
qui serait jugé oppressif et même répressif par les femmes.
L'identification à l'imaginaire de « la première sorcière » renvoie au
contraire à une représentation conservatrice de l'éternel féminin,
justifiant ainsi la critique que les féministes radicales ont adressée aux
partisanes de la différence. Revendiquer une soi-disant spécificité
féminine, opposer « la Femme-sorcière » à « l'Homme-cartésien », ne
peut, selon elles, que perpétuer l'oppression des femmes par le système patriarcal.[14] Dans la même optique, il est difficile de considérer
la valorisation d'un éternel féminin, et plus encore celle d'un éternel
maternel, autrement que réactionnaire.

« L'important, c'est la mère », lit-on dans *Un secret sans
importance* (191), mais pas n'importe quelle mère. La mère de Cyrille

---

[11] Herrmann, Claudine, « De la magicienne à la sorcière », *Sorcières*, n° 5, 1976, 2.

[12] Gauthier, Xavière, « Pourquoi Sorcières ? », *Sorcières*, n° 1, 1976, 3.

[13] Chawaf, Chantal, « Sorcières…», *Sorcières*, n° 3, 1976, 6.

[14] *Questions féministes*, n° 1, novembre 1977, 8-13.

et celle de Violette, fortes de caractère et à l'esprit indépendant, sont perçues comme étant trop occupées d'elles-mêmes et pas assez du bien-être de leur fille. Leur forte personnalité est synonyme de domination et est représentée comme étant la cause directe de l'incapacité de leur fille de se concevoir autonome. La mère idéale, chez Desarthe, est une somme de caractéristiques très traditionnelles, incarnée par Nina, Sonia, ou encore la mère d'Émile, et Diane, la femme d'un des artistes à qui Max rend visite et qui a l'air d'une madone avec son bébé qui se nourrit à son sein (*CP*, 100) : mères au foyer, dévouées au bien-être des leurs, parfaites cuisinières sachant si bien faire d'excellents gâteaux, guérir les maladies, apaiser les chagrins. On retrouve en effet toute une série de clichés conservateurs attachés à la soi-disant vocation maternelle. Dans cette optique, on ne s'étonne pas que les marques de revendications féministes soient relevées dans les textes avec dérision et sarcasme. Lors de la soirée qui réunit tous les personnages d'*Un secret sans importance*, Sonia remarque que la plupart des collègues de sexe féminin d'Émile avaient

> le teint blême, des lunettes à monture masculine, des tailleurs mal coupés, elles fumaient des cigarettes sans filtre et se passaient sans cesse la main dans les cheveux. Elles avaient toutes l'air un peu trop vieilles, un peu trop intelligentes aussi, se dit Sonia sans rougir. Elle savait parfaitement que la mode des femmes innocentes et soumises était passée et qu'il était devenu fort inconvenant de reprocher à une femme ses capacités intellectuelles. Toutefois, cela ne l'empêchait pas d'être convaincue que trop d'esprit brouillait le teint, creusait des cernes et faisait tomber les cheveux. (*S*, 129)

Cette vision négative de la « femme moderne » est réitérée plus tard lorsque Sonia se moque du plaisir éprouvé par Harriet d'être prise de force par Gabriel, remarquant que « les femmes modernes n'étaient pas si modernes que ça » (*S*, 177). On pourrait être tenté-e de lire dans ces déclarations de l'humour au second degré, mais rien ne permet cependant de déceler un ton ironique qui viendrait subvertir le sens premier. De plus, Sonia demeure jusqu'au bout un des personnages les plus positifs du corpus de Desarthe, et il est par conséquent impossible de ne pas prendre en considération le conservatisme quelque peu surprenant de ses propos sur les femmes.

Ce sont par ailleurs les modèles maternels traditionnels, Sonia et Nina, qui savent le mieux comprendre le désarroi de l'autre et surtout guider ses pas vers un mieux être. C'est bien à cela, en effet, qu'elles emploient leur spécificité féminine, plutôt qu'à subvertir un ordre ou

un système de valeurs que d'autres jugeraient néfaste à l'épanouissement des femmes. Nina saura en effet passer outre au scepticisme
quelque peu condescendant de Max et lui inspirer un sommeil
réparateur, qui permet au vieil homme de se libérer de l'obsession
qu'il a toujours eue de préserver la vie sans pour autant l'apprécier.
Dans une lettre poignante à son fils, où il ne décrit plus sa routine
quotidienne mais tente de transmettre un message de vie positif, Max
confie ces paroles qui font écho à celles de Nina : « Tout ce que je
peux te dire, mon fils – quel héritage ! – c'est qu'on n'est pas plus
avancé à mon âge qu'au tien. Ce que j'ai appris, en quatre-vingts ans,
tient dans le creux d'une main de bébé. Seule compte la vie. En
dehors, il n'y a rien, aucun mystère à chercher, pas le moindre
éclaircissement » (*CP*, 186). Le cas de Sonia est plus symbolique
puisque c'est son fantôme qui intervient dans le quotidien des vivants
pour les confronter à la source de leur mal être et leur donner à tous et
à toutes la possibilité de repartir sur des bases plus positives. C'est son
« souffle » qui permet à Violette de se détacher de ses démons. Il
poussera Émile à reconsidérer son attitude de faux jeune homme libre
et insouciant. Il poussera aussi Gabriel à surmonter sa peur des
femmes et à accepter l'intimité avec Harriet, et pour terminer, sa
présence réconfortante se manifestera au gré des souvenirs de son
mari et de leurs enfants.

« Chacun pense avoir un secret. Pour certains, c'est une douleur,
pour d'autres, une joie. C'est toutefois sans importance, car, un jour
ou l'autre, une main indifférente, tombée mollement du ciel, les
moissonnera ». Agnès Desarthe reprend ces quelques phrases
d'ouverture d'*Un secret sans importance* pour clore son récit, à deux
mots significatifs près : « ...car, un jour ou l'autre, une main *attentive*,
tombée *doucement* du ciel, les moissonnera » (c'est moi qui souligne).
Entre ce début qui glace le sang et cette fin qui réchauffe le cœur,
l'alchimie d'un style poétique, d'un ton tour à tour grave et espiègle,
et d'un récit intimiste qui n'hésite pas à s'aventurer dans le domaine
du merveilleux, a cet effet réconfortant de démystifier la mort. Les
récits de Desarthe ont en effet cette particularité de mettre les lecteurs
et les lectrices en état d'apesanteur, et de les faire entrer presque à leur
insu dans un univers autre, entre réalité et rêve. Il est par conséquent
facile de se laisser porter par sa vision rassurante, très tendre et
souvent teintée d'humour, du bien que ses *earth-mothers* intem-
porelles sont capables d'apporter à ses hommes-enfants blessés, une

vision qui fait remonter en chacun-e de nous l'image idéalisée de l'enfant qui se laisse bercer dans les bras doux et protecteurs de la mère nourricière. Mais lorsqu'on parvient à dégager ce voile presque envoûtant qui tend à assoupir le regard critique, on s'interroge quelque peu sur l'interprétation que l'on peut donner à sa représentation des femmes, des hommes, et de leurs rapports. Ses récits suggèrent certes l'influence positive que les femmes peuvent avoir sur l'équilibre psychologique des hommes, et l'on peut donc y voir une valorisation de certaines valeurs féminines qui sont généralement méprisées par un mode de pensée « typiquement masculin », c'est-à-dire subordonné à la logique patriarcale. Il faut toutefois ajouter que les femmes ne semblent pas bénéficier de l'intégration de valeurs reconnues comme étant masculines, ce qui exclut l'hypothèse d'un échange mutuellement bénéfique qui supposerait la reconnaissance et l'intégration de la part masculine et féminine en chacun-e de nous. Mais ses trois romans suggèrent également une valorisation à mon avis sans équivoque de l'éternel maternel, assurément réactionnaire, qu'il est impossible d'ignorer. Force est donc de conclure que cette littérature, aussi agréable soit-elle à lire, ne contribue pas véritablement à illustrer, et encore moins à enrichir, le développement des réflexions féministes.

Textes d'Agnès Desarthe

Les abréviations de titres utilisées dans l'article figurent entre crochets.

Quelques minutes de bonheur absolu, Paris : Éditions de l'Olivier, 1993 [*QM*].
Un secret sans importance, Paris : Éditions de l'Olivier, 1996 [*S*].
Cinq photos de ma femme, Paris : Éditions de l'Olivier, 1998 [*CP*].
Les Bonnes Intentions, Paris : Éditions de l'Olivier/Seuil, 2000.

« Dans le mauvais goût pour le mauvais goût » ?[1]
Pornographie, violence et sexualité féminine dans la fiction de Virginie Despentes
Shirley Jordan

Jordan s'interroge sur la portée féministe des textes de Despentes. Celle-ci rejette certes les derniers tabous portant sur la représentation de la sexualité féminine, et s'approprie des genres et des thèmes traditionnellement masculins pour les retourner contre les personnages masculins. Mais jusqu'à quel point cette représentation peut-elle être considérée subversive envers les normes dominantes, et progressiste pour les revendications féministes ? La réponse est nuancée.

« In bad taste for its own sake » ? Pornography, violence and feminine sexuality in the fiction of Virginie Despentes
Jordan reflects on the feminist impact of the works of Despentes who undoubtedly abandons the last taboos associated with the portrayal of female sexuality, appropriating traditionally masculine genres and themes and turning them against the male characters. But to what extent can this portrayal be seen as subverting dominant norms and making headway with respect to feminist demands ? The answer is not clear-cut.

Il y a une telle cohérence thématique et stylistique chez Virginie Despentes que, bien que sa production compte à ce jour trois romans, un recueil de nouvelles et un film, on peut parler d'*un* monde fictif au singulier. C'est un monde qui souligne la déliquescence sociétale et morale, qui est marqué par la transgression et qui lui a valu, dès la parution de son premier roman, une certaine notoriété. Chaque histoire

---

[1] Despentes, Virginie, *Baise-moi*, 186. Les éditions consultées ainsi que les formes abrégées des titres sont indiquées dans la bibliographie à la fin du texte. Les références aux textes de Despentes seront par la suite mises entre parenthèses dans le texte.

qu'elle raconte se déroule dans le milieu plutôt sordide et brutal de jeunes marginaux urbains : verlan, mode vestimentaire, piercing, musique et drogues branchées sont autant de signes de contemporanéité censés attirer une nouvelle génération de lecteurs – et notamment une nouvelle génération de lectrices, puisque dans cet univers fictif c'est surtout l'identité de la femme qui est en jeu.[2]

Les pages de Despentes sont peuplées de femmes et emplies de leurs préoccupations. Ce sont elles qui parlent et leur perspective ne laisse aucune place à celle d'un quelconque personnage masculin. Nous sommes totalement plongé-e-s dans l'expérience des héroïnes qui sont sans exception jeunes, peu éduquées, et solitaires. Ni épouses ni mères, ne faisant souvent partie d'aucun réseau familial, elles semblent flotter dans un monde anonyme et impersonnel : à peine ont-elles un cercle d'amies bien défini. Démunies, elles essaient toutes de survivre et puisque leur corps est souvent leur seul atout – la seule chose que la société valorise chez elles – elles sont obligées, ou choisissent, de le vendre. Nadine, l'une des tueuses désespérées de *Baise-moi*, se prostitue. Louise, la narratrice des *Chiennes savantes*, enquête sur les événements sanglants qui se déroulent dans le milieu des peep-shows, salons de massage et « bars à pute » à Lyon, milieu dans lequel elle travaille comme strip-teaseuse. Une des jumelles ennemies des *Jolies Choses* a été actrice dans des films porno, et deux des nouvelles dans *Mordre au travers* – « Balade » (*MT*, 43-52) et « Domina » (*MT*, 19-32) – mettent en scène, toujours du point de vue de la femme, des rencontres sexuelles contractuelles. Or, loin d'être de simples victimes passives d'un système patriarcal qui les écraserait, les femmes de Despentes trouvent parfois dans de telles rencontres certains plaisirs, soit des plaisirs érotiques, soit ceux qui découlent d'une revanche sur l'homme. Ces « diaboliques »[3] fin de millénaire sont toutes à la recherche de nouvelles manières de s'affirmer : c'est sans doute à cet aspect de *Baise-moi* que pensait Philippe Azoury lorsqu'il a décrit cette œuvre comme « manifeste de la génération zéro ».[4]

---

[2] Le texte de présentation au dos de *Baise-moi* décrit les héroïnes du roman comme « filles de leur époque ».

[3] La référence est à la représentation de la femme fatale à la fin du XIXe siècle dans Barbey d'Aurevilly, *Les Diaboliques* (Paris : Dentu, 1874).

[4] Azoury, Philippe, « Affreuse, sale et méchante », *Libération*, 18 mai 2000, 35.

En ce qui concerne la représentation de la femme dans la littérature, Despentes semble avoir pour but spécifique le rejet de tabous. Sans commentaire ni intervention aucune, elle nous amène à interroger le rapport qu'entretient la femme avec son propre corps en nous présentant une série d'images insolites et ambiguës. Par exemple, dans *Baise-moi* nous lisons comment Manu, boulimique, se fait vomir afin de pouvoir continuer à se gaver de Mars, de Bounty et de Mac Do (*B*, 140). Nous sommes témoins de plusieurs scènes de masturbation qui ne sont pas décrites allusivement, mais de manière crue et détaillée, les protagonistes se masturbant parfois l'une devant l'autre sans aucune pudeur (par exemple *B*, 229-30). L'un des exemples les plus intéressants de l'insistance de l'auteure sur des aspects de l'expérience féminine restés jusque-là dans les coulisses de la littérature se trouve dans le très court chapitre 15 de *Baise-moi* où elle décrit le plaisir que prend Manu à regarder, toucher et sentir son propre sang menstruel. C'est sûrement parce que la menstruation reste un des aspects du corps féminin qui est « inexprimable » et « non-représentable », comme le constate Barbara Brook dans un essai sur l'abjection, que Despentes tient à la représenter, et tant qu'à faire, de façon provocante.[5] D'abord, le sang lui-même est décrit : « Dedans, il y a des petits lambeaux plus sombres, comme la crème dans le lait qu'on retient avec la cuillère », puis le délice de Manu qui s'accroupit pour l'examiner : « Ça sent bon dedans, enfin faut aimer » (*B*, 152). Ce plaisir est contrasté par Manu avec le dégoût et la honte ressentis par sa mère devant la menstruation, et celle-ci devient représentante d'une attitude régressive : elle « fait partie de l'ancienne école, ça la fascine pas trop [...]. Si elle pouvait, elle voterait contre » (*B*, 153). L'image de la femme comme sujet fertile et reproductif est problématisée par celle de la femme comme objet sexuel : Manu est toute nue pendant cette scène, et « ne porte que ses hauts talons » (*B*, 152). Le potentiel transgressif de la femme et le côté transgressif des descriptions de Despentes sont soulignés dans ce passage par le fait que Manu souille la moquette de la chambre d'hôtel et « laisse des traces ensanglantées partout où elle s'assoit » (*B*, 153-54). Le chapitre entier

---

[5] « [la menstruation] demeure un des rares sujets concernant le corps des femmes dont on ne peut pour ainsi pas parler et qu'on ne peut presque pas représenter », Brook, Barbara, *Feminist Perspectives on the Body*, London and New York : Longman, 1999, 51, ma traduction.

est marqué d'une ambiguïté qui fait qu'il est assez difficile de juger s'il représente un refus ou une confirmation de la longue tradition qui, comme l'a remarqué Kristeva, définit le sang menstruel comme « polluant ».[6] Il y a de surcroît dans le roman un leitmotiv du spectacle du sang qui coule – « c'est spectacle, merde, ça fait plaisir à voir » (*B*, 153) –, et le fait que Nadine essaie de comprendre comment utiliser son nouveau revolver pendant que Manu se barbouille de son propre sang établit un lien assez troublant entre le sang de la menstruation et celui de la mort. Ce genre d'ambiguïté provocatrice caractérise tous les ouvrages de Despentes.

L'auteure construit ses romans « trash »[7] selon un nombre de codes génériques et thématiques bien établis de la culture populaire. Ces codes sont en général associés avec le plaisir masculin et s'adressent traditionnellement aux hommes, mais Despentes tient à se les approprier en les féminisant. Des romans noir et policier nous reconnaissons la violence, le suspense, les meurtriers en série, les thèmes érotiques, la langue familière ou vulgaire et le style abrupt. Du cinéma populaire nous remarquons l'influence très nette de certains films cultes tels que *Pulp Fiction* (pour l'insouciance dans l'atrocité), ou *Thelma et Louise* (pour la notion du *road-movie* féministe). *Baise-moi* rappelle aussi, soit par des références explicites soit par son style, le jeu vidéo et la bande dessinée. Le dernier emprunt que nous voulons signaler, et le plus important pour notre argument, concerne les passages calqués sur les codes de représentation de la pornographie « hard ». Dans un climat où, comme l'a constaté Michael Worton, des explorations explicites et graphiques de la sexualité dans la littérature française sont en train de passer de la marginalité au courant dominant,[8] Despentes nous offre une nouvelle pornographie écrite par une

---

[6] Voir Julia Kristeva, *Pouvoirs de l'horreur : essai sur l'abjection*, Paris : Seuil, 1980, 86.

[7] Cette épithète s'utilise de manière positive depuis que les livres de jeunes romancières telles que Rochelle Fack, Vanessa Zocchetti et Virginie Despentes ont lancé une mode pour le trash. Pour une courte description du style, voir Valérie Lejeune et Étienne de Montety, « Et voici les Spice Girls de l'écriture », *Le Figaro Magazine*, 12 septembre 1998, 80.

[8] Worton, Michael, « Looking for Kicks : Promiscuity and Violence in Contemporary French Fiction », in Manil, Jean (sous la direction de), *French Erotic Fiction : Ideologies of Desire*, *Nottingham French Studies*, vol. 37, n° 1, 1998, 89-105.

femme, pour les femmes et du point de vue de la femme. Ses personnages féminins poursuivent sans culpabilité leur propre jouissance dans des rencontres souvent fugaces, et elle revient à leur sexualité agressive de façon quasi obsessionnelle comme si celle-ci représentait la pierre de touche d'une nouvelle espèce d'héroïne post-féministe. L'analyse de ses œuvres de ce point de vue serait déjà intéressante, mais le tableau se complique davantage, puisqu'à la différence de certaines de ses contemporaines, telles que Catherine Breillat, Marie Darrieussecq, Élisabeth Barillé ou Marie Nimier,[9] les rencontres sexuelles décrites par Despentes sont souvent accompagnées d'une violence insoutenable perpétrée par la femme. Or, si les héroïnes castratrices de *Baise-moi* se déclarent être « dans le mauvais goût pour le mauvais goût » (*B*, 186), peut-on en dire autant de leur créatrice ? Quel message essaie-t-elle de faire passer à travers son exploration troublante des rapports de pouvoir sexuel ? Nous analyserons cette question en puisant nos exemples dans *Les Chiennes savantes* et surtout – actualité oblige – dans les deux versions, roman et film, de *Baise-moi*.

Les débats sur la pornographie sont évidemment trop nombreux et trop complexes pour en envisager un résumé ici, la définition de ce qui est « pornographique » étant elle-même sujette à controverse. Il suffira d'établir quelques points de repère qui nous aideront à mieux cerner le projet de Despentes en le plaçant parmi ceux d'autres féministes qui ont traité le même sujet. La pornographie est, on le sait bien, une question qui a semé la discorde parmi les féministes et bien que le féminisme français ne se soit pas préoccupé de la pornographie autant que les féminismes britannique et américain, un bref rappel des débats nous sera utile ici, surtout au vu de la polémique sur la censure suscitée par *Baise-moi*. Résumons d'abord la position du camp anti-pornographie, de celles qui condamnent *toute* manifestation de la pornographie comme nocive – la plus connue sur le plan international

---

[9] Voir, par exemple, Catherine Breillat, *Romance*, 1999 ; Marie Darrieussecq, *Truismes*, Paris : P.O.L., 1996 ; Élisabeth Barillé, *Corps de jeune fille*, Paris : Gallimard, 1986 ; Marie Nimier, *La Nouvelle Pornographie*, Paris : Gallimard, 2000. On pourrait citer également Françoise Rey, Raphaële Billetdoux et Catherine Cusset. Pour une étude approfondie des développements dans ce domaine depuis les années soixante-dix, voir John Phillips, *Forbidden Fictions : Pornography and Censorship in Twentieth Century French Literature*, London : Pluto Press, 1999.

étant peut-être Andrea Dworkin.[10] Ces critiques nous rappellent que la pornographie constitue une dégradation de la femme qui n'est pas considérée comme un être à part entière étant donné que son corps est disséqué et réduit à ses orifices. Les rôles qui lui sont assignés dans ce genre sont extrêmement limités et codifiés : elle est timide et ingénue, nymphomane ou dominatrix – tous des archétypes produits par les fantasmes masculins et préjudiciables à la femme. Dans cette optique, la pornographie reste associée à la misogynie : produite et consommée par l'homme, elle perpétue l'oppression de la femme-objet et incite à la violence. Elle doit donc être censurée ; c'est en quoi la voix du lobby anti-pornographie féministe rejoint celle de la droite qui critique la pornographie, corruptrice, perturbatrice, et donc dangereuse pour le tissu social.[11]

À la différence de celles qui la condamnent, d'autres féministes – théoristes, écrivaines ou cinéastes – sont contre la censure de la porno-graphie, suggérant que cette censure limite de manière nocive l'explo-ration et l'expression par la femme de sa propre sexualité. Pour elles, le fantasme fait partie intrinsèque de l'être humain et ne doit pas être refoulé. Il ne s'agit donc pas de se prononcer pour ou contre la porno-graphie, mais de la modifier de l'intérieur et de se lancer dans la production d'une nouvelle version du genre qui, loin de diminuer la femme, soit en harmonie avec ses désirs.[12] Un des meilleurs exemples

---

[10] Voir « Against the Male Flood : Censorship, Pornography and Equality », in Cornell, Drucilla (sous la direction de), *Feminism and Pornography*, Oxford Readings in Feminism, Oxford : Oxford University Press, 2000, 19-38.

[11] Le film *Baise-moi* a été censuré à la demande de l'association familiale Promouvoir. Selon le Conseil d'État, il « constituait un message pornographique et d'incitation à la violence susceptible d'être vu ou perçu par des mineurs ». Étant donné la disparition de salles spécialisées en France, le Xage était une condamnation à mort, impliquant un retrait total du film de *tout* écran. Pour un résumé de l'histoire, voir en particulier : Schmitt, Olivier, « *Baise-moi*, le film de Virginie Despentes et Coralie Trinh Thi classé X par le Conseil d'État », *Le Monde*, 2 juillet 2000, 28 ; Séguret, Olivier, « La mauvaisexcuse : le Conseil d'État censure de fait *Baise-moi* », *Libération*, 3 juillet 2000, 32-33 ; Mandelbaum, Jacques, « Virginie Despentes cinéaste et Philippe Godeau, producteur de *Baise-moi* : "Nous n'avons pas à supporter l'infamie d'un classement X " », *Le Monde*, 4 juillet 2000, 11 ; Gorin, François, « Un été en pente X », *Télérama*, 12 juillet 2000, 16 ; Kahn, Jean-François, « Les Censeurs », *Marianne*, 16 juillet 2000, 7.

[12] Voir, par exemple : Butler, Judith, *Bodies that Matter : On the Discursive Limits of « Sex »*, New York : Routledge, 1993 ; Cornell, Drucilla, « Feminine Writing,

dans le cinéma français récent est *Romance*, film ambitieux de Catherine Breillat qui a sans doute préparé le terrain pour *Baise-moi*.[13] Centré sur le désir féminin, permettant à l'héroïne d'explorer ses fantasmes sans honte et dans le cadre d'une relation avec un homme qui les respecte, ce film représente un grand pas en avant dans la recherche d'une « pornographie féministe ».

Pour mieux nous déconcerter, Despentes semble avoir un pied dans chaque camp. Comme nous allons le démontrer, elle prend comme point de départ la pornographie « hard » orientée vers l'homme, mais en emprunte les codes pour mieux subvertir le genre. C'est cet aspect de son projet qui rend légitime la description de *Baise-moi* comme « pure giclée de haine »[14] contre la violence inhérente aux représentations pornographiques conventionnelles. En même temps, l'auteure tient à explorer la sexualité et les fantasmes des femmes en suggérant que la pornographie leur fournit des plaisirs complexes, et cette exploration rapproche Despentes du courant « libertin » auquel appartiennent, par exemple, Susan Sontag et Angela Carter.[15] Les critiques du roman et du film ont essayé de cerner son projet en parlant d'« une nouvelle forme de féminisme dur »[16] ou d'« un féminisme brutal et désespéré ».[17] Despentes elle-même semble suggérer par quelques-uns de ses énoncés qu'elle veut s'inscrire dans la lignée de toutes celles qui sont à la recherche non pas d'une censure totale mais d'une nouvelle pornographie

---

Metaphor and Myth », in *Beyond Accommodation*, New York : Routledge, 1991 ; Royalle, Candida, « Porn in the USA », in *Feminism and Pornography*, *op. cit.*, 540-50 ; Carter, Angela, « Polemical Preface : Pornography in the Service of Women », in *Feminism and Pornography*, *op. cit.*, 527-39.

[13] Serge Kaganski décrit *Romance* comme « l'œuvre qui a fait tomber quelques barrières et permis à un film comme *Baise-moi* d'exister et d'être distribué dans des conditions " normales " ». Voir « Porno futur », *Les Inrockuptibles*, 27 juin 2000, 40-41.

[14] Azoury, *op. cit.*.

[15] Selon Sophia Phoca et Rebecca Wright, les libertines féministes récupèrent la pornographie « hard » ou le sadomasochisme « pour transformer en plaisir la souffrance qui résulte de l'impuissance sociale », in *Introducing Postfeminism*, Cambridge : Icon Books, 1999, 84, ma traduction.

[16] Bruyn, Olivier de, « Le Marécage porno », *Le Point*, 23 juin 2000, 125.

[17] Kaganski, *op. cit.*.

« morale » : « l'idée du film, c'est de rendre leurs corps aux femmes »,[18] « montrer du sexe glauque, mais aussi du sexe gai »,[19] « il faudra bien que [les femmes] deviennent plus fortes. J'ai le sentiment d'avoir une mission à remplir, j'allais dire une mission de vengeance, mais ce n'est pas tout à fait ça. Il faut faire éclater les choses. Rendre de la dignité, de l'humanité ».[20] C'est cette problématique d'un double projet que nous allons aborder ici.

Quels sont donc les aspects pornographiques des œuvres de Despentes, et comment sont-ils traités ? Côté conventionnel, on y trouve la gamme habituelle de descriptions d'organes génitaux, de fellations, de pénétrations et de jeux sadomasochistes, l'authenticité de ces emprunts étant assurée par l'expérience qu'a acquise l'auteure du monde ghettoïsé de la pornographie.[21] Dans le cas du film, Manu et Nadine sont jouées par Karen Bach et Raffaëla Anderson, deux actrices du cinéma pornographique, et le sexe dans *Baise-moi* est non-simulé et filmé en gros plan. Il y a cependant eu débat autour de la question de savoir si ce film était « pornographique » ou non.[22] En effet, on y voit beaucoup moins de scènes de coït que dans les films ou livres pornographiques ordinaires. Puis, il y a une grande diffé-rence entre le fonctionnement de telles œuvres et celles de Despentes. D'habitude, le rapport du texte ou du film pornographique avec le lecteur/spectateur est d'ordre fonctionnel, car ce sont des instruments pour provoquer sa jouissance physique : on ne « lit » pas, on ne « regarde » pas la pornographie, on « s'en sert ». L'acte de consom-mation est caractérisé par un « zapping » (on choisit les passages qui produisent le maximum de jouissance) plutôt que par la linéarité, et il n'y a pas de devenir, seulement un être. Autrement dit, la porno-graphie n'a cure ni des personnages ni de l'intrigue. Épisodique et répétitive, elle est marquée par la tautologie, par l'autosignification,

---

[18] Garcin, Jérôme, « Le Porno, c'est du viol : un entretien avec les deux héroïnes de *Baise-moi* », *Le Nouvel Observateur*, 22 juin 2000, 52.

[19] Armanet, François et Valloeys, Béatrice, « Catherine Breillat – Virginie Despentes : le sexe à cru », *Libération*, 13 juin 2000, 28-30.

[20] *Ibid.*.

[21] Virginie Despentes a travaillé comme vendeuse dans un sex shop, prostituée, effeuilleuse de peep-show et chroniqueuse de journaux pornographiques pour routiers.

[22] Par exemple, Kaganski, *op. cit.*.

puisque l'acte sexuel n'est pas au service d'une volonté symbolique. Il n'est pas à interpréter ; il ne veut rien dire au-delà de lui-même.

Or, chez Despentes il y a par contre beaucoup à interpréter. On a déjà constaté que lorsque ses protagonistes travaillent, elles le font presque exclusivement dans l'industrie sexuelle. Ainsi la création et la consommation de la pornographie font-elles partie de la diégèse, avec pour résultat que sa fiction ne se prête pas à une lecture simple mais s'insère plutôt dans le débat *sur* la pornographie. Despentes l'inter- roge, la dissèque, met au jour ses mécanismes et démontre ses rapports complexes avec le plaisir et avec la violence dont nous parlerons plus tard. La plus grande différence entre la pornographie telle que nous l'avons décrite ci-dessus et telle qu'on la trouve chez Despentes est donc ce méta-discours dont le but est, en partie, l'interdiction savante et presque systématique du plaisir au lecteur/spectateur. Les éléments paratextuels (illustrations sur la cou- verture des livres, titres alléchants, marketing astucieux du film)[23] ainsi que le cadre (le monde de la prostitution et des peep-shows) sont autant de leurres, et bien que le titre *Baise-moi* semble au premier abord une invitation très caractéristique de la nymphomane qui peuple les fantasmes de l'homme, il peut se lire aussi comme impératif, ordre lancé à une victime humiliée et impotente qui sent le canon du revol- ver sur sa tempe. Comme ses héroïnes traîtresses, Despentes attire l'homme dans l'univers de la pornographie pour mieux le dérouter.

Cette démarche fait partie encore plus intégrante des *Chiennes savantes*. Alors que l'intrigue ici se déroule dans un contexte super- ficiellement excitant, Despentes présente le milieu du peep-show du point de vue des femmes qui y travaillent, et insiste plutôt sur ce qui se passe dans les coulisses lorsqu'elles ne sont pas sur la piste de danse ou dans les cabines avec les clients. Par moments, le roman prend les dimensions d'un documentaire sur les conditions de travail dans l'industrie sexuelle. Or, bien que la prostituée figure largement dans la littérature pornographique, l'aspect économique de son activité n'est guère mentionné ; se concentrer sur ce travail *en tant que* travail introduit trop de réalité et mine la raison d'être – fonctionnelle – du genre. Parce que Despentes décrit minutieusement, froidement,

---

[23] La machine publicitaire a organisé une opération marketing d'envergure : tee-shirts, sacs à dos et boîtes d'allumettes ainsi que site web (www.baisemoilesite.com) pour donner un avant-goût des scènes « hard ».

presque ethnographiquement, le système par lequel la boîte fonctionne, l'endroit paraît minable et peu alléchant. Les paroles vides et stéréotypées que murmurent les clients – « penche-toi bien, petite salope, montre-moi ton bazar » (*C*, 109) – deviennent lamentables lorsqu'elles sont juxtaposées au réalisme patient et fatigué des filles sur la piste. Tout le piquant potentiel de la situation est détruit par les commentaires moqueurs ou cliniques que font les filles sur les tenues aguicheuses, les expressions ou les voix exigées par les clients, qui « n'ont rien à voir avec le civil » (*C*, 16-17). Elles jugent de surcroît sévèrement les qualités physiques et la performance de l'homme, et vont jusqu'à attaquer le plus sacré dans l'imaginaire phallocentrique. Les descriptions de l'homme-objet qui s'excite sont impitoyables chez Despentes. Dans *Baise-moi*, le client habituel de Nadine « ressemble à un gros poulet triste, à cause des petites cuisses et du gros bidon », il « la creuse, transpire abondamment [...] souffle bruyamment [et] lui demande si elle jouit » (*B*, 58-59). Nombreux sont les commentaires déconcertants sur les verges : celles de la plupart des clients, loin d'être excitantes, sont rébarbatives et « pue[nt] le moisi » (*B*, 61) ; la taille est clairement importante – « il avait ce genre de queue robuste, grande et droite. J'avais beaucoup de respect pour les types qui en sortaient une comme ça » (*C*, 82) –, et les filles sont à la recherche de la perfection dans ce domaine : « on aurait mérité ce qui se fait de mieux en matière de queue » (*B*, 196). Leur matérialisme détaché ne risque pas non plus d'exciter le lecteur. Nadine considère le susdit client comme un distributeur automatique de billets. Enfin, plus encore que le roman, le film interdit la procuration de la jouissance masculine : comme l'a constaté Philippe Azoury, la pornographie y est « assumée jusqu'au bout ; dépassée même puisqu'il est, après vérification, impossible de bander devant cela ».[24] Dans le film, c'est plutôt l'homme qui est réduit à un objet. Il n'est jamais montré autrement que selon une gamme très limitée de stéréotypes. Monstres brutaux, « pauvres cons », violeurs en herbe, les personnages masculins sont « déballés comme des paquets [...] activés comme des turbines [et] tous si peu ragoûtants que même un scénariste mâle les aurait punis ».[25]

---

[24] Azoury, *op. cit.*.

[25] Gorin, François, « *Baise-moi* », *Télérama*, 28 juin 2000, 43.

L'un des aspects d'un intérêt particulier pour notre argument est la manière dont Despentes aborde le rapport de la femme à la pornographie. Dans certains cas, les héroïnes éprouvent du plaisir dans la notion de professionnalisme qu'exige le métier, et sont pleines d'admiration les unes pour les autres. Parfois, leur plaisir est purement sexuel, et il est clair que le « contrat » froid entre fille et client peut cependant produire de la jouissance pour celle-ci. Dans *Les Chiennes savantes*, Louise *aime* son travail, au grand dépit de Gino, seul homme à travailler dans la boîte et, détail ironique, le seul à avoir une position « morale » là-dessus. L'activité des filles « ne lui semblait supportable qu'à la seule et unique condition qu'on ait toutes horreur de ça. Les clients, qu'on les méprise hargneusement, et qu'on n'en veuille qu'à leur argent » (*C*, 80). Ce qu'il est incapable d'accepter, et même d'articuler tellement cela va à l'encontre de ses idées sur la sexualité féminine, c'est la notion que la femme puisse réellement y prendre plaisir : « Me renverser contre le mur, me faire voir et regarder faire le type à travers mes paupières mi-closes, l'écouter me parler sale » (*C*, 80) est pourtant excitant pour Louise.

La femme est aussi consommatrice de pornographie. Nadine est connaisseuse et critique admirative de matériels pornographiques, et les descriptions des vidéos ou des magazines qu'elle regarde ponctuent *Baise-moi*. Elle reconnaît Manu pour l'avoir vue dans un film porno (avec des chiens et un cheval), et lorsque Manu lui demande si elle a un copain qui est porté sur la chose, elle répond : « J'ai pas de copain, je suis portée sur la chose toute seule » (*B*, 89). Ainsi le roman s'ouvre, pour mieux décontenancer lecteurs *et* lectrices, sur une longue scène dans laquelle Nadine se masturbe en regardant un film pornographique :

> À l'écran, une grosse blonde est ligotée à une roue, tête en bas. Gros plan sur son visage congestionné, elle transpire abondamment sous le fond de teint. Un mec à lunettes la branle énergiquement avec le manche de son martinet. Il la traite de grosse chienne lubrique, elle glousse. (*B*, 5)

L'effet « choc » de cette entrée en matière s'explique moins par la masturbation du personnage féminin que par la reconnaissance de la complexité du désir et des fantasmes féminins dans lesquels figurent largement le ligotage et le sadomasochisme. Ceci nous amène à la question de l'articulation entre pornographie et violence chez Despentes.

Nous avons déjà constaté le lien établi par grand nombre de féministes entre la pornographie et la violence. Ce lien, Despentes semble vouloir le faire ressortir autant que possible, démontrant comment la violence sexuelle, loin de rester confinée dans les fantasmes de l'image pornographique, fait partic intégrante d'une violence plus généralisée qui vise à contrôler le comportement de la femme et à maintenir sa subordination. La fréquence des attaques et des humiliations subies par les femmes dans ses romans, et le climat de misogynie dans lequel elles évoluent soulignent le fait que, comme l'a constaté Gill Allwood dans une étude des théories féministes sur la masculinité, « la violence masculine est perpétrée par l'homme contre la femme *en tant que femme* constituant ainsi un acte politique, non pas un incident entre individus ».[26] Depuis les « coups correcteurs » infligés à Manu par son petit ami Lakim (*B*, 39) jusqu'à la violence verbale de la terminologie avec laquelle les personnages masculins font référence à la femme – « une suceuse de première » (*B*, 24), « ces radasses-là, ça baise comme des lapins » (*B*, 53) –, cet aspect politisé est constamment mis en évidence. Il est souligné notamment dans les scènes de viol qui figurent à plusieurs reprises chez Despentes et qui sont peut-être la conclusion logique des rapports de pouvoir tels qu'ils sont représentés dans la pornographie. L'auteure les décrit longuement, du point de vue de la victime, et avec une attention soutenue au plus petit détail qui est bouleversante : le sang de Manu sur l'herbe, les hoquets de sa copine Karla violée en même temps, les mocassins et baskets des hommes (*B*, 52-55), l'emballage de Toblerone par terre que Louise regarde fixement lorsque Victor la viole (*C*, 158). Dans la version cinématique de *Baise-moi*, la brutalité du viol de Manu et de Karla dans un parking est telle qu'elle coupe le souffle et comme l'ont constaté plusieurs critiques, toute rencontre sexuelle est désormais marquée par le sceau de la violence déclenchée dans ce viol. En effet, ce viol « vaccine durablement contre la salacité et le voyeurisme »[27] et assume des proportions symboliques fournissant ainsi la motivation pour la revanche qui s'ensuit ainsi que pour cet énoncé de Despentes : « Il est temps pour les femmes de devenir les bourreaux y compris par la plus extrême violence et tout ça... ».[28]

---

[26] Allwood, Gill, *French Feminisms : Gender and Violence in Contemporary Theory*, London : UCL Press, 1998, 129, ma traduction.

[27] T. S., « Un film infirme et fier de l'être », *Le Monde*, 28 juin 2000, 21.

[28] Garcin, *op. cit.*.

Plusieurs de ses personnages féminins suggèrent donc l'aptitude de la femme à la violence. Dans *Baise-moi* Manu et Nadine laissent dans leur sillage de nombreux cadavres mutilés. Dans *Les Chiennes savantes*, ce sont deux femmes qui se livrent un combat féroce dans le but de contrôler le réseau de boîtes à Lyon et Laure, femme fragile et timide, se révèle être une meurtrière en série. Les femmes tuent pour des raisons variées : parfois pour une revanche précise (le policier soupçonné d'avoir tué Camel, ami de Manu, ou les filles soupçonnées d'avoir couché avec le petit ami de Laure), parfois selon les nécessités du moment (pour se procurer de l'argent ou une voiture). En ce qui concerne les héroïnes de *Baise-moi* – le cas le plus problématique – leurs mobiles sont moins fonctionnels que politiques : elles tuent par revanche généralisée de démunies et nous sommes témoins d'un apprentissage progressif de l'exercice du pouvoir violent par des femmes qui finissent par y prendre goût. Voici le thème majeur des paroles des chansons populaires que Nadine écoute sans cesse sur son walkman et qui ponctuent le récit comme commentaire de fond et justification de ses actions : « Sick of dealing with all your crap, you pushed me too hard now watch me snap... » (*B*, 11).[29] Les meurtres, parfois commis spontanément, parfois suivant une mise-en-scène délibérée et relevant du rite, sont longuement commentés par les femmes, pendant et après. Ce qui leur importe, c'est la « qualité » de la victime en tant que victime (les meilleures victimes sont les nantis et les hommes), la compétence avec laquelle elles manient leurs armes, et surtout – détail inquiétant par son amoralité – la valeur esthétique de la chose. Les points de comparaison qu'utilisent Nadine et Manu sont donc les jeux vidéo – on pense à Lara Croft : « T'as vu, ça fait comme dans les jeux vidéo quand t'en es au tableau mortel dur » (*B*, 161) – et surtout le cinéma. Lorsque Nadine tire sur un enfant et sa grand-mère dans un salon de thé huppé, l'enfant « renverse un panier plein de bonbons emballés dans du papier brillant multicolore » et elle « se surprend à regretter que cette image ne passe pas au ralenti » (*B*, 159). De même Manu, après son premier meurtre, commente : « C'est moins spectacle qu'au cinéma » (*B*, 72), et l'intertextualité, surtout dans le cas du film, renforce cette idée de gestes empruntés, d'une révolte néfaste et désespérée dont les

---

[29] « Tes conneries j'en ai ras-le-bol, j'en ai ma claque, tu vois je craque... », ma traduction.

éléments étaient pourtant pré-inscrits dans les images qui foisonnent dans la société où elles vivent.[30]

Les meurtres les plus importants pour notre argument sont ceux qui constituent un règlement de compte à dimension sexuelle et qui sont une revanche hautement ritualisée contre le pouvoir physique, et parfois le pouvoir économique, de l'homme. Ces meurtres témoignent d'une inversion des rôles traditionnels de bourreaux (masculins) et de victimes (féminins), incorporant systématiquement la violence physique, psychologique, verbale et sexuelle et il y en a deux en particulier qui méritent analyse. Dans le premier, les deux prédatrices sont sorties avec l'intention de séduire et initier « un garçon jeune et dénué d'expérience » (*B*, 198). Pourtant dans la brasserie chic qu'elles choisissent il n'y en a pas, et elles vont draguer, par perversité, « un type bedonnant et moitié chauve », sourire « bovin », dents « jaunes et tachées », et qui « transpire comme un gros » (*B*, 199-200). Cette scène, comique au début, semble promettre à l'homme la réalisation de plusieurs fantasmes classiques (la femme plus jeune qui a envie de lui, la partouze, l'après-midi de vice dans une chambre d'hôtel) mais en même temps elle dérange le répertoire habituel des contrats et comportements sexuels, d'où la perplexité de l'homme. D'abord, ce sont les femmes qui l'ont élu et qui dictent les termes de la rencontre – « baiser plutôt que discuter » (*B*, 201) –, rencontre qui n'a rien à voir avec la prostitution puisqu'elles ne veulent pas être payées, et que ce serait plutôt lui qui rend service. Il n'est donc pas étonnant qu'il trouve la situation étrange, qu'il préfère Nadine – les yeux baissés, elle paraît « plus hésitante et pétasse » que Manu (*B*, 200) –, qu'il se sente dérouté parce que privé de son rôle habituel : « ça aurait été mieux s'il avait dû un peu les baratiner, avoir l'impression de les forcer un peu » (*B*, 202). Néanmoins, il pavane, fier de lui et incapable de mesurer l'écart entre sa propre évaluation de la situation et celle des deux jeunes femmes. Dans une expression qui révèle une tendresse (perverse) pour les hommes aveuglés par leur sexualité, Manu

---

[30] *Baise-moi* regorge de clins d'œil aux genres « gore » et porno, et comprend quelques hommages spécifiques tel que la scène dans la salle de bains où Nadine tient son gun dans ses deux mains, les bras tendus vers la caméra, rappelant un geste similaire dans *La Haine* (Mathieu Kassovitz, 1995), ou dans *Taxi Driver* (Martin Scorsese, 1976).

commente : « Faudrait se mettre à leur place. C'est pas possible qu'ils voient les choses comme elles sont » (*B*, 200).

Pendant le reste de l'épisode, persuadées qu'« elles font quelque chose de sérieux et d'important » (*B*, 204), Manu et Nadine opèrent une inversion systématique et méthodique du jeu de pouvoir qui se manifeste dans le viol, jeu qui d'ordinaire humilie la femme mais laisse intacte la virilité de l'homme. Elles observent froidement l'excitation de l'homme-objet, l'injurient à haute voix – « tu bandes mou. Ça me fatigue » (*B*, 205) – et parlent de lui entre elles : « putain, c'que ça transpire » (*B*, 202). Ce sont donc elles qui détiennent le pouvoir du regard, lui garde les yeux baissés et ne les regarde jamais directement. Lorsqu'il essaie de contrôler la situation quelque peu et de mettre un préservatif, Manu, suicidaire, ordonne : « Que ta bite. Sans rien » (*B*, 204). Elle accepte finalement de le « sucer » mais – geste hautement symbolique – vomit entre ses jambes en le faisant. Victime arbitrairement choisie mais représentatif de par son sexe – et méritant d'autant plus sa punition qu'il représente en même temps la médiocrité du « petit Français moyen » –, l'homme met du temps à comprendre la véritable nature de la rencontre et la valeur qu'on est en train de lui attribuer. Bien qu'il ressente le dégoût et la honte propres aux victimes de viol et que son amour propre ait souffert, son imagination ne lui permet pourtant pas d'envisager le véritable danger – celui de la violence physique. Dans l'ultime échange d'injures, pendant qu'elles l'étouffent, les filles lancent une nouvelle version de l'avertissement familier à des générations de femmes : « On suit pas des filles qu'on connaît pas comme ça, mec [...] Faut se méfier » (*B*, 207).

Le second meurtre qui comporte un fort élément sexuel est le meurtre de l'architecte vers la fin de *Baise-moi*, meurtre rituel également mais autrement complexe puisqu'ici, dans le cadre de cette « demeure modèle au fond d'une propriété modèle » (*B*, 212), le mobile revêt un aspect anti-bourgeois de revanche sur les nantis : « On est juste passées », dira Manu, « t'apprendre ce que perdre veut dire » (*B*, 225). Entrées chez lui pour voler des diamants et sous le prétexte qu'elles sont enquêteuses pour l'IPSO, elles deviennent bien vite conscientes à la fois du pouvoir séducteur de l'homme et de leur gêne dans ce milieu : « Confrontée à tant d'élégance, Nadine a l'impression de suer par litres, de respirer trop fort. Elle se sent déplacée et agressée d'être aussi mal à l'aise » (*B*, 215).

Les deux femmes vont assouvir leur besoin de vengeance en soumettant leur victime à un calvaire inspiré du répertoire sadomasochiste, que l'homme lui-même connaît grâce à ses livres et cassettes vidéo. Il se prête volontiers au jeu au départ, offrant ses poignets et suggérant : « Le moment est venu de m'attacher, je crois » (*B*, 223). En effet, tout comme l'homme anonyme dans la chambre d'hôtel, il n'imagine pas que les filles puissent lui faire du mal, bien que le revolver soit braqué sur lui. Manu prolonge son plaisir en poursuivant le rituel au-delà de sa mort sanglante. Elle peaufine la scène, ajoutant un élément « classique » du scénario de maint film pornographique quand elle s'accroupit pour uriner sur sa figure : « Tiens, amour, prends ça dans ta face » (*B*, 226).

Cet épisode est d'autant plus intéressant qu'il établit un rapport symbolique explicite entre phallus et revolver (et donc meurtre) comme instruments de domination/destruction. Pour renforcer l'analogie entre le phallus et la mort, Despentes décrit comment Manu lèche le canon, trouvant séduisante l'idée de le sucer et commentant « je finirai bien par me branler avec ce flingue » (*B*, 217). Le roman se termine de la même façon sur une scène après la mort de Manu dans laquelle Nadine caresse son revolver « comme pour le faire durcir et se tendre, qu'il se décharge dans sa bouche comme du foutre de plomb » (*B*, 249). Alors que de telles images ne sont guère révolutionnaires dans la mesure où elles font partie du stock d'images stéréotypées de la pornographie, Despentes approfondit leur signification en démontrant comment, après s'être approprié le phallus, ses héroïnes le retournent contre l'homme, le tuant avec ses propres armes. Ce retournement prolonge l'inversion des rôles traditionnels de bourreau et de victime préalablement décrite.

Faisons donc le bilan. Si l'on peut parler d'un « avant » et d'un « après » Despentes,[31] quel a été son impact, et quelle valeur féministe peut-on accorder à son œuvre ? D'abord, elle s'est lancée dans deux genres qui sont traditionnellement produits et consommés par l'homme – le polar et la pornographie – afin de les remanier à sa façon. Pour ce qui est du premier, elle expose et sape le « climat de

---

[31] Lancelin, Aude, « Despentes à sang pour sang », *Le Nouvel Observateur*, 22 juin 2000, 50-51.

misogynie » qui y règne.[32] Quant au second, elle a fait sortir la pornographie de son ghetto, la détachant de « sa valeur bassement marchande » mais en même temps refusant d'en déguiser la brutalité et la crudité par quelque « enjeu culturel noble ».[33] Elle a réussi à créer une sorte d'anti-pornographie ou de pornographie anti-phallocrate dans le sens où celle-ci diminue l'homme et lui interdit un plaisir peu problématique et ininterrompu. Ni ses textes ni son film ne sont « dociles », et ils forcent le lecteur/spectateur à réfléchir.

En ce qui concerne la lectrice/spectatrice de ses œuvres, on peut admirer la façon dont Despentes souligne, au sein du genre pornographique, les rapports de la femme avec son propre corps, ses propres plaisirs physiques et sexuels, et l'ambiguïté de ses fantasmes. La notion d'héroïnes qui refusent la domination phallocrate, saisissent le pouvoir et apprennent à dominer l'homme pourrait aussi susciter une réaction positive, mais l'extrémité d'une revanche allant au-delà de la domination pour finir dans un véritable bain de sang brouille nos réactions. Si la question principale pour certaines féministes qui étudient la violence masculine consiste à savoir comment y mettre fin, Despentes n'offre pas de solution viable. Les théories récentes sur cette question soulignent une « troisième étape » du féminisme, qui consisterait à examiner et à comprendre la construction sociale de la masculinité afin d'empêcher la violence de l'homme.[34] Despentes n'envisage pas la possibilité que l'homme puisse changer, mais suggère qu'il faut emprunter ses armes et l'éliminer : son « manifeste de la génération zéro »[35] semble, si on le prend au pied de la lettre, constituer un appel aux armes. Pourtant, créer des héroïnes violentes ne consiste pas à lancer un défi aux structures du pouvoir masculin sur

---

[32] Noreiko, Stephen, « " Toutes des salopes " : Representations of Women in French Crime Fiction », *French Cultural Studies*, vol. 10, n° 28, February 1999, 89-105, 94. Pour d'autres écrivaines du polar qui renouvellent le genre, telles que Fred Vargas, Maud Tabachnik et Béatrice Nicodème, voir Laval, Martine, « Chéries noires », *Télérama*, 5 juin 1996, 48-49.

[33] Kaganski, *op. cit.*.

[34] Zelensky, Anne, et Gaussot, Mireille, *Le Harcèlement sexuel : scandales et réalités*, Paris : Éditions Garancières, 1986, 120.

[35] Azoury, *op. cit.*.

la femme, et « montrer deux femmes qui se comportent comme les plus tarés des mecs n'en fait que les plus tarées des femmes ».[36]

En fin de compte, ce que Despentes illustre dans ses œuvres c'est la difficulté de rompre le cercle vicieux selon lequel la violence engendre la violence. Il ne s'agit pas chez elle de s'aligner tout simplement sur « le modèle dominant de la violence gratuite »[37] pour des raisons commerciales. L'intertextualité dont on a déjà parlé renforce la notion du conditionnement de l'individu par les images et modèles de comportement qui l'entourent, et suggère la difficulté d'inventer de nouveaux rapports entre les sexes. Que ce soit dans leurs rapports sexuels ou dans la violence qu'elles perpètrent, Nadine et Manu reproduisent et imitent ce qu'elles ont déjà vu et vécu. Le but ultime du film serait-il donc de démontrer la difficulté d'effectuer un mouvement vers « l'humanité » et la « dignité » que Despentes prétend rechercher ? Cette auteure n'a pas la prétention de croire qu'on puisse changer l'ordre des choses du jour au lendemain. Volontairement anti-intellectuelle, elle ne propose ni théories ni solutions : il lui suffit de constater, de dévoiler, dans un registre coup-de-poing, de re-poser les problèmes avec un maximum de force. Sa remise en question ambiguë et difficile de la complexité du désir et des rapports de pouvoir inhérents dans le sexe apporte une nouvelle voix et une nouvelle vision à cette quête plus large que mènent un petit nombre de femmes pour une politique de représentation qui puisse redéfinir la pornographie.

Textes de Virginie Despentes

Si l'édition originale n'est pas l'édition consultée, celle-ci est indiquée entre parenthèses. Les abréviations de titres utilisées dans l'article figurent entre crochets.

Baise-moi, Paris : Florent-Massot, 1993 (J'ai lu, [B]).

---

[36] Assouline, Florence, « *Baise-moi*, un film dégueulasse », *L'Événement du jeudi*, 21 juin 2000, 11.

[37] Joffrin, Laurent, « Pornographie, violence : la liberté de dire non », *Le Nouvel Observateur*, 13 juillet 2000, 40-44.

Baise-moi, film de Virginie Despentes et Coralie Trinh Thi, 2000.

Les Chiennes savantes, Paris : Florent-Massot, 1996 (J'ai lu, [*C*]).

Les Jolies Choses, Paris : Bernard Grasset, 1998.

Mordre au travers, Paris : Librio, 1999 [*MT*].

Teen spirit, Paris : Grasset, 2002 [roman publié après la rédaction de cet article].

Régine Detambel : « Au commencement était la mécanique »[1]

Bruno Blanckeman

Blanckeman a choisi d'analyser deux textes a priori très différents :
La Ligne âpre, *qui prend comme objet le squelette humain et qui est
généré à partir de contraintes sémantiques et textuelles dans la lignée
des expérimentations de l'Oulipo, et* La Verrière, *récit apparemment
plus conventionnel d'une adolescente confrontée au monde traître des
adultes. Sa lecture montre que loin de révéler une écriture schizophrénique, ces deux textes s'inscrivent dans un même projet littéraire,
à savoir l'exploration des tourments des corps, physiques et textuels.*

Régine Detambel : « *In the beginning was the mechanical* »

Blanckeman chooses to analyse two ostensibly quite different texts :
La Ligne âpre, *which deals with the human skeleton and is developed
on the basis of semantic and textual constraints similar to those of the
Oulipo experiments, and* La Verrière, *an apparently more conven-
tional story of an adolescent girl confronted by the treacherous world
of adults. His reading of these two texts shows that far from revealing
an essential duality, they form part of the same literary project,
namely the exploration of torment, of both physical and textual bodies.*

Née à Saint-Avold en 1965, Régine Detambel est kinésithérapeute de
profession et musicienne de vocation. Proche de l'Oulipo, elle publie
depuis 1990 des ouvrages qui maîtrisent la technique des recherches
formelles sophistiquées. Dans des récits d'apparence plus conventionnelle, elle s'attache à étudier certaines situations douloureuses :
ruptures de couple (*Le Ventilateur*, 1995), dérives du grand âge (*Le
Long Séjour*, 1991), mort d'enfants (*Le Vélin*, 1993 ; *La Lune dans le
rectangle du patio*, 1994). Régine Detambel écrit aussi, sur commande, des livrets d'opéra, des récits pour adolescents (*Solos*, 1996) et

---

[1] Detambel, Régine, *La Ligne âpre*, 37. La liste des ouvrages de Régine Detambel
figure en fin d'article, ainsi que les éditions consultées et les formes abrégées des
titres. Les références à ces textes seront par la suite mises entre parenthèses.

des scénarios de films pour la jeunesse. Le lecteur/la lectrice qui la
découvre peut se sentir à bon droit désorienté-e : comment se
retrouver parmi ces multiples « Régine Detambel » ? Comment saisir
l'originalité multiforme de son (de leur) projet littéraire ? Pour le/la
rassurer, ou l'inquiéter davantage, nous aborderons un livre d'inspiration programmatique, *La Ligne âpre*, qui correspond au versant
expérimental de l'œuvre et procède par contraintes pour stimuler un
imaginaire où le scientifique appelle le poétique. Nous analyserons
ensuite *La Verrière*, un roman plus classique dans ses procédures
(récit d'initiation à l'âge adulte), moins arrangeant dans ses problé-
matiques (ambiguïté des déterminations sexuelles, intersubjectivité
destructrice) ou ses modes de relation (concision abrupte, neutralité
décapante). Nous tenterons alors de dégager, à la croisée des deux
ouvrages, les caractéristiques élémentaires d'un projet littéraire et
l'unité subtilement chatoyante de l'œuvre. L'écriture des contraintes,
en raison de son instanciation ludique, génère du fictionnel, de
l'insolite, du « libre inventif », cependant qu'un récit apparemment
plus libre obéit à des principes réguliers nettement observés. L'œuvre
de Régine Detambel propose une exhibition de la mécanique des
corps, physiques et textuels, et leur investissement par l'imaginaire
(désir, sens, fiction). Une esthétique de la cruauté, qui résulte de la
visée (une dissection psycho-organique) et de la vision (une délectation poétique), est ainsi mise en place, dont l'idée même de contrainte
semble concentrer l'expression.

Dans la tradition oulipienne, *La Ligne âpre* se construit à partir de
contraintes, obligations textuelles librement choisies. L'écriture dépend ainsi d'assignations qui la commandent en limitant sa liberté
mais en renforçant son exigence, selon le principe valéryen à peine
accentué des gênes exquises, ces règles qui s'appliquent à la poésie
classique et la contraignent au meilleur de son expression. Plus
s'alourdit le cahier des charges, plus s'épanouit le bonheur de
création.

Les contraintes qui génèrent le texte relèvent de trois ensembles
combinés. Le premier d'entre eux, sémantique, dicte l'unité composite
du livre (présenter le squelette humain) et la cohérence cognitive du
propos (étudier son ossature selon une démarche scientifique). Vingt-
cinq textes de longueur variable, répartis en vingt-cinq chapitres, se
centrent sur vingt-cinq os illustres (cubitus, fémur) ou méconnus
(épine iliaque, olécrane). Chacun est détaillé au plus près de sa

configuration (forme, matière, marques particulières, utilité physique)
par une narratrice qui observe, prélève et décompose une microréalité
(l'os dans le chapitre), reconstitue une mécanique (le corps dans le
livre), répétant ainsi le geste du chirurgien qui opère (fait œuvre) et de
l'anatomiste qui enseigne (varie ses planches). A la facétie didactique
(jongler avec le jargon, forcer le trait scientifique) se mêle la fébrilité
imaginaire (jouer avec les images, croquer le document). Apprendre
importe moins qu'émerveiller, rendre évidente l'énigme d'une réalité
physique qui ne révèle ses rouages que pour mieux filer ses roueries,
et échapper à toute causalité mécaniste. Du squelettique au corporel,
du moteur au sensible, de l'écorché au revêtu, du dénudé à l'apprêté,
les états du corps s'amalgament sans cesse. Chaque texte constitue
ainsi un arrêt sur image qui additionne ses pixels et une charade qui
diffère son propos, en cryptant l'expression de ses motifs :

> Le pisiforme, rond comme un pois, sera le plus simple à rougir. L'os
> crochu a une excroissance ardue à peindre sans en déborder les limites.
> Pour le reste, le scaphoïde, en forme de barque, le semi-lunaire à l'aspect
> de lune croissante, le pyramidal, le trapèze, le trapézoïde [...] sont des os
> simples. (*LA*, 21)

Qui suis-je ? Réponse : le carpe. Les titres, creusant un écart péri-
phrastique entre leur référent et sa formulation, approfondissent
l'effet. Ce jeu déductif rend manifeste l'effet inconscient de déchif-
frage auquel se ramène toute lecture et place ainsi le lecteur au centre
du dispositif textuel.

Une seconde série de contraintes, plus spécifiquement
intertextuelles, témoigne de l'attirance littéraire pour certaines formes
fixes héritées de la Renaissance. Si plusieurs oulipiens pratiquent le
sonnet, Régine Detambel, dans *Blasons d'un corps enfantin* comme
ailleurs, s'inspire de la tradition du blason. A chaque partie de
l'anatomie féminine correspondaient, dans la postérité marotique des
grands rhétoriqueurs, autant de sonnets qui se voulaient avant tout des
exercices de virtuosité, après coup des portraits ciblés, des éloges *in
situ*, des fétiches énamourés. Dans *La Ligne âpre*, le chapitre tient lieu
de sonnet, et les atours de l'anatomie remplacent les grâces apparentes
du corps. En même temps que le blason, Régine Detambel réactualise
une autre pratique scripturale, à savoir les contraintes co-contraintes,
qui s'emboîtent et se stimulent entre elles. A Francis Ponge, elle
semble en effet emprunter une méthode (la focalisation par surprise) et
acclimater des approches, substituant aux entours immédiats du

monde sensible qui intéressaient le poète une géographie purement
physique : « Si intérieures mais à peine sous la peau, si proches,
chargées de tout, depuis la main qui tremble jusqu'aux doigts qui
touchent, depuis le bijou jusqu'à la caresse, de l'instrument à la
varappe, les phalanges surprennent comme le sourire dans la glace »
(*LA*, 12).

On pourrait relever ce qui, de page en page, rappelle l'art de
Ponge et s'applique à la présentation du corps : l'intérêt trouvé à
décrire ce qui tient au plus près de la matière, au plus juste des réalités
immanentes ; la dignité drolatique conférée à l'infime, sa reconnaissance esthétique, sa réserve d'émotions décalées ; le bouleversement des perspectives intelligibles et le petit renversement phéno-
ménologique que représentent, dans les grandes médiations de l'*ontos*,
la présence irréductible de l'objet, l'irrésolution de la conscience à son
égard... Mais l'astreinte la plus efficace se situe à cet égard dans le
respect des règles formelles qui font de chaque chapitre, à l'image des
textes de Ponge, un véritable *proème*.[2]

Apparaît en effet une troisième série de contraintes, spécifiquement stylistiques. Quatre opérations principales commandent et
déterminent à ce titre l'écriture. L'une vise le lexique, avec lequel
Régine Detambel institue sa propre équation pongienne, son
PPC = CTM (parti-pris du corps = compte-tenu des mots).[3] Sélection,
disposition, exposition prévalent dans le choix des os comme dans
celui des termes, les uns et les autres prélevés de leur squelette
anatomique et/ou linguistique, précieusement sertis à même le texte,
« bréchet saillant de celui qui va combattre » et « rataplans tout vis-à-
vis du cœur » (*LA*, 54), « couleur zinzolin » (*LA*, 75) et « nuancier »
(*LA*, 79), péroné « lancéolé comme une tige de simple » (*LA*, 83) et
« ocelles choisies dans la parade du paon » (*LA*, 109). De même un jeu
polysémique, en dédoublant la signification de certaines expressions,
inscrit le corps dans un système de repères plurivalent, prévenant ainsi
sa réduction biologiste, multipliant son imagerie (plusieurs corps,

---

[2] Ainsi Ponge appelle-t-il ses poèmes en prose.

[3] Prendre le parti des choses (PPC) consiste, pour Francis Ponge, à trouver leur
homologue verbal, fréquemment ludique (CTM, ou compte tenu des mots : ainsi le
cageot évoque-t-il la cage et le cachot, tant dans l'ordre des réalités matérielles que
dans celui du langage). Régine Detambel accommode à sa façon cette tentative, en
l'appliquant à l'ordre du corps.

selon le sens adopté, se superposent sur un seul et même squelette-signifiant). Le titre lance l'effet : la « ligne âpre » présente au moins quatre régimes de significations possibles, l'un scientifique (expression désignant le bord postérieur du fémur), l'autre artistique (le corps-modèle du peintre qui trace ses lignes ou de l'écrivain qui les rédige), la troisième psychologique (âpreté/difficulté/douleur : le corps vécu et représenté *à peine*), le quatrième toxicomaniaque (prendre une ligne, et connaître des visions hallucinogènes, comme certains chapitres en proposent peut-être). Plusieurs passages développent ce jeu, pour le meilleur (le pubis comme os sublime) ou pour le pire : le crâne est un « trompe-l'œil » (*LA*, 117) dont « l'apparente acuité tiendra moins de la morgue que de la vanité » (*LA*, 118). La syllepse de sens à effet macabre – morgue, au sens moral et local ; trompe-l'œil, au sens corporel et pictural – rencontre l'allusion dix-septièmiste – peinture baroque des vanités. Seconde contrainte stylistique : la rhétorique. L'usage systématique des figures de l'analogie suscite ainsi une dynamique visionnaire, qui permet de mettre en relief le référent anatomique en prenant du champ avec son seul descriptif. L'esprit, entre conscience analytique et rêverie fantasmatique, habite le corps : métaphores et comparaisons composent en cela leur imaginaire du squelette. Un quadruple réseau analogique est développé : *la mécanique*, qui restitue les causalités biologiques de la personne ; *la géographie*, qui recompose des paysages corporels avec leurs sites et leurs abysses, leurs courbes et leurs dénivelés, leur géologie et leurs échelles, dont une écriture spiralaire pressent la démesure pascalienne et les enchâssements d'infinis ;[4] *la picturalité*, qui pose le rapport déterminant à la représentation, aux canons donnant formes, couleurs et sens au corps, en modelant les contours et les états selon des critères mouvants ; *la scripturalité*, qui fait de l'os un signe et de la biologie une entité qui s'énonce, un abécédaire à besoins et à désirs, une discipline médicale à théories et à terminologie, une fiction psychique à jouissances et à souffrances. Le procédé analogique ainsi développé représente, sur fond d'articulations textuelles élémentaires, une puissance animante. D'un corps à l'autre, du textuel à l'humain, il

---

[4] « Les côtes se font les unes les autres de l'ombre. Alors, au lieu de l'harmonie et de la palpitation colorées qu'on s'attendrait à retrouver, à chaque inspiration, on est, au contraire, saisi par un amas titubant et des lueurs suspectes d'orbites longues et vides où se tapit, du moins est-on tenté de le croire, souvent faussement, une crasse compliquée de veines vertes parfois cachées sous la luxuriance des poils » (*LA*, 58).

équivaut aux processus psychosomatiques qui apportent leur énergie vitale à une ossature fournissant son support mécanique. Troisième contrainte stylistique : la texture analogique elle-même, formalisation et combinatoire des images. La procédure d'intrication varie, d'une part entre le comparé « squelettique » et les comparants qui lui donnent chair, de l'autre entre les différents comparants eux-mêmes. Si elle dépend parfois des seuls hasards de l'écriture, elle peut aussi obéir à une pragmatique plus concertée. Quatre modulations sont en effet repérables : *l'entrecroisement de deux réseaux complémentaires* (dans « Noter la courbure en S italique » [titre d'un chapitre], les comparaisons picturales et alphabétiques s'entremêlent dans la métaphore calligraphique) ; *la gradation d'une dominante* (dans « La formication constitue l'aventure » [titre d'un chapitre], l'évocation du cubitus transite par une métaphore amplifiée de l'agression) ; *la déclinaison organique* (les différentes caractéristiques de l'os sont énumérées en même temps que les multiples nuances du système métaphorique central : défini comme un « monstre composite » (*LA*, 33), l'olécrane est décrit dans toute sa diversité alors que les images constituent un bestiaire des plus hétéroclites) ; *la mise en abyme* (certains chapitres, comme « des pierres sacrées », imbriquent différentes analogies se motivant entre elles jusqu'à effacer partiellement le référent initial, la conclusion redéployant cette suite métaphorique). Une dernière contrainte stylistique porte, enfin, sur le travail de structuration phrastique. Le rythme, la longueur, la découpe des phrases mimétiquement travaillées retrouvent par endroits la mesure, la configuration, le calibrage de l'os évoqué. L'écriture se conforme à un objet qu'elle sculpte en même temps que sa propre matière. Il en résulte tantôt une scansion ternaire à cadence inégale – « toutes-puissantes et misérables, pratiques à casser, commodes à couper pour voler leurs bagues, les phalanges sont ordonnées par taille et en trois rangs de profondeur » (*LA*, 11) – tantôt une segmentation retrouvant une morphologie accidentée – « de cet os large et semblant porter, à lui seul, tous les accidents de terrain, toutes les lignes de fuite, les creux, les crêtes, ils ont fait une œuvre contemporaine, un collage, un portrait cubiste, une photographie d'art nègre » (*LA*, 63).

Comme ce dernier exemple le montre, les multiples contraintes, en se superposant, décident de l'avancée discursive et poétique du texte. « Au commencement était la mécanique » (*LA*, 37), écrit Régine Detambel : la formule, appliquée au corps humain, décide aussi de la genèse de l'œuvre, quand bien même celle-ci et celui-là se portent ailleurs. Cet ailleurs du texte – une littérature de l'imaginaire immédiat, de l'illusion référentielle –, *La Verrière* en offre apparemment l'illustration la plus accomplie. Le livre se présente comme un roman d'adolescence à la première personne. La narratrice y met en scène la trahison répétée des adultes et sa propre trans-gression de leurs valeurs, transformant son récit en une chronique de la détestation abordée sous l'angle de la relation mère-fille. Son intensité en fait un cas exemplaire de tératologie familiale. Une gradation à double amplitude (persécution par la mère, subversion de la fille) structure l'intrigue. La relation s'établit par coercition : « Je devais aussi traverser la salle à manger pour rejoindre ma chambre. Un fauteuil large condamnait ma porte à moitié. Je n'entrais pas, je ne sortais pas de ma chambre. En vérité, je m'y glissais ou je m'en extirpais » (*V*, 17). Elle se développe par vexation : « Quand on m'a volé mon anorak, au lycée, ma mère m'a fait mettre une veste de survêtement et j'ai fini l'hiver avec cette trop légère veste bleue à triples rayures blanches que je détestais » (*V*, 47). Elle s'achève en exaction, plusieurs épisodes illustrent un principe éducatif ainsi résumé par la narratrice : « la force brisante de mes parents qui essayaient de me conduire, voulaient m'orienter, me déterminer, me vider » (*V*, 33). Les provocations de la fille se succèdent par amplification : une liaison scandaleuse (premières amours vécues avec Mina, une femme immigrée marocaine), une fugue, la mise à feu du domicile parental. Le roman se présente aussi comme un récit d'éducation sentimentale. Mina représente la passion fondatrice, et la jeune fille narratrice vit avec elle les différentes étapes de toute initiation (polarisation de l'affect, cristallisation des pulsions, projec-tion fantasmatique de soi). Denis incarne à ses yeux l'alternative amoureuse, mais sa moto accidentée renvoie à une image quelque peu pantelante de la virilité, image par ailleurs accentuée par le personnage du père. Indistinct de la mère (« mes parents » fonctionne comme simple doublet de « ma mère »), il ne s'individualise que par un comportement régressif (blagues salaces, imitation d'animaux). *La Verrière* met en scène un matriarcat des temps présents, diffracté en ses figures tutélaires. Plusieurs modèles s'offrent à la narratrice ado-lescente, associés à quatre personnages de femmes projetées chacune en un espace ambiant particulier. La mère, inséparable du lieu clos et tortueux de l'appartement, comme les insectes et les rongeurs qui le

corrompent, représente un archétype de féminité maléfique, entre
dévoration (une Médée naturaliste), hystérie – « et quand des amis me
téléphonaient, ma mère restait à côté de moi, elle tambourinait avec
ses ongles, ou bien elle tapait du pied en roulant des yeux pour
signifier clairement que la conversation avait assez duré » (*V*, 55) – et
ensorcellement – « j'étais subjuguée par ses victoires perpétuelles »
(*V*, 55). Face à cette présence meurtrissante, Mina se fait chair
d'accueil – incarnation là où la mère est incarcération. Lieu d'intimité,
la verrière aux multiples réverbérations et à la fragile consistance
répercute le trouble des épanchements sensuels et l'éclat des
déterminations psychiques qui s'y jouent. Le lien homosexuel, contrairement au préjugé qui voit en lui une attirance narcissique pour le
même, est posé d'emblée comme un apprentissage de l'altérité. Par
son âge, ses origines et son statut social, Mina représente, aux yeux de
la narratrice, *la* différence, alors que Denis, pour les mêmes raisons,
est à son exacte semblance : homo/hétéro, les préfixes se défixent dans
l'exacerbation d'un affect obéissant à des résolutions plus complexes :
le désir appelle l'Autre, quel qu'en soit le sexe. Deux autres modèles
féminins traversent le récit : Clarisse, figure de femme émancipée
auprès de laquelle la narratrice tente sa rééducation – « bien que je me
sois interdit de penser à son corps, je la trouvais gracieuse et mobile.
Mina était lente à se mouvoir, faite d'un bloc, massive et figée par
tous ses habits, ses foulards, ses châles si épais. Ma mère était
nerveuse et crispée comme un bout d'écorce craquant » (*V*, 153) ; la
vieille voisine, dont le dépérissement solitaire exerce une attraction
morbide sur l'adolescente aux penchants anorexiques – « j'avais
maigri. Le professeur de français me donnait de la pâte de fruits, tu as
une petite mine, toi, cette année, l'an dernier, tu étais ronde comme
une pomme » (*V*, 33). La jeune fille circule d'un modèle à l'autre
comme en manque de référent propre. Le Sujet humain représenté est
en effet le pur produit d'une énonciation rétrospective. Il se construit
en investissant un passé dans lequel, en termes de psychologie fixe, il
ne semble pas exister, ce qui malmène à la fois la catégorie
existentielle de la personne et celle, littéraire, du personnage : le
roman, en dépit des apparences, progresse donc à côté des conventions
de genre, à l'image de l'adolescente elle-même. Celle-ci s'identifie
très exactement à une figure d'hologramme. Malléables, ses formes et
ses contours se décomposent et se remodellent sans cesse, selon un
effet de dissemblance à soi que désignent les métamorphoses de son

corps, tour à tour petite fille vieillie dans ses socquettes, jeune berbère rougie au henné, vagabonde à la *Sans toit ni loi*,[5] loubarde farouche :

> Cette chevelure n'était pas la mienne, mais une perruque de carnaval. (*V*, 72)
>
> Il paraît que j'ai changé de voix. (*V*, 80)
>
> Je crois que c'est lorsqu'elle me reconnut, toute vêtue de cuir, elle qui ne me supportait, la nuit, que dans une chemise de coton et une robe de chambre de molleton rose, que ma mère décida de me dénoncer. Je portais une autre peau que celle qu'elle m'avait imposée, je n'étais donc plus de son espèce. (*V*, 126)
>
> Mina avait fait de moi une marionnette à tête de tilleul et passait, comme une guignoliste, la main sous mes habits pour me faire obéir. (*V*, 143)

Si le modèle maternel défaille, aucune des trois figures substitutives ne parvient à le remplacer, et l'adolescente est renvoyée à sa propre vacuité, au seul geste de destruction que symbolise la situation, triplée, de l'explosion, appliquée au motif, récurrent, du cadre : l'aquarium brisé, la verrière cassée, la maison explosée. Discordance de la parole et du geste, de l'apparent et de l'authentique, de la promesse et de l'acte : l'initiation à l'âge adulte échoue, sur fond de valeurs déprises. Le déficit d'être, propre à l'adolescente, butte contre l'excès de personnalité, caractéristique des femmes adultes. De chacune, la narratrice découvre en effet la duplicité : la mère refuse de la revoir mais s'inquiète d'elle et l'entretient à distance ; Clarisse, tout en sympathie, s'avère à la solde maternelle ; Mina accepte un amour juvénile comme quelque éphémère distraction, une sorte de cache-solitude ; la vieille enfin s'intéresse à elle, avec l'égoïsme du grand âge en quête d'un foyer pour se régénérer. La narratrice se trouve elle-même entraînée dans ce jeu des comportements équivoques, et son récit révèle les ambivalences de l'exigence adolescente qui s'approprie l'autre alors qu'elle prétend s'y soumettre. Tout amour oblatif est ainsi simultanément vécu sur le mode captatif : « Je continuerai à m'accrocher à toi jusqu'à ce que tu comprennes à quel point tu es importante » (*V*, 95).

L'image parasite, voire vampirique, suggère combien, lorsque *rien* ne structure le référent subjectif, *tout* est appelé à le combler, selon un mouvement d'aspiration dépressionnaire que rappellent ces

---

[5] Film d'Agnès Varda, réalisé en 1983, dans lequel Sandrine Bonnaire joue le rôle d'une adolescente à la dérive.

phrases de Rilke, commentées par la narratrice : « Mais l'indicible souffrance de son amour est toujours venue du fait qu'on exige d'elle qu'elle impose des limites à ce don. C'est moi, et toi tu veux constamment imposer des limites à ce que je veux te donner » (*V*, 93).

Le rapport entre l'identité et l'altérité trouve ainsi dans le roman un traitement des plus éprouvants. La situation d'immigration, associée au personnage de Mina, devient en ce sens le support implicite d'un discours sur l'intersubjectivité et sa violence déstructurante. Pour la jeune amante, l'autre est un territoire qu'il s'agit d'annexer quitte à en assimiler les pratiques (rituel du henné) ; pour sa mère, un étranger qu'il faut bouter hors des frontières quitte à le détruire (rituel de la couverture ou « étouffoir à Mina », *V*, 11). La relation amoureuse, quand elle se double d'un enjeu éducatif, sert de révélateur à toute transaction affective et en offre le contrepoint le plus sauvage, suscitant au gré de la crise sa version métaphorique radicale, l'impérialisme militaire.[6] Tout rapport à autrui transite, dans ce roman, par un sème d'appropriation douloureuse, que suggèrent aussi le modèle réversible de l'invasion/colonisation et sa variante cynégétique. À Clarisse, qui a « l'air d'un dresseur de chiens » (*V*, 160), la jeune fille adresse un « baiser de louve » (*V*, 163). L'éducation considérée comme domestication échoue, et la jeune fille fuit définitivement le monde adulte. Aucune morale facile ne s'associe toutefois à cette fin romanesque, nulle apologie de la liberté sauvage : les idéaux de la *beat-generation* relèvent bel et bien de la préhistoire, comme le montre la première fugue de l'héroïne, qui en présente une version légèrement dérisoire. Le cynisme sied mieux que l'utopie (question d'époque). Le livre se referme sur un « essaim de mouches bleues et vertes » (*V*, 164) qui s'envole : ainsi se complète un réseau délétère tramé tout au long du récit. La chrysalide ne se transforme pas en papillon : l'asticot, simplement, devient mouche. Encore la situation d'énonciation conduit-elle à remettre en cause cette métamorphose. Si le récit manifeste par endroits la distance, commentative et temporelle, qui sépare la narratrice du personnage qu'elle fut, d'autres les confondent, annulant l'idée de temps passé et de maturation acquise, dans une écriture émotive qui transforme le

---

[6] Ainsi la jeune fille écrit-elle à sa compagne des lettres « *au marqueur* » (*V*, 88 ; je souligne). Ailleurs, elle évoque la force de frappe maternelle : « Voilà comment frappait ma mère » (*V*, 79).

souvenir en obsession, l'expérience initiale en phobie structurante et bloque toute chronologie du Sujet en une ligne de durée répétitive.[7] Régine Detambel compose ainsi un roman non pas sur l'adolescence mais *depuis* l'adolescence, et tente de transposer, en termes d'esthétique, les états spécifiques de cet âge. Présence en creux, postulation égocentrique, tentation autodestructrice, fixation névrotique : le récit est régi par une sensibilité exacerbée que la romancière traduit en déréglant les instances narratives. Ainsi les états démesurés du sentiment s'expriment-ils par un jeu de synesthésies antithétiques : les correspondances sensorielles harmonieuses s'entremêlent à leurs contraires et énoncent les mouvements d'une sensibilité cyclotymique, à fleur de mots et de peau.[8] De même deux tensions contraires stimulent l'écriture. Une tension réaliste la porte à mesurer des topographies (l'immeuble), dénombrer des éléments matériels (le marché), se centrer sur l'événement prosaïque (faits et gestes de la liaison) ; une tension surréelle la déporte vers quelque sollicitation onirique des lieux (la maison comme espace infernal, la verrière comme antre légendaire), des objets (la moto taurine), des situations (la ronde magique de la Yamaha). Le récit retrouve ainsi les déséquilibres d'une psyché qui, en un même mouvement, se fixe obsessionnellement sur des réalités phénoménales et les recompose par divagation cauchemardesque.

La Verrière assume ces différentes conventions : roman à la première personne, récit de formation, fiction psychoréaliste dans laquelle Régine Detambel propose une libre variation sur le thème, classique, des humanités cruelles. *La Ligne âpre* est conçue, pour sa part, comme une narration à contraintes, dont la procédure régulière tient lieu de matrice en engendrant du texte par application expansive. Œuvre schizophrénique, alors ? La réalité littéraire est plus nuancée. Une expérimentation formelle en douceur exclut moins le travail du sens qu'elle n'y *contraint*, en imposant la domination de sa propre écriture : à le méconnaître, bon nombre de publications, actuelles ou passées, activ(èr)ent le clapet à clichés. La qualité d'une œuvre, sa mesure littéraire se prennent peut-être, en l'an 2000, à cette aulne double : proposer une pratique du texte qui en éprouve le potentiel

---

[7] Certaines pages en développent particulièrement l'effet (*V*, 94-100).

[8] On se reportera ainsi aux multiples jeux de lumière dont la verrière est le cadre tantôt coloré tantôt obscurci, ainsi qu'aux notations ductiles et gustatives.

interne et en laisse jouer les agencements formels, concevoir une relation au monde qui en varie l'expérience commune et en refonde les approches. *La Ligne âpre* échappe, malgré son titre, au formalisme aride parce que ses contraintes stimulent l'imaginaire sans en évincer l'ambition sémantique ou la consistance référentielle. A l'expansion textuelle correspond en effet une amplification thématique : du corps biologique (anatomie, physiologie) au corps culturel (socialité, esthétique) en passant par le corps sensible (sensorialité, sensualité), l'inspiration, quoique corsetée, s'ouvre aux multiples données du vivant dont elle excelle à reconstituer, entre bizarrerie et humour, les innombrables realia. *La Verrière* excède, quant à elle, les formes traditionnelles du roman parce qu'elle en intègre les données dans un dispositif stratégique particulier. Chaque chapitre se compose en effet de paragraphes thématiquement liés mais logiquement déconnectés, qui peuvent s'agencer de différentes façons. Le récit en propose une combinatoire parmi d'autres, mais s'ouvre à la multiplicité de recompositions toujours possibles. Il suit une ligne générale formée de situations à fonction romanesque distincte, mais à séquences narratives internes redistribuables. Par ailleurs, des motifs circulent entre les paragraphes quel que soit leur chapitre d'appartenance, signalant la limite aléatoire des chapitres eux-mêmes, leur détermination mobile, et appelant à leur éventuelle refonte. Les modèles oulipiens du *jeu de société* (cartes, échec, go, puzzle) se rappellent ainsi au bon souvenir d'un lecteur/une lectrice appelé-e à modifier, s'il/elle le souhaite, les pièces de la fiction, répétant en cela le geste d'une narratrice qui tente la mise en ordre, à jamais hasardeuse, de son propre passé. « Toujours combattue, disloquée, traînée, secouée, je ne réagissais pas, ou si peu » (*V*, 56).

La dislocation de la personnalité se transpose dans la dislocution du propos : le roman rassemble, dans une configuration hasardeuse, les fragments d'un discours brisé. *La Verrière* rappelle tantôt l'univers du tarot, dont les cartes, présentant chacune une unité narrative, thématique et symbolique spécifique, composent par leur agencement une narration différente à chaque levée interprétative ou à chaque partie jouée, tantôt l'univers des échecs, dont les pièces à fonction différenciée procèdent selon un protocole identique. Personnages et décors empruntent également à ces jeux une valeur archétypale : la donne romanesque en actualise librement la charge tragique codifiée. Une citation de Calvino, écrivain proche de l'Oulipo, évoque en exergue du livre « *la* Reine d'Épée [...], *joyeuse Déesse de la Destruction, qui commande à la ruine et la reconstruction incessantes du monde* ». Cette carte fatale renvoie-t-elle au personnage de la mère ? « Et je tremblais à l'idée qu'elle puisse vraiment modifier mes rêves. Je venais d'apprendre comment le dormeur, piqué par l'aiguille, rêve qu'il est transpercé par l'épée » (*V*, 56).

Transmet-elle un sème négatif plus généralement réparti entre les principaux personnages féminins, qui toutes à leur façon portent l'épée ? La « ruine et la reconstruction incessantes » semblent, quoi qu'il en soit, renvoyer au « monde » de la fiction non seulement tel qu'il se constitue et se défait esthétiquement, par morcellement d'unités, mais aussi tel que cette structure assume sa valeur métaphysique rituelle, jeu du Destin dont la romancière propose de nouvelles pièces, vanité qui exhibe ses fragments constitutifs comme le squelette de *La Ligne âpre* son ossature disjointe. Encore conviendrait-il de repérer les autres jeux formels qui, à l'intérieur de celui-ci, commandent l'esprit de fiction. Le motif de la couleur ne cesse de traverser le récit, dont les paragraphes pourraient se recomposer selon plusieurs lignes chromatiques et constituer des paysages mouvants. Les jeux verbaux, dont l'onomastique, tiennent aussi une place importante : le prénom-surnom de l'heureuse élue, Mina, décide de certaines situations (la maison explose comme une *mine*), de quelques scènes (maquillage du visage, écriture de lettres au crayon *à mine*), de paroles insérées – « tu as une petite *mine*, toi, cette année » (*V*, 33 ; je souligne), de comparaisons insidieuses (« son sexe [de Denis] qui se mit à ruisseler comme l'émail sur un *minaret* » *V*, 102 ; je souligne), du personnage même de la narratrice (Mina = Anim par quasi palindrome, comme « anim-a », âme, puissance d'animation, mais aussi de destruction : par sa fuite, Mina *lamina* la jeune fille autant qu'elle la *mina*) et du roman, miné de l'intérieur. Un paragraphe peut en outre être rapproché d'un autre, distant de plusieurs pages, et l'ordre du récit remanié, par un jeu à la fois proche du glissement de sens et de l'imbrication lexicale : page 29, le paragraphe s'achève sur l'image de la mère saisissant sa fille en lui criant « va dans ta chambre, espèce de *traînée* » (je souligne) ; page 56, un paragraphe commence par « toujours combattue, disloquée, *traînée*, secouée, je ne réagissais pas, ou si peu. Ma mère fondait sur moi, elle me rivait à mon bureau » (je souligne). La reprise du même mot, à fonction de sens variable, permet aux deux paragraphes de s'emboîter : le récit progresse ainsi comme un puzzle dont les pièces offriraient plusieurs possibilités de jointure. Par ailleurs, un bestiaire se compose de page en page, établissant entre certains paragraphes une filiation narrative seconde aux injonctions différenciées. Poissons, oiseaux, fauves, monstres, reptiles, insectes, rongeurs, animaux domestiques forment une ménagerie dont la parade double les agissements humains et les recoupe métaphoriquement. Dans la littérature oulipienne, les contraintes s'additionnent, formant ainsi, par leur combinatoire, une programmatique textuelle. Régine Detambel respecte cette règle en agençant *au moins* – ne préjugeons pas de notre sagacité – deux contraintes discursives (un système narratif recomposable par unités interchangeables, un système descriptif variable en fonction des éléments de couleur disposés dans les paragraphes), deux contraintes verbales (l'onomastique, le jeu poly-sémique), une contrainte rhétorique (la métaphorique animale). Ces contraintes formelles se combinent à leur tour, de façon plus souple qu'algorithmique, avec des contraintes sémantiques qui empruntent à l'intertexte littéraire (champ des traditions romanesques) et à la symbolique culturelle (jeux de société).

Pour les oulipiens les plus ambitieux, l'écriture à contraintes ne se limite pas au seul exercice de style mais active la spéculation, mathématique (Queneau) ou identitaire (Pérec). Régine Detambel fait œuvre à partir d'une curieuse équivalence : des contraintes s'exercent sur un texte qui étudie les pressions éprouvées par les corps. La rhétorique forcée, comme structure qui fait naître et porte le texte, devient la métaphore de la violence des énergies de vie, saisies dans leurs multiples réseaux psychosomatiques. *La Ligne âpre* comme *La Verrière* en distinguent les circuits sensoriels, en détaillent les influx nerveux, en ciblent les points de conduction réactifs.

> Entre chaque page, ses doigts, sur le papier cristal, grinçaient comme si elle avait froissé dans sa main une poignée de billes en verre. De tristesse, je baissais la tête. (*V*, 50)
>
> Quand on s'est couché, tout chaussé, le gril des métatarsiens démange. Ils rendent la morsure de mille langues brûlantes. La chaussure est doublée de laine de verre. Il faut la délacer, de nouveau soulever la languette et repasser le doigt dessous. Cela réveille tout à fait.
>
> Le soulagement est doux et court.
>
> Il faut ôter la chaussure et la jeter au loin. Quand elle a roulé, alors le pied désenfle, mais il est encore douloureux, comme d'une piqûre de taon. On se rendort malgré tout, en rêvant de becs. (*LA*, 96)

L'écriture reconstitue ainsi, dans sa tessiture stylistique minutieuse, des parcours sensitifs, des stimulations neuronales, des conversions d'humeurs. Elle s'apparente à un acte médical poétique. Encore celui-ci s'applique-t-il *à tort*. Le texte s'attache en effet à restituer des douleurs physiques graduées. Les contraintes formelles que l'écriture s'impose sont en cela accordées aux tourments qu'elle multiplie dans la représentation des corps. Ainsi *La Ligne âpre* dissèque l'anatomie et, loin des usages canoniques, en livre une représentation éclatée. La suite des chapitres compose un squelette humain dans le désordre, que le lecteur/la lectrice, s'il/elle choisit un ordre de chapitre différent, est amené-e à modifier dans un sens tout aussi monstrueux. Chaque os est par ailleurs l'objet d'une scénographie douloureuse. Ses atteintes sont dénombrées avec précision, depuis l'électricité interne diffusée par un nerf enroulé dans le coude jusqu'au contact des objets (la bague qui griffe le doigt, la selle de vélo qui meurtrit le pubis) en passant par les jeux d'enfant (serrer sa phalangette dans un élastique pour que le sang la gonfle) ou les distractions d'adulte (se trancher les veines). L'ouvrage décline ainsi un petit précis de souffrances prélevées à la source, sur le mode de la délectation humoristique. *La Verrière* se lirait davantage comme une fiction perverse. Un principe de connexion disphorique relie les situations de la fiction (l'appel de la voisine blessée est interprété comme un cri d'oiseau que le père s'amuse à imiter), les comportements des personnages (les mains de Mina offrent les caresses les plus douces alors même qu'elles viennent de jeter « des têtes de poulet avec des caillots de sang rubis sur le bec », *V*, 57), les fonctions des objets (le bambou, la cigarette, le sucre constituent une sémiotique du désir ; la couverture, la serpillière, le balais, une signalétique de la souffrance). Deux régimes de narration distincts, l'un expressif l'autre allusif, enrichissent ainsi le récit. Ce dernier accumule des manifestations ostentatoires de violence et en multiplie parallèlement les signes indiciels. Une stylistique de la pointe, qui resserre à l'extrême l'expression, porte à son comble ce jeu du souffrir-vrai : avec la même concision sophistiquée, l'écriture formule la sensation exquise et la répulsion brute.

La Verrière et *La Ligne âpre* développent ainsi un imaginaire du corps vivant en ses tourments et une esthétique de la cruauté qui constituent les constantes de l'œuvre, à ce point du moins de sa réalisation. Si le livre est un corps pour lequel le mot représente un os, la syntaxe une articulation, la rhétorique analogique une chair, le chapitre une partie anatomique, l'histoire une conduite, le style une acuité sensible, l'intertexte une dotation génétique, alors ses contraintes formelles l'activent (elles le meuvent) et l'animent (elles l'émeuvent). Porté par son ossature le corps est toutefois irréductible à elle, sinon à l'état de mort : de même l'œuvre littéraire, agencée par des contraintes, échappe aux seules déterminations textuelles qui la structurent. Parce qu'elle sait en jouer avec subtilité, Régine Detambel réussit la délicate synthèse entre les postulations littéraires du jour (l'écriture comme *ethos*) et celles de la veille (l'écriture comme *aesthesis*), évitant les fourvoiements des uns (une arrière-garde expérimentale qui, à trop perpétuer le culte de la forme, résonne en creux) et des autres (une nouvelle vague qui, à trop surfer sur le sens commun, se noie dans son écume).

Textes de Régine Detambel

Les abréviations de titres utilisées dans l'article figurent entre crochets.

L'Amputation, Paris : Julliard, 1990.
L'Orchestre et la semeuse, Paris : Julliard, 1990.
La Modéliste, Paris : Julliard, 1990.
Le Long Séjour, Paris : Julliard, 1991.
La Quatrième Orange, Paris : Julliard, 1992.
Graveurs d'enfance, Paris : Bourgois, 1993.
La Lune dans le rectangle du patio, Paris : Gallimard, 1994.
Le Jardin clos, Paris : Gallimard, 1994.
Le Ventilateur, Paris : Gallimard, 1994.
Les Écarts majeurs, Paris : Julliard, 1995.
Le Velin, Julliard, Paris : 1995.
Album, Paris : Calmann-Lévy, 1995.
La Verrière, Paris : Gallimard, 1996 [*V*].
Blasons d'un corps masculin (et *Esprit de corps* de Jacques Serena), Montpellier : Via Voltaire, 1996.

La Comédie des mots, Paris : Gallimard Jeunesse, 1997.

Colette, comme une flore, comme un zoo : un répertoire des images du corps, Paris : Stock, 1997.

L'Arbre à palabres, Paris : Flammarion, 1997.

Elle ferait battre les montagnes, Paris : Gallimard, 1998.

L'Écrivaillon ou l'enfance de l'écriture, Paris : Gallimard, 1998.

Les Contes d'apothicaire ou Apo à la recherche du bonheur, Paris : Gallimard, 1998.

La Ligne âpre, Paris : Bourgois, 1998 [*LA*].

Le Prince aux pinces d'or, Paris : Flammarion, 1998.

Le Rêve de Tanger, Paris : Thierry Magnier, 1998.

Icônes, Seyssel : Champ Vallon, 1999.

La Patience sauvage, Paris : Gallimard, 1999.

Blason d'un corps enfantin, Paris : Fata morgana, 2000.

Anne F. Garréta : jeux de construction et effets paroxystiques
Francine Dugast-Portes

Dugast-Portes fait ressortir la virtuosité de l'écriture de Garréta, ses prouesses linguistiques, la vaste intertextualité de son œuvre, la puissance narrative de ses romans, la violence de son écriture. Proches des pratiques de l'Oulipo, basés sur l'écriture sous contraintes, les textes de Garréta se distinguent par leur nature paroxystique : mélanges de registres, de langues, de cultures, de genres, et affection particulière pour l'oxymore, figure de style du paroxysme.

Anne F. Garréta : construction games and paroxysmal effects

Dugast-Portes highlights Garréta's virtuosity, her linguistic prowess, the extensive intertextuality of her oeuvre, the narrative power of her novels, and the violence of her language. Her texts, based on a restricted form of writing and resembling those of the Oulipo movement, are distinguished by extreme attributes – mixtures of register, languages, cultures, genres – and reveal a distinctive predilection for that paroxysmal figure of speech, the oxymoron.

L'œuvre d'Anne F. Garréta, dès la publication de *Sphinx* en 1986, a capté l'attention de la critique, qui en a loué d'emblée l'écriture virtuose et la construction puissante. Ce succès concerne d'autant plus le propos du présent recueil que *Sphinx* le dut en partie à la contrainte grammaticale choisie au départ (nous y reviendrons) : l'absence totale de marque du genre empêchait lecteurs et lectrices de détecter quel était le sexe des deux protagonistes. Au-delà de la prouesse linguistique apparaissait ce que les ouvrages suivants devaient confirmer : des fils intertextuels multiples, savamment ourdis, que tramaient une narration et une quête intellectuelle haletantes.

Lors de la parution récente de *La Décomposition*, un critique dénonçait la « femme savante » :[1] cette caractérisation acerbe peut

---

[1] Rinaldi, Angelo, « Le toubib et la femme savante », *Le Nouvel Observateur*, 2 septembre 1999.

nous induire à examiner les traits ainsi dénoncés d'une œuvre qui n'illustre peut-être pas assez, aux yeux de certains, le « génie féminin » – « galant oxymore » dont A. F. Garréta dénonce elle-même la perfidie.[2]

Des quatre ouvrages foisonnants publiés par A. F. Garréta, qui mettent en abyme une compétence culturelle particulièrement étendue, on ne saurait prétendre rendre un compte exhaustif. Il convient d'indiquer ici que l'étude sera conduite du point de vue de la réception – j'assume mes interprétations et je cherche à les étayer –, même si elle montre combien l'examen génétique des romans pourrait être fécond. L'analyse se fondera donc sur le texte, et ses entours de paratextes divers. L'ordre de l'exposition ne tend pas à privilégier certains aspects par rapport à d'autres, et chacun-e peut choisir ceux que sa lecture le/la conduit à privilégier, car tous les fils se constituent en réseaux de connexions multipolaires, rendant vaine une démarche linéaire qui prétendrait en épuiser les résonances. Dans la démarche de construction des ouvrages, la convocation de la bibliothèque (faite d'œuvres souvent transgressives à des titres divers) est emportée dans un récit paroxystique, fondé sur des oppositions multiples, qui suscite l'interrogation intellectuelle autant que le plaisir esthétique, en échos sans clôture.

JEUX DE CONSTRUCTION

Quelques lignes directrices du puzzle

Avant de nous perdre dans les labyrinthes, arcanes et diverticules des citations multiples, il convient de souligner la puissance synthétique des trois romans et de l'essai d'A. F. Garréta : ils sont fondés sur une démarche rigoureusement enclenchée et enchaînée, comme le montrent ses propres réflexions.[3] On peut noter, dans *Sphinx*, le point de départ grammatical que nous avons mentionné en introduction : Anna

---

[2] Garréta, Anne F., *La Décomposition*, 141. Les références aux textes de Garréta seront par la suite mises entre parenthèses dans le texte. Les éditions consultées ainsi que les formes abrégées des titres sont indiquées dans la bibliographie en fin d'article.

[3] A. F. Garréta a consacré à son propre travail une contribution particulièrement précise, issue d'interventions au séminaire de Jacques Roubaud à l'INALCO, dans le cadre du cercle Polivanov (1994 et 2000). La publication en est prévue dans *Mezura : cahiers de poétique comparée*, Centre de poétique comparée de l'INALCO.

Livia a proposé une analyse rigoureuse de l'ambiguïté ainsi maintenue sans faille, grâce à l'évitement de tous les mots qui peuvent porter la marque du genre, notamment les formes verbales supposant l'accord du participe. Elle a observé aussi la disparition des pronoms personnels de la troisième personne du singulier, donc de l'anaphore, avec les effets stylistiques induits, l'impression en particulier de discontinuité.[4] Ce type de contrainte inscrivait immédiatement l'œuvre dans la lignée des travaux de l'OuLiPo, et plus généralement de toutes ces créations qui au XXe siècle ont repris la tradition de la composition programmée ; on n'a pas manqué de rappeler à ce propos le ressort orthographique de *La Disparition* de Perec.

Ce choix initial s'accompagnait dans *Sphinx* du recours à la légende antique que rappelle le titre – l'ambiguïté sexuelle de la créature, sa chute lorsque lui est donnée la réponse fatidique : A*** meurt de même. Par ailleurs les reprises systématiques de textes classiques qui tissent le livre évoquent des amours tragiquement conclues : comme dans la *Manon Lescaut* de l'abbé Prévost, et dans l'*Adolphe* de Benjamin Constant, le narrateur/la narratrice indique dès le début de sa confession son jeune âge et ses égarements passés, souligne les voies de traverse qu'il/elle choisit, décrit une « décristallisation »[5] – Adolphe apparaît ici –, ou une agonie – et nous voici « au Nouvel Orléans » où meurt Manon. Le rythme même des phrases et leur élaboration affinée fait écho à ces deux romans.

C'est à la *La Philosophie dans le boudoir* de Sade que peut faire songer le dialogue de Garréta intitulé *Pour en finir avec le genre humain* :[6] élégance parfaite de la syntaxe, crudité et violence occasionnelles du lexique, renversement des principes couramment admis – tout ce que Pieyre de Mandiargues portait aux nues ; l'éloquence et l'esprit de « Français, encore un effort si vous voulez être

---

[4] Anna Livia analyse la configuration stylistique de *Sphinx* dans *Pronoun Envy : Literary Uses of Linguistic Gender* (Oxford : Oxford University Press, 2000). Voir aussi l'ouvrage de Meret Stistrup Jensen, *Les Voix entre guillemets : problèmes de l'énonciation dans quelques récits français et danois contemporains* (Odense : Odense University Press, 2000).

[5] Opération inverse de la « cristallisation » que constitue selon Stendhal la naissance de l'amour.

[6] Ce développement célèbre est inclus dans *La Philosophie dans le boudoir* (1795).

républicains »[7] soufflent dans ces lignes, sans l'euphorie il est vrai des conclusions sadiennes, et sans le débridement total du récit.[8] On y trouve aussi les anathèmes et les sarcasmes de Maldoror, qui sous la plume de Lautréamont clamait son désir d'annihiler la « race humaine » : l'essai développe donc l'annulation d'un « genre », en dépassant l'opposition sexuée. La liste est longue d'ailleurs, dans les catalogues de bibliothèque, des titres qui commencent par « Pour en finir avec… » : celui-ci les subsume tous.

La disparition de l'aptitude au langage atteint le personnage de *Ciels liquides*, dont le trajet fait surgir le souvenir du Grégoire Samsa de Kafka, mais la métamorphose se nourrit ici du Rimbaud d'*Une saison en enfer*, autant que de Lautréamont – de retraites diverses en fuites éperdues, de cimetière en morgue, d'ange décapité en statue de Condillac, de double poursuivi/poursuivant en double assassiné, *etc.*. Toutes les découvertes de la linguistique moderne dessinent et jalonnent l'évolution de l'aphasie qui a saisi le héros. C'est ce que dit A. F. Garréta dans sa propre analyse (voir note 3), et elle montre aussi la matrice très complexe qui dessine l'œuvre, ce qu'elle appelle les « paramètres » de la fiction : structure du double à tous les niveaux, en particulier dans les sections arithmétiques du texte,[9] ou le couple word-world qui induit le chiasme de la construction narrative, et génère le « l » de la différence – les ailes de l'ange ? –, le tout aboutissant au constat humoristique de l'existence d'un Pont-au-double sur la Seine, justement adéquat à l'opération que Céleste fait subir à l'ange – elle se noie en fait, entraînée par son poids, alors qu'elle veut l'accrocher au pont…

La Décomposition de même fait écho à la déconstruction derridienne et à ses multiples ramifications critiques. Mais là s'imposent comme générateurs principaux des facteurs multiples – que nous ne saurions prétendre avoir intégralement décryptés. L'entreprise de la voix narrative est fondée sur le « meurtre automatique », l'allusion à l'écriture surréaliste renforçant la fusion qu'opère le texte entre la

---

[7] Développement inclus dans *La Philosophie dans le boudoir* de Sade.

[8] Un article d'André Brincourt évoque *Sphinx* sous le titre « Le Pigalle janséniste d'Anne Garréta », *Le Figaro*, 1 avril 1986.

[9] Dans son exposé, A. Garréta montre les combinatoires de chiffres qui organisent certains aspects de la composition.

« décomposition » programmée d'*À la recherche du temps perdu*
d'une part, et d'autre part les meurtres qu'accomplit parallèlement,
selon des contraintes aléatoires choisies, un narrateur devenu tueur en
série. Les dernières phrases de la quatrième de couverture ont à bon
droit fasciné les critiques :

> Vous allumez votre ordinateur. Sur le disque dur, un fichier contient le
> texte complet d'*À la recherche du temps perdu* en version électronique. En
> trois coups de souris vous écrasez toutes les phrases en lequelles il est fait
> référence à un personnage dénommé Mme de Saint Loup. La
> décomposition du Temps perdu vient de commencer.
>
> De bonheur, vous allez vous coucher.

Le jeu que permet ainsi la puissance de l'ordinateur se double d'un
roman policier ludique à l'extrême, série de cas de figures découlant
de contraintes numériques, comme autant de vignettes destinées à
illustrer *De l'assassinat considéré comme un des beaux-arts* de
Thomas de Quincey.[10] Ce dernier tirait de l'étymologie du mot
assassin l'idée de sociétés s'intéressant au phénomène, établissait un
répertoire des crimes fondé sur les fonctions des victimes – princes,
hommes d'état, philosophes… –, traçait une typologie des forfaits, et
suscitait dans son œuvre un brillant conférencier pour en parler
savamment. Les lecteurs et lectrices d'A. F. Garréta retrouvent en
filigrane l'histoire d'un meurtrier, artiste en son genre, et doté d'une
exceptionnelle beauté, qu'un célèbre chirurgien avait eu le privilège
de disséquer. *La Décomposition* joue sur les mêmes ressorts – évoqués
avec humour par De Quincey en « Post-scriptum » : à la fois « jeu
d'esprit » et aliment donné au goût si répandu de l'horreur.

Mais c'est l'œuvre de Proust qui constitue le générateur, paradoxalement détruit, de l'ensemble, au fil de quelques phrases-clés
décelables sous celles d'A. F. Garréta. Transformées et dispersées,
elles contribuent à décimer joyeusement le personnel du roman :

> Un livre est un grand cimetière où sur la plupart des tombes on ne peut
> plus lire les noms effacés. […] Cette jeune fille aux prunelles
> profondément enfoncées, à la voix traînante est-elle ici ? et si elle y repose

---

[10] Les textes composant l'ouvrage ont été publiés en 1827, 1839, 1854. Dans la
préface de sa traduction (Paris : Gallimard, 1995), Pierre Leyris mentionne un autre
essai de De Quincey, « La sphynge thébaine »…

en effet, dans quelle partie, on ne sait plus, et comment trouver sous les fleurs ?[11]

Déjà cette image commandait, dans *Ciels liquides*, tous les épisodes au cours desquels le héros aphasique, retiré dans un caveau, explorait et inventoriait le cimetière, en quête de fleurs. L'équivalence de la fiction et du réel (disparition des personnages couplée avec des meurtres donnés comme autant de passages à l'acte), la métaphore qui assimile le rapport signifiant/signifié au rapport signe/réel surgissent de même d'une des plus fameuses définitions extraites du *Temps retrouvé*, évoquant la vérité qui sera atteinte lorsque l'écrivain « prendra deux objets différents, posera leur rapport, analogue dans le monde de l'art à celui qu'est le rapport unique de la loi causale dans le monde de la science, et les enfermera dans les anneaux nécessaires d'un beau style ».[12] Nous lisons dans *La Décomposition* :

> La perfection ne commencera qu'au moment où le meurtrier prendra un corps réel, un nom fictif, posera leur lien, identique dans le projet criminel à celui qu'opère le baptême unique de la loi dans l'état civil, et les rivera par les anneaux, les seuls nécessaires, d'un beau crime. (*D*, 92)

Le même jeu charge maint développement proustien de résonances surprenantes : si la voix narratrice se débarrasse explicitement des haies d'aubépines, des petites madeleines et autres affadissements de la *Recherche*, elle fait surgir en filigrane les paysages ferroviaires fantasmagoriques, ou, à partir de la fameuse description proustiennes des baignoires d'un théâtre, un univers sous-marin de combat mortel, des « profondeurs semi-aquatiques » que hantent « néréide », « nymphe », « sirène », *etc.* (*D*, 100). Elle double en outre son cheminement de toutes les métaphores dont Proust désigne sa propre démarche : au fil des pages nous retrouvons les vitraux, le kaléidoscope et la lanterne magique qui génèrent un long développement (*D*, 77 ss), le bœuf mode de Françoise (*D*, 113), et surtout la fameuse cathédrale, dont la décomposition projetée est destinée à appâter l'éditeur : « Car, c'est à une cathédrale entière que j'ai conçu de m'attaquer. Abside ! chœur ! transept ! De tout cela je vous réserve à son tour la primeur » (*D*, 144-45). Les éléments sont à l'occasion réunis en liste de générateurs, tirés de la *Recherche* mais réduits à

---

[11] Proust, Marcel, *Le Temps retrouvé*, Pléiade IV, 1989, 482.

[12] *Ibid.*, 468.

l'état de déclencheurs de quelque jeu narratif fondé sur une combinatoire d'éléments prédéterminés : « J'ai dit : chambres, jardins, je, maman, lanternes magiques, grand-père... » (*D*, 129). Le « bal de têtes » du *Temps retrouvé* raconte les transformations subies par les invités que le narrateur n'avait pas vus depuis longtemps. Il devient ici un bal *dans* la tête.

Les pièces du puzzle : allusions et clins d'œil

D'autres échos relancent sans cesse la lecture, et aboutissent à la convocation de textes multiples, se modifiant les uns les autres dans un rapprochement délibérément choisi comme incongru : c'est ainsi que l'évocation d'un repas (*D*, 88) rappelle la réception chez Guermantes, dans *Le Temps retrouvé*, suscitant elle-même le souvenir de Balbec ; mais tout à coup un deuxième couvert fait son apparition, celui du Commandeur, ou du témoin silencieux de *La Jalousie* de Robbe-Grillet ; déjà quelques pages auparavant la poussière de l'incipit de *Dans le labyrinthe* recouvrait toute une description (*D*, 81-82), y compris celle de la cafetière – celle qui « est sur la table » bien sûr...[13] Dans le même registre ludique nous pourrions citer d'innombrables passages qui enchâssent des citations de textes plus ou moins connus. Elles renforcent l'extrême littérarité de l'ensemble, non sans un effet parodique, lorsque surgissent la fileuse qui ouvre *Charmes* de Valéry, ou la palpitation « entre les tombes » du fameux « Cimetière marin ». Ces stimulations intellectuelles répétées exhibent le jeu littéraire, non sans « distinction » – au sens où le sociologue Pierre Bourdieu caractérise l'usage d'un système de références connotant l'appartenance à la classe cultivée ;[14] mais subtilement elles suscitent un certain recul par rapport à l'émotion dont le texte se charge par ailleurs, font surgir des effets inattendus, affectent les œuvres sacralisées d'un coefficient de dérision – celui des montages de Reboux et Muller dans les fameux *À la manière de...*[15] Mais ici elles

---

[13] Une nouvelle de Robbe-Grillet, intitulée « La cafetière est sur la table », in *Instantanés* (1962), a donné lieu à un vif pamphlet de P. de Boisdeffre, qui porte ce titre (1967).

[14] Bourdieu, Pierre, *La Distinction*, Paris : Minuit, 1979.

[15] Leurs pastiches célèbres ont été publiés entre 1908 et 1913, et réédités en 1998 chez Grasset.

créent par leur assemblage un autre monde, qui déborde largement le simple pastiche.

D'un livre à l'autre en effet circule un réseau d'échos qui transforment sans cesse la lecture en recherche, et rendent polyphonique la voix qui narre ou disserte. Des allusions sporadiques font surgir ironiquement des souvenirs proustiens : les asperges (*D*, 109), le baiser refusé de la mère, les cris de Paris (*D*, 110), la description parodique d'un interphone (*D*, 113-14), *etc.*. Çà et là émergent les « moralités légendaires » de Jules Laforgue (*D*, 46),[16] ou la fameuse image de la « soie qui se déchire », fruit de la compétence de Flaubert ou de Frédéric Moreau,[17] ou le crime gratuit du Lafcadio de Gide,[18] ou le « coup de grâce » de M. Yourcenar, ou encore quelques motifs des récits de Camus – le fameux « Maman est morte... », les rats, la chute surtout.[19]

Ce dernier exemple met en évidence le contrôle rigoureux exercé sur les textes convoqués, souvent tendus vers des effets délibérément recherchés ou choisis. Contrairement en effet à ce que pourrait donner à penser la référence malveillante aux *Femmes savantes* que nous avons mentionnée, l'érudition d'A. F. Garréta ne s'apparente pas à cette culture de « bibliothèque tournante » que Mme de Guermantes stigmatisait chez la jeune Mme de Cambremer.[20] Le corpus littéraire de référence ici vient susciter ou renforcer une voix dont la tonalité paroxystique est bien affirmée.

PAROXYSMES

Le mot « paroxysme » me paraît adéquat, avec sa charge étymologique d'acuité, d'exacerbation, de force, de pénétration –

---

[16] *Les Moralités légendaires* de Jules Laforgue ont paru en 1887.

[17] Les critiques ont beaucoup discuté de l'attribution de cette comparaison, qui caractérise le bruit d'une fusillade dans *L'Éducation sentimentale* : le texte ne permet pas de décider si elle est le fait de Frédéric Moreau ou du narrateur.

[18] Dans *Les Caves du Vatican* (1914), le personnage de Lafcadio, prônant l'acte gratuit, commet un meurtre sans motif, qui a inspiré de nombreuses réflexions, littéraires et autres.

[19] *Le Coup de grâce* de M. Yourcenar (1939) ; *L'Étranger* (1942), *La Peste* (1947) et *La Chute* (1956) de Camus.

[20] Proust, Marcel, *Le Côté de Guermantes*, I, Pléiade II, 1988, 500.

toutes les connotations du grec *oxus*, dynamisées en processus par le préfixe et le suffixe. Les ouvrages dont nous nous occupons ici font contribuer le travail de « seconde main » à la création d'un monde annoncé comme fictif, marqué par l'excès et la transgression.

Hyperboles, négations, transgressions

Les récits prennent la vie pour enjeu. A. F. Garréta dans un entretien assume le risque, le jeu de la roulette russe, se situe ainsi sur un versant précis de la littérature contemporaine, qu'elle évoque dans un entretien avec Frédéric Grolleau :

> L'allusion à Nietzsche, l'idée du risque en littérature signifient ceci : qu'il faut avoir le courage de risquer l'échec, autant esthétique que commercial, quand on écrit. Que l'enjeu à chaque roman c'est d'explorer, non ce que l'on connaît déjà, mais ce que l'on désire comprendre ; c'est de faire non ce que l'on sait déjà faire ou ce que l'on attend de vous, mais de se jeter dans une pente qu'on n'a pas encore dévalée.[21]

Là se trouve sans doute un facteur profond d'unité des quatre livres : la mort surgit de leur construction d'ensemble – organisation narrative chronologique qui évoque celle des *Bildungsromane*, montage classique et maîtrisé des analepses et des prolepses, omniprésence de la mort, qui oriente le récit, le jalonne, en clôt les séquences, qu'elle soit subie, provoquée ou donnée.

Ici et là, des allusions rapides, omniprésentes, appellent des souvenirs qui se renforcent : nous avons rencontré le « cimetière marin » ; lorsque Verlaine surgit, c'est dans « une agonie on veut croire câline » (*D*, 181),[22] ou, en arrière-plan dans le cheminement du héros de *Ciels liquides*, qui de son tombeau regagne son berceau – du moins le lit-cage dérisoire et symbolique des origines. Les mélanges de registre d'*Une saison en enfer* transfigurent l'azur mallarméen sur un écran de flipper, le bateau ivre de Rimbaud traverse les aventures électroniques de la para-culture la plus moderne et la plus éphémère – A. F. Garréta cite *Mortel Kombat*...

---

[21] Entretien avec Frédéric Grolleau, 2 septembre 1999, diffusé sur le web, sur le site de paru.com. Un site internet a été ouvert sur l'œuvre de A. F. Garréta par Eva Domeneghini : http://cosmogonie.free.fr/

[22] « Le son du cor... », *Sagesse III*.

On retrouve aisément en arrière-plan les éléments récurrents du roman gothique, les tombeaux, les êtres errant entre deux mondes, un univers nocturne où se pressent les cimetières, les morgues, les lieux aussi du roman policier le plus noir, toute une imagerie renforcée par les plans cinématographiques de ponts vides d'où choient les corps, de passerelles au-dessus d'un vide qui appelle le cadavre, d'eau sombre, de déambulations dans un décor urbain le plus souvent nocturne, labyrinthique, chargé de menaces, perméable à toutes les manifestations d'un au-delà satanique.

Mais loin de dicter une lecture de premier degré quelque peu aliénante, que rendrait aisée la convocation virtuose des archétypes, les récits affichent la médiation littéraire. Citons par exemple les références très nombreuses à Baudelaire – le Baudelaire de la mort douce dans « L'Invitation au voyage », du « Spleen » morbide, d'« Une Charogne », du calvaire sans rachat de « Réversibilité », de l'âme ravagée par l'Ennemi, mais celui aussi qui incante le corps comme un « navire qui prend le large », lieu de tous les artifices enchanteurs, qui fait surgir sur l'écran de la nuit le mot « parure », accompagnant un parfum...[23]

Les grandes hantises surnaturelles se trouvent suscitées et renforcées par de telles références, qui se tissent de rappels des classiques du récit fantastique – l'homme au sable de Hoffmann, et surtout le Horla de Maupassant, qui vide les miroirs de leur reflet et fait surgir une Présence maléfique non identifiée, dévoratrice du « je » hanté. Maldoror, double démoniaque de l'Orlando de Virginia Woolf, fournit tous les éléments de l'« inversion maligne ».[24] On ne saurait tout citer, mais les noms qui surgissent à la lecture appellent les grands motifs de l'imaginaire, où se heurtent et se galvanisent les écritures de Hugo – celui des propos de la Bouche d'ombre et de *La Fin de Satan*, celui de l'œil obsessionnel[25] – mais Georges Bataille

---

[23] Textes des *Fleurs du mal* : respectivement dans « Spleen et idéal » LIII, LXXVIII, XXIX, XLIV, X, LII ; et « Bien loin d'ici » dans les *Nouvelles Fleurs du mal*.

[24] Michel Tournier utilise la formule dans *Le Roi des Aulnes* (œuvre essentiellement paroxystique aussi).

[25] « Ce que dit la bouche d'ombre », *Les Contemplations*, VI (1856) ; *La Fin de Satan* (1886) ; l'œil qui poursuit Caïn dans « La Conscience », *La Légende des siècles* (1859).

cautionne aussi ce dernier archétype.[26] Novalis apparaît en filigrane, dans les parcours, les nuits, l'obsession de l'amour morte, la hantise de la fusion des contraires.[27] On pourrait plus globalement évoquer le courant romantique allemand, rappeler le corps sans ombre de Peter Schlemil.[28] A. F. Garréta développe elle-même longuement le stimulus que constitua pour elle « Le double assassinat dans la rue Morgue » de Poe – les trois mots (double, assassinat, morgue) générant trois fils essentiels de *Ciels liquides* et de *La Décomposition*. Suggérons aussi l'ombre de Lovecraft. Le souvenir de Kafka approfondit les éléments de l'assassinat sordide qui clôt *Sphinx* à la manière du *Procès*, avec cette image récurrente de la fenêtre qui s'ouvre, et d'un personnage dont nul ne saurait interpréter le geste. Ses créatures, Klamm et Joseph K. surgissent dans *La Décomposition* (*D*, 71). Il est là encore, par métonymie en quelque sorte, lorsque dans la cité des morts le héros multiplie les petits papiers – peut-être ceux-là même qui sont glissés dans les anfractuosités des tombes du cimetière juif de Prague.[29]

Nous pourrions relever plus largement l'ensemble des images qui meuvent l'imagination matérielle : la connotation diaïrétique des anges décapités,[30] des chutes récurrentes dans une nuit particulièrement chargée de négativité, les indices du règne de la mort – on retrouve bien des éléments du tableau si suggestif tracé par Michel Guiomar dans *Principes pour une esthétique de la mort*.[31] Songeons aussi à tous ces lieux qui évoquent le roman noir, le roman policier, les *Mémoires écrits dans un souterrain* de Dostoïevski ou *Le Terrier* de Kafka. Jeu très concerté de mise en scène, au sens fort, A. F.

---

[26] Bataille, Georges, *Histoire de l'œil* (1928).

[27] Voir *Heinrich von Ofterdingen* (1802).

[28] Chamisso, Aldebert von, *L'Étrange Histoire de Peter Schlemihl* (1813).

[29] Proust évoque dans *Le Temps retrouvé* une sorte d'avant-cimetière jalonné de petites lumières qui fait songer au cadre de *Ciels liquides* : la « cité close des vieillards aux lampes toujours allumées dans la brume » (Pléiade IV, 1989, 556).

[30] Sur la notion de *diaïresis* et l'organisation des archétypes, voir Gilbert Durand, *Les Structures anthropologiques de l'imaginaire*, Paris : Bordas, 1969, réédité chez Dunod en 1997.

[31] Paris : Corti, 1967.

Garréta indiquant elle-même dans son article les repérages qu'elle a parfois effectués (voir note 3).

N'oublions pas que la citation, tout en renforçant la violence de l'effet littéraire, en exhibe le caractère symbolique, même si en première analyse, dans *La Décomposition*, le mot « couteau » finit par tuer... Ce sont surtout les composantes d'une tonalité générale qui se renforcent ainsi les unes les autres, insérant ces livres dans un ensemble d'écritures du XXe siècle que rapprochent de nombreux traits : Céline, Bataille déjà mentionné, Pierre Guyotat. Ceux-ci apparaissent ouvertement, dans les jeux par exemple qui convoquent des titres de Céline derrière quelques mots épars – « bagatelle », « massacre », « vivant à crédit »...[32] Les myriades d'êtres copulant, l'infini ballet des cellules nourrissent *Pour en finir avec le genre humain* des hantises de Bataille. Le nom paradoxal de *l'Éden* dans *Sphinx* renvoie à *Éden, Éden, Éden* de Guyotat.[33] La présence des thèmes les plus sombres du versant noir de la littérature est démultipliée par les effets d'accumulation : les assassinats, les infirmités, la souffrance, la mort, les cadavres, les caveaux, les dissections, mais aussi les horreurs sans nom des tortures, de la souillure, des mutilations mercantiles, des massacres d'enfants, des agressions pédophiliques, charriées par l'information quotidienne. Toute une thématique de l'« abject », celle-là même qu'a analysée Julia Kristeva, apparaît ici : songeons à la mort et surtout à l'escamotage nauséabond de Michel, le disk-jockey dans *Sphinx*.[34]

Mais le contraire est vrai aussi, le rouge s'allie au noir sans cesse – l'enfer nocturne est rouge : dans ce même ouvrage se lit une glorification enthousiaste de la beauté des corps et du désir. Quelque « désexué » que soit le corps de A***, il donne lieu à une sorte de

---

[32] Échos de titres d'ouvrages de Céline : *Bagatelles pour un massacre* (1938), *Mort à crédit* (1936).

[33] Les trois préfaces, de Leiris, Barthes et Sollers, qui ouvraient le livre lors de sa parution en 1970 chez Gallimard, comportent des formules qui s'appliqueraient à l'œuvre d'A. F. Garréta : Leiris en particulier parle de l'« absolu défaut de concessions », du « compte rendu minutieux », de la « capacité d'hallucination », de la mêlée « panique » qui évoque le mythe de l'éden « parce qu'elle a manifestement pour théâtre un monde sans morale ni hiérarchie, où le désir est roi et où rien ne peut être déclaré précieux ou répugnant ». Barthes évoque Sade, Genet, Mallarmé, Artaud.

[34] Kristeva, Julia, *Pouvoirs de l'horreur : essai sur l'abjection*, Paris : Seuil, 1980.

blason éclaté qui le magnifie, à une évocation sobre mais puissante de la fusion et du plaisir – des apories de l'amour aussi (oserons-nous rappeler le souvenir des analyses de Denis de Rougemont ?).[35] Nous pourrions évoquer aussi les notations chaleureuses concernant le monde afro-américain entrevu derrière A*** à New-York. Globalement tout est emporté par une prose torrentielle, parfaitement originale, paroxystique en elle-même dans son rythme lyrique ou épique, dans ses staccatos violents, dans les déplorations et les sarcasmes, les sanglots, les ricanements et les anathèmes, la richesse baroquisante et imprécatoire – mais aussi parfois l'extrême sécheresse.

Si la maîtrise avec laquelle est structuré cet ensemble foisonnant apparaît dans les analyses d'A. F. Garréta, nous pouvons aussi la déceler au fil de ces mots-clés qui jalonnent les textes. La notion de décomposition, de désagrégation, de déconstruction, qui donne son titre au quatrième ouvrage, transforme la voix narratrice en peintre auquel on pourrait attribuer le tableau ainsi intitulé : « Et de même que l'on parle du Maître du Retable de la Sainte Madeleine, ou qu'on parlait encore – avant sa malheureuse trahison – d'Unabomber, je voudrais être connu sous une analogue désignation : " Le Maître de la décomposition du *Temps perdu* " » (*D*, 32-33).

Tout un champ lexical pourrait donner lieu à un abondant relevé de termes voisins, encadrés par des énoncés programmatiques : dans *Sphinx*, avant le dénouement fatal, le personnage narrateur observe que les gens se retournent sur son passage comme s'il portait « inscrit sur [son] visage un signe, comme l'annonce d'une décomposition » (*S*, 215). Dans *Ciels liquides* l'« effondrement » menace la grange, les « puissances de la désagrégation » s'attaquent au bâti (*C*, 22) ; dans *La Décomposition*, le champ sémantique généré par le titre s'enrichit d'occurrences multiples. Le pacte « thanatographique » constitue un élément de la structure profonde de l'œuvre (*D*, 163).

D'autres mots, ceux de la rhétorique, donnent forme au récit, par le contact qu'ils ouvrent entre le fonctionnement purement linguistique et la suggestion pragmatique : un cabaret dans *Sphinx* se

---

[35] Dans *Comme toi-même, essai sur les mythes de l'amour* notamment (1961, devenu *Essai sur les mythes de l'amour* en 1967), Denis de Rougemont analysait subtilement la prégnance en Occident du mythe de Tristan et Iseut, symbolisant l'impossible accomplissement de l'amour dans la quotidienneté. On peut aussi se référer à *L'Amour et l'Occident* (1939).

nomme « L'Apocryphe ». Ainsi surgit la référence aux textes cryptés et occultés, la « part maudite » des écrits sacrés, en quelque sorte. Il est question aussi de discours apophatique, allusion à cette théologie selon laquelle on ne peut approcher la connaissance de Dieu que par la négation, la négation seule pouvant tenter l'approximation de l'indicible... Nous sommes au cœur de réflexions sur le langage sous-jacentes aux trois romans.

Voilà bien des jeux de mots, mais ils montrent l'unité d'une construction élaborée autour d'abstractions : le texte met en abyme non plus des événements, ni même seulement son fonctionnement stylistique ou narratologique, mais, en arrière-plan, des opérations mentales que désignent quelques mots-clés, dits ou suggérés. Nous pourrions y joindre d'autres mots, épars dans l'épitexte auctorial ou critique – subversion, inversion, perversion... L'effet de choc est évident, et suscité délibérément par le choix des tropes, l'oxymore au premier chef.

L'oxymore généralisé

Nous pouvons l'examiner à la fois comme élément structurel au plan stylistique, comme source d'émotion esthétique et comme figure d'interprétation du monde. Nous retrouvons dans le mot lui-même cette racine grecque *oxus* que nous avons déjà évoquée : elle montre bien la relation étroite qui unit la notion à celle de paroxysme. L'oxymore en effet est source d'effets particulièrement puissants, dans le contraste qu'il ménage entre des éléments le plus dissemblables possible : songeons notamment à Lautréamont et Reverdy, prônant une esthétique et une rhétorique de l'écart maximal dans laquelle s'inscrit le travail d'A. F. Garréta.[36]

La figure est présente dans les titres mêmes : dans l'apparence mythique du corps du sphinx, dans l'annulation de la distinction opérée par la Genèse, le retour au chaos que suppose le mélange des

---

[36] On cite souvent la formule de Lautréamont (*Les Chants de Maldoror*, 1869) : « beau comme la rencontre fortuite sur une table de dissection d'une machine à coudre et d'un parapluie » et les propos de Pierre Reverdy (*Nord-Sud*, n° 13, mars 1918) : « L'image est une création pure de l'esprit./Elle ne peut naître d'une comparaison mais du rapprochement de deux réalités plus ou moins éloignées./Plus les rapports de deux réalités rapprochées seront lointains et justes, plus l'image sera forte – plus elle aura de puissance émotive et de réalité poétique ».

éléments de « ciels liquides », dans le paradoxe qu'implique l'annonce d'une démarche de *poiétès* annoncée et dénoncée par la « décomposition ». Elle apparaît dans les jeux de mots multiples, notamment les zeugmas fondés sur la polysémie : il s'agit de « faire coup double et double grâce » (*D*, 28) ; le coucou de l'horloge sort brutalement avec l'heure qui sonne, « au premier coup de couteau, de minuit ou de foudre » (*D*, 14). Dans *Sphinx* il est aisé de voir les contrastes, autres que génériques, qui s'établissent entre le personnage narrateur et A*** – peau noire et peau blanche, théologie et danse, Paris et New York, *etc.*. Nous pourrions multiplier les exemples de ces courts-circuits rapides, la figure dominante affectant aussi les références livresques : nous avons déjà mentionné au passage les transgressions et le raffinement de Sade, les développements cadavériques des belles horreurs – de Saint-Augustin à Guyotat[37] –, mais nous trouvons encore l'oxymore généralisé et construit en système dans les réminiscences pascaliennes : *La Décomposition* inscrit explicitement la démarche – sur un ton humoristique – dans le jeu, dans le calcul des probabilités (*D*, 132). La voix narratrice de *Ciels liquides* s'admoneste en un long pastiche du « il faut parier » (*C*, 157). Dans *Pour en finir avec le genre humain* la fameuse opposition des deux infinis déclenche ou corrobore un développement vertigineux qui oppose et unit microcosme et macrocosme, univers planétaire et monde intérieur inventorié dans un crâne : un emboîtement général emporte tous les éléments tournoyant à l'intérieur les uns des autres, le foisonnement des êtres humains et leur déperdition correspondant au maelström des cellules génératrices, l'autopsie (au sens étymologique)[38] détectant un portulan dans l'innervation de la tête, les hémisphères cérébraux renvoyant au globe terrestre, la vie intérieure appelant l'image de l'empire austro-hongrois, le crâne lui-même (et l'œil sans doute : on parle même d'« exorbiter » la planète) constituant la boîte noire obsessionnelle et polysémique où tout, d'un ouvrage à l'autre, vient se

---

[37] La critique – Yannick Pelletier dans « *Sphinx* par Anne Garréta », *Le Pèlerin Magazine*, 6 juin 1986, et Marie-Odile Métral, dans un article intitulé « *Sphinx*, par Anne Garréta », *Esprit*, juin 1986 – a noté ces échos.

[38] Sous le titre « Anne Garréta. Autopsie », Michèle Bernstein développait les connotations du mot : « En un sens aujourd'hui oublié, le Littré rappelle que, pour les anciens païens, c'était un état dans lequel on avait commerce intime avec les dieux, et une participation à leur toute-puissance. J'ai peine à croire qu'Anne Garréta puisse négliger le sens, même oublié, d'un mot », *Libération*, 29 novembre 1990.

perdre. A. F. Garréta suggère elle-même le rapprochement avec la caverne platonicienne.[39] Ces « raccourcis » saisissants sont désignés dans le texte par l'allusion répétée au fameux Christ de Mantegna (*S*, 140, 152), par des mots-valises ludiques et suggestifs – « littéra-tueur », « littératuerie ».

La recherche systématique du court-circuit, du choc provoqué par le heurt de termes antagonistes, se retrouve dans les registres de langue choisis. Nous avons déjà mentionné, au niveau de l'élaboration très concertée de l'ensemble, ce que ces récits et essai empruntent à la langue du XVIIIe siècle : élégance et complexité de l'organisation syntaxique, puissance synthétique, élégance des rythmes et des tours. Au raffinement parfois désuet du lexique s'ajoute l'emploi de mots rares à l'extrême – la critique, le plus souvent, et à juste titre, admira-tive, n'a pas manqué parfois de dénoncer une certaine préciosité. Pour reprendre notre métaphore initiale, nous trouvons là la pointe extrême de la langue, dans la propriété, la rareté, la difficulté des mots, avec un penchant pour le « kitsch » choisi, auquel fait écho, dans *Sphinx*, la valse inaugurale avec A***, au sein d'un torrent de musique électronique. Les mots renvoyant à l'abjection voisinent avec ceux qui subliment la vie érotique ou intellectuelle. Les époques se catapultent, les langues aussi. Marc Lambron parle avec raison de « saison en enfer sur fond disco », de « rancé sous cocaïne » ; il convoque à la fois Burroughs, Saint Augustin et Monteverdi.[40] Nous sommes là en présence d'un traitement très contemporain de l'art, qu'on trouve poussé à l'extrême dans une œuvre cinématographique qu'on peut rapprocher des livres d'A. F. Garréta : celle de Peter Greenaway, avec le contraste saisissant entre les références les plus affinées, les images les plus académiques, les musiques les plus pures d'une part, et d'autre part des scènes virulentes présentant les infractions les plus graves aux tabous les plus respectés. Sans doute ces procédés ne manquent-ils pas de sophistication ; ils font en tout cas émerger des contradictions d'ordre essentiel.

---

[39] Voir note 3.

[40] « À lire avec son walkman », *Le Point*, 21 avril 1986.

DE L'ÉLECTROLYSE À L'ÉLECTRONIQUE

La lecture peut détecter à partir de ces courts-circuits des pôles, et sinon une *Aufhebung*, au moins quelques repères dans le vortex qui entraîne l'ensemble : ces métaphores sont moins destinées à pasticher le texte qu'à en rendre sensible la force d'analyse, mais aussi de synthèse créative et ouverte.

Un premier point retiendra notre attention, parmi les duels intellectuels engagés. Nous l'avons évoqué dès l'introduction, parce qu'il a fasciné la critique lors de la publication de *Sphinx* : l'évitement des marques du genre posait une énigme que nombre d'articles en 1986 tentèrent de résoudre en évoquant une ou plusieurs des configurations possibles, à partir des anaphores absentes. L'attention prêtée à ce point fait songer à la fascination suscitée par un danseur ambigu, Barbette, qu'évoque Colette dans *L'Étoile Vesper*. En fait le récit d'A. F. Garréta élude la question, évoquant au centre du livre, dans l'akmé de l'accomplissement amoureux, les « sexes mêlés », la « confusion » (*S*, 113). Dans *Ciels liquides*, au-delà de la relation inaboutie entre le héros et Céleste, une passion flamboie, qui s'adresse à un corps mystérieux, se reposant parmi les tombes ; un « on » et des tournures passives constantes le nimbent de marivaudage, sans donner d'indication sur son « genre ».

Ce choix de contrainte fait que le récit, la voix échappent aux clivages enracinés dans notre langue : on peut trouver là quelque affinité avec ces passages dans lesquels Colette – encore elle, mais en cette matière, comment ne pas parler d'elle ? – évoque avec nostalgie ses douze ans et son « front de garçon intelligent », ou se complaît aux images de l'hermaphrodite, « gracieux fils-fille d'Aphrodite et d'Hermès », ou déplore tout ce qu'elle a perdu, après l'enfance androgyne exaltée, à « ne devenir après tout qu'une femme ».[41] *Le Pur et l'Impur* dissertait subtilement de tout cela, et le titre même plaçait l'essai, comme les ouvrages d'A. F. Garréta, par delà le bien et le mal.

Voici un rapprochement *a priori* bien lourd avec Nietzsche. Mais A. F. Garréta le revendique, et il me paraît justifié si l'on observe cette démarche globale qui, tout en élaborant une argumentation ou un récit

---

[41] Colette, « Le Miroir », *Les Vrilles de la vigne*, 1908 (Pléiade, I, 1984, 1032). Rendant compte de *Sphinx* dans « Les Best-sellers du printemps », *Femme* (avril 1986), Madeleine Chapsal soulignait cette hantise de l'androgynie.

maîtrisés, procède par fulgurations, qui ne traite que par imprécations, sarcasmes, vœux exaltés, de la société ou de la littérature. De façon très évidente, une maîtrise puissante s'exerce sur la masse d'hyper-textes, d'archétypes, de faits historiques, d'idées, qui se trouvent assemblés, entrechoqués, anéantis violemment ou potentialisés, rebrassés et dispersés : rappelons le fantasme du « *Maître* de la dé-composition » (*D*, 33 ; souligné par nous)... Nous avons déjà évoqué la puissance des récits rapides, de la langue élaborée à l'extrême.

Ajoutons-y le déploiement d'un pouvoir mental que la machine démultiplie et menace à la fois. La voix narrative de *La Décom-position* fustige volontiers, comme Maldoror, la médiocrité de ce qui se passe du côté du Panthéon et de la montagne Sainte-Geneviève (souvenir encore de Maldoror). Au-delà de *L'Espèce humaine* de Robert Antelme, elle voue volontiers l'humanité à l'apocalypse – comme dans les ouvrages les plus récents de Michel Houellebecq, ou de Maurice G. Dantec. Mais dans tous les romans sont exaltés en séquences éclatantes les pouvoirs de l'esprit humain : songeons aux passages où le personnage narrateur de *Sphinx* lance et mêle les disques, suscite une fusion dantesque de corps, découvre son pouvoir démiurgique... Songeons au travail de la souris de l'ordinateur ravageant la *Recherche* à partir des choix arbitraires d'un « je » tout puissant, qui d'ailleurs impose ses consignes à un « vous » virtuellement hypnotisé – l'« hypocrite lecteur » souvent interpellé.[42]

Mais dans ces étranges paraboles demeure une tension que rien ne vient résoudre, engendrée par l'ambivalence de la machine : elle est la source prodigieuse, au sens fort, d'événements malaxés, d'images éruptives, que les phrases projettent sur un rythme haletant,[43] mais elle constitue aussi un défi – angoissant ? – adressé à l'intellect humain. Dans ces quatre ouvrages, le M. Teste de Valéry est affronté à ce qui suscite – et dépasse ? – sa mémoire culturelle, ses capacités de

---

[42] Voir le vers final du texte liminaire des *Fleurs du mal* de Baudelaire, « Au lecteur ».

[43] Voir sur ce point l'article d'Alain-Philippe Durand, « Discothèques. Sur *Sphinx* d'Anne Garréta », dans *L'Atelier du roman*, n°18, juin 1999 (extrait d'une thèse intitulée *Nouveaux Espaces électroniques dans le roman français des années 80 et 90*, soutenue en avril 1999 à University of North Carolina, Chapel Hill).

construction et de destruction.[44] Où en est la surhumanité rêvée ? *La Décomposition* accumule les motifs funèbres, les condamnations âpres de l'institution, littéraire ou autre, les échappées très nihilistes – le meurtre comme « impératif » « catégorique » (*D*, 209).

Mais le même passage, malgré l'arrière-plan apophatique que nous avons mentionné, maintient l'espoir de dire l'indicible : « l'indicible néant peut-être, indiciblement, se trouvera figuré ». Une réponse apparaît en creux, par la recherche littéraire elle-même, par l'élaboration esthétique suprêmement exigeante : *Ciels liquides* posait le problème de la perte des « mots de la tribu ».[45] Paradoxalement le texte même d'A. F. Garréta montre leur reconquête dans la recomposition hallucinante des mots. Elle convoque, nous l'avons vu, les Prométhée de l'écriture, et leur emboîte le pas, usant des ressources cratyléennes de la langue[46] – les sons du nom Gilberte, « talisman » proustien, résonnent dans *La Décomposition* (188) – et de rythmes syncopés, hérissant de significations multiples un discours qui transgresse les genres : récit, plaidoyer, pamphlet, lettre, essai, satire ménippée, *etc.*.

On peut considérer fondamentalement que les effets poétiques entraînent le tout, les événements violents, les idées et les images d'une culture, les échasses de l'homme affronté au temps, les anges au cou coupé, les fleuves sombres – Styx ou Léthé. De hautes images surgissent et s'imposent :

> Au bas de la volée de marches m'attendait une de ces silhouettes que les enquêteurs de la brigade criminelle tracent à la craie sur le sol autour des membres d'un homme mort de mort violente, et qu'ils abandonnent derrière eux après qu'ils ont emporté le cadavre et dénoué les rubans de plastique de couleur vive dont ils forclosent la scène. Seule était demeurée la figure vide et derrière elle, déployée en cascade sur les marches, la traîne comme d'un souverain à son couronnement, non plus de la belle pourpre

---

[44] Valéry, Paul, *La Soirée avec M. Teste* (1894) : cette évocation de l'aventure intellectuelle poussée à l'extrême demeure une référence.

[45] On retrouve en arrière-plan le souci mallarméen de « donner un sens plus pur aux mots de la tribu » (« Le Tombeau d'Edgar Poe », 1876).

[46] La question, si importante en poésie, de la motivation du signifiant était débattue dans le *Cratyle* de Platon. Voir sur ce point *Mimologiques : voyage en Cratylie* de Gérard Genette (Paris : Seuil, 1976).

inaugurale et vive du sang répandu, mais de ce cramoisi gluant qui vire au noir sitôt qu'exposé hors le secret des artères. (*D*, 49-50)

Au terme de *La Décomposition*, les visions et les reflets dans la vitre, les mouvements contradictoires des trains superposent tous les effets de miroirs qui jalonnent l'œuvre, accroissant d'un coup à la clausule la coloration de doute et d'angoisse. Dans l'entretien avec Frédéric Grolleau, A. F. Garréta interprète le passage :

> C'est là où la mécanique meurtrière déraille. Avec l'impossible disparition d'Albertine, avec la fuite d'Albertine... Ce que le narrateur aura passé son temps à décomposer n'était peut-être qu'un reflet ou un mirage dans un miroir. La fiction et le monde ne peuvent se correspondre terme à terme, rabattre l'un sur l'autre est impossible. La scansion meurtrière et la projection spéculaire se syncopent et se brisent. Tout cela n'était peut-être qu'un rêve à l'intérieur d'un rêve. Une mise en abîme du lien entre rêve et réalité.[47]

Dans le texte même de *La Décomposition* est rappelé le caractère de *cosa mentale* de la littérature, et les raisins de Zeuxis sont récusés (*D*, 230). La voix narratrice exhibe les avatars, les hologrammes, les images virtuelles. L'essai récent de Jean-Marie Schaeffer croise ces réflexions (dans tous les sens du mot « réflexion »).[48]

Il est inutile d'insister, au terme de ces remarques, sur la complexité et la force des ouvrages d'A. F. Garréta. *Lector lectori lupus*, pour citer son pastiche de Hobbes,[49] elle se livre avec virtuosité au « vol du vampire »[50] – « c'est une carrière infinie que la thanatographie » (*D*, 226). Le jeu intertextuel suspend l'impression de lecture entre le *Heimliche* et l'*Unheimliche*. Il ne fait pas disparaître la hantise de l'après-coup : si le « texte tuteur » se corrode, « c'est la mort, cette main invisible du Temps, qui le décompose » (*D*, 224). Pour autant la jubilation scripturale élimine les « agélastes » que pourfendait naguère Milan Kundera...[51] La violence du texte l'insère dans un courant

---

[47] Entretien avec Frédéric Grolleau, *op. cit.*.

[48] Schaeffer, Jean-Marie, *Pourquoi la fiction ?* Paris : Seuil, 1999.

[49] Nous songeons ici à la formule célèbre : *Homo homini lupus*, « L'homme est un loup pour l'homme ».

[50] Michel Tournier traite sous ce titre de la même démarche (Paris : Mercure de France, 1981).

[51] Kundera, Milan, *L'Art du roman*, Paris : Gallimard, 1986.

contemporain – le paroxysme est la mode –, mais à un haut niveau, par l'extrême recherche du style et le travail d'élaboration intellectuelle qui tissent les ouvrages au même titre que la narration proprement dite. Loin de tout didactisme, le mélange des cultures de référence, des genres et des registres trouve son accomplissement dans une quête esthétique exigeante, au plan de l'écriture comme au plan de la lecture. La splendeur mallarméenne du « transparent glacier des vols qui n'ont pas fui »[52] surgit de la plume autant que des parois translucides des ordinateurs contemporains… Mais le repérage que nous venons d'effectuer ne doit pas occulter l'essentielle puissance narrative de ces romans : nous sommes entraîné-e-s dans l'histoire d'amour en forme d'épure de *Sphinx*, dans le voyage interlope et subliminal de *Ciels liquides*, dans l'aventure humoristique et angoissante du *serial killer* littéraire de *La Décomposition*. Notre bonheur à la lecture montre qu'A. F. Garréta a atteint le but qu'elle se fixe : « Un roman n'est pas un Tranxène que l'on absorbe pour s'endormir, c'est un instrument d'investigation, un instrument d'exploration, une expérience de pensée ».[53] Et peu importe le nombre d'échos que nous identifions : ils donnent à notre démarche son coefficient de recul, d'ironie, de réflexion, sans nous ôter, bien au contraire, le plaisir de lire un récit.

Textes d'Anne Françoise Garréta

Les abréviations de titres utilisées dans l'article figurent entre crochets.

Sphinx, Paris : Grasset, 1986 [*S*].
Pour en finir avec le genre humain, Paris : François Bourin, 1987.
Ciels liquides, Paris : Grasset, 1990 [*C*].
La Décomposition, Paris : Grasset, 1999 [*D*].

---

[52] Mallarmé, « Le vierge, le vivace et le bel aujourd'hui… » (1885).

[53] Entretien avec Frédéric Grolleau, *op. cit.*.

Le fantôme à venir :
inceste et clonage dans À *ton image* de Louise L. Lambrichs[1]

Victoria Best

S'appuyant sur les analyses de Derrida, mais aussi de Freud et d'Abraham, Best offre différentes interprétations possibles de la figure du clone comme spectre, figure qui ébranle la fixité de l'identité et de l'histoire. Le spectre incarne en fait un secret qui ne peut se formuler dans le langage et est lié à une exigence d'éthique qui serait guidée, plutôt que fragilisée, par l'apparition du fantôme.

The impending ghost : incest and cloning in Louise L. Lambrichs's À ton image

Drawing in particular on Derridian analyses, but also those of Freud and Abraham, Best offers various possible interpretations of the figure of the clone as spectre, a figure which unsettles the rigidity of identity and history. Moreover, the spectre embodies a secret which cannot be expressed in language and is linked to a need for ethics which would seem to be guided rather than weakened by the manifestation of the ghost.

> Les hommes font leur propre histoire mais ils ne le font pas de leur propre mouvement, ni dans les conditions choisies par eux seuls, mais bien dans les conditions qu'ils trouvent, celles qui leur sont données et transmises. La tradition de toutes les générations mortes pèse d'un poids très lourd sur le cerveau des vivants.[2]

---

[1] Traduit par Blandine Chambost.

[2] Marx, Karl, *Le Dix-huit Brumaire de Louis Bonaparte*, 1852, traduit de l'allemand par G. Cornillet, Paris : Éditions sociales : 1984, 69-70, cité par Jacques Derrida, *Spectres de Marx*, Paris : Éditions Galilée, 1993, 176.

Peu de sujets suscitent davantage les passions que la vulnérabilité des enfants. Les représentations de la violence faite aux enfants sont profondément révoltantes en ce qu'elles provoquent la révulsion, mais aussi en ce qu'elles constituent un outrage, une offense éthique. Les enfants incarnent une forme de pureté toute particulière qui exige notre protection, et pourtant, étant continuellement dans un état de soumission, ils sont une cible naturelle de la violence. De toutes les formes de violence dont peut être victime un-e enfant, la plus complexe, et sans doute la plus choquante, est celle qui se produit au sein même de la famille. Les parents offrent à l'enfant l'occasion de sa première rencontre à la fois avec l'amour et l'autorité. Ces rencontres détermineront la façon dont il/elle réagira par la suite aussi bien à la Loi qu'à la notion d'Autre qui marquent toutes deux les frontières de la subjectivité. La relation entre parents et enfants a donc une importance particulière dans la formation du sujet, et pourtant cette relation est constituée d'un réseau complexe d'amour et d'agression, de culpabilité et de complicité, souvent imparfait et jamais simple. Le complexe d'Œdipe élaboré par Freud marque le moment où l'enfant prend conscience des liens d'amour et d'autorité qui l'entourent, et où il/elle entame la lutte de toute une vie, qui consiste à contrôler sa propre subjectivité, mais c'est aussi le moment où les désirs et les agressions des adultes sont contrôlés et régulés. La loi du père, son non, qui condamnent l'inceste, s'appliquent tout autant à son propre comportement s'il compte garder son autorité. Ainsi le complexe d'Œdipe divise et dirige ; il instaure des divisions entre le fort et le faible, le coupable et l'innocent, divisions qui fondent les origines de la notion même de loi dans chaque individu. L'enfant prend alors conscience que les instincts violents doivent être domptés, qu'il existe une loi de conduite envers l'autre, certes frustrante mais éthique.

C'est sur la violente transgression des lois œdipiennes que se concentre le dernier roman de Louise L. Lambrichs, *À ton image*, excellent quoique troublant roman noir, à suspense psychologique, abordant les questions du clonage et de l'inceste. Dans les romans de Lambrichs, la dynamique familiale est dépeinte comme une confrontation passionnelle et tragique avec la répétition, avec la façon dont les familles façonnent des schémas de comportement qui sont transmis de génération en génération. Le narrateur d'*À ton image*, Jean Letertre, est un obstétricien parisien au passé trouble : son enfance privée d'amour fut marquée par une relation incestueuse inattendue qui se noua entre lui-même et sa jeune sœur retardée, et qui renvoie aux sévices sexuels infligés par le père de Jean à la petite fille. La relation de Jean avec sa femme Françoise et leur désir d'avoir un enfant lui permettent cependant de repartir à zéro et lui offrent l'occasion de créer la famille de ses rêves. Quand la stérilité de Françoise menace leur bonheur, Jean prend des dispositions pour qu'un enfant soit cloné à partir de l'ADN de sa femme, et cette enfant, France, sera sa fierté et sa joie, mais aussi sa Némésis. France fait figure d'écran sur lequel il peut projeter tous les désirs et toutes les peurs de sa propre enfance. Jean Letertre incarne le paradoxe énoncé dans la citation de Marx inscrite en exergue de cet article. C'est un homme à la recherche de sa propre histoire, et même s'il veut se constituer une vie nouvelle, il demeure l'otage du legs de sa famille et des démons de son enfance. Comme Œdipe avant lui, sa tentative de fuir la prophétie de son héritage ne fait que le mener inexorablement à la tragédie.

La citation de Marx reproduite en exergue est tirée de l'ouvrage de Derrida intitulé *Spectres de Marx*, dans lequel non seulement il réévalue l'histoire idéologique du marxisme, mais il explore également en profondeur la figure du spectre. Sa lecture de cette citation est axée sur le désir d'affronter ou de faire apparaître les esprits du passé, désir qui pourrait sembler être une forme d'acceptation, mais qui révèle au contraire une angoisse profonde. Cette angoisse naît de l'infiltration du présent par le passé que représente le fantôme. Derrida écrit : « Le spectre pèse, il pense, il s'intensifie, il se condense au-dedans même de la vie, au-dedans de la vie la plus vivante, de la vie la plus singulière (ou, si l'on préfère, individuelle). Celle-ci dès lors n'a plus, et ne doit plus avoir, pour autant qu'elle vit, de pure identité à soi ».[3] Comme l'homme dans la citation de Marx, Jean ne se maîtrise pas complètement, car le passé et ses fantômes continuent à vivre en lui. Je démontrerai aussi cependant qu'ils vivent *en-dehors* de lui, présents dans le personnage de France. L'analyse que Derrida fait du spectre, du trope de la spectralité, dont je m'inspirerai dans mon analyse, met l'accent sur la façon dont la figure du fantôme ébranle la fixité de l'identité et de l'histoire. Comme l'expliquent Buse et Stott : « Les fantômes ne sont ni morts ni vivants, ni des objets corporels ni d'impitoyables absences. En tant que tels, ils sont l'un des outils de

---

[3] Derrida, *op. cit.*, 177.

l'entreprise derridienne, puisqu'ils contrarient les oppositions binaires telles que présence et absence, corps et esprit, passé et présent, vie et mort ».[4] Ainsi Derrida s'approprie-t-il le terme d'« hantologie », indiquant la façon dont l'ontologie est perturbée et ébranlée par le spectral. La notion d'hantologie est également mêlée de confusion temporelle : « Question de répétition : un spectre est toujours un revenant. On ne saurait en contrôler les allées et venues parce qu'il *commence par revenir* »,[5] remarque Derrida. Le spectre occupe donc un paradoxe temporel : « Répétition et première fois, voilà peut-être la question de l'événement comme question du fantôme ».[6] Le fantôme offre à Derrida une figure d'analyse privilégiée dans la mesure où il déconstruit à la fois la présence et la notion d'origine. Ma position dans cette analyse est que nous pouvons lire le trope du clone comme un fantôme *vivant*, puisqu'il nous force à faire face à la répétition problématique et à l'événement inaugural, à la copie et à l'original. Dans *À ton image*, l'enfant France incarne le problème de l'origine, puisqu'elle est une duplication exacte de sa mère, et pourtant aussi une *tabula rasa*, sur laquelle son éducation et son histoire devraient inscrire une individualité. Paradoxe supplémentaire : bien qu'elle soit la réplique de sa mère, elle n'est l'enfant de personne ; elle est une création scientifique, que l'on pourrait donc croire libre du fardeau de l'héritage familial et au-delà des contraintes des configurations œdipiennes. Cependant, loin d'être affranchie du passé, France repré-sente un resurgissement de celui-ci dans le présent, de telle sorte qu'elle risque de déstabiliser l'un et l'autre ; elle est une forme de répétition entièrement imprévisible.

Parce qu'ils sont à la fois familiers et inconnus, les fantômes et les clones tombent dans la catégorie de l'« étrange », tel que le décrit Freud : « l'étrange est cette catégorie de l'effrayant qui ramène à ce qui est connu et familier depuis longtemps ».[7] L'étrange se rapporte

---

[4] Buse, Peter et Stott, Andrew (sous la direction de), *Ghosts : Deconstruction, Psychoanalysis, History*, Basingstoke : Macmillan, 1999, 10.

[5] Derrida, *op. cit.*, 32.

[6] *Ibid.*, 31.

[7] Freud, Sigmund, « The " Uncanny " » (1955), in Penguin Freud Library, Vol. 14, *Art and Literature*, London, New York, Auckland : Penguin Books 1990, 340, ma traduction.

donc aux névroses infantiles, mais peut se manifester dans un large éventail de phénomènes, y compris la répétition de la mort, la peur du double et l'incapacité de distinguer l'animé de l'inanimé. La notion de double nous est de toute évidence utile ici pour analyser le clone. Les remarques de Freud sur le double suggèrent une profonde ambivalence : « le " double " était à l'origine une assurance contre la destruction de l'ego, un " déni énergique du pouvoir de la mort " comme le dit Rank ».[8] Et pourtant le confort que l'on peut trouver dans le double n'existe pas au-delà de l'étape du narcissisme primaire et du leurre de l'amour propre : « une fois ce stade dépassé, le " double " inverse son aspect. Après avoir été une assurance d'immortalité, il devient l'étrange messager de la mort ».[9] Ce qui m'intéresse particulièrement dans la lecture du double comme source implicite de confort et de peur, telle que l'a proposée Freud, c'est le nombre de fois où il se réfère aux relations parents-enfants. Selon lui, le double peut se trouver dans le sujet, dans cet agent qui devient distinct du moi afin de le juger et de le critiquer ; il fait ici référence au surmoi, à la voix intériorisée de l'autorité parentale, notion qui allait aboutir à celle du narcissisme. D'autres doubles peuvent être projetés dans « tous les futurs non-réalisés mais possibles auxquels nous nous raccrochons encore dans le fantasme, tous les efforts du moi que des circonstances adverses ont anéantis »,[10] doubles qui peuvent être projetés sur les enfants comme autant d'espoirs qu'entretiennent les parents pour leur avenir. Pour finir, la peur du double signale « une régression vers l'époque où le moi ne s'était pas encore démarqué nettement du monde extérieur et des autres »,[11] peur, autrement dit, de replonger dans la symbiose parent-enfant qui est finalement brisée par le complexe d'Œdipe. Ce que j'entends ici, c'est que la famille, l'unité sociale la plus familière de toutes, est profondément étrange, peuplée de paires de doubles que sont les mères et les filles, les pères et les fils. Et dans ces relations de doubles s'insinuent les ambivalences dont parle Freud : le réconfort de la duplication qui résiste à la finitude et à la mortalité, mais aussi la peur de ne plus être capable un jour de

---

[8] *Ibid.*, 356.

[9] *Ibid.*, 357.

[10] *Ibid.*, 358.

[11] *Ibid.*, 358.

distinguer entre l'un et l'autre. Et donc, la notion d'étrange selon Freud et sa lecture du double nous ramènent au complexe d'Œdipe qui cherche à maintenir les générations séparées de sorte qu'elles ne se confondent pas. Mais l'étrangeté des familles n'est pas entièrement liée au double et à ses implications. La notion freudienne de l'étrange est connue pour son caractère général et imprécis. Il s'agit moins d'une définition que de l'identification d'un ensemble d'effets étranges, effets qui sont selon Freud liés aux processus de répression. Au fond, le sujet fait l'expérience de l'étrange lorsque quelque chose qui a été réprimé est réveillé dans sa conscience. L'étrange peut donc être compris comme l'effet ressenti lorsqu'un secret longtemps caché est révélé (ou lorsque l'on voit un fantôme portant un message du passé), et bien sûr le secret que le complexe d'Œdipe s'applique à refouler, c'est le désir existant entre parent et enfant. Dans cette analyse, je démontrerai que France, en tant que parfait double étrange, force Jean à ouvrir les yeux sur les secrets incestueux de son passé, mais ce qui est particulièrement fascinant et horrifiant dans *À ton image*, c'est la tragédie à laquelle cette confrontation doit aboutir.

À ton image réussit à progresser en rebroussant chemin dans la chronologie de l'histoire. Le roman s'ouvre sur le narrateur Jean Letertre s'adressant au lecteur/à la lectrice depuis sa cellule de prison, alors qu'il va au-devant de la peine capitale sans repentir. Il explique que c'est l'amour qui a inspiré tous ses actes, y compris ceux pour lesquels il est condamné : « Un amour qui m'a inspiré toutes les curiosités et, il est vrai, toutes les témérités. Mais aussi un amour comme bien des hommes, à leur grand regret, n'en connaîtront jamais ».[12] Ce moment d'assurance et d'orgueil face à la mort qui ouvre le récit ne se répétera pas par la suite. Au lieu de cela, l'histoire que Jean va nous raconter témoigne de sa vulnérabilité, de son insécurité, de son désir irrésistible d'une famille aimante et stable, de son besoin farouche de s'éloigner de son passé trouble. Le ton de provocation des premières lignes cède bientôt la place à un appel à la compassion et à la compréhension : « *Il suffirait me semble-t-il qu'une seule personne comprenne comment j'en suis arrivé là pour que je cesse à mes propres yeux d'être un monstre* » (28). Apparemment le destinataire de ce récit est son avocate, Nicole, et l'interaction entre

---

[12] Lambrichs, Louise L., *À ton image*, 11. Les références à ce texte seront par la suite mises entre parenthèses.

eux, à mesure que Jean lui livre des passages de sa confession, fournit une intrigue secondaire oblique mais importante. Tandis que son procès approche, Jean est impatient à la fois de finir son propre manuscrit et de découvrir le secret du malheur de Nicole qui s'avère être, inévitablement, lié à sa situation familiale. La confession de Jean tourne en partie autour de l'inceste, celle de Nicole autour de sa rivalité sexuelle avec sa mère, mais les deux personnages sont coupables de mouvements de colère provoqués par la honte. *À ton image* est donc, dès le début, un récit double, comprenant deux confessions, deux secrets de famille qui doivent être révélés, et un double rôle pour Jean, en tant qu'auteur de sa propre histoire et interlocuteur/analyste de Nicole. Ce dédoublement des intrigues ne saurait surprendre dans un récit fasciné par l'identité répétée ou réfléchie. La famille de Jean est décrite comme : « ces lieux où chacun n'occupait sa place qu'à titre provisoire puisque tout le monde, apparemment, y était interchangeable » (18). Quand Jean tombe amoureux de Françoise, il conceptualise cela comme l'actualisation d'une cohabitation psychique : « C'était comme une mue soudaine, un changement de vie ou plutôt un échange, une place en moi malgré moi s'inventait pour elle et en même temps je m'installais dans son passé, oubliant le mien » (45). La place d'image miroir suprême est cependant réservée à France, la fille avec laquelle il n'a aucun lien biologique, mais qui est néanmoins représentée comme sa Némésis : France est, déclare Jean, « un vide. Un être impossible. Ou un miroir, peut-être. Un de ces miroirs magiques comme on en voit dans les contes mais qui, au lieu de dire la vérité, me renverrait mon mensonge. Ma misère » (147-48). Le problème est que France semble en savoir trop sur lui, et également trop sur ses propres origines. Elle est douée d'une forme de double vue qui lui permet de posséder une connaissance au-delà des limites de son existence.

Un incident choquant se produit lorsque, somnambule, elle s'approche de ses parents qui sont au lit et délivre une sorte de prophétie concernant sa propre existence :

> Maintenant, je peux voir à l'intérieur de moi. Des millions et des milliards de bulles, il y a dans mon corps des milliards de bulles toutes petites qui grossissent mais aucune est moi parce que je suis pas votre fille, je suis pas quelqu'un, seulement l'ombre de quelqu'un, je suis un être de trop. Je suis la fille de personne, c'est ça, ma maladie. Mais ça va, je vais pas mourir tout de suite. Peut-être même que je ne mourrai jamais. (323)

Le lien entre le clone et le fantôme est explicitement établi, surtout lorsque Jean ajoute : « j'avais beau avoir parfaitement reconnu le timbre de sa voix, la présence qui venait de quitter la pièce semblait surgie de l'au-delà et laissait planer dans l'atmosphère je ne sais quelle sainte ou satanique frayeur » (323). On a vu que Derrida fait remarquer que le fantôme est une forme de confusion temporelle : « Moment spectral, un moment qui n'appartient plus au temps, si l'on entend sous ce nom l'enchaînement des présents modalisés […]. Furtive et intempestive, l'apparition du spectre n'appartient pas à ce temps-là, elle ne donne pas le temps, pas celui-là ».[13] Il est difficile, en effet, de situer France temporellement, consciente qu'elle est des événements qui précèdent sa naissance. Pourtant, de façon encore plus déterminante, France est une source de confusion temporelle pour Jean, qui souffre d'une sorte de retour du refoulé en sa présence : « Face à France, je me sens impuissant, misérable. La force, c'est elle qui la possède. Je dois oublier. Oublier. Laisser l'histoire s'inventer sans croire l'avoir déjà vécue. […] Mais comment faire ? Est-on libre d'oublier ? de gommer ce qui vous hante ? » (174). C'est là une question pertinente car ce qui hante Jean n'est pas formulé ici, bien qu'en tant que lecteurs et lectrices nous soyons conscient-e-s du fait que son enfance et son adolescence sont marquées respectivement par l'absence et l'inceste. Une fois que nous connaissons l'issue tragique de sa relation avec France, nous pouvons comprendre la menace de répétition que France représente pour lui, mais la sagesse acquise après coup est ouvertement répudiée par Jean (point sur lequel je reviendrai plus tard). Pour le moment le lecteur/la lectrice ne peut que constater que les fantômes du passé sont incarnés dans le personnage de France. Celle-ci représente alors non seulement le retour du passé dans le présent, mais aussi la prescience d'un avenir où le passé se répète indéfiniment. Comme le remarque Derrida : « Au fond, le spectre, c'est l'avenir, il est toujours à venir, il ne se présente que comme ce qui pourrait venir ou re-venir ».[14] France représente la répétition indésirable mais inévitable, ce qui est implicite dans sa nature de clone, mais aussi un jugement porté sur Jean : l'ange vengeur de cet homme trouvera à s'incarner dans la personne qu'il aime par-dessus tout.

---

[13] Derrida, *op. cit.*, 17.

[14] *Ibid.*, 71.

À mesure que France grandit, deux traits de son caractère s'affirment particulièrement, tous deux inquiétants. L'un est son caractère fatal : un certain nombre d'événements lourds de sens se produisent en sa présence, tout particulièrement la mystérieuse noyade d'Élise, sœur de Jean, et de son fils Gyhère qui périssent au fond du lac de la propriété familiale (faisant ainsi de Robert, mari d'Élise, l'image miroir de Françoise, qui a perdu sa famille dans un accident de la route). L'autre est sa sensualité précoce. À douze ans elle essaie les sous-vêtements de sa mère pour provoquer une réaction chez son père. La réaction de celui-ci est ambivalente : « L'effet produit était hallucinant. Car tout en restant enfant, France parvenait à projeter l'image d'une femme troublante, incroyablement provocante, ce qu'elle n'eût jamais réussi me semblait-il sans une conscience aiguë de sa propre séduction. Et c'est cette conscience précoce, prématurée même, qui plus que son déguisement me plongea dans un malaise insupportable » (318-19). Jean réagit mal au fait que sa fille se déguise en « femme fatale », car son apparence révèle une vérité concernant la nature de France qui le perturbe profondément. Ce n'est pas tant le lien entre la mort et l'érotisme qui le dérange que la présence d'un érotisme délirant chez sa propre fille. La lignée de cette enfant est surdéterminée puisque France est un clone de Françoise et de ce fait un double parfait de sa mère, chose que Jean sait mais qui n'en finit pas de le surprendre : « France riait et c'était Françoise que j'entendais, France sans le savoir devenait une femme et c'était Françoise, celle que j'avais connue vingt ans plus tôt » (345). En fait, ce que Jean semble craindre surtout, c'est que France ne ressemble à Élise, la sœur sexuellement précoce qui l'a séduit. Cette crainte est formulée tôt dans sa relation avec Françoise, lorsqu'ils commencent à vouloir un enfant. L'idée qu'il pourrait transmettre des défauts génétiques à l'enfant l'alarme excessivement et ses craintes ressurgissent en rêve lorsqu'il imagine son père mort et Élise enceinte : « Je me demandais si l'enfant qu'elle portait était de moi ou de mon père, cette question me torturait » (62). Le rêve révèle sa honte concernant sa relation incestueuse avec Élise et son agressivité à l'égard de ce père qui a fait subir des sévices sexuels à Élise et qui (par implication) lui a légué sa sexualité perverse. Ces peurs s'apaisent lorsque France est clonée, mais elles réapparaissent alors qu'elle grandit, du fait que sa sexualité semble suggérer un legs fantôme de sa famille désastreuse. Et les craintes de Jean sont fondées. Le somnambulisme de France semble révéler qu'elle est possédée par le fantôme d'Élise. Elle s'adresse ainsi à Jean : « Voyons, Jean, tu sais bien que nos parents détestent le désordre » et Jean, interloqué, dit à son collègue : « En fait, elle se prenait pour Élise. Ou plutôt elle *était* Élise » (294). La peur diffuse qui imprègne sa relation avec France et que nous, lecteurs/lectrices, attribuons à son avenir biologique incertain en tant que clone, s'avère être la crainte que sa propre enfance meurtrie et incestueuse ne se répète. En fait, le point culminant lorsqu'il survient est encore pire que tout ce que nous aurions pu anticiper. France agit conformément à son parcours héréditaire, non seulement en tant qu'Élise, mais aussi en tant que Françoise. Le récit repose sur ce paradoxe d'anticipation excessive et d'impossible prévision. De France, Jean dit : « Comment aurais-je pu imaginer que le seul qui l'attirait et qu'elle aurait voulu séduire, c'était moi ? » (353), et pourtant c'est précisément cela qu'il a redouté – sans pour autant exprimer ses craintes – tout au long de sa relation avec France. Il a été victime d'un aveuglement dû à son excès d'optimisme face à la situation en général ainsi que d'un pressentiment terrifié. La confusion qui s'ensuit a été aggravée par son manque de lucidité à son propre égard. La nuit où France s'introduit dans son lit, il croit qu'il s'agit de Françoise (morte depuis) revenant comme fantôme : « j'étais en train de rêver mais c'était merveilleux » (363). Seul le cri de douleur que pousse France lorsqu'elle perd sa virginité l'éveille à la véritable identité de sa partenaire. Jean dit : « la monstruosité de notre crime m'apparut » et un renversement final horrible a lieu : « Et de même que submergé tout à l'heure de tendresse j'avais cru, l'étreignant, m'embrasser moi-même, j'étais débordé maintenant par une fureur invincible qui me poussait, serrant de mes forces déchaînées mes doigts sur sa gorge blanche, à étrangler notre crime » (364). Comme le trahissent les paroles de Jean, la violence de ses actions est destinée à être retournée contre lui-même : c'est le dégoût inspiré par son propre comportement, la fureur de se retrouver dans une situation incestueuse, qui déclenchent son agression. Pourtant, de même que jusqu'ici il a projeté ses craintes sur France, il déverse maintenant sur elle sa colère, et son meurtre crée un second Jean, son propre double noir qui est un criminel coupable, pervers et condamné. *A posteriori*, nous pouvons lire son récit comme une tentative prolongée visant à renier et à discréditer cette image, dans l'espoir que ses lecteurs/lectrices puissent comprendre qu'il est la victime fatalement malchanceuse de la dynamique familiale.

La préoccupation textuelle pour le clonage et l'inceste révèle une crainte profonde non seulement que la manière de se comporter, léguée par la génération précédente, ne se répète à l'infini, mais aussi que les divisions instaurées par le complexe d'Œdipe n'apparaissent fragiles et faciles à transgresser. Dans ce récit, les identités se mêlent, les différences entre les générations s'effondrent, et la sexualité à l'état brut bouleverse la loi morale qui dirige et organise l'amour entre les membres d'une famille. Car l'essentiel, ici, est de se constituer une loi éthique, ce que pressentit Derrida lorsqu'il commença à écrire sur les fantômes :

> Il faut parler *du* fantôme, voire *au* fantôme et *avec* lui, dès lors qu'aucune éthique, aucune politique, révolutionnaire ou non, ne paraît possible et pensable et *juste*, qui ne reconnaisse à son principe le respect pour ces autres qui ne sont plus ou pour ces autres qui ne sont pas encore *là, présentement vivants*, qu'ils soient déjà morts ou qu'ils ne soient pas encore nés.[15]

Pour Derrida, le spectre marque le glissement du particulier au général, mais aussi du passé au présent et au futur. Les spectres sont la preuve du manque de distinction entre passé et présent ; en fait, ils sont la preuve de la continuité intangible du temps, en cela qu'il s'écoule sans rupture de génération en génération. De même, alors que le spectre a tendance à prendre une forme particulière, son apparition en tant qu'esprit de justice en fait un ventriloque qui parle au nom de toutes les voix qui ont pu être étouffées et réprimées, et qui pourraient encore l'être. Ainsi, si les spectres exigent que nous fassions cas d'eux, ils n'exigent pas seulement une loi – et comme nous pouvons le voir dans *À ton image*, de telles lois sont facilement violées – mais un concept de justice plus fluide qui requiert une éthique inhérente à l'individu plutôt qu'une règle à laquelle il se soumet. Ainsi, selon Derrida, les spectres peuvent nous apprendre à vivre, apparaissant lorsque nous avons besoin d'une aide psychologique de cet ordre, et il ne peut y avoir d'apprentissage éthique sans eux. La lecture que fait Derrida du spectre semblerait démanteler les barrières fallacieuses ou encombrantes, celles qui divisent le temps historique en éléments discrets, celles qui marquent la différence entre l'absence et la présence, celles qui isolent le comportement d'un individu de ses conséquences non seulement au sein de la communauté à laquelle il

---

[15] *Ibid.*, 15.

appartient, mais également au sein des communautés à venir. Une fois ces barrières abolies – barrières que Jean essaie en vain de mettre entre lui-même et son destin dans *À ton image* – le besoin d'une nouvelle éthique apparaît alors clairement. Derrida fait une suggestion qui paraît pertinente ici : « cet être-avec les spectres serait aussi, non seulement mais aussi une politique de la mémoire, de l'héritage et des générations ».[16] En effet s'il y a un spectre hantant le texte de Derrida, c'est bien celui de la famille, implicite dans le legs du marxisme, du père révolutionnaire à un fils politiquement prudent. Les familles sont un lieu d'existence naturel pour les fantômes ; en fait l'existence des fantômes constitue une preuve presque généalogique de l'héritage familial. Je soutiendrai cependant que ce sont précisément les problèmes d'héritage qui provoquent ce malaise psychique qu'est l'apparition du spectre.

Par son souci du lignage et de l'héritage, sans parler des sous-entendus indissociables de la figure du clone qui renvoient à la spectralité, *À ton image* ressemble à la réécriture contemporaine d'un roman gothique. Ce dernier se concentre souvent sur la maison hantée, et de fait la maison familiale d'*À ton image* devient le site du traumatisme d'origine, lorsque Jean est séduit par Élise, et de la tragédie ultime, lorsqu'il retourne y vivre après la mort de sa mère. De façon révélatrice, le deuil qu'il ressent après la mort de sa mère est symbolisé par la maison. Cette mort le laisse « comme un grain de poussière perdu dans cette maison vide que je venais de quitter, cette maison déserte qui sentait la mort et que je portais en moi, telle une image de mon destin » (311). Ruth Parkin-Gounelas affirme que dans le genre gothique « le château symbolise le corps maternel, comme un point d'ultime retour, la source de la naissance et de la sexualité ».[17] Il s'agit là d'une description appropriée de la maison dans *À ton image* ; toutefois les connotations maternelles de la maison n'apportent aucun réconfort. La sexualité incestueuse dont Jean fait l'apprentissage est dans ce cas perverse et destructive, et lorsqu'il retourne vivre dans la maison familiale il détermine son destin avec France, qui agit comme épouse et femme d'intérieur dès le moment où elle franchit le seuil.

---

[16] *Idem.*

[17] Parkin-Gounelas, Ruth, « Anachrony and Anatopia : Spectres of Marx, Derrida and Gothic Fiction », in Buse et Stott, *op. cit.*, 132.

Parkin-Gounelas poursuit : « La continuité, la force de vie, est le site contesté du Gothique [...] son ennemie, l'illégitimité, intrigue pour menacer (et menace l'intrigue de) ce genre profondément patriarcal ».[18] La menace faite à la continuité, représentée dans l'œuvre gothique par l'inceste ou l'illégitimité, semblerait constituer aussi un moteur du roman de Lambrichs. Dans *À ton image*, pourtant, les fantômes ne disparaissent pas une fois que le legs et la propriété sont rétablis. Ici, ce n'est pas tant l'éventualité que la famille n'hérite pas que la certitude que l'héritage (des désirs incestueux) ne peut être évité qui provoque une réelle peur. Dans *À ton image*, il semblerait que tous les membres de la famille soient corrompus par un mauvais sang, et que le « spectre » de France soit en quelque sorte à la fois un ange vengeur et un poseur de bombe suicidaire, assurant l'implosion de la lignée familiale grâce à sa propre destruction. Si nous lisons le texte sous cet angle, nous devons remettre en question l'épilogue dans lequel Jean lègue son ADN à son avocate, dans l'espoir qu'il pourra vivre de nouveau en tant que son enfant. Jean évite-t-il les fantômes de son passé à travers cet acte et s'offre-t-il une autre chance, celle d'une identité délivrée du désir incestueux ? ou bien échappe-t-il à la justice que France rendrait, disséminant alors son héritage corrompu dans une société sans méfiance ? Une telle décision d'interprétation repose entièrement sur le jugement éthique que nous portons sur Jean, et ce jugement s'avère être la force motrice cachée du récit.

Le récit de Jean est écrit avec l'intention secrète d'apaiser son sentiment de culpabilité. En fait, nous, lecteurs/lectrices, ne nous rendons pas compte que le texte est hanté par le spectre du sentiment de culpabilité de Jean, et ce jusqu'à ce que nous arrivions à la fin et comprenions la raison pour laquelle il est censé être coupable. À travers le motif de l'inceste, les peurs caractéristiques du roman gothique concernant l'héritage et la propriété rencontrent ce que Derrida définit comme le désir spectral de justice au fil des générations. Dans un récit, le thème de l'inceste vient traditionnellement fournir un point fixe par rapport auquel la nature humaine peut être jugée en rapport avec le naturel et le social. Comme le dit Richard McCabe :

---

[18] *Ibid.*, 134.

Chaque fois que la prohibition s'oppose à un désir quelconque, chaque fois que le scepticisme érode les doctrines reçues, le thème de l'inceste est susceptible d'émerger comme puissante force dramatique. Car le conflit qui en résulte implique la nature même de l'homme en tant qu'*animal* politique – « politique » c'est-à-dire dans le sens le plus large du terme : l'attitude de la *polis* dans son rapport entre gouvernants et gouvernés, loi et licence.[19]

Le dilemme dans *À ton image* est le suivant : l'homme qui commet l'inceste, pas seulement une fois, mais deux, et qui va être condamné par la loi (comme nous supposons qu'il va l'être) peut-il demeurer innocent, c'est-à-dire dégagé de toute culpabilité éthique ? Il est indéniable que Jean a enfreint les lois de la société, mais a-t-il agi sans responsabilité vis-à-vis de ceux qu'il aime ?

Dans *À ton image*, la gravité du crime commis par Jean est relativisée par plusieurs facteurs. Tout d'abord, par l'idée que nous sommes tous plus ou moins coupables – autrement dit qu'aucun d'entre nous n'échappe à la figure du spectre ni à son injonction d'apprendre à mieux vivre. Par conséquent, l'idée que la justice des lois humaines est fondée sur la présupposition fictive que ceux qui jugent sont innocents. En fin de compte pourtant, Jean plaide non coupable, arguant que la manière dont il a agi était prédéterminée par son patrimoine génétique et son histoire familiale : « tous mes actes ont été dictés par le désir d'être aimé et par le manque d'amour, et je regrette infiniment d'être venu au monde dans la famille qui m'a élevé » (366). Si la culpabilité doit être attribuée, alors la part du lion revient à la famille dysfonctionnelle, à son père pour son agression, à sa mère pour son apathie, et par-dessus tout à Élise pour sa sexualité prédatrice. Si dans les romans gothiques figure nécessairement une folle dans le grenier, c'est Élise qui, à n'en pas douter, remplit cette fonction dans *À ton image*. Nymphomane retardée, le danger qu'elle représente est dissimulé derrière sa passivité et sa soumission apparentes. À vrai dire, son statut de figure onirique fait d'elle un quasi-fantôme. Jean l'aime, mais il est complètement dérouté par son emprise sexuelle : « je fus bel et bien cette nuit-là victime d'un viol, une victime consentante et éblouie, je l'admets, mais victime néanmoins au sens où toute l'initiative dans cette affaire revient à Élise » (23). Il n'est pas fortuit que Jean fasse preuve d'un échec d'autorité

---

[19] McCabe, Richard, *Incest, Drama and Nature's Law 1550-1700*, Cambridge : Cambridge University Press, 1993, 25.

total face au désir tout-puissant de la femme. L'acte incestueux initial établit un schéma auquel se conforment tous ses autres « crimes ». En créant un clone, il se soumet au désir de Françoise d'avoir un enfant, et le meurtre de France est la conséquence du désir dévorant qu'éprouve France de le séduire. Dans ce roman, les hommes sont coupables parce qu'ils peuvent être violents, mais la manipulation sexuelle insidieuse par les femmes est présentée comme étant le crime social le plus grave. La peur de la sexualité féminine, de sa nature excessive et incontrôlée, réside au cœur de ce sombre récit, dans lequel le désir apparaît résister totalement à l'éthique.

Cependant, le problème de la sexualité féminine est aggravé par la soumission de Jean, par son incapacité à exprimer ses propres désirs. Dans chaque épisode incestueux il laisse la confusion et la surprise paralyser son jugement éthique. Jean reconnaît à la fois le mal qu'engendre son choix de complicité et de silence, et son incapacité à réagir autrement. Il a été conditionné par les premières années de sa vie : « À moi de tenir. De supporter le fardeau que j'avais sur le cœur, d'endurer la violence entre nous de ce silence coupable et que, la tête sur le billot, je ne romprais jamais » (39). En effet, ce que ce silence originel camoufle, ce qui est dérobé et réprimé, devient, me semble-t-il, la substance d'une autre sorte de fantôme, d'une hantise héréditaire qui est aussi incarnée par France. Le retour du refoulé que Freud a baptisé l'étrange est également l'issue très désirée de la rencontre psychanalytique : « Dis-moi qui te hante et je te dirai qui tu es » suggère Roger Luckhurst,[20] et c'est là une façon de lire le travail de l'analyste. « Les fantômes de la théorie psychanalytique sont avant tout des symboles de manque, d'inquiétude et de tragédie non-médiatisée » écrivent Buse et Stott,[21] offrant une formulation pertinente des traumatismes d'enfance de Jean. Mais la lecture psychana-lytique du fantôme la plus pertinente nous est donnée par Nicholas Abraham.

Pour Freud, le retour du refoulé prenait la forme d'un étrange familier, en cela qu'il était angoissant mais reconnaissable. Nicholas Abraham, par contre, estime que certaines formes de dépression sont

---

[20] Luckhurst, Roger, « " Something Tremendous, Something Elemental " : On the Ghostly Origins of Psychoanalysis », in Buse et Stott, *op. cit.*, 51.

[21] Buse et Stott, *op. cit.*, 13.

particulièrement affligeantes précisément parce qu'elles sont étranges et pas du tout familières. Le travail de l'analyste est d'extraire « *un corps étranger bizarre* »[22] du psychisme du patient. Ce corps étranger peut être qualifié de fantôme, vestige d'une voix laissée par une génération précédente, et qui utilise le patient comme médium. Ainsi le patient peut-il souffrir d'une névrose, intacte et incompréhensible, en quelque sorte léguée par son ascendance. Abraham l'explique ainsi :

> le fantôme est censé objectiver, même sous la forme d'hallucinations individuelles ou collectives, le gouffre produit en nous par l'escamotage d'une partie de la vie d'un objet d'amour. Le fantôme est donc aussi un fait métapsychologique : ce qui nous hante, ce ne sont pas les morts mais les gouffres laissés en nous par les secrets des autres.[23]

Le secret de famille, le « silence coupable » dont parle Jean, constitue, selon Nicholas Rand, « les conséquences interpersonnelles et transgénérationnelles du silence ». Rand attire donc notre attention sur la manière dont « subrepticement, les morts continuent à mener une demi-vie psychique bouleversante en nous ».[24] Selon Abraham, la difficulté que présente la guérison de tels fantômes psychiques réside dans « l'horreur qu'inspire au patient l'idée de violer le secret gardé jalousement par un parent ou la famille »,[25] même s'il est de toute façon difficile de transposer en mots quelque chose qui est su et incorporé seulement dans le silence et le secret, et par le silence et le secret.

À ton image offre une parfaite représentation de ce scénario générationnel, puisque Jean se trouve dans une famille où il n'y a aucune communication, où il n'y a pas d'amour pour tempérer l'isolement par le silence et où les sévices que son père fait subir à Élise hantent ses relations (sexuelles) avec les femmes. Le récit qu'il écrit pour Nicole, son avocate, est à n'en pas douter de nature psychanalytique. Il a pour but de réhabiliter Jean-le-criminel, de le faire parvenir à une compréhension plus juste et plus authentique de l'histoire de sa vie,

---

[22] Abraham, Nicholas, « Notes on the Phantom : A Compliment to Freud's Metapsychology » (1975) in Abraham, Nicholas, et Torok, Maria, *The Shell and the Kernel*, édité et traduit du français par Nicholas Rand, Chicago et Londres : Chicago University Press, 1994, 175, ma traduction.

[23] Abraham, *ibid.*, 171.

[24] Rand, Nicholas, note de l'éditeur sur « Notes on the Phantom », *op. cit.*, 167.

[25] Abraham, *op. cit.*, 174.

compréhension qui sera avant tout, dans une certaine mesure, une révélation pour lui-même : « la vérité que je poursuis à présent est floue, indistincte, et prend forme seulement à mesure que j'écris » (355) nous dit-il. Pourtant, le désir farouche d'être compris, de reprendre possession en quelque sorte de la personne qu'il était dans le passé avant d'avoir à vivre le présent, est contrarié par une profonde suspicion concernant l'acte d'interprétation même : « tout le problème est là : lire l'histoire à rebours, l'interpréter à la lumière de la fin, désormais connue, est-il légitime ? » (47). Indéniablement, c'est là le traitement que la psychanalyse applique aux récits ; elle produit une lecture qui découle d'une conclusion, et même si une telle lecture psychanalytique révèle les fantômes qui hantent le récit, celle-ci ne peut fournir une solution au phénomène existentiel qu'est l'apparition du spectre : « ces relectures de l'histoire ne sont à mes yeux qu'un appauvrissement défensif, une façon de se protéger contre ce que la vie conserve d'impénétrable et d'affolante fantaisie » (48). Ce récit est déchiré par un paradoxe : d'un côté il cherche à expliquer, raconter et justifier, mais de l'autre il est perturbé par une résistance insurmontable à la cohérence rassurante de la fiction. Il est certain que le récit peut expliquer ce qui s'est passé, mais il ne peut empêcher le passé de se reproduire. Ainsi, ce récit en particulier explore non seulement la forme de possession psychanalytique qu'analyse Nicholas Abraham, mais il souligne aussi les difficultés inhérentes à toute forme de traitement. Si les névroses se transmettent de génération en génération comme autant de « corps étrangers bizarres », comme autant d'« autres » silencieux et obscurs hantant l'inconscient, quelle forme de défense le patient/la patiente pourrait-il/elle avoir contre elles ? La psychanalyse pourrait libérer le secret à travers le langage, mais le fantôme prouve que ces secrets peuvent être radicalement hétérogènes au langage. Il y a inévitablement un écart entre ce que nous pouvons ressentir et ce que nous pouvons relater, et le fantôme représente les marges d'ombre où se produit une imparfaite adéquation entre le mot et le corps. Dans le cas du fantôme d'Abraham, cette imparfaite adéquation est transmise de génération en génération, devenant à chaque fois plus détachée de son origine et plus inaccessible à la raison. Comment donc trouver des mots pour dire la névrose qui vient d'un autre temps, d'un autre lieu, d'un autre psychisme ? *À ton image* représente la peur de la répétition inévitable qui est le fantôme de la psychanalyse, la peur que la possession ne se prolonge de concert avec la lignée familiale, la peur que la guérison ne soit impossible. Dans l'analyse comme dans la vie, les fantômes représentent une forme de ténacité impossible qui échappe à la raison, à la logique et à la mortalité.

Pourtant il y a des solutions partielles dans *À ton image*, même si certaines d'entre elles sont cachées. Le problème du récit de Jean en tant que forme de thérapie est qu'il demeure un monologue. Nulle autre voix ne vient offrir une lecture qui ne serait pas une « relecture », mais qui serait une répétition *et* un événement inaugural. Par contre, son avocate Nicole, à laquelle il fait don de son ADN, bénéficie d'une psychanalyse. Ceci est révélateur, car l'analyse permet à Nicole de mieux comprendre sa relation conflictuelle avec sa mère, et ce qui manque de façon flagrante dans *À ton image*, c'est une mère réelle ou du moins une mère suffisamment bonne, selon le terme de Winnicott. Bien que le texte tourne de manière obsessionnelle autour du thème de l'amour des enfants et des bébés, la question de la maternité est sujette à de violentes déformations. Françoise, ayant perdu une famille avant le début du récit, est privée d'une deuxième chance de maternité, puisqu'elle produit non pas une fille mais une réplique. Quant à la mère de Jean, elle représente un modèle de mère plutôt négatif, du fait qu'elle est renfermée, sans amour, et apparemment complice des sévices infligés à Élise. En donnant ses cellules à Nicole, dont il sait qu'elle a maintenant résolu le problème du maternel, Jean espère être enfin correctement materné. Dans ce roman gothique, le problème est matriarcal, non patriarcal. Les difficultés de la maternité dans ce texte sont étroitement liées aux questions éthiques et œdipiennes qu'il soulève explicitement. Le complexe d'Œdipe représente une étape du développement au cours de laquelle l'enfant prend conscience de sa responsabilité envers l'autre. Pour Derrida, l'arrivée du fantôme déclenche le même processus : « Y a-t-il jamais justice, engagement de justice ou responsabilité en général qui ait à répondre de soi (de soi vivant) devant autre chose, en dernière instance, que la vie d'un vivant, qu'on entende comme vie naturelle ou comme vie de l'esprit ? ».[26] De telles questions d'éthique se rapportant à la nécessité d'intérioriser le sens de la responsabilité envers autrui constituent la force vitale du récit.

---

[26] Derrida, *op. cit.*, 17.

Pourtant le problème que présente le développement d'un sentiment de responsabilité mûr et adulte tient à la nature essentiellement puérile ou peut-être enfantine du moi. Avoir des enfants force le sujet à se rendre compte dans quelle mesure il est lui-même encore en train de se débattre avec les problèmes de l'enfance. L'amour pour leurs enfants fait que les parents sont vulnérables face aux besoins de leurs fils et filles, mais aussi à ceux de leur propre moi d'enfant, dont les appels au secours doivent être étouffés sous de nouveaux rôles responsables, parentaux. C'est ainsi que se forment de nouveaux fantômes : les problèmes de la lignée familiale semblent destinés à se répéter inexorablement. On ne peut échapper à la responsabilité de parent et l'on doit vivre avec les spectres de l'enfance passée, et leur survivre, ainsi que le suggère Derrida. Tandis que la psychanalyse plaide en faveur d'une certaine justice, une justice plus fluide envers les enfants confus et maltraités du passé, *À ton image* plaide en faveur d'une éthique du présent qui devrait être guidée par l'apparition de fantômes, mais jamais fragilisée par elle. Les droits de l'enfant sont immédiats et impératifs. Comme le dit Jean : « *ce sont toujours les adultes qui sont coupables. Vous m'entendez ? Toujours* » (309).

Textes de Louise L. Lambrichs

Le Cercle des sorcières, Paris : La Différence, 1988.

Journal d'Hannah, Paris : La Différence, 1993.

Le Jeu du roman, Paris : La Différence, 1995.

À ton image, Paris : Éditions de l'Olivier, 1998.

Aloïs ou la nuit devant nous, Paris : Éditions de l'Olivier, 2002.

Les Voix de Linda Lê

Anne Cousseau

Cousseau expose comment chacun des trois textes analysés représente une étape dans la quête de Linda Lê pour retrouver la voix du père, et par conséquent sa propre voix. La perte du père a projeté la narratrice dans une souffrance mélancolique, qui est d'abord déniée dans Les Trois Parques, *puis libérée et exprimée dans* Voix, *et finalement symbolisée dans* Lettre morte, *mais dans tous les cas elle est un lieu de création poétique. Cette mélancolie peut aussi être rattachée à la mort précoce de la mère.*

The voices of Linda Lê

Cousseau shows how each of the three texts she analyses represents a stage in Linda Lê's quest to find the voice of the father, and consequently of her own. The loss of her father has provoked a melancholic suffering in the narrator, a suffering at first denied in Les Trois Parques, *then liberated and expressed in* Voix, *and finally symbolized in* Lettre morte, *but which in any case engenders a poetic creativity. The melancholy can also be linked to the premature death of the mother.*

Les Trois Parques, Voix, Lettre morte : du discours oraculaire des trois figures mythiques à la forme épistolaire, chacun de ces titres désigne un lien privilégié du texte avec la parole. Au centre de ces discours, l'évocation du père disparu fonde l'unité du triptyque, rappelé sur la scène de l'imaginaire selon des scénarios et des modalités d'écriture radicalement différents d'un texte à l'autre. La dernière œuvre, *Lettre morte*, nous donne la clef du parcours :

> J'ai laissé mon père mourir seul. C'était un homme taciturne, et maintenant il parle à travers moi. [...] J'erre dans un labyrinthe sombre où résonnent les paroles du mort. Je le cherche. Je le trouve. Je le perds.[1]

---

[1] Lê, Linda, *Lettre morte*, 10-11. Les éditions consultées ainsi que les formes abrégées des titres sont indiquées dans la bibliographie à la fin du texte. Les références aux textes de Lê seront par la suite mises entre parenthèses dans le texte.

Faire résonner la voix du père, écrire depuis cette voix, retrouver les mots de l'enfance, tels sont les enjeux finalement dévoilés d'un cheminement en trois temps, en trois textes : que le murmure de l'absent peu à peu traverse et domine cette « *voix épouvantable qu'on appelle ordinairement le silence* » (*TP*, 249).

Ce lent travail de résurgence de la voix paternelle s'opère selon des dispositifs énonciatifs qui évoluent de façon significative d'un texte à l'autre. *Les Trois Parques* s'offre comme un enchevêtrement de monologues qui se tissent autour du retour programmé du vieux père par ses filles. Mais celui-ci demeure tout au long du texte une figure indécise, rendue insaisissable non seulement par la distance physique qui sépare le Vietnam de la France, mais aussi par la stratégie énonciative qui consiste à glisser constamment de la voix de la Manchote à celle des sœurs, sans jamais donner au lecteur les indices pour repérer ces débrayages. La figure du père se trouve ainsi mise à distance par ces effets de brouillages énonciatifs, comme si elle demeurait intouchable, inaccessible. Par ailleurs logorrhéiques, saturés, et sourds les uns aux autres, les discours ne cessent de tourner autour du souvenir sans parvenir à rendre l'épaisseur de la présence. Accentuant encore cette impression d'immatérialité, la voix du père demeure elle, en revanche, silencieuse. De façon tout à fait symbolique, l'aînée des filles cherchera désespérément la dernière lettre envoyée par le « roi Lear », égarée dans un livre de cuisine. L'on n'entend du pays d'enfance que la voix du prêtre, seul compagnon du père, voix « éraillé[e] » (*TP*, 79), « étranglée » (*TP*, 81), exténuée par des années passées à hurler au fond d'un cachot à l'époque de la répression communiste. Surnommé « le couineur », il apparaît comme le double grotesque du père muet.

Le dispositif de *Voix* marque une nette différence. Quoique le discours soit cette fois pris en charge par la seule instance d'un « je » écrivant, le texte met en scène un effondrement complet de la parole, devenue folle. Au cours du premier chapitre, on croit comprendre que la narratrice se trouve dans un asile : ce sont alors les discours des autres patients, « insensés » dans tous les sens du terme, et inextricablement imbriqués les uns dans les autres, qui font la matière du texte. Par la suite, le « je » locuteur, atteint d'un véritable délire paranoïaque, lutte contre des « voix qui suintent des murs, crient à [s]es oreilles, [l]'assaillent, [le] poursuivent, plantent leurs épines dans [s]a chair » (*V*, 24-25). La parole s'est complètement déréglée, réduite à l'état zéro du discours signifiant : on entend, mais on ne comprend pas, on ne saisit que la matérialité de la voix. Plus nettement que dans *Les Trois Parques*, le père s'avère bien être l'objet de désir du discours, mais l'adresse est impuissante. Les lettres écrites par lui sont brûlées (*V*, 26), la communication est impossible :

> Mon père apparaît sur l'autre rive, dans son manteau de feu. Il me hèle. Son manteau jette des étincelles, des lettres flamboyantes, voyelles et consonnes bleues que lèchent les langues de feu et où je reconnais l'écriture de mon père, grande et majestueuse. J'appelle mon père au secours. Mais aucun son ne sort de ma bouche. (*V*, 30)

Les images cauchemardesques du père qu'on ne peut rejoindre se multiplient :

> Les voix chantent des airs lugubres. Mon père est assis au milieu d'un paysage de ruines. Je vais vers lui, mais au fur et à mesure que j'avance, le paysage recule et sombre dans une eau rougie. Mon père m'appelle au secours, me tend la main. J'essaie de l'attraper, mais nos mains ne se rejoignent pas. (*V*, 49)

C'est alors qu'après cet état d'anéantissement absolu, la parole paraît renaître à elle-même, progressivement, dans *Lettre morte*. Se déployant en un mouvement plus fluide, elle semble avoir trouvé dans les mots du père où se placer, se poser. La parole paternelle n'est plus un lieu mortifère, mais peu à peu un lieu fécond d'où écrire :

> Ces mots qui me parlent d'outre-tombe agissent comme des poisons. Ils me brûlent les entrailles. Je les avale, je les dévore. Leur acidité me monte à la gorge. Mais j'aime cela. Toute mon enfance est contenue dans ces lettres écrites pendant les vingt années de séparation. Les mots de ces lettres ont l'odeur poivrée des fleurs que mon père cultivait, l'odeur âcre du tabac qu'il fumait tôt le matin, l'odeur sucrée des confiseries achetées au coin de la rue. Je revois la maison de mon enfance, sa cour ombragée, ses pièces vides. (*LM*, 15)

Le dispositif énonciatif est désormais celui du dialogue intime. Le discours retrouve la forme de la lettre (qui n'est plus ici égarée, ni brûlée), grâce à la médiation de Sirius, l'ami qui redevient aussi un peu le père :

> L'autre nuit, Sirius, quand nous avions dormi ensemble, tu me faisais penser à mon père, avec tes gestes doux, les mots que tu murmurais à mon oreille. J'avais été saisie de soudaines angoisses, je pleurais dans tes bras, tu m'avais déshabillée, mise au lit, et tu t'étais couché à côté de moi. [...] Le mort était près de moi, le mort me pardonnait. (*LM*, 36)

Confident réel, ou figure imaginaire réparatrice qui renoue la communication de l'enfant avec le père et réconcilie la femme avec l'univers masculin, Sirius est dans tous les cas celui qui marque l'avènement d'une parole enfin efficace et ouverte à l'Autre, et la possibilité de faire résonner en soi les harmoniques paternelles.

L'évolution des scénarios énonciatifs révèle ainsi que d'un texte à l'autre s'inscrivent tout à la fois le cheminement initiatique et le tracé poétique d'une voix, c'est-à-dire d'un sujet et d'une écriture. Ce double mouvement s'organise, on l'a vu, autour de la parole manquante du père, parole « perdue » faut-il dire : car c'est bien effectivement la Perte, à entendre au sens psychanalytique du deuil inaccompli, qui va structurer en profondeur l'écriture. *Lettre morte* le formule explicitement à plusieurs reprises : « Le jour où mon père mourut, le téléphone sonna ici très tôt le matin, et une voix me lut un télégramme. La formule, en vietnamien, disait non la mort, mais la perte » (*LM*, 16) et « j'étais morte, exilée au royaume de la Perte » (*LM*, 21).

La Perte est déjà présente dans *Les Trois Parques*. Les discours qui se tissent autour de la figure paternelle sans jamais atteindre que des bribes d'enfance la rendent chaque fois plus lointaine, jusqu'à la disparition définitive, l'envol du roi Lear vers le Grand Sourd. L'ultime rendez-vous programmé par ses filles est confisqué, et c'est une scène grandiose, aux couleurs d'apocalypse, qui sacre la perte définitive du père :

> Le roi Lear partit au son du tambour sur sa bécane sans chaîne ni roue, qui s'élevait, légère comme une bulle soufflée d'une paille, vers le velum bleu, où le Grand Sourd n'attendait personne, et sûrement pas l'oiseau Lear, agrippé à son perchoir, qui s'envolait, pendant que sonnaient les trompettes et que roulaient les tambours. La bécane montait au Ciel, *Je ne puis demeurer loin de toi plus longtemps*, éclairée par des guirlandes de feu, dans un fracas de tonnerre qui faisait frémir les enseignes de Saigon. (*TP*, 242)

C'est précisément de ce dernier rendez-vous raté que découle l'impossibilité douloureuse du deuil. Ainsi le texte de *Voix* va-t-il mettre en scène les résonances psychiques, et poétiques, de la Perte non suturée du père : sous l'apparence du désordre psychique, tous les symptômes de la dépression mélancolique y figurent sous une forme presque clinique. On peut définir la souffrance mélancolique comme résultant tout à la fois d'un deuil inaccompli et d'un dysfonctionnement narcissique. Elle marque l'impossibilité pour le sujet de renoncer à l'objet perdu et, dans le même temps, l'incorporation de cet objet à soi. La perte de l'objet s'assimile ainsi à la perte du moi : l'état mélancolique constitue donc un trouble profond de l'identité. C'est précisément cette défaillance spéculaire liée à la perte du père qui se manifeste dans les scènes délirantes de *Voix*. Les images qui renvoient à une blessure narcissique profonde reviennent de manière obsédante : images violentes du corps mutilé, décapité, morcelé, dévoré, qui ne cessent de dire combien l'unité du moi est atteinte. Le sujet manifeste également, très symboliquement, l'incapacité à se saisir dans le reflet du miroir : « J'ai voilé de noir les deux miroirs de mon appartement. Au lieu de mon reflet, c'est une tête de noyée que j'y rencontrais, une tête décapitée puis jetée dans la Seine, elle remue la bouche, tantôt elle profère des menaces, tantôt elle ricane » (*V*, 51). On trouve au centre du texte une scène qui peut apparaître comme la scène originaire de cette dramaturgie fantasmatique :

> Une voix me dit, Quelqu'un va mourir si tu ne le sauves pas. Un corps est allongé à côté de moi, sur le lit. [...]
> Je soulève le drap qui cache le visage de l'inconnu. C'est moi qui gis là. C'est mon cadavre que je vois. Mon père apparaît près du lit, dans son manteau de feu, Pourquoi ne m'as-tu pas sauvé ? (*V*, 44-45)

Les images récurrentes du désêtre trouveraient ainsi leur point d'ancrage dans cette confusion mortifère qui identifie le sujet au père mort. Se révèle en amont le sentiment de culpabilité d'avoir tué le père, qui déclenche un processus cathartique d'autodestruction : se tuer, c'est réparer la faute, mourir en lieu et place du père. Selon la belle formule de Julia Kristeva, « au sein de son océan léthal, la mélancolique est cette morte qu'on a depuis toujours abandonnée au-dedans d'elle et qui ne pourra jamais tuer au-dehors d'elle ».[2]

C'est donc bien le narcissisme négatif habité par la pulsion de mort, propre à la pathologie mélancolique, qui se trouve mis en scène dans *Voix*. « Passion » de l'être, au sens étymologique du terme, l'état mélancolique est, selon les termes de Lacan, la « douleur à l'état pur » :[3] douleur sur laquelle le sujet se replie, et qui en vient à con-

[2] Kristeva, Julia, *Soleil noir : dépression et mélancolie*, Paris : Gallimard, 1989, collection Folio essais, 1987, 40.

[3] Expression citée par le *Dictionnaire de la psychanalyse*, sous la direction de Roland Chemama, Paris : Larousse, 1995, 187.

stituer un objet réparateur du manque initial, par laquelle se recon-
struit la cohésion affective du moi. Si la souffrance est donnée à voir
sous sa forme psychique la plus brute dans *Voix*, elle est davantage
verbalisée dans *Lettre morte*, ramenée à la conscience et à la réflexion
au travers de la relation destructrice avec Morgue, dont la narratrice
cherche à se défaire :

> Morgue ne m'avait donné qu'une certitude : ma radicale étrangeté au
> monde, l'impossibilité de m'épanouir ailleurs que dans la serre du malheur.
> J'étais une plante sauvage qu'un jardinier négligent froissait entre ses
> doigts. J'étais un animal que seule la douleur domestiquait. J'attendais de
> Morgue qu'il me confirmât dans le sentiment de ma nullité, de ma non-
> appartenance à la course au bonheur, de mon exclusion de la sphère de la
> jouissance. (*LM*, 83)

Lettre morte achève le tableau de la souffrance mélancolique
commencé dans *Les Trois Parques* et *Voix*. La relation destructrice
avec l'amant s'inscrit en exact contrepoint de la relation idéalisée avec
le père, et révèle comment la Perte du père s'associe à l'extinction du
désir et au désinvestissement narcissique :

> Tout mon corps était douloureux. Je me voyais comme une marionnette
> sans vie, avec laquelle Morgue aurait joué et qu'il aurait laissée gisante,
> transpercée de coups de poignard. L'envie me venait de me taillader les
> lèvres, pour que Morgue ne pût y coller sa bouche qui ne proférait que des
> mensonges, de me mutiler le sexe pour que Morgue ne pût entrer en moi,
> prendre possession de ce territoire qu'il avait conquis avec des airs
> désabusés. Mon corps n'avait plus d'odeur. Il sentait la solitude. (*LM*, 60)

« Que la douleur me permette de me retrouver » (*V*, 32). La
souffrance mélancolique émerge peu à peu des profondeurs de la
conscience. Elle était déniée et cependant symboliquement présente
dans l'éclatement énonciatif des *Trois Parques* ; le sentimentalisme
excessif, et ridiculisé, de l'aînée des cousines, la désinvolture de la
plus jeune et l'ironie grinçante de la Manchote apparaissent comme
autant de postures d'un sujet masqué qui refoulerait la douleur de
l'absence. Violemment libérée et mise en scène au travers de scénarios
fantasmatiques dans *Voix*, la souffrance mélancolique est enfin
poétiquement maîtrisée dans *Lettre morte*. Elle s'offre ainsi comme le
vecteur structurant du cheminement initiatique d'un sujet qui se
construit.

L'évolution du traitement de la scène de départ du pays
d'enfance, et donc de la rupture définitive avec le père, est à cet égard
très significative. Dans *Les Trois Parques*, l'écriture se refuse à toute

émotion, endiguée par le récit hétérodiégétique, comme par l'ironie et le cynisme :

> Au petit matin, [lady Chacal] avait rassemblé ses troupes, entassé toute la famille dans la très grande auto. Et voilà qu'aux portes de Saigon, d'un seul coup d'un seul, l'image des deux orphelines était venue danser devant ses yeux. Elle devait les sauver, mes petites cousines. Elle devait les arracher au roi Lear, les fourrer dans la très grande auto où s'étaient blottis les enfants et petits-enfants restés sous sa coupe. Sitôt dit, sitôt fait. Lady Chacal se pointa à la maison bleue et embarqua mes deux cousines qui partirent, l'œil brillant d'excitation, pour une virée au bord de la mer, et ne revinrent jamais. (*TP*, 30-31)

Tout autre est la tonalité qui marque le récit du même événement dans *Lettre morte* :

> La veille du grand départ pour la France, pendant que ma mère et moi nous nous affairions autour des préparatifs, il s'était couché, le visage tourné contre le mur. J'étais allée vers lui, j'avais soulevé la moustiquaire, posé ma main sur son épaule, il ne réagit pas. Le lendemain, dans le taxi qui m'emporta, je le vis sur sa bicyclette, hagard. [...] Oh quelle douleur, Sirius, n'avait-il pas dû éprouver ! La dernière image que je conserve de lui est celle d'un homme en chemise bleue qui, sur sa bicyclette, tentait de rattraper un taxi et pédalait, pédalait désespérément, pour retenir, quoi ? Toute sa vie s'en allait. (*LM*, 54-55)

La parole est cette fois prise en charge par le récit de première personne, la figure du père est mise en avant, l'affect fait retour au travers des notations émotives, et nourrit l'écriture : le sujet s'affirme dans l'expression et la verbalisation de la souffrance provoquée par l'arrachement au père et à la terre natale. Pour passer d'une scène à l'autre, libérer l'émotion qui permette au sujet d'émerger, il aura fallu ce passage à l'état zéro que constitue *Voix*, la confrontation nue, brutale, avec la Perte, mise à plat et dramatisée au travers des images démultipliées de mort, d'absence et de vide qui envahissent le texte :

> Je suis au pays de mon enfance. Je cherche la maison aux volets bleus. Il ne reste qu'un tas de cendres. Des lettres brillent au fond, voyelles mutilées, consonnes aux jambages arrachés. Je plonge ma main, remue la cendre, d'où monte une voix, Tu l'as tué. (*V*, 47)
>
> J'erre dans les rues du pays de mon enfance. La ville est déserte. Partout ruines et cendres. Mon père apparaît, disparaît entre les ruines. Je suis sa trace. Je pénètre dans un zoo. Les cages sont vides. Je longe un pont. Le fleuve est à sec. Les arbres des jardins, calcinés, tendent leurs bras noirs vers le ciel. (*V*, 48)

L'émergence du sujet est donc intimement liée au processus d'écriture, ce que l'étude des dispositifs énonciatifs avait commencé de suggérer. C'est la naissance d'une voix que nous donne à lire la trilogie de Linda Lê. En d'autres termes, la souffrance mélancolique constitue un lieu de création poétique. En lieu et place du manque paternel surgira le signe poétique, équivalent symbolique pour signifier l'absence et la tristesse. Il faut revenir encore aux pages de *Lettre morte* :

> Ce n'est pas lui qui me manque, mais sa voix, ses mots. (*LM*, 18)
>
> J'appelle mon père, je le supplie de revenir à la vie, rien qu'un instant, pour que je puisse le toucher, lui parler, recueillir sur ses lèvres le dernier mot. Le dernier mot de son amour. Le dernier mot de sa tristesse. Le dernier mot que j'aurais conservé comme un trésor, qui serait resté fiché en moi comme une épine dans la chair. C'est ce mot perdu qui manque à mon vocabulaire, qui fait que toutes mes phrases trébuchent, que mon monologue restera lettre morte. (*LM*, 65-66)

Très clairement, la Perte du père est ramenée au mot qui manque, qui manquera à jamais : désignation métonymique qui convertit le manque paternel en objet poétique. Tendre vers cette parole définitivement défaillante, c'est chercher à retrouver les mots qui demeurent dans une mémoire ancienne, réaccorder sa voix à la voix disparue pour en faire vibrer les harmoniques du souvenir, ranimer les « lettres mortes » en retrouvant le grain de la voix d'amour qui unissait l'enfant et le père. « Reconstruir[e] la maison de [son] enfance » et « recoudr[e] le manteau de mémoire » (*LM*, 13), c'est retrouver un lieu de parole.

Ainsi le premier chapitre de *Voix* peut-il être lu comme une parabole, le scénario symbolique de l'enfantement d'une voix. Les discours confus qui s'entremêlent ne sont pas des paroles à comprendre, mais à entendre : tous les registres sont convoqués, du gémissement au hurlement, du chant au braillement, du murmure à la vocifération. Dans la démultiplication affolée des discours rapportés, il faut entendre une voix qui s'essaie, qui n'a pas encore trouvé à se poser, utilisant l'espace du texte à la manière de la Reine des douleurs et de Sidonie-a-plus-d'un-amant qui « prennent le corridor pour un gueuloir » (*V*, 9) : une voix assaillie par « le silence qui ne sait pas se taire » (*V*, 10), qui « résonne de fragments de phrases » (*V*, 14). La scène de parturition monstrueuse (*V*, 17), tout comme l'image insistante de la main mutilée, renvoient de la même manière à l'expression fantasmatique d'une écriture meurtrie qui cherche à naître. Cette voix, on l'a vu, trouvera à se fixer dans *Lettre morte*. Le « je » univoque était d'ailleurs en germe dans *Les Trois Parques* : la Manchote, seul personnage à détenir le privilège de la première personne dans l'usage du monologue, et symboliquement dotée d'un moignon, image incomplète de l'écrivain, apparaît comme l'annonce emblématique de la voix à venir.

Il n'est pas indifférent que la langue du père, le vietnamien, soit donnée initialement, dans *Les Trois Parques*, comme une langue oubliée, « perdue » elle aussi :

> Les fourmis rondes à l'encre bleue couraient sur le papier, qui bruissait d'une langue bizarre, où les intonations aigres de grand-mère se mélangeaient à la voix du roi Lear, qui de loin en loin s'échappait d'un coin de la mémoire, du trou du souffleur, et jetait, en plein milieu de la scène, quelques mots de l'idiome mis au rancart, un mot incompréhensible, orné d'une couronne en forme de demi-lune, ou trois tout petits mots, avec des accents en pagaye. Ça tintait comme des grelots au collier d'un chien perdu. (*TP*, 115)

La langue d'enfance est devenue hermétique, seule en émerge une matière graphique et sonore informe :

> [Ma cousine] buta sur un drôle d'accent en forme de caducée renversé, essaya plusieurs tons, comme un voleur faisant tinter son trousseau de clés devant une serrure rétive, n'arriva à rien, gloussa, s'étrangla, recommença tout depuis le début, se lécha le pourtour des lèvres, écarta une mèche de cheveux, reprit son sérieux, se racla la gorge, accéléra le débit, sema quelques accents sur son chemin de croix, poussa des cris d'exaspération, finit par donner sa langue au chat, jetant au loin le codex qui trouva refuge sous la table. (*TP*, 116)

C'est à ce magma originel, « insensé », auquel *Voix* offrira d'une certaine manière un écho amplifié, que le sujet, « infans », doit revenir : c'est au travers de cette parole à laquelle il faut de nouveau accéder que se constituera la voix scripturale. Retrouver la voix du père, « l'éden des mots » (*LM*, 46), c'est donc non seulement revenir au signifiant originel, au « grain »,[4] mais aussi au signifié, c'est ainsi passer du registre de l'Imaginaire à celui du Symbolique, c'est enfin

---

[4] L'expression est reprise à Roland Barthes. Je l'entends ici toutefois dans un sens très restreint qui renvoie à toutes ces références à la matière de la voix, aux tonalités, aux registres, qui accompagnent les différents discours dans *Les Trois Parques* et *Voix*, références auxquelles j'ai déjà fait allusion.

se constituer en sujet écrivant : la voix du père « délivr[e] le droit à l'existence » (*LM*, 23). Elle était déjà la voix réparatrice qui protégeait des voix folles de l'enfance :

> Il me semble parfois, Sirius, que, toute mon enfance, j'ai vécu enfermée dans la chambre d'un asile […]. La maison résonnait de lamentations et de cris. Ma mère gémissait, l'oncle vociférait. Au sein de ce concert discordant s'élevait la voix de mon père, mélodieuse mais ferme. (*LM*, 73)

Étouffée plus tard par la voix de Morgue,[5] elle va peu à peu retentir à nouveau, panser les blessures des mots de l'amant « qui se fichaient dans mon corps comme des flèches empoisonnées » (*LM*, 61), qui « déniaient mon existence » (*LM*, 77).

Au travers des images d'enfance qui ressurgissent et se reforment lentement dans l'espace du texte,[6] images d'amour tendre d'un père pour sa fille, c'est peu à peu la « douce mélodie de l'infini » (*LM*, 92) qui semble de nouveau vouloir se faire entendre, cette « note unique où les cœurs se fondent, où les corps tremblent de se toucher, de s'unir, de peur de briser la corde qui fait vibrer les âmes » (*LM*, 92). *Lettre morte* s'achève sur les mots pleins de promesse de la « vie » et l'« aube » ; c'est aussi la première fois que le réel et le présent font irruption sur la scène du texte :

> Il me semble que des lettres de mon père ne monte plus la voix des reproches, mais un appel pour que je tourne les yeux vers la lumière. Le mort est dans cette chambre, mais il n'est pas là pour me tourmenter. Il panse les plaies, il adoucit l'amertume. Les mots de ses lettres sont comme des notes célestes qui jouent une douce mélodie. J'entends venir la vie. Ses ailes se posent doucement sur moi. […] Le jour se lève, Sirius. Ouvre donc cette fenêtre. Laisse pénétrer la fraîcheur de l'aube. (*LM*, 104-05)

Successivement égarées, brûlées, puis mortes, les lettres du père sont devenues des « notes célestes ». Le mot qui tue a laissé la place au mot poétique, la douleur mélancolique se sublime dans l'élaboration

---

[5] Une scène fabuleuse le retranscrit : « La nuit dernière, j'ai rêvé que les lettres de mon père s'envolaient comme une nuée d'oiseaux blancs qui tournoyaient, poussaient des cris perçants, dessinaient dans le ciel des idéogrammes puis s'abattaient dans une eau noire. Je voulus les repêcher. Morgue apparut à mes côtés. Il se saisit des oiseaux que j'avais repêchés, leur brisa les ailes, les plumes arrachées s'éparpillèrent autour de moi. Une pluie de sang tomba sur la terre » (*LM*, 46).

[6] On pourra se reporter notamment aux pages 23, 41 et 68-69 de *Lettre morte*.

littéraire : « Adieu, Morgue, gué de la mort, amer amour, amour tu, amertume, tumeur de l'amour... » (*LM*, 105).

Et cependant, derrière le signe poétique qui émerge, demeure l'indicible, l'innommable maternel, dont on pressent qu'il constitue le point d'ancrage de la souffrance mélancolique. Dans *Les Trois Parques*, la mère est congédiée de la scène en deux lignes, « morte en couches, laissant en rade deux petites orphelines » (*TP*, 30). Le texte n'y fera plus aucune allusion, comme si la mémoire de l'enfance était sur ce sujet définitivement forclose. En revanche surgit, au moment même où se trouve consignée si abruptement la disparition de la mère, la figure de la grand-mère maternelle, surnommée par ses petites-filles Lady Chacal. Conformément à la stratégie des *Trois Parques* déjà identifiée, le discours affectif se trouve déplacé et distancié : Lady Chacal, figure terrible et haïe des trois cousines, constitue à l'évidence un relais de la figure maternelle qui permet indirectement la libération virulente des souvenirs dévorés par la rancœur, dont *Lettre Morte* se fera plus explicitement l'écho en accusant cette fois ouvertement la mère d'être responsable des blessures d'enfance. Ainsi, si le discours narratif refuse de s'attarder sur la mort de la mère, il rapporte en revanche très longuement l'agonie de Lady Chacal, pendant laquelle va se déchaîner la cruauté des enfants :

> Les petites dénaturées glapirent en chœur *Elle est clamsée ! Enfin !* La phrase traversa la porte pour venir en sifflant se ficher dans le cœur de la hurlante lady et lui couper le sifflet. [...] Une larme froide coula de dessous les paupières inertes. Le cadavre mortifié ne réclamait plus personne à son chevet. Et voilà que les petits démons, poussant tout doucement la porte, entraient à la queue leu leu. Elles se tenaient au pied du lit, les bras croisés, la nuque courbée, en pinçant les lèvres ; la gisante entendait nettement tinter le mot qui leur trottait dans la tête *Clamsée ! Clamsée !* Elles étaient restées là, sans bouger, sans lever les yeux, le temps de ravaler leur fou rire. Puis, lentement, la tête basse, elles tournèrent les talons et sortirent de la chambre à la queue leu leu. Grand-mère se retrouva seule à attendre que le froid la prenne. (*TP*, 62-63)

S'il n'est fait aucune mention directe de la mère dans *Voix*, on ne peut s'empêcher malgré tout de s'interroger sur le sens pour le moins étrange et troublant du discours de la femme au chapeau :

> Tout le monde m'abandonne, Je suis une femme enfant que personne n'aime, Même mon bébé, mon chéri dans mon ventre ne m'aime pas, Il est parti, je l'ai vu dans la baignoire ce matin, un tout petit fœtus dans une mare de sang, il est sorti sans que je m'en rende compte, j'ai fait couler

l'eau, le trou de la baignoire l'a aspiré, maintenant il voyage dans les tuyaux, dans les égouts. (*V*, 16-17)

À la lumière rétrospective des éléments révélés dans *Lettre Morte*, on est tenté de lire cette scène fantasmée comme la projection inversée, parce qu'insupportable, d'un manque d'amour maternel qui aurait meurtri l'enfance. Car c'est bien la blessure d'amour qui marque le souvenir maternel dans *Lettre Morte*, lorsque la narratrice déchire enfin quelques pans de la mémoire blanche. Si la mère n'est plus cette fois évoquée comme une figure morte, son souvenir est néanmoins celui d'une absence déchirante :

> Je vins au monde mais je n'avais pas d'existence, je n'étais que l'enfant de mon père, sa chère enfant, un prolongement de lui-même, qu'il langeait, prenait dans ses bras et auquel il donnait la becquée. Ma mère, peu après ma naissance, avait sombré dans une mortelle langueur. Elle restait couchée des journées entières dans sa chambre aux volets fermés. Ce fut mon père qui s'occupa de moi. (*LM*, 26)

Les images du couple parental ramenées à la mémoire de l'enfance sont celles d'une relation violente et traumatisante :

> La vie conjugale, encore une expression incongrue. Pour mon père, c'était la mort conjugale. La mort que lui donnait chaque jour ma mère. Les petites entailles qu'elle faisait dans son corps. Les petites griffures qu'elle imprimait sur son visage. Maintenant encore, je me réveille le matin en croyant entendre les cris de ma mère et sentir les relents d'alcool qui entourent mon père, debout dans ma chambre, le visage en sang. Il me demande de le soigner. Je trempe une serviette dans l'eau. Je nettoie le sang, je pleure. Le clou de la chaussure a atteint l'os de la joue et y a laissé une marque. Il est là, près de mon lit, avec la cicatrice sur la joue. Je m'agenouille. Je demande pardon. Pour ma mère et pour moi. Il se détourne. Il est trop tard. Ma mère l'a blessé, je l'ai tué. (*LM*, 50-51)

La proposition de Julia Kristeva, selon laquelle la pathologie mélancolique résulte d'une identification destructrice à la mère,[7] me semble ici résonner de façon très juste. Réparer la relation parentale défaillante par un mécanisme d'identification compensatoire à la mère dépressive, profondément malheureuse mais aussi cause du malheur

---

[7] « La plus ou moins grande violence de la pulsion matricide [...] entraîne, lorsqu'elle est entravée, son inversion sur le moi : l'objet maternel étant introjecté, la mise à mort dépressive ou mélancolique du moi s'ensuit à la place du matricide. Pour protéger maman, je me tue tout en sachant – savoir fantasmatique et protecteur – que c'est d'elle que ça vient, d'elle-géhenne mortifère... Ainsi ma haine est sauve et ma culpabilité matricide est effacée », Kristeva, *op. cit.*, 39.

du père, et, dans le même temps, inverser la pulsion matricide, ressentie comme coupable, sur sa propre personne, apparaît effectivement être le mécanisme qui s'est mis en place dans l'enfance.

Ainsi l'objet maternel, objet ambivalent de haine et de culpabilité, mais aussi désignation d'un manque d'amour fondamental, est-il sans doute l'objet *princeps* de la souffrance mélancolique. En-deçà des mots, il est le lieu d'une blessure d'enfance indicible, qui échappe à toute emprise symbolique. La dénégation de la figure maternelle, déclinée dans les trois textes, constitue un « mot-trou », pour reprendre une expression de Marguerite Duras, un creuset poétique auquel s'origine la pulsion d'écriture, et qui reste peut-être à déchiffrer dans les profondeurs du corps, de l'affect et de l'écrit. « L'écriture, c'est [...] l'exploration des viscères » :[8] chez Linda Lê, l'écriture est de chair, ce que j'appelle une *voix*.

Textes de Linda Lê

Si l'édition originale n'est pas l'édition consultée, celle-ci est indiquée entre parenthèses. Les abréviations de titres utilisées dans l'article figurent entre crochets.

Un si tendre vampire, Paris : La Table Ronde, 1986.

Fuir, Paris : La Table Ronde, 1988.

Solo, Paris : La Table Ronde, 1989.

Les Évangiles du crime, Paris : Julliard, 1992.

Calomnies, Paris : Christian Bourgois, 1993.

Les Dits d'un idiot, Paris : Christian Bourgois, 1995.

Les Trois Parques, Paris : Christian Bourgois, 1997 (Pocket, 1999 [*TP*]).

Voix, Paris : Christian Bourgois, 1998 (Pocket, 1999 [*V*]).

Lettre morte, Paris : Christian Bourgois, 1999 [*LM*].

Tu écriras sur le bonheur, Paris : Presses Universitaires de France, Perspectives critiques, 1999.

Les Aubes, Paris : Christian Bourgois, 2000.

Autres jeux avec le feu, Paris : Christian Bourgois, 2002.

---

[8] Entretien avec Thierry Guichard, *Le Matricule des anges*, août-octobre 1995, 7.

Dissidence sexuelle, conservatisme social ? La mise en écriture du lesbianisme chez Hélène de Monferrand
Lucille Cairns

Le titre de l'article de Cairns est en lui-même une annonce exacte de sa problématique. Afin de répondre à cette question, elle étudie les personnages lesbiens de la trilogie de Monferrand, la façon dont le lesbianisme est considéré par les lesbiennes mais aussi par les hétéro-sexuel-le-s, et en particulier la critique que Monferrand offre, à travers ses personnages, des théories psychanalytiques de l'homo-sexualité. Cairns conclut que lesbianisme, conservatisme social, mais surtout conservatisme de l'écriture cohabitent en une contradiction que l'écriture de Monferrand se refuse à admettre, et encore moins à résoudre.[1]

Sexual dissidence, social conservatism ? The expression of lesbianism in the work of Hélène de Monferrand

The title of Cairns's article states precisely the issue she proposes to treat. In answer to the question, she examines the lesbian characters of Monferrand's trilogy, the views held by both lesbians and hetero-sexuals with respect to lesbianism, and in particular Monferrand's critique, expressed through her characters, of psychoanalytical theories of homosexuality. Cairns concludes that lesbianism, social conservatism, and above all a conservatism in the writing, together constitute, a contradiction which Monferrand's prose refuses to recognize, and even less to resolve.

Avec Mireille Best, Jocelyne François et Monique Wittig, Hélène de Monferrand est l'une des très rares auteures françaises qui se déclarent ouvertement lesbiennes et qui aient été bien accueillies par

---

[1] Lucille Cairns élargit sa réflexion sur la représentation du lesbianisme dans un livre intitulé *Lesbian Desire in Post-1968 French Literature* (Lampeter : The Edwin Mellen Press, à paraître en 2002).

l'establishment critique parisien.[2] Elle est l'auteure d'une trilogie de romans interdépendants : *Les Amies d'Héloïse* (1990, qui a obtenu le prix Goncourt du premier roman), *Journal de Suzanne* (1991) et *Les Enfants d'Héloïse* (1997).[3] Dans cette trilogie, Monferrand trace le sort d'un réseau imaginaire de jeunes filles et de femmes issues de l'aristocratie ou de la haute bourgeoisie, souvent liées par des liens de parenté, et dont les figures principales sont lesbiennes. Le lesbianisme est au centre de la création littéraire de Monferrand, et le but de cet article est d'en analyser la mise en écriture. Cette étude vise à donner aux lecteurs/lectrices une vision nuancée de cette représentation en examinant divers aspects, tels que la focalisation narrative, l'importance de la textualité dans la construction d'une identité sexuelle marginalisée, le style conservateur qu'emploie Monferrand et les liens éventuels de ce style avec une stratégie politique, la construction théorique et mythique du lesbianisme ainsi que la subversion de certains lieux communs sur le lesbianisme, les relations de pouvoir en jeu, et enfin le rôle de la maternité lesbienne. La question qui sous-tendra cette analyse et à laquelle je reviendrai au terme de la discussion est la suivante : la mise en écriture du lesbianisme chez Monferrand relève-t-elle de la dissidence sexuelle et/ou du conservatisme social ?

À l'exception d'Anne d'Ennecour, le fils (si, le fils !) d'Héloïse, l'œuvre de Monferrand donne la priorité au point de vue de personnages féminins. Dans cette catégorie, la perspective narrative qui prime est celle de personnages lesbiens ; mais il est important de noter que ce n'est pas une optique exclusive. L'éventail narratif le plus varié se trouve dans *Les Amies d'Héloïse*, roman mi-épistolaire, mi-journal intime peuplé de nombreux personnages féminins, homos et hétéros. En outre, sont invoqués bon nombre d'intertextes latins, grecs et français, dans le but d'éclairer et éventuellement, étant donné le contexte lesbien, de légitimer voire même universaliser les paradigmes psycho-sexuels qu'on y trouve. L'intertexte le plus évident est un roman épistolaire beaucoup plus ancien que ce premier roman de Monferrand, à savoir *Les Liaisons dangereuses* de Choderlos de

---

[2] Pour un aperçu de l'écriture homosexuelle en France, voir Garréta, Anne, « In light of invisibility », *Same Sex/Different Text ? Gay and Lesbian Writing in France*, Yale French Studies, 1996, n° 90, 205-13.

[3] Les références aux romans de Monferrand seront données entre parenthèses dans le texte, en utilisant les abréviations et les éditions listées en fin d'article.

Laclos. À certains endroits, *Les Amies d'Héloïse* fait un pastiche humoristique de ce classique du XVIIIe siècle,[4] ce qui a pour effet de légitimer son propre statut littéraire, mais aussi de suggérer des ressemblances qu'on n'a pas l'habitude d'établir entre les dynamiques hétérosexuelles et homosexuelles. Ce refus du différentialisme littéraire est-il progressiste ou réactionnaire ? N'est-il pas possible de faire avancer le sort et la représentation des lesbiennes sur les plans sociaux et symboliques tout en adhérant à une tradition littéraire dont la constitution même se fonde sur le conservatisme dans le sens le plus large du terme ? Comme l'a déjà suggéré Rita Felski, il n'existe pas de lien nécessaire entre le bouleversement de traditions littéraires et le bouleversement de structures sociales.[5] Il me semble que ce choix stylistique et formel de Monferrand pour une écriture traditionaliste, voire même conservatrice, correspond à une certaine stratégie politique. Celle-ci vise à faire accepter le lesbianisme non seulement en le représentant de façon claire et accessible au grand public mais aussi en le revendiquant, ce qui contribue à rejeter la ghettoïsation ; elle a aussi le mérite de fournir des textes d'un abord facile aux lectrices lesbiennes/potentiellement lesbiennes, dans lesquels elles peuvent, à certains égards, se reconnaître/se construire. De tels textes sont en effet très peu nombreux.

La focalisation dans *Journal de Suzanne* est beaucoup plus limitée puisqu'il s'agit d'un journal intime. Par contre, dans *Les Enfants d'Héloïse*, elle s'élargit à nouveau à plusieurs personnages, bien qu'elle soit moins éclatée que dans *Les Amies d'Héloïse*. Dans le dernier texte de la trilogie, la nouvelle dimension narrative est la focalisation intermittente sur l'enfant/l'adolescente Mélanie. L'influence de la textualité sur la sexualité se révèle dans la chasse que fait Mélanie aux prototypes littéraires représentant ses pulsions lesboérotiques inavouées. Cette influence s'annonce également dans la construction qu'elle se fait d'une identité lesbienne stable, construction fondée sur ces prototypes littéraires bien plus que sur le modèle parental.

---

[4] Notons à cet égard la position de Mme de Merteuil qu'assume explicitement Claire (voir par exemple p. 243), et l'exploitation calculatrice d'autres êtres humains entreprise par elle et Héloïse (à titre d'exemple, p. 89).

[5] Felski, Rita, *Beyond Feminist Aesthetics : Feminist Literature and Social Change*, Cambridge, Massachusetts : Harvard University Press, 1989.

Mélanie assimile l'homosexualité, que Zola décrit dans *Nana* comme une tare, à la soi-disant dégénérescence des aristocrates, dont elle fait partie en vertu du lignage de ses parents (*EDH*, 330). Loin d'être horrifiée par l'identification de ses goûts sexuels à une tare, elle est plutôt rassurée de découvrir que son cas n'est pas unique. Comme dans la fiction de Dominique Fernandez d'ailleurs,[6] l'homosexualité se voit anoblie par association et inscrite comme condition d'une élite. Néanmoins, Mélanie préfère la vision de l'homosexualité chez Platon à celle de Zola : « L'essentiel était qu'elle se trouvait, tout à coup, en présence de réalités banales et considérées comme acceptables alors qu'elle s'était crue quasiment unique. Platon était quand même une meilleure référence que Nana » (*EDH*, 336). L'intertexte lesbien le plus valorisé est *La Cavalière* de Jeanne Galzy (1976),[7] qui, tout en représentant le lesbianisme de façon explicite, est écrit dans un style limpide et classique. Aucun des écrivains invoqués – Platon, Zola, Galzy – ne peut être qualifié d'avant-gardiste sur le plan stylistique ; on ressent encore la préférence de Monferrand pour une approche classique, voire universalisante, du lesbianisme. Plutôt que de se situer ostensiblement à l'écart, elle se rapproche de la norme littéraire. Mais peut-être l'essentiel ici est-il le besoin éprouvé par une adolescente dont les goûts sexuels s'éloignent de l'hétéronormativité de modèles culturels facilement intelligibles, besoin négligé par les détracteurs de la littérature réaliste figurative, et auquel Monferrand vient remédier puisqu'elle associe écriture accessible et représentation de personnages lesbiens.

Avant d'entrer dans une analyse détaillée de la théorisation du lesbianisme par le biais de l'idée que s'en font les premières concernées, il serait peut-être utile de donner quelques impressions de la vision « extérieure », à savoir les attitudes de personnages hétéros. L'œuvre de Monferrand dépeint une compréhension et une complicité remarquables entre femmes homos et femmes hétéros. Non que celles-ci soient libérées d'une mentalité hétéronormative. À titre d'exemple, les partis pris culturels qui incitent à l'hétérosexualité dès la naissance

---

[6] Dominique Fernandez (1929-) a écrit, entre autres, de nombreux romans à thème homosexuel, ainsi qu'une étude de l'homosexualité dans la littérature, le cinéma, la peinture et les arts plastiques (*Le Rapt de Ganymède*, Paris : Grasset, 1989). Il tend à associer la figure du paria homosexuel à la gloire artistique et métaphysique.

[7] Galzy, Jeanne, *La Cavalière*, Paris : Gallimard, 1976.

et qui occultent l'homosexualité sont mis à nu à travers l'expression consciente et la critique à contre-cœur qu'en donne Claire, amie et interlocutrice hétéro d'Héloïse :

Comment savoir ce qu'on préfère, si l'on n'a pas essayé les deux ? En écrivant ça, je me rends compte que je mérite une réponse cinglante : « Si l'on doit essayer les deux, alors essaie aussi les femmes, et on en reparlera. » Évidemment... L'ennui c'est que ça ne m'attire pas. Mais si toi les hommes ne t'attirent pas ? Après tout, c'est ce que tu dis et c'est ton droit. Bon. Je crois qu'il est déraisonnable, à notre âge, de tirer des conclusions hâtives ou de faire des choix définitifs. (*ADH*, 41)

Bien que Claire soit présentée comme étant un personnage relativement bien disposé envers le lesbianisme, le conditionnement hétéronormatif qu'elle, comme nous tous/toutes, a subi ressort de façon évidente dans la dernière phrase citée ci-dessus : elle ne comprend absolument pas que, loin de leur permettre de faire leur propre choix authentique, la société dominante « choisit » hâtivement et définitivement l'hétérosexualité comme norme identitaire pour les adolescents/adolescentes.

En revanche, il y a plusieurs exemples de femmes hétéros, y compris cette même Claire parfois plus lucide, qui critiquent certains codes sociaux hétéronormatifs, voire homophobes. Après la mort de Suzanne (l'amante d'Héloïse), c'est Claire qui la première attire l'attention sur le fait que les conventions sociales ne donnent pas la liberté de pleurer en public un compagnon/une compagne du même sexe, et déplore cette inégalité : « Moi, si Victor mourait, je pourrais proclamer ma douleur à la face du monde entier, on me ménagerait, on me comprendrait, mais [Héloïse] ? Cette clandestinité, ça doit être bien dur à vivre » (*ADH*, 235). L'accent mis dans un deuxième temps sur cette injustice vient lui aussi d'une femme hétéro, Manuela, qui pousse la critique sociale plus loin :

Cet été, à Paris, quand je la voyais si triste et obligée de faire bonne figure à cause de la clandestinité de son deuil, je me disais que c'était plus cruel que le reste. T'a-t-elle raconté l'enterrement ? [...] donner des condoléances qu'on devrait, logiquement, recevoir ! Je me demande comment elle a pu supporter cette épreuve. (*ADH*, 252)

Lise, autre personnage hétéro, essentialise le lesbianisme d'Héloïse en se prononçant ainsi sur le mariage qu'Héloïse envisage de faire après la mort de Suzanne : « ce n'est pas très courageux de tourner le dos à sa nature » (*ADH*, 264). Et même la mère d'Héloïse en vient à accepter la différence sexuelle de sa fille dans l'intérêt de celle-ci, allant jusqu'à inciter sa propre sœur Élisabeth, lesbienne également, à intercéder auprès de sa nièce pour la dissuader de se remarier :

> [Héloïse] – […] Et là elle vous envoie pour me faire la morale, me dire de ne pas me remarier, de prendre des maîtresses.
> [Élisabeth] – C'est un peu exagéré. Elle veut que tu suives ta voie sans scrupules, si c'est ta voie, parce qu'elle pense que tes tentatives pour vivre autrement n'ont pas été une réussite. (*ADH*, 307-08)

Voilà pour les points de vue hétéros sur le lesbianisme. Qu'en est-il maintenant pour ceux des principaux personnages lesbiens ?

Les Amies d'Héloïse élabore une critique acerbe des principaux théoriciens qui se sont prononcés au cours des années sur l'homosexualité, et ridiculise leur canonisation. En témoigne l'extrait satirique qui suit : « Saint Sigmund, aide-moi, je suis amoureuse. Ou plutôt saint Wilhelm Stekel, ou Krafft-Ebing, ou n'importe qui sauf sainte Mélanie Klein qui est vraiment trop con » (*ADH*, 17-18), ou cet autre passage où les psychologues allemands se voient dénigrés et la littérature française valorisée en fonction de leurs discours respectifs sur le lesbianisme :

> Les ouvrages allemands l'ont plutôt épouvantée [Manuela]. D'après ces doctes spécialistes, les femmes qui font ça ont des tas de tares plus horribles les unes que les autres et sont menacées de châtiments affreux. Heureusement, la littérature française remet les choses à leur place. Vains dieux ! Si Maman m'avait vue lire *Les Chansons de Bilitis* à treize ans ! (*ADH*, 127-28)

Ces oppositions binaires entre théorie et littérature, entre sombre lourdeur teutonique et élégance légère française, bien que trop flatteuses pour les inscriptions littéraires françaises du lesbianisme, ont du moins le mérite de pousser le lecteur/la lectrice à refuser la pathologisation du lesbianisme si courante dans les discours (pseudo) scientifiques.

Un vif mécontentement vis-à-vis de certains discours théoriques sur l'homosexualité et une indignation devant leurs effets démoralisants pour les premières concernées s'expriment à travers les personnages d'Héloïse et d'Erika. Héloïse reproche au freudisme d'être intellectuellement frauduleux, et se montre cynique envers la sexologie en général, rejetant avec force ses discours disciplinaires qui ont fait de l'homosexualité une pathologie. Erika, pour sa part, fait remarquer que l'on a tendance à confondre l'homosexualité et l'identification au sexe opposé à son anatomie (le « trans-genre ») : « je pense que si l'on connaissait ma vie [c'est-à-dire son lesbianisme], je n'aurais pas la réputation d'une vraie femme » (*ADH*, 209). Plus loin, Erika discrédite comme étant de la pure folie la théorisation peu plausible du lesbianisme que l'on trouve chez Mélanie Klein :

> Comme toi je lisais ce que j'avais sous la main : Krafft-Ebing, Stekel, Freud et quelques autres. Quand je suis arrivée à Mélanie Klein, j'ai commencé à faire des bonds, tellement ces histoires de pénis introjecté dépassaient ce que j'avais lu jusque-là, qui n'était pourtant pas rien dans le genre délirant. (*ADH*, 336)

Suzanne, lesbienne beaucoup plus âgée, fait preuve elle aussi d'une irrévérence robuste envers la théorie freudienne, rejetant à la fois la conjecture selon laquelle sa jeune amante Héloïse l'aurait prise pour un succédané de mère, et tout le modèle du triangle œdipien :

> Je l'aime au point de penser que si elle m'a prise comme une mère de substitution, eh bien tant pis. [...] Car il m'est arrivé d'y penser, mais je n'y crois pas. Personne ne pouvait être une meilleure mère que toi [elle écrit à la mère d'Héloïse]. Et puis merde pour Freud, après tout. Crois-tu qu'on passe sa vie à coucher avec ses parents ? (*ADH*, 220)

En même temps qu'elle vilipende les défauts de maintes théories sexologiques et psychanalytiques sur l'homosexualité, Monferrand pulvérise un certain nombre d'idées fausses qui priment dans l'imaginaire populaire (et même dans l'imaginaire lesbien) à propos du lesbianisme. À titre d'exemple, est mis en question le mythe de la lesbienne monogame pour qui le sexe vient loin derrière l'amour, et qui, à la différence de l'homosexuel masculin, veut connaître la personne avant de connaître ses organes génitaux. Dans *Journal de Suzanne*, on trouve chez le personnage éponyme l'habitude de calibrer avec une précision clinique le degré de plaisir sexuel obtenu au cours de chaque coucherie lesbienne, ce qui va complètement à l'encontre de ce mythe : « des remarques codées sur la qualité de mes plaisirs (force 1 à force 10). Je ne sais pas qui de nous deux avait inventé cette notation, inspirée de l'échelle de Beaufort » (*JDS*, 16). Le mythe de la primauté du sentiment sur l'acte sexuel est également subverti lorsque Suzanne quitte son fiancé Gaston après avoir éprouvé une jouissance intense avec une inconnue lors de l'exode de 1940. Le sexe en groupe, lui aussi plus souvent associé dans l'imaginaire populaire aux homosexuels masculins, et couramment considéré comme étant étranger aux pratiques lesbiennes, est mis en scène comme étant le point culminant d'un plaisir sexuel diffus entre trois femmes, mais non moins intense pour autant... Enfin, le culte impitoyable de la beauté physique, frisant le fascisme esthétique et généralement considéré comme étant encore une fois particulier aux homosexuels masculins, et donc inassimilable à la lesbienne stéréotypée laide et mal ficelée, est fort prononcé chez Suzanne. Elle ne peut désirer que des femmes exceptionnellement belles de nature : « il faut qu'elles soient physiquement exceptionnelles, et qu'en plus elles soient d'une beauté sans artifice. Je pourchasse impitoyablement le maquillage, les talons hauts, les fioritures en tout genre » (*JDS*, 191).

Le multipartenariat, autre « tabou » lesbien, figure dans *Les Enfants d'Héloïse*, où Héloïse, en dépit d'aimer et de se vouer totalement à Erika, couche en même temps avec Melitta, amie et ancienne amante. Ce paradoxe ne naît pas d'un divorce amour-désir, mais simplement du fait de désirer Erika « en permanence » et Melitta « à l'occasion » (*EDH*, 124). Plus loin, le mythe de la lesbienne comme essentiellement monogame se voit perpétué par un homo, Ernst : « des hommes peuvent s'aimer et chercher quand même l'aventure d'un soir. Vous, les femmes, vous ne comprenez pas ça » (*EDH*, 357). Bien entendu, ce lieu commun est textuellement ébranlé du fait que le lecteur/la lectrice voit Héloïse poursuivre une liaison sexuelle avec une autre que celle qu'elle aime sincèrement et, aussi, qu'elle désire charnellement. Que les hommes gay puissent se laisser tromper par la mythologie populaire qui entoure les femmes gay en dit long sur la ténacité de la polarité homme-femme comme vecteur de division et de discorde entre les deux sexes.

Le dénouement des *Enfants d'Héloïse* consolide l'aspect subversif préalablement inscrit dans l'opposition binaire stéréotypée entre gays adeptes de multiples aventures sexuelles et lesbiennes vertueusement monogames. Quoique bien contente de sa nouvelle compagne, Fédora projette de reprendre sa liaison adultère avec son ancienne amante Héloïse : « Après tout si Héloïse avait été capable de mener une double vie, pourquoi pas elle ? On verrait bien » (*EDH*, 503). En fin de compte, les lesbiennes que dépeint Monferrand soutiennent une éthique quelque peu paradoxale de l'attachement amoureux conjugué à une disponibilité sexuelle. En général, elles refusent d'admettre l'unicité non seulement du désir mais aussi de l'amour. Expansivité discrète dans le domaine amoureux et sexuel, tel est le *modus vivendi* lesbien proposé dans la diégèse de Monferrand. S'il s'agissait d'hommes hétérosexuels, cela relèverait du pur conservatisme, duquel Monferrand est loin de s'écarter sur d'autres plans ;[8] appliquée aux lesbiennes, cette éthique prend un caractère plutôt dissident, au moins à certains égards... Quoi qu'il en soit, il convient de faire remarquer qu'en inscrivant une diversité de modes de comportement lesbiens, le troisième roman de Monferrand lance un défi aux schémas homogénéisants auxquels les lesbiennes ont été historiquement réduites.

La question de la bisexualité s'esquisse à travers la construction du personnage d'Héloïse, qui est mariée pendant un bref moment. Jusqu'à un certain point, les rapports hétérosexuels lui plaisent, à la différence de Suzanne et d'Erika, les deux autres personnages lesbiens principaux dans le roman : « En outre cela marchait assez bien au lit, ce qu'on peut considérer comme une chance inespérée » (*ADH*, 280). Mais il importe de prendre acte du qualicatif « *assez* bien » (c'est moi qui souligne), qui tranche nettement avec la passion vertigineuse qu'elle dit avoir ressentie en faisant l'amour avec Erika, ainsi qu'avec l'attirance irrésistible qu'elle éprouve envers plusieurs autres femmes, dont Melitta, ancienne amante d'Erika : « En fait, dès que je l'ai vue, je me suis sue incapable de résister » (*ADH*, 288). Contrairement à ce que pourrait penser le lecteur/la lectrice, Héloïse en tant que bisexuelle ne se trouve pas mise en opposition avec Erika : en effet, Héloïse refuse cette identification en faisant allusion à sa faible attirance pour les hommes et à sa nette préférence pour les femmes. Elle se situe en fait dans ce que l'écrivaine américaine Adrienne Rich a désigné comme un « continuum lesbien »,[9] mais sa position dans ce continuum est plus proche de l'hypothétique lesbienne pure que de l'autre extrême. Après des expériences homosexuelles et hétérosexuelles, Héloïse arrive finalement à ce qui ressemble fort à une conception

---

[8] Le sociologue Frédéric Martel, qui ne pourrait guère se qualifier lui-même de radical de gauche, se prononce de la façon suivante en parlant du magazine lesbien français *Lesbia Magazine* : « L'arrivée de l'écrivain Hélène de Monferrand parmi les plumes régulières du journal a pu être interprétée par certaines homosexuelles comme une évolution à droite de *Lesbia* » (*Le Rose et le noir*, Paris : Seuil, 1996, 161).

[9] Voir Rich, Adrienne, « Compulsory Heterosexuality and Lesbian Existence », *Signs : Journal of Women in Culture and Society*, 1980, vol. 5, n° 4, 631-60.

essentialiste de sa sexualité : « ce mari que j'ai gravement trompé sur ma *nature* profonde » (*ADH*, 330 ; c'est moi qui souligne).

C'est bien l'essentialisme qui domine le modèle du lesbianisme caractéristique du *Journal de Suzanne*. Suzanne, professeure dans un lycée pour filles, pense que la passion qu'éprouvent beaucoup d'adolescentes pour leurs professeures n'est qu'une toquade passagère ; par opposition, elle se conçoit comme étant irréversiblement lesbienne : « moi j'étais bel et bien lesbienne et je doutais fort que les adolescentes passionnées de Belfort dont nous parlions le devinssent réellement. Je pensais même que si les adolescentes tombent volontiers amoureuses de leurs profs du même sexe, ça doit les immuniser comme un vaccin, ou comme une primo-infection » (*JDS*, 158). Elle croit que ses goûts lesbiens étaient déjà là avant l'âge de trois ans et demi, et qu'il ne s'est jamais agi d'un choix, mais plutôt d'une identité innée. Lorsque son amie Anne de Marèges lui demande si elle a jamais regretté d'être lesbienne, elle répond ainsi : « question vaine. Je ne peux pas être autrement. Je n'ai pas le choix » (*JDS*, 314).

En revanche, *Les Enfants d'Héloïse* adopte une position plus subtile en reconnaissant à travers le personnage de Mélanie qu'il est possible que l'orientation sexuelle soit, au moins pour certain-e-s, un phénomène complexe, temporel, et culturellement construit, plutôt qu'une immanence atemporelle. Ici apparaît la possibilité constructiviste chez Monferrand. Quand on lui demande depuis combien de temps elle se sait lesbienne, Mélanie répond qu'elle a toujours su ; mais « en même temps qu'elle prononçait ces mots elle se rendait compte qu'ils ne correspondaient pas exactement à la réalité et que Suzanne [la sœur jumelle de Mélanie] n'allait pas manquer de lui faire remarquer que ce " toujours " n'avait aucun sens » (*EDH*, 337).

Avant de clore cette présentation des lesbiennes et du lesbianisme, il faut faire mention de l'impression que donne la dernière partie des *Amies d'Héloïse* d'une continuité de rapports entre lesbiennes une fois la relation sexuelle finie. Cette continuité confère une intégrité affective et morale à de telles alliances, qui, vues de l'extérieur, risquent de sembler se baser sur une chosification des femmes comme n'étant que des corps interchangeables :

> Du côté de mes débauches, ça va aussi. Il y a le cheptel de Melitta, sans
> compter les filles que nous levons ensemble. Et Melitta elle-même, mais
> avec elle c'est différent : après tout ce qu'elle a fait pour moi, il s'agit de

bien autre chose que de coucheries pures et simples. C'est une amie, avec tout ce que le terme comporte de sacré.

Son comportement est intéressant à observer. On a l'impression que les filles défilent, changent, et finalement on revoit toujours un peu les mêmes. On couche, on ne couche plus mais on reste amies, puis on recouche à l'occasion, on se fait des confidences. (*ADH*, 336)

Jusqu'à un certain point, le tableau que brosse Monferrand suggère donc une impression de « communauté » lesbienne basée sur des liens d'amitié durables engendrés par des liens sexuels qui, eux, sont souvent éphémères (même si certains peuvent durer). Cette représentation n'est pas originale dans la littérature lesbienne française, mais elle a cependant le mérite de refléter ce qui me semble être une réalité sociale extratextuelle. C'est bien sûr une impression personnelle, à laquelle on pourrait reprocher un manque de preuves empiriques. Mais où trouverait-on de telles preuves empiriques, étant donné l'occultation des lesbiennes dans l'esprit des chercheurs/euses ainsi que dans la société en général ?

Cette lacune est symptomatique des partis pris de la culture dominante vis-à-vis des lesbiennes. Ici se pose la question incontournable du pouvoir et de la façon dont il se distribue en fonction du sexe et de la sexualité aussi bien que de la classe sociale, et même de l'âge. Comme nous l'avons déjà constaté, la trilogie apparemment enjouée et humoristique de Monferrand renferme beaucoup de critiques sérieuses envers différentes configurations de pouvoir. Elles visent non seulement l'hétéronormativité et l'homophobie en soi, mais aussi la soumission à la loi phallique à laquelle la société contraint la femme. Suzanne se souvient d'avoir mis fin à une relation hétérosexuelle (qu'elle avait acceptée en raison de pressions socio-familales) à cause de la règle qui régit le mariage et les rapports sexuels conjugaux : « une femme doit subir » (*ADH*, 50).[10] Le sexe avec son petit ami lui avait été « fort désagréable » (*ADH*, 50), et la réaction de cet homme face à son déplaisir – elle s'y habituerait, lui avait-il dit – avait déclenché sa décision de rompre.

---

[10] *Journal de Suzanne* présentera sa liaison avec l'inconnue de l'exode comme ayant elle aussi contribué à cette rupture. À cet endroit des *Amies d'Héloïse*, aucune mention n'est faite de cet autre facteur dans la décision de Suzanne de rompre avec son fiancé. L'incohérence à cet égard entre le premier roman et sa suite est à regretter.

Les relations de pouvoir dans cette trilogie fournissent beaucoup de matière à réflexion. D'abord, il y a celles entre hommes et femmes, comme on vient de le voir, et comme on l'observe encore dans *Les Amies d'Héloïse*, mais cette fois-ci sous un nouvel avatar : celles entre hommes hétéros et femmes homos. Erika a peur de perdre une Héloïse qu'elle imagine tentée par de jeunes hommes et par le capital social qu'ils offrent : une vie « normale », des enfants (*ADH*, 60). Mais plus grande encore est sa peur que son amante ne la quitte pour une autre femme. Le fait qu'Erika considère d'autres lesbiennes comme des rivales bien plus redoutables que les hommes hétéros, alors que des rapports avec ces derniers ont tous les avantages de l'approbation et du prestige sociaux, laisse entendre une confiance dans la puissance érotique et affective des femmes qui préfèrent les femmes.

Ensuite, il y a les relations de pouvoir entre les jeunes et les plus âgées. En présentant une lycéenne de quinze ans (Héloïse) qui tente de façon calculatrice de séduire une professeure de quarante-six ans (Suzanne), *Les Amies d'Héloïse* met en question le lieu commun selon lequel un-e partenaire plus âgé-e aurait tendance à exploiter avec rapacité l'innocence du/de la partenaire plus jeune (et cela particulièrement dans une relation homo...). L'allusion explicite d'Héloïse à son « entreprise de séduction » démontre clairement que, dans ce cas au moins, c'est la cadette qui fait de l'aînée sa proie sexuelle. Une allusion ultérieure à la question extrêmement délicate de la pédophilie, lorsque Suzanne dit de la sœur cadette d'Héloïse « quelle drôle de petite fille, elle me plaît bien. Rassure-toi, j'attends sa puberté » (*ADH*, 113), emploie de l'humour afin de dédramatiser une forme de désir normativement diabolisée. Parallèlement, la pro-messe d'attendre la puberté de la jeune fille en question indique une conscience morale probe des relations de pouvoir en jeu dans des relations où il existe un décalage d'âges.

Enfin, nous prenons acte de l'hégémonie ultime de l'hétéro-normativité et de l'interaction de celle-ci avec la classe sociale. La complicité d'une duchesse dans la liaison clandestine entre sa fille Héloïse et sa vieille amie Suzanne est, comparativement, une réaction parentale plutôt libérale, mais il n'est jamais question que cette liaison devienne publique. Ainsi la discrétion est la condition incontournable de la bénédiction tacite que donne cette mère au lesbianisme de sa fille. En effet, nulle part dans *Les Amies d'Héloïse* ne se pose la possibilité de contester et de condamner l'hypocrisie sociale qui entoure les relations homos. Le roman inscrit de nombreuses relations lesbiennes, et suggère l'existence d'une sous-culture lesbienne active, mais aucun de ses personnages lesbiens ne semble revendiquer une visibilité sociale ou des droits civils. Ce refus de contester l'hétéronormativité oblige la sœur d'Erika à rester auprès de son mari en dépit d'un mauvais mariage, et cela de peur que son époux ne révèle l'homosexualité de sa belle-sœur, ce qui salirait la bonne réputation des deux familles aristocrates impliquées. Leur richesse et leurs privilèges ne les immunisent point contre l'homophobie, même dans un milieu social où les relations homos sont représentées comme tout à fait courantes, voire aussi statistiquement répandues que les relations hétéros. On peut par conséquent se demander jusqu'à quel point le conservatisme social de ces personnages lesbiens est lié à leur classe sociale, à une préférence pour leurs privilèges sociaux par rapport à leur liberté sexuelle. Ces femmes ont, certes, plus à perdre que leurs homologues roturières... Les lesbiennes dans la fiction de Monferrand ont toutes réussi sur le plan social et s'intègrent pleinement à la société dominante, plutôt que de se réfugier dans un ghetto sexuel. Une objection éventuelle face à cette réussite est qu'elle s'effectue seulement dans la mesure où les personnages restent discrets vis-à-vis de leurs préférences sexuelles, et cloisonnent leurs vies publique et privée, ce qui revient à entériner la « culture du placard ».[11] Or, une telle objection est simplificatrice, voire réductrice, car ces lesbiennes, quoique « dans le placard » en ce qui concerne la société, sont « hors du placard » vis-à-vis de leurs proches.

N'en déplaise aux modèles du lesbianisme présentés par Sheila Jeffreys, lesbienne-féministe anglaise de la vieille garde qui insiste sur l'absence de hiérarchie et sur le caractère essentiellement démocratique des relations lesbiennes,[12] *Les Amies d'Héloïse* érotise la formalité ritualisée et même une certaine inégalité entre lesbiennes. Pour Héloïse, le vouvoiement ajoute un supplément sensuel à son plaisir, comme l'avait fait la hiérarchie dans sa relation avec Suzanne : « J'aimais aussi l'inégalité du rapport avec Suzanne. C'était le maître et l'élève... » (*ADH*, 373). Cependant, il y a une différence entre ce

---

[11] Expression de plus en plus couramment utilisée par les lesbiennes et les gays français, calquée sur l'anglaise, qui signifie assumer publiquement son homosexualité.

[12] Voir Jeffreys, Sheila, *Anticlimax : A Feminist Perspective on the Sexual Revolution*, Londres : The Women's Press, 1990.

genre d'inégalité et celui auquel Jeffreys s'attaque en ce sens que
celui-là ne constitue nullement de l'exploitation ni une domination
imposée (qui sont pour Jeffreys les caractéristiques essentielles de
l'hétérosexualité et, partant, à éviter à tout prix).

Que les opinions politiques du couple lesbien formé par Héloïse
et Erika soient très à droite est une évidence, en particulier dans le
troisième roman de la trilogie, *Les Enfants d'Héloïse* : « Elles avaient
en commun un mépris total pour l'économie dirigée » (*EDH*, 39). En
général, les personnages lesbiens de Monferrand sont, comme elle,
conservateurs et opposés à tout ce qui pourrait être qualifié de
« progressiste », comme, par exemple, la méthode globale de
l'apprentissage de la lecture (voir *EDH*, 41). Ainsi est bousculée une
croyance populaire mais erronée selon laquelle les dissidents sexuels
se rangent inévitablement à la gauche radicale sur le plan politique au
sens propre. Dans la diégèse de Monferrand on fait de la réaction et du
conservatisme des vertus, puisque tous les protagonistes avec lesquels
le lecteur/la lectrice est encouragé-e à s'identifier épousent une
politique et une éthique hypertraditionalistes, malgré une sexualité
marginalisée qui pousserait à croire (peut-être naïvement) qu'ils
s'opposent d'instinct à de telles formations.

La réflexion prend un tour intéressant lorsque Monferrand associe
le rejet du couple lesbien à la bourgeoisie : « [La mère d'Héloïse] se
rendait-elle compte à quel point elle s'éloignait des traditions bourgeoises en encourageant Héloïse et Erika à former un couple
conventionnel dans l'intérêt des enfants ? » (*EDH*, 50). Cet amalgame
entre bourgeoisie et lesbophobie (et celui que j'ai signalé plus haut
entre aristocratie et lesbianisme) est cohérent avec le dédain général
dont fait preuve Monferrand dans son œuvre pour les couches sociales
« inférieures » à celle dont elle a choisi de faire le portrait, à savoir
l'aristocratie européenne, présentée comme plus éclairée et plus olym-
pienne que la bourgeoisie lamentablement utilitaire dans son attitude
envers les sexualités dissidentes.

La dernière citation nous amène à la question importante de la
maternité lesbienne, question qui renvoie à certaines autres considérations idéologiques que nous avons déjà évoquées plus haut. Aucune
des quatre lesbiennes principales dans *Les Amies d'Héloïse* – Héloïse,
Suzanne, Erika, et, à un moindre degré, Melitta – n'attache une grande
valeur aux enfants ni à la maternité. Suzanne et Erika n'ont pas

d'enfants, et n'en veulent pas. Héloïse et Melitta, pour leur part, ne s'y intéressent qu'avec modération, les envisageant comme bien moins importants que leurs amours lesbiennes. Il est vrai qu'à certains endroits, *Les Enfants d'Héloïse* témoigne de l'amour d'Héloïse pour ses enfants, et surtout de ses efforts pour les protéger de l'homophobie, comme on le verra plus loin ; mais dans le premier roman, Héloïse ne cache pas son manque total d'instinct maternel, et n'hésite pas non plus à avouer qu'elle regrette parfois d'avoir eu ses enfants :

> Mais pourquoi ai-je fait ces gosses ? Pourquoi ? Surtout les filles, qu'il
> était si facile de laisser filer. [...] Et leur père, pourquoi l'ai-je épousé,
> celui-là ? J'étais complètement folle, et voilà le résultat, ces trois gosses.
> Moi qui ai toujours dit que je n'aimais pas les enfants ! (*ADH*, 379)

Cette représentation de la lesbienne non-maternelle se prête à au moins deux interprétations. On pourrait critiquer Monferrand de suggérer l'incompatibilité des deux catégories mère et lesbienne, ce qui ne fait que confirmer la désignation homophobe de la lesbienne comme femme dénaturée. Inversement, on pourrait applaudir Monferrand d'avoir dépeint une femme qui ose faire fi de l'un des éléments fondateurs du mythe de la femme, c'est-à-dire la maternité, une femme pour qui l'amour lesbien et aussi, soit dit en passant, la réussite professionnelle, sont des dimensions de la vie bien plus enrichissantes que la maternité.

Les Enfants d'Héloïse va dans un tout autre sens pour ce qui est de la maternité lesbienne. Ce roman a de multiples centres d'intérêt narratifs, parmi lesquels le développement de la subjectivité chez les enfants d'Héloïse, la conscience de plus en plus aiguë qu'a Mélanie de ses préférences lesbiennes, et les relations de leur mère Héloïse avec, d'abord, sa compagne de longue date Erika et, ensuite, son amante clandestine Fédora. Aussi le troisième roman de la trilogie réconcilie-t-il des catégories normativement conçues comme inconciliables, celles de lesbienne sexuellement active et de mère. Ce roman compte parmi les rares ouvrages français dépeignant une famille composée d'enfants, d'une mère biologique et d'une mère « sociale ». Bien que ces deux lesbiennes ne révèlent pas leur homosexualité à leurs enfants, ceux-ci la découvrent pendant leur adolescence, et vers la fin du roman Mélanie exprime de l'optimisme quant à son avenir en tant que lesbienne, considérant qu'elle a eu de la chance dans la mesure où sa mère et Erika lui ont donné un bon exemple. Donc, sans employer un langage politisé, Monferrand laisse entendre dans ce roman le bien-fondé d'un groupe familial socialement marginalisé, voire « invisibilisé ».

On ne peut cependant pas accuser Monferrand de faire un tableau faussement idyllique de la famille lesbienne. D'abord et surtout, elle inscrit la peur des parentes lesbiennes que leurs enfants ne soient l'objet d'injures lesbophobes : « L'idée qu'on puisse jeter à la face d'enfants si jeunes " Ta mère est une sale gouine " lui faisait très peur et faisait également peur à Erika qui ne se faisait pas la moindre illusion sur la nature humaine » (*EDH*, 109). C'est cette peur qui explique le fait que les deux mères, la biologique et la sociale, n'informent pas leurs enfants de leur homosexualité tant qu'ils sont encore jeunes et vulnérables. Au lieu d'offrir un modèle de revendication et de banalisation, Monferrand montre des mères lesbiennes qui, plutôt que de s'afficher et de revendiquer des droits, essaient simplement de limiter les dégâts. Vision pessimiste ou réaliste ? Au lecteur/À la lectrice de décider. À mon sens, c'est une image à la fois réaliste dans la conjoncture sociale actuelle, mais aussi stratégique : cette vision nous incite à prendre pleinement acte des difficultés auxquelles sont confrontées les familles non-traditionnelles.

Deuxièmement, et c'est non moins important sur le plan symbolique, Monferrand indique un manque total de structures conceptuelles et linguistiques aptes à représenter la famille lesbienne. Lise, une amie hétéro, et Héloïse reconnaissent pleinement à Erika le statut de co-parente des enfants biologiques d'Héloïse. Mais elles sont toutes les deux limitées à des analogies avec la famille hétéronormative, assimilant Héloïse au père autoritaire et distant et Erika à la mère tendre et indulgente. Ainsi ressort l'incapacité du langage dans son état actuel, produit et policé par le patriarcat hétéronormatif, à désigner et à légitimer les rôles parentaux au sein de familles homos.

Néanmoins, la vision durable de la famille lesbienne est celle que suggère la fin du roman, où l'on trouve une légitimation indirecte et supplémentaire de la famille lesbienne par l'intermédiaire d'un personnage hétéro, Marie-Thérèse, qui rejette toute la théorie du triangle œdipien. Sa thèse, épaulée par de solides recherches empiriques basées sur la génération de la Première Guerre mondiale, conclut que l'absence de la figure du père n'amène point au dysfonctionnement psycho-sexuel du sujet. Ce livre est accusé par certains critiques de parricide intellectuel, mais jouit néanmoins d'un grand succès. Il est cependant ironique que le grand public enthousiasmé par ce livre n'envisage pas les implications logiques de son approbation de cette thèse : la légitimité sociale d'une autre forme de famille sans père, à savoir la famille lesbienne. Mais le lecteur/la lectrice complice est, lui/elle, incité-e à voir le lien, et à y réfléchir. Ce stratagème est typique de l'approche non-didactique et hostile à la théorie qui caractérise la mise en écriture du lesbianisme chez Monferrand : sa prise de position s'articule non à travers un discours direct, mais plutôt à travers des situations narratives à partir desquelles le lecteur astucieux/la lectrice astucieuse tire ses propres conclusions.

En guise de conclusion, il convient de revenir à la question posée dans le titre même de ce chapitre. La mise en écriture du lesbianisme chez Monferrand relève-t-elle de la dissidence sexuelle et/ou du conservatisme social ? En fin de compte, il faut supprimer la barre oblique et reconnaître le paradoxe au sein de cette textualisation du lesbianisme. Monferrand se réclame ouvertement de la droite (se proclamant « réac et fière de l'être »), et toute son œuvre (romanesque et journalistique) en témoigne amplement. Mais en même temps que de se ranger fermement à la droite culturelle et « politique » dans le sens orthodoxe de ce terme, elle revendique de façon radicale et indéniablement dissidente la légitimité du lesbianisme et de la famille lesbienne, deux phénomènes invariablement condamnés par cette même droite. Comment gère-t-elle ce paradoxe ? Tout simplement en ne l'admettant pas. Elle se refuse à toute analyse de l'incompatibilité apparente entre, d'un côté, les discours religieux, naturalistes et natalistes qu'emploie la droite pour fustiger l'homosexualité, et, d'un autre côté, le désir d'une femme pour une autre femme, que Monferrand présente (fort admirablement) comme allant de soi, sans besoin d'explications. Cette lacune analytique et, en définitive, politique est à regretter. J'imagine déjà la riposte de l'auteure à mes objections : « Quelle lourdeur, quelle indélicatesse, voilà les universitaires... Vive le plaisir de l'écriture lesbienne, sans entraves théoriques ! » Tout cela est très bien, mais laisse le lecteur/la lectrice sur sa faim.

Textes d'Hélène de Monferrand

Les abréviations de titres utilisées dans l'article figurent entre crochets.

Sonate Royale, Paris : les Paragraphes littéraires de Paris, 1970.
Les Amies d'Héloïse, Paris : Éditions de Fallois, 1990 [*ADH*].
Journal de Suzanne, Paris : Éditions de Fallois, 1991 [*JDS*].
Les Enfants d'Héloïse, Paris : Éditions Double Interligne, 1997 [*EDH*].

Co-écrits avec Elula Perrin

L'Habit ne fait pas la nonne, Paris : Éditions Double Interligne, 1998.
Ne tirez pas sur la violoniste, Paris : Éditions Double Interligne, 1998.

Ouvrir Hortense ou l'écorchée vive : *Horsita* de Lorette Nobécourt

Madeleine Borgomano

Borgomano envisage l'écriture tourmentée de Nobécourt comme une tendance post-postmoderniste, un possible retour à la révolte d'avant l'indifférence et l'apathie générales. L'écorchement de ses narratrices, au sens littéral – corps mutilés –, mais aussi et surtout métaphorique dans le cas d'Horsita *– récit éclaté, écriture désarticulée et convulsive –, peut être interprété comme inaugurant « une nouvelle ère du tragique ».*

***Opening up* Hortense *or a woman skinned alive : Lorette Nobécourt's* Horsita**

Borgamano sees Nobécourt's tormented writing as representing a postmodern tendency, a possible return to the spirit of revolt which existed before the advent of general indifference and apathy. The skinning of her female narrators – both literally (their mutilated bodies) and, in the case of Horsita*, above all metaphorically (fragmented story, dislocated, convulsive style) – can be interpreted as launching a « new age of tragedy ».*

Dans notre société « post-moderne » que le philosophe Gilles Lipovetsky qualifie d'*Ère du vide*, s'impose partout un discours aseptisé et « soft », soucieux de neutralisation et de séduction :

> Finis les sourds, les aveugles, les culs-de-jatte, c'est l'âge des malentendants, des non-voyants, des handicapés ; les vieux sont devenus des personnes du troisième ou quatrième âge, les bonnes des employées de maison, les prolétaires des partenaires sociaux, les filles-mères des mères célibataires. [...] Le procès de personnalisation aseptise le vocabulaire comme le cœur des villes, les centres commerciaux et la mort. Tout ce qui présente une connotation d'infériorité, de difformité, de passivité, d'agressivité doit disparaître au profit d'un langage diaphane, neutre et objectif.[1]

---

[1] Lipovetsky, Gilles, *L'Ère du vide : essais sur l'individualisme contemporain*, Paris : Gallimard, 1983, Folio Essais, 1992, 32.

Ce langage est en accord avec une indifférence et une apathie généralisées, une « anémie émotionnelle »[2] accompagnée d'humour et de dérision. Par contre, face à cette « stérilisation feutrée » du langage, les images se font de plus en plus violentes, audacieuses et crues :

> Curieusement la représentation de la violence est d'autant plus exacerbée qu'elle régresse dans la société civile. Au cinéma, au théâtre, dans la littérature, on assiste en effet à une surenchère de scènes de violence, à une débauche d'horreur et d'atrocité. [...] Ainsi la société cool va-t-elle de pair avec le style hard, avec le spectacle en trompe l'œil d'une violence hyperréaliste.[3]

Cependant, selon Lipovetsky : « La forme hard n'exprime pas de la pulsion, ne compense pas un manque. [...] lorsqu'il n'y a plus aucun code moral à transgresser, reste la fuite en avant, la spirale jusqu'au-boutiste [...] une radicalité sans contenu des comportements et représentations ».[4]

L'écriture de certaines jeunes romancières françaises actuelles se situe résolument du côté de l'image, rivalisant avec elle, de façon provocante, de crudité et de violence. L'escalade se manifeste dès les titres : *Jouir* de Catherine Cusset,[5] *L'Inceste* de Christine Angot,[6] *Baise-moi* de Virginie Despentes,[7] dont l'adaptation cinématographique a fait un scandale en France et a été interdite par la censure (juin 2000).

Malgré ses titres moins agressifs, Lorette Nobécourt adopte une écriture tout aussi « hard » qui pourrait la classer dans la même catégorie que les écrivaines citées ci-dessus. Cependant, elle est dépourvue de la distance et de l'ironie qui l'inscriraient, comme les autres, dans la catégorie (floue) du « post-moderne ». Et surtout son écriture contrevient aux caractères de l'image, tels du moins que les définit Lipovetsky. Pour elle, il existe encore un code moral et des questions

---

[2] *Ibid.*, 63.

[3] *Ibid.*, 293.

[4] *Ibid.*, 293, 294.

[5] Cusset, Catherine, *Jouir*, Paris : Gallimard, 1997.

[6] Angot, Christine, *L'Inceste*, Paris : Stock, 1999.

[7] Despentes, Virginie, *Baise-moi*, Paris : Florent-Massot, 1994, repris par Grasset et Fasquelle, 1999, collection J'ai lu.

de valeurs. La transgression reste scandaleuse et angoissante. Et loin de se laisser entraîner dans « la spirale jusqu'au-boutiste », l'écriture se fait questionnement douloureux.

L'orientation « politiquement incorrecte » de toutes ces écritures de femmes ne manifesterait-elle pas, n'en déplaise au philosophe, une réaction à l'idéologie dominante trop lénifiante ? Une réponse violente qui se manifeste bien plus nettement chez certaines romancières de la nouvelle génération mais qui pourtant ne relèverait en rien du féminisme ordinaire. Dans le cas particulier de Nobécourt, peut-être même s'agirait-il de l'émergence d'une nouvelle tendance d'après le post-modernisme, qui sonnerait le glas de l'indifférence et de l'apathie par un retour à la révolte et au tragique. Cette hypothèse guidera notre lecture du dernier roman de Lorette Nobécourt, *Horsita*.

L'écorchée vive

« L'écorchée vive » : cette formule, qui se souvient de Butor[8] et de Sarraute,[9] doit être prise littéralement, au moins dans les deux premiers romans de Nobécourt et dans sa nouvelle. Dans *La Démangeaison*, son premier roman, Irène, atteinte d'un « psoriasis monumental » (*D*, 16),[10] creuse sa propre peau pour mettre à nu « l'obscénité de ses chairs intérieures », découvrir « cet indicible qu'on ne voit jamais, la face cachée sombre et noire » (*D*, 93). Elle va même plus loin : « après moi j'ai écorché les autres » (*D*, 106). Le deuxième roman, *La Conversation*, poursuit l'escalade sur ce thème. La protagoniste, encore une Irène, avoue : « oui j'ai écorché le jeune homme, oui son corps s'est ouvert » (*C*, 195). Par cette agression, en quelque sorte expérimentale, sur une victime qu'elle prétend consentante, elle voulait, dit-elle, aller « au-delà de la viande [...] dans l'élixir de l'être » (*C*, 33). La nouvelle « L'Équarrisage » renchérit encore : « Dessous la peau la viande parle une autre langue » (*É*, 34). Le titre particulièrement brutal de cette nouvelle n'est que

---

[8] Butor, Michel, « Écorché vif », intervention au colloque de Cérisy, Paris :10/18, 1974.

[9] Sarraute, Nathalie, *Portrait d'un inconnu*, Paris : Gallimard, 1956. L'un des « personnages » (la fille) est surnommée « L'Écorchée vive ».

[10] Les éditions consultées ainsi que les formes abrégées des titres sont indiquées dans la bibliographie à la fin du texte. Les chiffres entre parenthèses sans indication de titre renvoient tous à *Horsita*.

secondairement métaphorique : « J'ai vu que la vie est un abattoir » (*É*, 22). On peut y lire un écho probable de Georges Perec. N'y a-t-il pas un « équarrisseur de souvenirs » dans *Je suis né*, fragments pour une autobiographie ?[11]

Dans *Horsita*, troisième roman de Nobécourt, le motif de l'écorché, sous sa forme littérale, ne disparaît pas non plus, mais passe à l'arrière-plan pour laisser place à un écorchement plus radical, quoique plus métaphorique : Hortense a ouvert son propre corps pour en arracher ce double qu'elle nomme Horsita, « écorchée dans [s]a peur intérieure » (180) : « je me suis dissociée pour survivre » (205). L'épigraphe, empruntée à Antonin Artaud annonce cette dissociation : « Une petite fille morte dit : Je suis celle qui pouffe d'horreur dans les poumons de la vivante. Qu'on m'enlève tout de suite de là ».

« Ouvrir Hortense » : nommer ainsi cette opération cruelle, c'est faire référence au titre de Georges Didi-Huberman, *Ouvrir Vénus*.[12] L'historien d'art propose aux lectures idéalisantes de la peinture de Botticelli et surtout de sa Vénus, un « contre-motif : Botticelli, bourreau de Vénus ».[13] Il s'appuie en particulier sur quatre panneaux illustrant un conte cruel de Boccace, « La Chasse infernale ».[14] C'est une femme nue que poursuivent le cavalier et ses chiens et qu'à la fin ils massacrent. Le cavalier fend son échine d'un coutelas et les chiens dévorent ses entrailles. La lecture de Didi-Huberman, sans souci d'anachronisme, s'autorise de Freud, de Bataille et de Sade. La cruelle anecdote n'est, dans le conte, qu'un rêve à signifié symbolique. Mais l'image, elle, donne l'illusion du réel : « Car c'est d'un même instrument que le peintre se montre tout à la fois l'orfèvre et le bourreau de Vénus : c'est bien avec son *style* qu'il incise et qu'il ouvre, froid et cruel, l'image du corps féminin ».[15] La cruauté de l'image n'a donc rien de « moderne », mais la lecture en est tout à fait actuelle et illustrative d'une tendance dans laquelle s'inscrit l'écriture

---

[11] Perec, Georges, « Kléber Chrome », in *Je suis né*, Paris : Gallimard, 1956.

[12] Didi-Huberman, Georges, *Ouvrir Vénus, Nudité, rêve, cruauté*, Paris : Gallimard, 1999.

[13] *Ibid.*, Prière d'insérer.

[14] Botticelli, Sandro, *Histoire de Nastagio degli Onesti*, 1482-1483, Madrid, Musée du Prado.

[15] Didi-Huberman, *op. cit.*.

d'*Horsita*. C'est bien l'instrument du « style » qui « ouvre Hortense ». Cette représentation des corps à vif ne semble pas appartenir au « désert » d'indifférence de « l'ère du vide ».[16]

Or, dès *La Démangeaison*, corps et écriture tendaient à se confondre : « je grattais, je grattais avidement le papier, la phrase me démangeait » (*D*, 66). « La chair devenait verbe » (*D*, 66). Un « échange » (*D*, 67), un transfert se produisait entre la peau qui retrouvait son élasticité et le papier « écorché ». L'écriture comme thérapie, même provisoire, comme dans *La Démangeaison*, c'est un truisme et le filage de la métaphore peut paraître un peu lourd. Mais l'excès caractérise ce texte, qui surenchérit dans la crudité et la cruauté, sans hésiter à ouvrir la peau, à faire saigner, à ne rien épargner. L'écriture se fait littéralement « obscène », exposant cruellement au dehors le plus qu'intime, l'intérieur même du corps : « J'étais de l'autre côté de la peau nue de l'intérieur » (*É*, 27).

L'Histoire, la mémoire

Outre leur sens littéral, les mots « écorchement » ou « équarrissage » sont chargés de lourdes connotations. La narratrice d'*Horsita*, Hortense, enquête sur le passé suspect de son père dont elle connaît « les discours putrides » (187) contre les Juifs et qu'elle soupçonne d'avoir fait partie des Waffen SS pendant la guerre. Gratter ses plaies a, cette fois, pour objectif de « savoir ce que recouvrait le discours » (45). Et le mal n'est plus maladie et malédiction individuelles : il sourd de l'histoire collective et infecte la mémoire.

Hortense, pourtant, née en 1968 (comme l'auteure), appartient à une génération à qui l'on pourrait rétorquer, comme le fait son père : « Tu n'étais pas là, tu ne sais pas de quoi tu parles » (77). Une génération que l'on accuse souvent d'ignorer le passé. Mais elle, elle a eu le malheur d'avoir un père qui « *avait eu vingt ans en cette année 40* » (83),[17] un père beaucoup trop vieux pour elle :

les parents de ses petites amies étaient tous de jeunes cadres sportifs, sportifs, pas sûr, mais jeunes, jeunes et jamais, au grand jamais, ils n'auraient eu vingt ans en ce printemps 40, peut-être quatre ou cinq, peut-

[16] Lipovetsky, *op. cit.*, 50 et ss.

[17] Ce passage fait partie du récit d'enfance, très fragmenté, mais auquel les italiques assurent à la fois visibilité et continuité.

être dix même, mais vingt, jamais, et dans ces dix ou quinze années d'écart quelle différence de destin. (187-88)

Quarante ans après la fin de la guerre, Henri Gagel tenait encore des propos grossièrement antisémites, apprenait à sa fille qu'elle appartenait à « la race des seigneurs » (15), la poussait par son exemple à crier « *Heil Hitler ! pour rire !* » (46) et conservait bien visible sur la bibliothèque, dans sa gaine de cuir noir, un couteau, avec « *la croix gammée incrustée sur le manche* » (65). En somme, « l'Histoire était donc ainsi faite qu'elle était née d'un homme qui avait choisi le mauvais côté des choses » (56).

Aussi Hortense se trouve-t-elle « décalée » (74) : « *dans les années 80 le Reich était pour* [elle] *d'actualité* » (74). Il ne s'agit donc pas seulement d'y voir clair dans une relation individuelle avec le père (thème très fréquent chez les jeunes romancières), ni d'entreprendre une quête d'identité féminine, encore moins féministe. Le roman raconte bien l'histoire d'une femme, dissociée en victime innocente et justicière implacable, en un récit axé sur les rapports d'une fille à son père. Le sexe féminin est bien présent, depuis « la rose chiffonnade » de l'enfance « tourmentée » par deux doigts (semblables aux doigts levés du Christ de l'icône) (16, 60), jusqu'aux « cuisses cathédrales » (36, 230), facilement ouvertes (comme si la sexualité avait besoin de sacrilège). Et les témoignages cités d'Auschwitz (45, 48) concernent surtout des femmes. Mais la condition féminine n'est pas l'enjeu du récit. Tout se passe comme si la lutte des femmes était dépassée ou déplacée. Car c'est de l'Histoire collective qu'il s'agit et de la découverte intolérable d'Hortense : « Voilà que l'Histoire devient ma propre histoire » (149).

L'enquête sur le père est d'autant plus douloureuse qu'elle aime ce père, malgré les « baisers manquants », la cravache (125) et « *cette méduse au fond de nous, ce doute gluant et nauséeux* » (92) : « *à qui parler de cette torture qui fut nôtre, celle d'aimer un homme – oui, nous aimions Papa – dont le discours était aux yeux des autres celui des monstres ?* » (74). Il en résulte un écartèlement entre « *la vérité du père et celle de l'école* » (152), entre l'horreur et la tentation du pardon (96) : « Je voudrais te parler de Bertolt Brecht, c'est un Allemand, un de ceux que tu ne connais pas. C'est lorsqu'on a pardonné à ses parents que l'on commence de grandir, écrit-il » (37). Elle connaît les tourments des questions sans réponses : « Trahir le traître est-il une trahison ? [...] trahir celui qui trahit la notion même de l'homme est peut-être nuisible, car n'est-ce pas participer à son tour au saccage de la confiance ? » (42, 43). Le père élude : « Si j'avais fait, ne serait-ce que le quart de ce dont tu parles... » (176). Les carnets de guerre retrouvés qu'il offre à sa fille sont suspects. Les « révélations » de l'oncle François paraissent d'abord indubitables (159-162) :

> Votre père [...] gérait les biens des juifs déportés. C'est de là qu'est venue une partie de sa fortune personnelle. Il a participé également à l'exposition antijuive de 1942, pour finalement s'engager dans la Waffen SS. Cela signifie qu'il a choisi de porter l'uniforme allemand et de prêter serment à Hitler. (161)

Ces mots « s'étaient enfoncés en elle comme de fines lames qui lui écorchaient une chair intime » (162). Car « les faits s'accordaient soudain avec les mots [...] il était [...] responsable de la mort de six millions de juifs, tout comme elle se sentait le devoir de payer pour un crime qu'elle n'avait pas commis » (187).

Mais Pierre, l'historien ne trouve pas de preuves. Le père d'Hortense ne figure sur aucune liste et son oncle François se révèle fou. Alors « elle tomba à genoux sur les dalles le ménisque fendu par la peine » (194) dans l'église de Turenne. Mais sans la joie attendue, « car elle avait ressenti une volupté malsaine à apprendre le pire » (85), une « fascination pour l'horreur » (69). Quand son père redevient un « simple petit commerçant sans envergure, un vulgaire opportuniste » (189), Hortense ressent une inacceptable déception :

> Elle mesurait au même instant cette horreur en elle-même d'avoir préféré qu'il fut *quelqu'un* justement, *quelqu'un* plutôt que personne, *quelqu'un* plutôt que ce petit commerçant de temps de guerre [...]. Elle découvrait ainsi l'émergence de ses propres crimes. (190)

Ce choc a la violence d'une secousse sismique : « Les plaques tectoniques de son moi s'étaient entrechoquées provoquant une sorte de glissement de terrain irrémédiable » (179). Le récit en est bouleversé : « il n'y a pas de narration possible » (31), « comme si tout cela pouvait avoir un début, un milieu et une fin » (24, 106). Le langage même se trouve ruiné.

Points de suspension

Le roman s'ouvre sur trois points de suspension entre parenthèses. Ce signe muet, lourd de sens, déclenche et condense toute l'histoire qui va suivre. Il pourrait être une citation silencieuse de *W ou le souvenir d'enfance* de Georges Perec, dans lequel, cependant, les points de suspension ne commençaient pas le texte, mais seulement sa deuxième partie. En les affichant avant même l'incipit, Nobécourt inscrit *Horsita* dans la descendance de ce livre déroutant où alternent un roman d'aventures fantasmatiques et terrifiantes et une autobiographie déconcertante, faite « de bribes éparses, d'absences, d'oublis, […] d'hypothèses, d'anecdotes maigres. […] dans cette rupture, cette cassure qui suspend le récit autour d'on ne sait quelle attente, se trouve le lieu initial d'où est sorti ce livre, ces *points de suspension* auxquels se sont accrochés les fils rompus de l'enfance et la trame de l'écriture », annonçait Perec.[18]

Pour Hortense aussi, les points de suspension sont les signes secrets d'une cassure où se sont rompus les fils de l'enfance. Le récit, peu à peu, les éclaire. Ils sortent tout droit du discours scandaleux du père. Les trois points de suspension : « *Ils ne sont pas un peu* », accompagnés d'un geste obscène (« *un frottement rapide de ses doigts sur son nez* », 99) désignaient ignoblement les noms juifs et devenaient un condensé de l'inadmissible, le lieu même où dans le non-dit, transparaissaient l'horreur et l'abjection :

> elle avait toujours eu honte, de lui d'abord, puis de sa mère,
> (complice et lâche, deux fois lâche)
> de sa mère qui refusait de voir et d'entendre les serpents qui circulaient entre les interstices de cette ponctuation malade, ces trois points de suspension qui rythmaient la narration diabolique. (178-79)

Ces points de suspension et leur poids de non-dit détraquent le récit, « narguant atrocement le souci d'Hortense de faire taire le bourdonnement du mensonge » (177).

Repris vers la fin du roman (217), ils en marquent une nouvelle rupture. L'enquête, alors, est terminée, atténuant la faute du père, mais non sans avoir contaminé la fille, la langue et l'écriture. Terminée

---

[18] Perec, Georges, *W ou le souvenir d'enfance*, Paris : Denoël, 1975, quatrième de couverture. Signalons aussi que Derrida intitule *Points de suspension* l'un de ses recueils (Paris : Galilée, 1992).

aussi l'histoire d'amour avec l'amant juif, Samuel. Hortense se retrouve seule et abandonnée : « Alors, mon corps est tombé par petites strates, nerveusement, dans des frémissements inarticulables [...], le langage, la langue elle-même est descendue en déconstruction » (217). Les pages qui achèvent le livre rejoignent les pages initiales, enfermant le récit dans un désordre radical.

Un langage « descendu en déconstruction »

Après l'ouverture en suspens, l'incipit disloqué déroute agressivement le lecteur/la lectrice. Aucune cohérence apparente ne relie les phrases qui se succèdent. Il faudra la lecture du livre entier pour leur constituer *a posteriori* quelque signification :

> C'est une croix que la vérité. Je vous parle pourtant d'un abysse où les mots n'ont plus sens. Il ne fallait pas exagérer. C'était cette histoire-là d'Horsita que je voulais conter. Et la Pologne, surtout la Pologne, le père engrossé de cette Pologne comme une géographie sanguine et brune. (11)

Il est clair que ces premières phrases ne sont pas faites pour attirer le lecteur/la lectrice ordinaire et risquent de décourager même le/la plus attentif/ve. Elles instaurent un monde éclaté, un vide du sens, qui est ressenti comme très angoissant : « je vous en supplie, rendez-moi [...] le sens [...], je vous en prie, je ne saurai vivre sans » (226), hurlera finalement Hortense. Les mots jetés en vrac au lecteur/à la lectrice : « vérité », « Pologne » et « père » deviendront les motifs essentiels de l'enquête. « Pologne », remplacé par « Auschwitz », ne réapparaîtra qu'au final. « La croix » inscrit dès la première phrase du roman un motif religieux, fortement récurrent, au fil des multiples agenouillements, des cérémonies religieuses et du nom de Jésus-Christ. En dépit des apparences, une lecture chrétienne est peut-être à la fois proposée et violemment rejetée. La figure récurrente de la crucifixion, le plus souvent désacralisée en « écartèlement » condense les multiples manifestations de « l'horreur du tableau » (14). La voix qui parle, encore indécise et insituable, se pose en narratrice : « C'était cette histoire-là d'Horsita que je voulais conter » (11). Cependant, l'imparfait suggère une entreprise inachevée, impossible ou ratée.

Le paragraphe suivant propose de curieuses associations : « La peau des varans, hélas, est aussi douce que celle des grands brûlés ». Le « varan » traversera le texte sans perdre de son opacité, tandis que le motif de la brûlure, et du lance-flammes restera le plus souvent associé à la « langue » qui peut se prendre dans tous les sens.

L'« histoire d'Horsita » commence par une phrase choc : « Horsita était nue, couchée, au fond du couloir, lorsque la beauté de la génuflexion avait encore un sens » (11-12). Horsita, qui devient quelques lignes plus loin, à la fois un double et une interlocutrice (muette) de la narratrice, est donc présentée comme victime, sorte de Christ féminin à qui il arrive d'être mise en croix : « Je te revois, Horsita, oh ma peine, les bras écartelés, attachée près des arbres... » (41). En même temps, discrètement, le texte se constitue un intertexte hypothétique : la phrase « Horsita était nue », associée à « la beauté de la génuflexion », n'évoque-t-elle pas « Paulina était nue », dans *Paulina 1880*, de Pierre-Jean Jouve ?[19] Une intertextualité problématique émerge ainsi au fil de quelques discrètes citations.

La première adresse à Horsita, signalée par la typographie, fait du personnage (ou du fantôme) ainsi nommé, par le biais de la maladie et de la démangeaison, une sœur d'« Irène », écorchée dans les premiers romans et qui, d'ailleurs, reparaît au final : « Horsita, au secours, Horsita ? qui es-tu toi ? Irène ? Irène, ils ne t'ont pas tuée ? qui êtes-vous ? » (218-19).

Le prélude s'achève sur des questions métatextuelles : « N'y aura-t-il que des fragments ? Comment cela pourrait-il être juste ? Vivons-nous autrement que par scansion, par halètement ? Comment narrer ces événements dans leur continuité ? » (14). L'écriture, dans ce prélude, bien plus lyrique que narrative, mêle délibérément les genres, refusant les cloisonnements. Ni linéaire ni continue, elle fait choix de la juxtaposition et de la discordance, laissant libre cours à de multiples images improbables et percutantes : « une géographie sanguine et brune » (11), « l'oratorio de mes veines » (11), « je ne sortirai pas de cet état de sainte » (13), « elle savait cela, cette distillerie du corps pour une pensée liquide » (14).

Le lecteur/la lectrice retrouvera au final, après le retour des points de suspension, une écriture poétique et discordante. Mais, cette fois, l'extrême discontinuité sera devenue débordement apparemment incontrôlable d'un lyrisme haletant. Il n'y aura presque plus de points pour canaliser ce discours, mais un déferlement de points d'interrogation, d'innombrables questions laissées sans réponse. Reviendront le varan (« Varanus »), la brûlure, la Pologne, les images incohérentes.

---

[19] Jouve, Pierre-Jean, *Paulina 1880*, Paris : Mercure de France, 1959, ici Folio, 120.

Le roman aura fait une boucle. Et pourtant, par un ultime redresse-
ment, le texte s'achèvera sur un hymne à la joie : « Moi qui n'étais pas
Hortense, qui ne suis pas même Horsita, mais cette voix emmurée, à
genoux, qui gémissait dans le fond de ma gorge, qui danse aujourd'hui
dans mon corps si vivant. Et dans la langue, je prêcherai, oui, je
prêcherai la joie » (246).

Le récit proprement dit, qui raconte malgré tout l'histoire, se situe
dans l'entre-deux. Sa construction n'obéit à aucune logique apparente.
L'ordre, pourtant, fut jadis une valeur révérée : « *nous avions aussi
cette folie de l'ordre issue des marches militaires, celles-là qui
lacéraient nos oreilles de leur brutalité dans l'enfance tranquille* »
(38-39). Mais situé du mauvais côté (63), celui du père, l'ordre est
devenu détestable. L'histoire, donc, se disloque en fragments auxquels
ni chronologie ni syntaxe n'infligent cet ordre abhorré : des souvenirs
d'enfance marqués par la violence du père (27, 35, 125) ou celle, plus
feutrée, des religieuses (29, 39), un viol à dix-sept ans (53), des excès
de toutes sortes : « Dans le fond du couloir, dans le noir, elle allait à la
nuit vendre ses plaies ouvertes, les hommes la tenaient, quatre mains,
quatre pieds... (et je n'étais pas ivre, non, je n'étais pas ivre) » (42).

Un autre fragment récurrent évoque San Salvador où Hortense
fait un séjour présenté à la fois comme cure et comme pénitence :

> pour éprouver au milieu des pauvres, des moins-que-rien, des gueux, qui
> elle était, non pas de la race des seigneurs, mais pauvre au milieu des
> pauvres, avec entre lui et elle ces tonnes d'eau, cette flotte en océan, en
> paquets salés, où vivaient tous les monstres marins, et les méduses, aussi
> les méduses et les poulpes. (15)

S'ajoutent des conversations sur Auschwitz avec Samuel (33)
(souvent des lieux communs) : « pourquoi suis-je tombée amoureuse
d'un Juif ? » (129). Chacun de ces moments se décompose encore en
fragments discontinus et hétéroclites qui se juxtaposent ou se chevau-
chent tout au long du livre, sans que le récit les unifie.

L'explosion du sujet

L'enquête menée sur le père fait exploser aussi le sujet du discours.
L'évolution du système d'énonciation est frappante par rapport aux
deux premiers romans. *La Démangeaison* et « L'Équarrissage » se
présentaient sous la forme très classique d'un monologue narratif :
« cette nuit, je me pose comme *je subjectif* absolument » (*É*, 19). *La
Conversation*, en dépit de son titre, restait un discours à une seule

voix, très autocentré, quoique dans la dénégation : « *Dans les conversations personne ne parle de soi* » (*C*, 17). Le soliloque angoissé était aussi orienté par la présence d'une auditrice qui ne répondait jamais aux pressants appels que lui adressait la parleuse. Malgré le lieu où se déroulait la pseudo-conversation, un bar, la situation mimait plutôt un procès. L'interlocutrice muette était avocate et la parleuse accusée de tentative de meurtre. On pouvait reconnaître dans cette conversation le schéma, transcrit au féminin, de *La Chute* d'Albert Camus. On retrouvait la mise en scène de l'énonciation dans un monologue dramatique, la forte unité de lieu (un bar, dans les deux livres), le suspens énigmatique, la prégnance des thèmes de la culpabilité et du jugement.

Dans *Horsita*, la conversation solitaire se poursuit plus douloureusement encore autour des mêmes motifs, mais sous une forme très différente et dans un éclatement de l'énonciation. La parleuse, nommée cette fois Hortense, s'adresse à son père, à son amant Samuel et surtout à Horsita, interlocutrice tout aussi muette que l'avocate de *La Conversation*, et longtemps assez indéterminée. Le silence d'Horsita contamine la voix d'Hortense. Atteinte d'une « épilepsie du langage », elle se démembre en morceaux dissociés tandis que se télescopent les lieux et les temps : « d'où parlez-vous ? qui êtes-vous ? que lisez-vous ? l'épilepsie du langage ! peut-on aller au-delà de cette trépanation ? » (223).

La voix d'Hortense surgit d'espaces et de moments divers et confus. Elle se diversifie sans cesse : tantôt narratrice (à peine), souvent plutôt poète, tantôt personnage, ou les deux à la fois, elle apostrophe Horsita et son père, dialogue avec son amant, laisse intervenir d'autres voix nombreuses. Le texte rend sensible cet éclatement dans sa typographie même : décalage des marges, diminution des caractères pour les adresses à Horsita qui prennent souvent la forme de lettres, italiques pour les souvenirs d'enfance qui font irruption sans crier gare et sans majuscules dans le récit, tirets pour les dialogues avec Samuel, avec l'oncle François, ou avec l'informateur Pierre chargé de fouiller les fiches (106), phrases en espagnol, dans l'épisode de San Salvador, cris du père en allemand : « Raus, raus ! » (27), phrases en anglais ou en latin surgies d'on ne sait où, parenthèses incongrues, journal de guerre du père d'Hortense.

La Conversation suggérait à cette fragmentation un sens : « Tout est fragmenté, exactement comme l'étaient les camps qui fonctionnaient sur ce principe. Nous sommes dans un vaste camp totalitaire qui a pris le visage de son contraire » (*C*, 188). *Horsita* reprend le thème : « Le monde où nous vivons fonctionne comme les camps, dans la même fragmentation et le même refus de la responsabilité » (109).

À tous ces discours éclatés qui se bousculent en désordre, se superpose encore un discours métalinguistique, une voix du sujet de l'écriture, aussi angoissée que celle du personnage d'Hortense : « N'y aura-t-il que des fragments ? [...] Comment narrer ces événements dans leur continuité ? Il n'y a pas de vie continue » (14). Le constat des défaillances de la narration est récurrent : « (il n'y a pas de narration possible, j'irai me noyer dans le massacre de la grammaire) » (31), « il faudra bien démonter la machine grammaticale, interrompre la fatale narration » (87).

L'écriture, constamment réflexive, fait preuve d'une féroce lucidité et ne cherche jamais à s'effacer au profit d'une illusion de réalité. Au contraire, ses aspérités et ses variations brutales la ramènent toujours sur le devant de la scène pour que nul/le lecteur/lectrice ne puisse oublier que cette histoire est d'abord une histoire de langage et d'écriture.

Beaucoup d'autres voix encore se font entendre à l'arrière plan. L'écriture, discrètement, s'avoue sous influence et laisse deviner une intertextualité disparate. Par ses trois épigraphes, déjà, le roman est placé explicitement sous des patronages littéraires très divers, Ovide, Antonin Artaud et Giacomo Leopardi. Le texte s'ouvre pour laisser place à d'autres citations directes et référencées précisément, à la manière d'un ouvrage scientifique : « *Hommes et femmes à Auschwitz*, p. 232 » (45, 48), *ibidem* « p. 60 » (88), « *Le commandant d'Auschwitz parle*, p. 205 » (77) ou encore Annah Arendt affirmant : « Il y avait des individus en Allemagne, qui, dès le début du régime hitlérien, s'opposèrent à Hitler sans jamais vaciller » (150). Ces témoignages authentiques contrarient le régime fictionnel du texte et viennent à l'appui de l'acte d'accusation du père. D'autres textes sont cités littéralement et *in extenso*, comme le poème d'Aragon « *Je vous salue, ma France, arrachée aux fantômes !* », repris du journal paternel (183). Le lecteur/la lectrice rencontre les noms de Brasillach (55), de Samuel Beckett (76), de Jim Harrison (211).

De nombreuses autres références sont plus allusives. Elles construisent une intertextualité (hypothétique) très hétéroclite. Après Perec, Camus et P.-J. Jouve, j'évoquerais volontiers Rimbaud. Un poème très obscur des *Illuminations*, « H », parle d'une mystérieuse Hortense en un style auquel s'apparente l'écriture sophistiquée d'*Horsita* :

> Toutes les monstruosités violent les gestes atroces d'Hortense. [...] Sous la surveillance d'une enfance elle a été, à des époques nombreuses, l'ardente hygiène des races. Sa porte est ouverte à la misère. Là, la moralité des êtres actuels se décorpore en sa passion, ou en son action. – Ô terrible frisson des amours novices, sur le sol sanglant et par l'hydrogène clarteux ! trouvez Hortense.

Mais n'entend-on pas aussi des échos musicaux de Villon : « qu'est donc mon paysage devenu » (221), de Nerval : « Je marierai le varan et la sainte » (240), de Robbe-Grillet, le mille-pattes écrasé (51), de Boris Vian : « Papa, je n'irai pas cracher sur ta tombe » (86) ou de Marguerite Duras : « je m'étais retirée à Turenne, j'ai perdu l'espérance à Turenne, [...] je me suis séparée à Turenne » (197) ? Ainsi, même dans son intertexte, se manifeste « la dépolarisation massive paroxystique du sens » (223).

Cette écriture écartelée et convulsive est en proie à une permanente exagération. Mais comment écrire sans, justement, « exagérer » ? Puisque « le XXᵉ siècle a exagéré » (231), provoquant une véritable implosion du langage, où « toute la grammaire s'est raidie dans une tension convulsive désastreuse » (227).

Horsita s'inscrit sur la mémoire d'Auschwitz, à travers le prisme de la collaboration qui ne cesse pas d'être d'actualité. Ainsi a-t-on pu voir, le 11 juin 2000, à la télévision, un documentaire intitulé : *Enfants de collabo, la mémoire d'un père*.[20] Ce film est « une première dans l'interminable cohorte des documentaires sur 39-45 ».[21] On y entend cinq témoignages parmi lesquels celui de Marie Chaix, qui avait publié en 1974 un récit, intitulé *Les Lauriers du lac de Constance*,

---

[20] *Enfants de collabo, la mémoire d'un père*, documentaire de Jean Crépu et Pierre Rigoulet, France 2, le 11 juin 2000.

[21] Bozon-Verduras, Agnès, *Télérama*, 10 juin 2000.

chronique d'une collaboration,[22] dont l'argument était le même que celui d'*Horsita* : un règlement de compte avec un père collaborateur. Mais malgré une fragmentation chronologique et une alternance des points de vue, le récit restait très classique et plutôt serein. L'écriture parvenait à mettre de l'ordre dans la débâcle. Les années écoulées, et la différence des générations, loin d'avoir apporté l'oubli, semblent avoir rouvert la blessure.

Certes, Hortense a réussi à écrire *Horsita* (le roman dans le roman). Et par là même à se réconcilier avec son double, Horsita, la « part innocente » (212) d'elle-même, « le Juif en [elle] » (212). Horsita, mise au pluriel : « Qu'avez-vous donc fait à vos Horsita ? » (241), prend une dimension cosmique : « l'Horsita du monde » (200), et historique : « Horsita-Auschwitz » (230). (On pourrait évoquer Duras et Aurélia Steiner). Hortense a même eu l'illusion, un instant, de retrouver l'unité : « je me suis prise dans les bras, Horsita, dans mes bras c'était toi, c'était moi, mes deux mains d'oiseau plaquées contre mes propres omoplates, mes deux mains dans la nuit, oh cette belle rencontre, de l'église de Turenne » (207).

Le roman paraît s'achever sur un projet très optimiste : « Et dans la langue, je prêcherai, oui, je prêcherai la joie » (246). Mais cette fin heureuse se trouve déconstruite par le dédoublement du roman, mimant celui d'Hortense/Horsita. Le livre écrit par Hortense est un échec. Il était destiné à un lecteur privilégié, Samuel. Or Samuel, malgré des remerciements ironiques : « J'ai lu *Horsita*, bien sûr. Quel joli cadeau tu m'as fait avant ton départ, n'est-ce pas ? » (210), rejette le livre qu'il accuse de « falsifier la vérité », de « trafiquer [...] la réalité » et dont la lecture lui procure « une véritable nausée » (210) : « Quelle sensation de vertige quand tout est vrai et faux à la fois » (210).

L'échec est radical puisque la vérité était justement l'objectif essentiel d'Hortense annoncé dès l'incipit : « C'est une croix que la vérité » (11).

Samuel refuse son image fictive : « Ton Samuel n'est pas moi » (211) et récuse toute l'entreprise : « Je suis désolé donc pour le Juif en toi, mais il semble que le kapo que tu abrites également soit (comme

---

[22] Chaix, Marie, *Les Lauriers du lac de Constance : chronique d'une collaboration*, Paris : Seuil, 1974, repris dans J'ai lu.

d'habitude) le plus fort » (212). Il quitte Hortense sur un « Adios »
(213) sans appel.

Le roman englobant, celui que lit le lecteur/la lectrice, continue
après cette rupture, mais que signifie avant et après dans un récit sans
chronologie et tellement disloqué ? La fin du roman n'est pas la fin de
l'histoire. *Horsita* contient sa propre critique et même sa propre
destruction. D'une certaine façon, le roman s'annule lui-même. Que
faire, en effet, si l'histoire – l'individuelle et l'autre, « la Grande,
l'Histoire avec sa grande hache », comme l'écrivait, justement,
Georges Perec[23] – ne peuvent exister que par la médiation d'un récit
impossible ? Le lecteur/la lectrice, avec le personnage, « glisse sur la
viscosité du sens » (228).

Alors, Nobécourt crie, hurle, mais à regret ; ses cris aspirent au
silence : « donnez-moi la langue nouvelle, cette avant-Babel qui me
tord (les fera-t-on taire), qui sont ces gens ? donnez-moi la langue du
silence » (237). Ce désir reste vain : excessive, l'écriture d'*Horsita*,
s'oppose en tous points à l'écriture au degré zéro, dont parlait Barthes,
comme à l'écriture du silence, que choisissait Marguerite Duras pour
affronter le même indicible historique, Auschwitz ou Hiroshima. Car
Hiroshima, nommé une seule fois dans *Horsita* (109), se profile à
l'arrière-plan dans le motif obsessionnel de la langue brûlée, présent
dès les premiers mots du roman (11) : « peut-être aurais-je pu
échapper à l'embrasement, cinq mille volts, je brûle, je ne sens plus
rien, je brûle » (226). Mais à la sobriété durassienne s'oppose radicalement le délire verbal d'*Horsita*, « d'une intensité insupportable »
(240) : « Le corps tordu, écartelé par son excès de capacité à éprouver
le monde (syndrome dit de Mekeless) Hortense pleurait » (47).
Horsita, obsessionnellement « écartelée » se raconte dans un langage
« écartelé » : « j'ai équarri la poutre du langage, j'ai tendu l'arche
épileptique de la langue jusqu'à la rupture » (237).

Ce parti pris systématique de démembrement, de ruptures et de
distorsion inscrit Nobécourt dans la mouvance d'un courant de
l'écriture contemporaine, dont l'auteure reconnaît l'influence à la fois
dans ses multiples citations et dans une intertextualité diffuse. Lors
d'une interview, elle avoue même le caractère secondaire, voire
surajouté de l'éclatement de son récit : « Au départ », dit Nobécourt,
« j'avais écrit une histoire classique [...]. Puis j'ai lu *La Splendeur du*

---

[23] Perec, *W ou le souvenir d'enfance, op. cit.*, 13.

Portugal de Lobo Antunes où tout est éclaté. Je me suis dit que j'avais donc le droit moi aussi d'éclater mon récit ».[24]

Cette fragmentation, qui paraissait nécessité, ne serait-elle alors qu'artifice surimposé ? La réponse à cette question entraîne des divergences considérables dans la réception du roman.

Pour les critiques favorables, *Horsita* est « un roman à la construction savante, à l'écriture très riche ».[25] Ils en soulignent la « beauté » et la « rigueur » et n'hésitent pas à rapprocher l'écrivaine des plus grands : « On pense ici, parfois, à la violence d'une Hilda Hilst, à la hargne d'une Clarice Lispector [...] aux rythmes d'un Lobo Antunes auscultant les corps déchirés, à la noirceur d'un Beckett ».[26] Nobécourt se trouve qualifiée de « Modiano en jupons » (dans un article pourtant très critique).[27] D'autres voient même dans ce roman écrit « dans la langue de personne », « un livre qui impose une voix, avec l'évidence du jamais entendu ».[28]

Quelques lecteurs/lectrices, moins enthousiastes, jugent ce texte « moins abouti que *La Conversation* », voire « décevant ».[29] L'un dénonce « le lyrisme incantatoire volontiers kitsch », « l'emphase frisant à certains moments le ridicule », et qualifie *Horsita* de « texte brouillon "utilisant" le jargon de l'inauthenticité ».[30] Une autre récuse ce « jeu de piste et de massacre en forme de livre », où « l'on s'échine à ne pas perdre sa voie » et regrette que « les lueurs de poésie teintées de reflets durassiens s'y trouvent noyées dans un galimatias racoleur et confus ».[31]

---

[24] Frey, Pascale, « Lorette Nobécourt en sa cellule », *Lire*, septembre 1999, 38.

[25] Czarny, Norbert, « Dans la langue de personne », *La Quinzaine littéraire*, 1 au 15 septembre 1999.

[26] Douin, Jean-Luc, « Lorette Nobécourt, la mémoire à vif », *Le Monde des Livres*, 27 août 1999.

[27] Delbourg, Patrice, « Lorette Nobécourt : la peau Reich », *L'Événement*, 16 septembre 1999.

[28] Czarny, *op. cit.*.

[29] Delbourg, *op. cit.*.

[30] Gattegno, Yvan, « Statue de sel », *Les Inrockuptibles*, 29 septembre 1999.

[31] Castro, Ève de, « Jeu de piste et de massacre », *Le Figaro Littéraire*, 30 septembre 1999.

Sur bien des plans, *Horsita* impose un rapprochement avec l'œuvre de Duras et en particulier avec *La Douleur*. Il n'y a pas de père impliqué chez Duras, mais le même thème douloureux de la collaboration, les mêmes ambivalences liées à cette période, une histoire semblable de manuscrit retrouvé. Et une même dénégation de l'écriture :

> *Comment ai-je pu écrire cette chose que je ne sais pas encore nommer et qui m'épouvante quand je la relis.* [...]
> La Douleur *est une des choses les plus importantes de ma vie. Le mot « écrit » ne conviendrait pas.* [...] *Je me suis trouvée devant un désordre phénoménal de la pensée et du sentiment auquel je n'ai pas oser toucher et au regard de quoi la littérature m'a fait honte.*[32]

Mais l'écriture de Nobécourt n'a pas encore trouvé, comme celle de Duras, « la musique des mots » (243), qui parvient à devenir un équivalent du silence. Elle en reste au cri désarticulé, « écartelé », et semble, par comparaison, « un chantier » comme le constate Hortense (244). Tout dans cette écriture d'écorchée, dans cette violence explosive, dans cette révolte, s'oppose fortement à l'indifférence de l'ère du vide.

Il arrive à Hortense de se heurter au désert chez les autres : « est-ce parce que vous avez trop souffert que vous êtes devenus indifférents ? » (245). Ou même de s'y croire enfermée elle-même : « J'erre sans fin dans un couloir aux vitres transparentes, et devant, et derrière se profilent à l'infini d'autres couloirs sans fin aux vitres transparentes, et dans chacun un être hagard » (231). Mais c'est là l'image tragique d'un univers schizophrène. Et la narratrice a beau proclamer : « Je suis un monstre indifférent, je te tuerai Horsita » (231), le vide, elle le redoute : « Il n'y a pas de porte, ni de mur, Horsita, il y a pire que le mur : le vide, la pleine mer, le grand large sans un son » (90). Le vide, elle le voudrait « immense et plein » (242).

Entrerions-nous, avec *Horsita*, dans une nouvelle ère du tragique ?

---

[32] Duras, Marguerite, *La Douleur*, Paris : P.O.L., 1985, 10.

Textes de Lorette Nobécourt

Si l'édition originale n'est pas l'édition consultée, celle-ci est indiquée entre parenthèses. Les abréviations de titres utilisées dans l'article figurent entre crochets.

La Démangeaison, Paris : Belles-Lettres, 1994 (J'ai lu, 1999 [*D*]).

« L'Équarrissage », in *Dix*, Paris : Grasset, Les Inrockuptibles, 1997 [*É*].

La Conversation, Paris : Grasset, 1998 [*C*].

Horsita, Paris : Grasset, 1999.

« Personne n'est indispensable, sauf l'ennemi »[1] : l'œuvre conflictuelle d'Amélie Nothomb

Margaret-Anne Hutton

Hutton établit une typologie des différentes formes de conflit chez Nothomb, avant d'analyser en détail le fonctionnement précis, la symbolique distincte et la conclusion romanesque propres à deux d'entre eux : le conflit inter-subjectif, présent surtout dans les œuvres autobiographiques, en particulier ici dans Le Sabotage amoureux, *et le conflit intra-psychique, vu à travers* Les Catilinaires. *Ces deux catégories de conflit ne s'excluent cependant pas au sein d'un même texte et sont par ailleurs unifiées par un élément récurrent dans l'œuvre de Nothomb, à savoir la règle du tiers exclu.*

« No-one is indispensable, except the enemy » : conflict in the work of Amélie Nothomb

After establishing a typology of the various forms of conflict in Nothomb's works, Hutton presents a detailed analysis of the precise mechanism, the distinct symbolism and the novelistic conclusion exhibited by two of these forms : the inter-subjective conflict, present in the autobiographical works especially, and in particular here in Le Sabotage amoureux, *and the intra-psychic conflict, as seen in* Les Catilinaires. *These two types of conflict are not, however, mutually exclusive within a single text ; rather, they are united by a recurrent element in the work of Nothomb, namely the principle of the excluded third party.*

Histoires d'épouvante, polars, romans philosophiques, analyses psychanalytiques : si l'œuvre d'Amélie Nothomb échappe à la classi-fication, on y retrouve pourtant un facteur commun sous la forme de trois niveaux de conflit : individuel (les personnages s'affrontent) ;

---

[1] Nothomb, Amélie, *Le Sabotage amoureux*, 14. Les références aux œuvres de Nothomb seront par la suite mises entre parenthèses dans le texte. Les éditions consultées ainsi que les formes abrégées des titres sont indiquées dans la bibliographie à la fin de l'article.

collectif (mention de guerres dans tous les textes) ; lutte entre l'auteur et le lecteur. Criblant l'établissement littéraire de plombs (voir dans *Péplum* l'annonce joyeusement reçue du suicide collectif de l'Académie française, ou l'observation de la part d'A.N., un des interlocuteurs, que provoquer une éruption volcanique serait plus aisé que d'ouvrir les yeux des critiques), Nothomb s'en prend avec autant de zèle au lecteur moyen. D'où les remarques du professeur des *Combustibles* insistant que « les gens sont les mêmes dans la lecture que dans la vie : égoïstes, avides de plaisir et inéducables » (*CO*, 74-75). Ou bien encore le redoutable Prétextat Tach d'*Hygiène de l'assassin*, déchargeant sa bile sur les « lecteurs-grenouilles » qui « traversent les livres sans prendre une goutte d'eau » (*HA*, 56), ce même Tach qui nous assure que si le grand auteur a besoin de couilles, de bite, de lèvres, d'oreille et de main, le lecteur pour sa part a surtout besoin d'anus « pour se faire avoir » (*HA*, 68). Dans l'espoir d'éviter de tomber dans le rôle de lecteur-victime inscrit dans ces textes, je propose ici une analyse préliminaire de la forme de conflit qui prime dans l'œuvre de Nothomb : le conflit individuel. Quelques observations globales seront suivies par une lecture du *Sabotage amoureux* et des *Catilinaires*, textes représentatifs de deux catégories de conflit individuel présent dans le corpus : conflit *inter-subjectif* et conflit *intra-psychique*.

Selon Nothomb, la mauvaise foi serait à l'origine de tous nos maux. En réponse à la question « quelles sont vos cibles ? », l'auteur se prononce en faisant allusion aux trois formes de conflit nothombien (individuel, collectif, auteur-lecteur) :

> Quant à mes cibles... est-ce que je les atteins ? Je crois que mes livres ont échoué puisqu'ils n'ont jamais empêché la guerre. Ma première cible à moi, c'est la mauvaise foi. Mentir à tout le monde et à soi-même conduit à notre monde absurde. Moi, j'essaie de m'attaquer au lecteur, directement.[2]

En fait, c'est bien la mauvaise foi, le jeu du bluff et du masque, qui caractérise l'affrontement des personnages dans tous les romans de Nothomb. À chaque fois on a affaire à un champ de bataille sous la forme d'un espace circonscrit, fermé ; disons un huis-clos dans le sens sartrien du terme. Le nombre de personnages est restreint : trois,

---

[2] Libens, Christian, « Chère Amélie », *Revue générale*, mars 1996, vol. 131, n° 3, 92-93.

quatre, ou cinq (dont un souvent absent). En dépit de rivalités et de regroupements variables, on peut isoler dans chaque texte une confrontation primordiale opposant deux personnages, un combat en face à face qu'on pourrait qualifier de duel, selon l'interprétation offerte par la narratrice du *Sabotage amoureux* :

> Et *L'Iliade* donne parfois l'illusion d'être la juxtaposition de plusieurs rivalités d'élection : chaque héros trouve dans le camp adverse son ennemi désigné, mythique, celui qui l'obsédera jusqu'à *ce qu'il l'ait anéanti, et inversement*. Mais ça, ce n'est pas la guerre : c'est de l'amour, avec tout l'orgueil et l'individualisme que cela suppose. Qui ne rêve pas d'une belle rixe contre *un ennemi de toujours, un ennemi qui serait sien* ? Et que ne ferait-on pas pour avoir affaire à un adversaire digne de soi ? (*SA*, 113 ; c'est moi qui souligne)

L'analyse suivante se concentrera sur les luttes entre les personnages que j'ai identifiés comme « duellistes », mais auparavant, il faut diviser le corpus de Nothomb en deux sous-catégories. La première regroupe les œuvres autobiographiques – *Le Sabotage amoureux*, *Stupeur et tremblements* et *Métaphysique des tubes*, ainsi que *Péplum*, dont un des interlocuteurs est une certaine « A.N. ».[3] Bien que ces textes mettent en scène des combats en face à face, ces luttes ne sont pas à mort ; les trois textes s'achèvent par des trêves difficiles et ambiguës, des matchs nuls où l'on ne peut établir lequel ou laquelle des protagonistes remporte la victoire. Dans ces trois textes c'est un conflit qu'on pourrait qualifier d'*inter-subjectif* qui prime : les combattants s'affrontent en tant que sujets autonomes. Par contraste, dans le deuxième groupe de textes (*Hygiène de l'assassin*, *Les Combustibles*, *Les Catilinaires*, *Attentat*, *Mercure*) il s'agit de

---

[3] Nothomb : « Mon seul livre autobiographique, c'est *Le Sabotage amoureux* », Libens, *op. cit.*, 92, (interview de 1996, donc avant la publication de *Stupeur et tremblements* et de *Métaphysique des tubes*). À propos de *Stupeur et tremblements*, on sait que Nothomb a suivi la même formation que sa narratrice Amélie : « Diplôme en poche, elle décide cependant de retourner à Tokyo avec l'intention d'y passer toute sa vie. Elle se fiance à un Japonais et travaille comme interprète français-japonais-anglais dans une grande compagnie », Helm, Yolande, « Amélie Nothomb : enfant terrible des lettres belges », *Études francophones*, printemps 1996, vol. 11, n° 1, 116. Notons en plus que *Stupeur et tremblements* s'achève par l'annonce de la part de la narratrice de la publication de son premier roman – *Hygiène de l'assassin* (*ST*, 174). Le conflit joue également un rôle dans *Métaphysique des tubes* (2000), récit autobiographique des trois premières années de la narratrice Amélie : l'omnipotence du « Dieu-Amélie » se voit mise en question par la hautaine Kashima-san, qui, seule, refuse d'entrer dans le jeu de la petite.

combats qui se terminent sans exception par la mort (assassinat ou suicide provoqué) de l'un des « duellistes », ainsi que par un processus d'incorporation : dans chacun de ces textes l'un des protagonistes se voit en quelque sorte assimilé à l'autre. Dans ces cinq textes c'est un conflit *intra-psychique* qui prédomine.

« Je crois que toute relation humaine est une relation sadomasochiste », nous informe la narratrice de *Stupeur et tremblements* (*ST*, 83). Les textes dans lesquels un conflit inter-subjectif prédomine sont axés sur une lutte pour le pouvoir carac-térisée par un manque d'équilibre. Non seulement les personnages-clés ont des tendances masochistes ou sadiques, mais les rôles dans la dynamique s'avèrent instables : suite à des renversements de pouvoir, celui ou celle qui domine se trouve dominé-e à son tour. Selon Jessica Benjamin, qui base ses thèses sur une théorie intersubjective des relations humaines (s'appuyant surtout sur les recherches de Margaret Mahler et de D. W. Winnicott), les relations sadomasochistes se carac-térisent précisément par un tel manque d'équilibre, une incapacité de la part de l'individu sadique ou masochiste d'assumer le paradoxe d'une « reconnaissance réciproque ». Le masochiste nie sa propre indépendance en l'attribuant au sadique, tandis que celui-ci nie sa dépendance, la projetant à son tour sur le masochiste.[4] Une lecture du *Sabotage amoureux* en tant que texte mettant en scène une relation sadomasochiste s'impose. Cependant, étant donné la présence dans ce texte d'une symbolique valorisant le regard, je propose dans ce qui suit *deux lectures* en parallèle. La première sera basée sur les travaux de Benjamin et de Lynn Chancer (qui développe les thèmes de Ben-jamin) ;[5] la seconde sur l'analyse sartrienne des relations humaines.[6]

Narrée par la jeune narratrice anonyme du *Sabotage amoureux*, l'histoire se déroule pendant les années 70 à Pékin. Enfermés dans le « ghetto » de San Li Tun réservé aux familles de diplomates

[4] Benjamin, Jessica, *The Bonds of Love : Psychoanalysis, Feminism, and the Problem of Domination*, London : Virago Press, 1990.

[5] Chancer, Lynn, *Sadomasochism in Everyday Life : The Dynamics of Power and Powerlessness*, New Brunswick, New Jersey : Rutgers UP, 1992.

[6] Voir surtout ce passage de Jean-Paul Sartre, « La première attitude envers autrui : l'amour, le langage, le masochisme », *L'Être et le néant*, Paris : Gallimard, 1943, 413-29.

occidentaux, des bandes d'enfants, délaissés par des parents trop occupés à démêler la politique interne de la Chine pour les surveiller, jouent à la guerre avec brio et violence. Au centre de ces deux cercles de conflit (international, groupes d'enfants), un troisième affrontement : la narratrice belge, âgée de sept ans, joue au plus fin contre la nouvelle arrivée au ghetto, la très belle Elena (six ans). Avant l'apparition de cette jeune beauté, la narratrice, enfant précoce et gâtée, règne en maîtresse absolue. Selon elle, tout phénomène existe pour et par elle :

> Mes parents, le communisme, les robes en coton, les contes des *Mille et Une Nuits*, les yaourts nature, le corps diplomatique, les ennemis, l'odeur de la cuisson des briques, l'angle droit, les patins à glace, Chou En-lai, l'orthographe et le boulevard de la Laideur Habitable : aucune de ces énumérations n'était superflue, puisque toutes ces choses existaient en vue de mon existence.
>
> Le monde entier aboutissait à moi. (*SA*, 30)

Nous voici bien face à l'omnipotence enfantine identifiée par Benjamin comme signe précurseur d'une tendance à la domination : « La domination présuppose un sujet déjà pris au piège de l'omnipotence, incapable d'avoir une vraie relation avec le monde extérieur, incapable de reconnaître la subjectivité d'autrui ».[7]

Grand bouleversement quand Elena débarque au ghetto. Selon notre lecture sartrienne, on dirait que pour la première fois Autrui surgit dans le monde de la narratrice jusqu'ici seul sujet au centre de son royaume subjugué. On sait que dans l'analyse sartrienne de l'existence la présence d'autrui est de prime importance. S'appuyant sur l'exemple concret d'un homme seul qui se promène dans un jardin public, Sartre décrit ce qui se passe quand le promeneur solitaire aperçoit un autre, à quelque distance de lui :

> Ainsi tout à coup un objet est apparu qui m'a volé le monde. Tout est en place, tout existe toujours pour moi, mais tout est parcouru par une fuite invisible et figée vers un objet nouveau. L'apparition d'autrui dans le monde correspond donc à un glissement figé de tout l'univers, à une décentration du monde qui mine par en dessous la centralisation que j'opère dans le même temps.[8]

---

[7] Benjamin, *op. cit.*, 68, ma traduction.

[8] Sartre, *op. cit.*, 301.

Cette illustration d'une vérité fondamentale quant au phénomène d'être-pour-autrui semble se concrétiser dans *Le Sabotage amoureux* avec l'arrivée d'Elena au ghetto. L'insistance anaphorique souligne l'impression du même « vol » d'un univers, d'un même déplacement déroutant du centre pour la narratrice jusqu'ici régnante :

> De nouveaux arrivants : de nouveaux étrangers à parquer au ghetto, pour qu'ils ne contaminent pas les Chinois.
>
> La voiture contenait de grosses valises et quatre personnes, au nombre desquelles figurait le centre du monde.
>
> Le centre du monde habitait à quarante mètres de chez moi.
>
> Le centre du monde était de nationalité italienne et s'appelait Elena.
>
> Elena devint le centre du monde dès que ses pieds touchèrent le sol bétonné de San Li Tun. (*SA*, 32)

Selon notre lecture sadomasochiste, l'arrivée d'Elena démontre deux des caractéristiques des relations sadomasochistes. Premièrement, le fait que celle qui domine peut se trouver dans la position masochiste lorsqu'elle doit faire face à quelqu'un de plus indépendant :[9] la narratrice révèle qu'Elena « avait toujours l'air de n'avoir besoin de rien ni de personne », tandis qu'elle-même a besoin « de parents, d'ennemis et de compagnons d'armes », et dans une moindre mesure, « d'esclaves et de spectateurs » (*SA*, 36). Deuxièmement, qu'un individu peut assumer à la fois le rôle de masochiste et de sadique.[10] La narratrice du *Sabotage amoureux* continue à subjuguer et « torturer » les autres enfants, tout en s'abaissant devant Elena.

Ce qui suit dans le texte est bien dans la logique du sadomasochisme. Plus Elena fait preuve d'indifférence (son manque de dépendance), plus la narratrice s'humilie. Dans une manifestation extrême de sa soumission, elle fait et refait le tour de la cour de récréation en courant : « Elena voulait que je me sabote pour elle [...]. Et je courais en pensant que le sol était mon corps et que je le piétinais pour obéir à la belle et que je le piétinerais jusqu'à son agonie » (*SA*, 92). Abaissement de soi qui s'achève lorsqu'elle tombe en syncope. N'oublions pas, pourtant, que le sadique, selon Benjamin et Chancer, a surtout besoin de résistance, sans laquelle une domination active s'avère impossible. Suite à ses mésaventures dans la cour de

---

[9] Chancer, *op. cit.*, 51.

[10] *Ibid.*, 90-92.

récréation, la narratrice se voit offrir quelques conseils par sa maman : « Elle dit qu'il y avait sur terre des personnes très méchantes et, en effet, très séduisantes. Elle assurait que, si je voulais me faire aimer de l'une d'entre elles, il y avait une seule solution : il fallait que je devienne très méchante avec elle, moi aussi » (*SA*, 94). C'est ici que le texte de Nothomb pose une question aux théoriciens : dans quelle mesure la dynamique sadomasochiste est-elle le produit incontournable du passé du sujet (petite enfance surtout) et de l'inconscient de celui-ci ? est-ce que l'individu peut se dégager d'un rôle quelconque suite à une décision consciente ?[11] Après tout, la narratrice du *Sabotage* se soustrait *délibérément* à son rôle masochiste en *feignant* une indifférence méprisante face à Elena. Dans une perspective sartrienne, ou l'existence précède l'essence, dirait-on que la narratrice « devient » tout simplement dominante, ou s'agit-il d'un acte de mauvaise foi ?

Quoi qu'il en soit un premier renversement a lieu. Ayant perdu la résistance qui seule lui permettrait d'exercer ses fonctions de sadique, Elena, humiliée, se met à pleurer. Mais le jeu continue, car aussitôt que la narratrice laisse tomber le masque de l'indifférence et avoue son amour (lorsqu'elle fait preuve de sa dépendance), Elena reprend le dessus, et cette fois la narratrice semble assumer pleinement son masochisme lorsqu'elle se livre à une humiliation publique, s'adressant en ces termes à Elena ainsi qu'aux enfants goguenards qui se sont attroupés : « Je veux que tu saches et je veux qu'ils sachent. J'aime Elena, alors je fais ce qu'elle me demande jusqu'au bout » (*SA*, 121). Deuxième acte d'auto-sabotage qui semble confirmer la narratrice dans son rôle de masochiste.

Cette lecture, pourtant, passe un aspect du texte sous silence : l'importance du *regard*. À la fin du texte la narratrice affirme qu'Elena lui a « tout appris de *l'amour* » (124 ; c'est moi qui souligne). Rappelons-nous que le conflit identifié comme duel tient surtout de l'amour : « ce n'est pas la guerre : c'est de l'amour, avec tout l'orgueil et l'individualisme que cela suppose » (*SA*, 113). Et en fait, le processus conflictuel qui se noue entre ces deux fillettes

---

[11] Notons que la narratrice a bien appris l'art du masque et du bluff. Après avoir quitté la Chine, elle domine d'autres victimes à son tour : « Au Lycée français de New York, dix petites filles tombèrent follement amoureuses de moi. Je les fis souffrir abominablement. C'était merveilleux » (*SA*, 123).

résume parfaitement ce que serait la nature de l'amour selon Sartre. Pour lui, l'amant a comme projet définitif de récupérer son être en s'emparant de la liberté de l'autre et de la réduire à être une liberté soumise à sa propre liberté. Il se peut que dans un premier temps l'amant cherche à séduire l'aimé-e. Parce qu'il ne peut regarder l'autre, de peur de découvrir sa propre subjectivité et, ce faisant, de faire disparaître la subjectivité de l'autre, l'amant se fait regarder :

> Séduire, c'est assumer entièrement et comme un risque à courir mon objectité pour autrui, c'est me mettre sous son regard et me faire regarder par lui, c'est courir le danger d'*être-vu* pour faire un nouveau départ et m'approprier l'autre dans et par mon objectité. Je refuse de quitter le terrain où j'éprouve mon objectité ; c'est sur ce terrain que je veux engager la lutte en me faisant *objet fascinant*.[12]

C'est ainsi qu'on peut interpréter le comportement d'Elena :

> Elle avait l'air contente d'être à l'intérieur d'elle-même. Pourtant, on sentait qu'elle se sentait regardée et que cela lui plaisait.
>
> Il me faudrait du temps pour comprendre qu'une seule chose importait à Elena : être regardée. (*SA*, 38)

Ainsi, la narratrice passe des heures à dévisager la jeune fillette : « je la mangeais des yeux. Il m'était impossible de la lâcher du regard » (*SA*, 38).

Si, selon la perspective sartrienne, Elena tient le rôle de l'amant qui cherche à séduire la narratrice, comment donc expliquer le fait que celle-ci se réfère à Elena comme sa « bien-aimée », qu'elle semble elle-même s'attribuer le rôle de l'amant ? En fait, ce dédoublement apparemment paradoxal est dans la logique du projet amoureux sartrien, car si ce projet est voué au conflit et à l'échec, c'est précisément à cause de sa nature spéculaire qui fait que les deux individus partagent le même but : « Ainsi nous apparaît-il qu'aimer est, dans son essence, le projet de se faire aimer ».[13] L'aimée cherche aussi à séduire la liberté de l'amant ; l'aimée, tout comme l'amant, veut être le centre unique de valeur. Si le projet d'amour peut continuer, c'est seulement dans la mesure où l'amant ne se rend pas

---

[12] Sartre, *op. cit.*, 421.

[13] *Ibid.*, 424.

compte que l'aimée a le même projet.[14] Ironiquement, la narratrice du *Sabotage amoureux* articule en résumé ce paradoxe au centre du projet amoureux : « Je comprenais que je ne pouvais me contenter de l'aimer : il fallait aussi qu'elle m'aimât. Pourquoi ? C'était comme ça ». Et elle implore Elena : « Il faut que tu m'aimes parce que je t'aime » (*SA*, 39).

S'arrogeant ainsi le rôle de l'amant, la narratrice vise elle aussi à séduire Elena, en se faisant regarder en tant qu'objet fascinant. C'est donc ainsi qu'on peut interpréter sa course affolée dans la cour de récréation, ainsi que la faillite de ce projet. Car si la narratrice ne réussit pas, c'est surtout à cause du regard qui manque : « Elena ne me regardait pas » ; « je repartis à l'instant. Je vis qu'elle ne me regardait pas davantage » (*SA*, 91). Sous cette optique « être méchante » ne revient pas seulement à faire preuve d'indifférence, mais surtout à détourner les yeux. Suite aux conseils de sa mère la narratrice cesse de fixer Elena, tout comme celle-ci lui refusait son regard. Impasse. « Ainsi les relations amoureuses sont-elles un système de renvois indéfinis analogue au pur " reflet-reflété " de la conscience », nous dit Sartre.[15] Et la narratrice d'exprimer la nature spéculaire de l'amour : « À quoi pouvait rimer un amour conçu comme un miroir ? » (*SA*, 94).

Quand la dernière confrontation a lieu dans la cour de récréation, l'arme principale est de nouveau le regard. Il est vrai qu'Elena, apparemment blessée par ce regard détourné, se met à pleurer. Mais attention, elle pleure « les yeux grands ouverts, de manière à ne pas occulter son regard magnifique » (*SA*, 117). Apogée du conflit : « Et je ne bougeais pas plus qu'elle, et j'avais les yeux dans les siens : c'était comme si nous jouions à la première qui cillerait. Mais le vrai bras de fer de ce regard se passait bien plus profond » (*SA*, 117). Quand Elena baisse la tête la première, *détournant son regard*, la narratrice croit avoir gagné, et quand elle avoue son amour et révèle sa stratégie du non-regard, la victoire d'Elena est marquée aussitôt par le retour immédiat du regard : « Deux yeux se redressèrent. Je m'étonnai de leur absence d'étonnement : ils étaient seulement à l'affût » (*SA*, 118).

---

[14] Catalano, Joseph S., *A Commentary on Jean-Paul Sartre's* Being and Nothingness, Chicago and London : University of Chicago Press, 1980, 182.

[15] Sartre, *op. cit.*, 425.

La lecture sartrienne nous offre une autre perspective sur la scène de sabotage public, car la présence des autres enfants joue un rôle-clé quant à l'interprétation et de cet acte de soi-disant auto-humiliation, et du titre même du texte. Au lieu d'identifier une victoire pour Elena et l'assujettissement de la narratrice, le duel semble se terminer en match nul, car selon Sartre, seul la présence du tiers peut briser le renvoi spéculaire de l'amour-miroir :

> Il y avait, avant le regard du Tiers, une situation circonscrite par les possibilités de l'Autre et où j'étais à titre d'instrument et une situation inverse circonscrite par mes propres possibilités et qui comprenait l'Autre. [...] mais du coup il se fait un nivellement des deux situations inverses : il n'y a plus de structure de priorité qui aille de moi à l'autre ou, inversement, de l'Autre à moi [...]. Cela signifie que j'éprouve soudain l'existence dans le monde du Tiers d'une situation-forme objective où, l'Autre et moi, nous figurons à titre de structures *équivalentes* et *solidaires*.[16]

Elena et la narratrice sont toutes deux visées par un regard : « Un petit cercle se formait autour de nous » (*SA*, 121). Deux libertés, deux centres conflictuels font place au « *nous*-objet ». Nothomb nous laisse en pleine ambiguïté quant au titre du texte. S'adressant aux spectateurs, la narratrice insiste qu'elle les a appelés pour s'humilier davantage : « si je vous raconte tout ça, c'est aussi pour lui [Elena] obéir. Pour être complètement sabotée » (*SA*, 121-22). Mais ce sont *les deux fillettes* qui sont l'objet du regard des enfants curieux qui « avaient l'air de trouver ça plutôt comique » (*SA*, 122). « Ça » : Elena *et* la narratrice, réunis en nous-object. Quand la narratrice annonce « j'avais quand même réussi un sacré sabotage », on dirait que c'est autant le sabotage d'Elena que d'elle-même.[17]

Le Sabotage amoureux met en lumière un conflit que j'ai identifié comme *inter-subjectif* : une lutte entre deux sujets autonomes sous forme d'un conflit-miroir axé sur une alternance de pouvoir sans issue. Le deuxième groupe de textes, par contre, représente un conflit

---

[16] *Ibid.*, 468-69.

[17] Même ambiguïté à la fin de *Stupeur et tremblements* et de *Péplum*. Dans le premier, Amélie finit par s'abaisser devant la hiérarchie japonaise, mais cet acte voulu se transforme en victoire grâce à un « retournement des valeurs » (*ST*, 128) et suite au plaisir que sa soumission donne à sa bien-aimée Fubuki (« J'adorais le tour surréaliste que prenait cet échange qui hissait Fubuki vers un septième ciel inattendu », 158). *Péplum* se conclut par la libération d'A.N., mais qui gagne la partie : la jeune femme libérée, ou Celsius, qui a besoin d'une A.N. libre pour qu'elle raconte son histoire ?

qu'on pourrait qualifier avant tout d'*intra-psychique*. Bien que ces textes mettent en scène une certaine forme d'interaction inter-subjective – les individus agissent bien les uns sur les autres – certains personnages seraient en fait des sortes de créations hybrides représentant les parties désavouées et projetées d'un autre personnage. Clarifions cette deuxième catégorie de textes en passant à la lecture des *Catilinaires*.

L'histoire est narrée par Émile Hazel, professeur de grec et de latin, qui achète une maison isolée à la campagne pour y passer sa retraite en pleine solitude avec sa jolie femme Juliette. Pourtant, l'idylle bucolique de cette vie à deux est interrompue par la visite inattendue du seul voisin dans les parages, Palamède Bernardin. Cette première entrevue, considérée par les Hazel tout simplement comme une visite de courtoisie, se passe déjà assez mal, Palamède se montrant taciturne à l'excès. Puis, quand il se présente à la porte à la même heure le lendemain, et lorsqu'il devient évident que ces visites inopportunes seront dorénavant quotidiennes, la lutte s'engage : comment se débarrasser de ce visiteur grossier ? En fait, Palamède Bernardin, et ultérieurement sa femme Bernadette, devraient être considérés non pas essentiellement comme des personnages autonomes, mais comme des projections, des sortes de précipités représentant des parties de la psyché d'Émile. Cette hypothèse de lecture apparaît dès le début du texte, lorsque le narrateur cherche à cerner l'origine de son récit. Tout en reconnaissant que l'histoire a commencé une année auparavant, à l'occasion de l'achat de la maison et des visites gênantes, il note qu'en fait : « le plus vrai, au sens fort du terme, consisterait à faire commencer l'histoire à ma naissance, il y a soixante-six ans » (*CAT*, 9). Rappelons ici la citation tirée du *Sabotage amoureux* (voir ci-dessus) où l'on nous parle d'un combat contre « un ennemi *de toujours*, un ennemi *qui serait sien* » (*SA*, 113 ; c'est moi qui souligne). Si l'origine du combat remonte aussi loin dans le cas d'Émile Hazel, c'est bien parce qu'il lutte contre lui-même.

Dès la deuxième visite de Palamède, quand il s'avère que celui-ci s'en tiendra aux réponses monosyllabiques, sinon au silence absolu, Émile s'engage dans un duel de taciturnité. Face au monolithe muet, le professeur finit cependant par céder : « Je rendis les armes. Mes lèvres pusillanimes se mirent en mouvement pour produire du bruit [...]. J'eus l'impression que nous venions de nous livrer à une partie de bras de fer et qu'il m'avait écrasé » (*CAT*, 23). Dans cette première phase du combat, Palamède agit comme miroir, reflétant les défauts du narrateur, qui, n'ayant pas la force de mettre son voisin à la porte, se voit pour la première fois comme lâche. Chaque visite déroutante, qui sera l'occasion d'autres tactiques belliqueuses, ne fait qu'ajouter aux tourments d'Émile : non seulement ses propres faiblesses sont mises en lumière, mais sa femme se met à le mépriser, et le couple idéal commence à se défaire. Phrase révélatrice prononcée par Émile après plusieurs visites : « Ce type me met hors de moi » (*CAT*, 33). La métaphore se concrétise lorsque Palamède revient à la maison, métamorphosé en caricature, un monstre de grossièreté et de violence :

> Il frappait de plus en plus fort. J'imaginais sa masse énorme s'abattant sur la paroi, qui finirait par céder. [...]
>
> Puis, ce fut le comble : il se mit à frapper sans discontinuer, à intervalles de moins d'une seconde. Je n'aurais pas cru qu'il avait une telle force. [...]
>
> Le tortionnaire avait le visage tuméfié de colère. (*CAT*, 37)

Le très civilisé Émile, celui qui insiste face aux protestations de sa femme que « la loi ne nous force pas à lui ouvrir la porte. C'est la politesse qui nous y contraint » (*CAT*, 35), dénie ses tendances naturelles à l'agression et la rudesse pour les projeter sur son voisin, au sens que Laplanche et Pontalis attribuent au terme de projection : « opération par laquelle le sujet expulse de soi et localise dans l'autre, personne ou chose, des qualités, des sentiments, des désirs, voire des " objets ", qu'il méconnaît ou refuse en lui ».[18] La narratrice du *Sabotage amoureux* suggère que « la guerre servait à démolir l'ennemi, et donc à ne pas se démolir soi-même » (*SA*, 100). Afin d'éviter un conflit psychique insoutenable, Émile « crée » ce voisin monstrueux, extériorisant ainsi un conflit intérieur.

Les visites se suivent sans trêve, chaque séance infernale servant à souligner la faiblesse d'Émile : « Il m'était donné de comprendre à quel point j'appartenais à la race des faibles. Je me détestais » (*CAT*, 44). Quand la gentille ancienne étudiante Claire rend visite au couple et s'enfuit définitivement, à la fois horrifiée et attristée par ce qu'elle croit être le nouvel ami des Hazel, Émile doit de nouveau faire face à sa situation : « Pour la première fois de ma vie, je comprenais que j'étais vieux » (*CAT*, 97). Incapable de reconnaître qu'il a peut-être

---

[18] Laplanche, Jean et Pontalis, Jean-Bertrand (sous la direction de Daniel Lagache), *Vocabulaire de la psychanalyse*, Paris : PUF, 1981, 344.

raté sa vie, et alors qu'il est confronté à l'effondrement de son mariage, Émile projette son désespoir, créant ainsi un Palamède suicidaire chancelant au bord du gouffre. Ses observations sur son voisin seraient ainsi des commentaires sur lui-même : « Car la vie, pour lui, ce devait être l'enfer. Il n'éprouvait aucun des plaisirs de l'existence » (*CAT*, 133). La tentative de suicide de Palamède représente une image du vide au centre d'Émile. Les reproches de celui-ci, hurlés à Palamède, sont ainsi des auto-accusations déguisées : « Moi aussi, je pourrais être une larve amorphe : tout le monde a en soi un gros tas immobile, il suffit de se laisser aller pour qu'il apparaisse. Personne n'est la victime de personne, sinon de soi-même » (*CAT*, 109). Bien sûr, ce « gros tas immobile » s'est déjà matérialisé, sous forme de ce voisin monstrueux.

Si Palamède représente ainsi les pulsions agressives et destructrices réprimées par Émile, qu'en est-il de sa femme, Bernadette ? Décrite comme « à la limite de l'humain », « quelque chose d'énorme et de lent », « une masse de chair », une « protubérance », « un kyste », avec des « tentacule[s] de gras » pour bras, « de vagues trous » pour narines, et une bouche comme celle d'une pieuvre (*CAT*, 66-67), cette femme monstrueuse, tout comme son mari, tient trop de la caricature pour être perçue comme personnage tout à fait autonome. Elle représenterait plutôt des aspects projetées de la psyché de notre professeur perturbé. Dépendante, presque incapable de se déplacer seule, ne mangeant que de « la soupe » (seul mot qu'elle puisse à peine articuler), autrement dit, lait chaud, chocolat, potage – aucun aliment solide – couchée sur le ventre par Juliette quand les Hazel la sortent l'après-midi, Bernadette semble remplacer l'enfant que le couple Hazel n'a pas eu. Émile, notons-le bien, a une idée assez troublante, sinon malsaine de sa femme, qu'il décrit comme n'ayant guère changé depuis ses six ans : « ma femme était mon enfant » (*CAT*, 93), « les anges n'ont pas d'enfant, Juliette non plus. Elle est son propre enfant – et le mien » (*CAT*, 60).

Mais Bernadette joue aussi un autre rôle dans le psychodrame des *Catilinaires*. Deux symboliques distinctes se révèlent dans les textes nothombiens. Le conflit inter-subjectif se caractérise surtout par une valorisation du regard et du miroir, tandis que le conflit intra-psychique se manifeste par une insistance sur la nourriture, le vomissement, l'appétit, et la présence d'une opposition binaire (« bon » et « mauvais », « Belle » et « Bête »). Ainsi Épiphane Otos,

la Bête hideuse qui affronte la Belle Éthel dans *Attentat*, se voit
comme « *vomitarium* du regard » (*ATT*, 53), celui qui par sa laideur
même ouvrirait les yeux d'un grand public qui a « l'œil aussi gavé
qu'un estomac occidental » (*ATT*, 53), une génération atteinte d'une
métaphorique « anorexie généralisée » (*ATT*, 85). Bernadette
Bernardin des *Catilinaires*, pour sa part, représente tout le contraire de
ce manque métaphorique d'appétit. Tandis que son mari Palamède
mange avec dégoût et ne fait preuve d'aucune joie de vivre, elle, par
contre, vit pour le plaisir : « sa vie n'était pas absurde, puisqu'elle
connaissait le plaisir. Elle aimait dormir, elle aimait manger » (*CAT*,
117). On a déjà suggéré que Palamède représente des aspects projetés
de la psyché d'Émile. Notons maintenant que la projection fonctionne
très souvent en même temps qu'une des défenses les plus primitives
contre l'angoisse : le clivage. L'individu, cherchant à se protéger
contre un conflit psychique intolérable, scinde non seulement l'objet
(exemplairement sa mère ; potentiellement n'importe quel autre), mais
aussi son propre moi en « bon » et « mauvais » côtés. D'où la
précipitation d'un « mauvais » Palamède, destructeur, dégoûté par la
vie, manquant d'appétit, et d'une « bonne » Bernadette. Les Bernardin, autrement dit, forment un tout, représentant les deux côtés
scindés d'Émile lui-même.

Ces métaphores axées sur la digestion, l'appétit, le vomissement
(forme de projection littérale) s'étendent à l'incorporation sous une
autre forme. Comme je l'ai indiqué ci-dessus, le conflit intra-
psychique dans les textes de Nothomb se termine toujours par la mort
d'un des protagonistes, et par un processus d'assimilation d'un
personnage par un autre. Ainsi, dans *Hygiène de l'assassin*, la
journaliste Nina étrangle le « monstre » Tach dans une répétition de
l'étranglement par celui-ci de sa petite amie Léopoldine, Tach
commentant ce processus d'incorporation lorsqu'il déclare à la
journaliste aux intentions meurtrières : « voilà que, sous mes yeux de
vivant, je vous vois devenir moi ! » (*HA*, 175). Le vieillard Omer
Loncours de *Mercure* ment à la belle Adèle, la persuadant qu'elle est
horriblement défigurée. Celle-ci, quasiment emprisonnée par la suite,
se jette finalement à la mer, pour être remplacée par une autre victime,
Hazel. Dans la deuxième fin du roman, l'infirmière Françoise, dans le
rôle de sauveuse héroïque, finit par remplacer Omer comme geôlière,
mentant à Hazel à son tour. Omer se suicide au même endroit
qu'Adèle, cédant la place à Françoise, devenue de son propre aveu

avatar d'Omer : « Moi, je suis un monstre » (*MER*, 224). Dans *Attentat* le monstrueux Épiphane tue Éthel, tout en insistant qu'il a en quelque sorte incorporé la jeune fille, qui continuerait à vivre à travers les souvenirs du meurtrier : « il m'est donné d'être enfin seul avec ma bien-aimée. Je lui suis devenu indispensable : elle n'est vraiment rien sans moi. Qui d'autre que moi peut lui rendre la vie par le souvenir ? » (*ATT*, 153). Même processus dans *Les Catilinaires*. Quand Juliette apprend que Palamède a essayé de se suicider, elle fait preuve de compassion. Émile, par contre, lui réplique : « Tu veux dire : " Quel monstre ! " », insistant qu'il aurait dû le laisser périr. Riposte de Juliette : « Tu te rends compte de ce que tu dis ? C'est toi, le monstre ! [...] Tu as parlé comme un assassin, un véritable assassin » (*CAT*, 111). Ainsi, quand Émile passe à l'acte, étouffant Palamède, il devient monstre à son tour, réincorporant et peut-être ainsi reconnaissant la présence de son « mauvais » côté.

Conflit inter-subjectif, conflit intra-psychique : deux catégories, deux symboliques, deux sortes de conclusions romanesques (trêve, ambiguïté quant au vainqueur ; la mort d'un des protagonistes-clés). Ces catégories ne devraient pas pour autant être considérées comme tout à fait étanches, car si c'est un conflit intra-psychique qui prédomine dans certains textes, autrui y fonctionne *aussi* comme miroir révélateur de défauts et de mauvaise foi. Et, suivant la même logique, les textes qui représentent un conflit essentiellement inter-subjectif introduisent *également*, quoique sur une échelle bien réduite, des éléments de la symbolique de la digestion, de la nourriture et de l'incorporation : voir, par exemple, les « cohortes des vomisseurs » qui font partie de la « guerre » des enfants dans *Le Sabotage amoureux* (*SA*, 88), ou le vice-président de la compagnie Yumimoto forçant Amélie à ingurgiter du chocolat blanc au melon vert dans *Stupeur et tremblements* (*ST*, 165).

Notons finalement un autre facteur en commun, reliant ces deux catégories de conflit. À plusieurs reprises dans le corpus nothombien, on fait mention de la règle du tiers exclu : « Le tiers exclu n'est pas valable en psychologie, comme vous le savez » (*CO*, 69) ; « à votre époque, seuls les physiciens acceptaient la coexistence de données contradictoires. Les autres en étaient encore au tiers exclu » (*PEP*, 82-3). En ce qui concerne les relations humaines représentées dans les textes de Nothomb, cette règle en effet semble bien désuète. Si les conflits inter-subjectifs mettent en scène le paradoxe des individus qui sont *en même temps* vainqueurs et vaincus, des personnages qui gagnent en perdant ou bien perdent en gagnant, les luttes intra-subjectives servent à nous rappeler que les êtres humains sont *à la fois* « bons » et « mauvais ». Laissons le dernier mot à Prétextat Tach, romancier avatar de Nothomb elle-même, défendant son art contre son adversaire, la lectrice : « Oh ! mademoiselle fait la chasse aux contradictions ! Apprenez, espèce d'institutrice, que Prétextat Tach a élevé la contradiction au niveau des beaux-arts » (*HA*, 95).

Textes d'Amélie Nothomb

Si l'édition originale n'est pas l'édition consultée, celle-ci est indiquée entre parenthèses. Les abréviations de titres utilisées dans l'article figurent entre crochets.

Hygiène de l'assassin, Paris : Albin Michel, 1992 (Points, 1995, [*HA*]).
Le Sabotage amoureux, Paris : Albin Michel, 1993 (Livre de Poche, 2000, [*SA*]).
Les Combustibles, Paris : Albin Michel, 1994 (Livre de Poche, 1999, [*CO*]).
Les Catilinaires, Paris : Albin Michel, 1995 (Livre de Poche, 2000, [*CAT*]).
Péplum, Paris : Albin Michel, 1996 (Livre de Poche, 2000, [*PEP*]).
Attentat, Paris : Albin Michel, 1997 (Livre de Poche, 2000, [*ATT*]).
Mercure, Paris : Albin Michel, 1998 [*MER*].
Stupeur et tremblements, Paris : Albin Michel, 1999 [*ST*].
Métaphysique des tubes, Paris : Albin Michel, 2000.
Cosmétique de l'ennemi, Paris : Albin Michel, 2001.

Yasmina Reza : mesures du Temps
Christiane Blot-Labarrère

Après avoir présenté l'auteure, Blot-Labarrère analyse un thème central dans l'œuvre narrative de Reza : le temps. Elle étudie comment les protagonistes, obsédés par le passage du temps et la venue de la mort, réagissent : plutôt que de se laisser gagner par le désespoir, ils choisissent de saisir l'instant, prennent parti pour la futilité contre le sérieux, la joie même fugitive plutôt que le bonheur fade. En fin de compte, la terreur du temps les mène à une méditation éthique et à une métaphysique gaie du désespoir.

Yasmina Reza : measuring Time

After introducing Reza, Blot-Labarrère analyses a central theme in her narrative work : that of time. She explores the reactions of Reza's protagonists, obsessed as they are by its passing and by the approach of death: rather than allowing themselves to be afflicted by despair, they choose to seize the moment, side with futility against solemnity, and with enjoyment, however fleeting, against drab contentment. In the end, the dread of the passage of time leads them to ethical contemplation and a joyful metaphysics of despair.

> À chaque minute nous sommes écrasés par l'idée et la sensation du Temps.
> Baudelaire (*Journaux intimes*)

> Je me disais que le Temps était l'unique sujet sur lequel méditer.
> Cioran (*Aveux et anathèmes*)

> Au fond, à bien y réfléchir, la question posée est celle du Temps.
> Dans quel temps nous plaçons-nous ?
> Dans quel temps, la valeur des choses et des mots ?
> Le temps : le seul sujet.
> Reza (*Hammerklavier*)

De Yasmina Reza, comédienne, metteur en scène,[1] puis dramaturge, scénariste, romancière, on aimerait parler par prétérition. Faire semblant de ne pas dire. Quoi ? Et pourquoi ?

Ne pas dire qu'à vingt-huit ans la création de sa première pièce *Conversations après un enterrement* (1987), primée par la Fondation Johnson, lui vaut le Molière du meilleur auteur et, en 1995, la même récompense assortie à celle du meilleur spectacle privé pour *« Art »* (1994). Ne pas signaler que les années suivantes élargissent sa célébrité de Broadway à Moscou, à Tel-Aviv, à Buenos-Aires, à Londres et l'on abrège. Londres : en 1996, on lui décerne l'Evening Standard Award for Best Comedy, en 1997 le Lawrence Olivier Award for Best Comedy. Broadway : elle y reçoit, en 1998, le Tony Award for Best Play. *« Art »* collectionne les prix... Ne pas ajouter que bientôt se tisse autour d'elle une légende dorée entretenue par la presse : « Yasmina Reza, la fée des planches », « Yasmina Reza, une virtuose de la plume », « Yasmina au sommet »,[2] *etc.*. Circonstance aggravante : l'écrivain revendique une coquetterie de nature et ne voit aucune opposition entre la séduction féminine et l'autorité de l'écrit renforcée par sa renommée précoce, mondiale, incontestable. Soit. Et alors ?

Cette renommée possède-t-elle des assises littéraires assez solides pour passer de la précaire actualité à l'*inactualité* de la survie ? Yasmina Reza se maintiendra-t-elle à la hauteur de ces succès ? Et ces succès, la postérité les consacrera-t-elle ? Il faut savoir s'ébrouer de la

---

[1] Il va sans dire que je partage le combat pour la parité hommes-femmes. On me pardonnera, cependant, de ne pas défendre une terminologie dite non-sexiste. La langue, fruit d'une longue pratique collective, ne peut obéir soudain à une planification unilatérale menée par telle institution ou tel groupe. Ainsi, à la suite d'une sélection qui paraît pour le moins aléatoire, le *Journal officiel* du 23 avril 2000 propose-t-il la féminisation de « recteur » en « recteure », de « professeur » en « professeure » et de « procureur » en « procureure ». Mais il néglige les « chevalières », « officières » ou « commandeures » dans l'Ordre de la Légion d'Honneur. Je ne vois pas l'absolue nécessité de ces changements orthographiques gouvernés par un manque d'unité et de logique, porte ouverte à de nouveaux arbitraires. La lutte continue, mais, pour l'instant, elle se situe ailleurs.

[2] Successivement dans *Le Figaro Madame*, 14 octobre 1995 ; *Elle*, 6 septembre 1999 ; *Valeurs actuelles*, 4 septembre 1999. Voir aussi *L'Express*, 12 février 1998 ; *Le Nouvel Observateur*, 29 janvier 1998 ; *Le Pèlerin Magazine*, 28 septembre 1999 ; *Libération*, 19 janvier 2000.

gloire d'un auteur. Elle n'est pas nécessairement liée à la valeur intrinsèque de l'œuvre et, bien souvent, elle ne va pas sans ombres.

Face au zèle des thuriféraires, les détracteurs dénoncent son goût de la caricature méchante, ses avis à l'emporte-pièce ou, pire, sa démagogie, des plagiats. On met alors l'accent non sur ses dons mais sur son savoir-faire, son adresse, sa roublarde sophistication ou son art... « hasardeux ».[3]

L'intelligentsia boude « *Art* » où s'apercevrait une critique moqueuse de la peinture monochrome,[4] de la glose envahissante, de la psychanalyse, des points fixes qui jalonnent notre modernité, critique dont Henri Meschonnic a cependant montré qu'elle était constitutive de la modernité.[5] En 1995, *L'Homme du hasard* fustige la sottise des rires « dans les salles de spectacle, genre culturelles. Rire qui rit de savoir si intelligemment pourquoi il rit ».[6] Sa prédilection pour le théâtre privé déclenche les réticences du secteur public.

Au moins par le truchement de la fiction, son insensibilité aux vertus républicaines, à l'égalité, à la fraternité, aux droits de l'homme, sources de railleries dévastatrices, lui attirent froideur ou incompréhension. Samuel Perlman veut-il évoquer les employés de maison ?

> Comme ils n'ont rien à foutre à part aller de temps en temps à Auchan et regarder la télé en croquant des poivrons, à un moment donné ils parlent syndicat, [...]. J'ai envie de [...] dire qu'ils ne sont pas des êtres humains, qu'ils ne sont même pas en mesure de prétendre au moindre grade dans l'échelle déjà basse de l'humanité. (*D*, 60-61)

Sa femme Nancy lui propose-t-elle des cakes à l'orange ? Ils ont été préparés par « des gouines de Pont-L'Abbé qui font ça en série dans une porcherie transformée en fabrique » (*D*, 46-47). Quant à son gendre, Michel Cukiermann : « Dès qu'il se sent menacé dans son intégrité juive (texto) [... il] s'adosse au génocide pour [le] rappeler à

---

[3] Dans *Info-Matin*, 9 octobre 1995. Voir aussi *Télérama*, 16 novembre 1994 et 8 septembre 1999 ; *Le Monde*, 7 novembre 1994, *etc.*.

[4] Reza s'est inspirée des toiles de Martin Barré et de ses recherches autour de la couleur blanche dans les années cinquante.

[5] Meschonnic, Henri, *Modernité modernité*, Paris : Gallimard, 1993, 127.

[6] Reza, Yasmina, *L'Homme du hasard*, 23. Les références aux textes de Reza seront par la suite mises entre parenthèses dans le texte. Les éditions consultées ainsi que les formes abrégées des titres sont indiquées dans la bibliographie à la fin du texte.

l'ordre » (*D*, 131). La gauche blâme ces sarcasmes, le mépris d'autrui, celui des luttes sociales ou politiques. On crie à la dérive droitière la plus archaïque.

Au rang des mécontents se pressent aussi les clercs ou ceux qui croient l'être. Comment accepteraient-ils les traits que décoche Paul Parsky :

> Tous ces imbéciles qui parlent de leurs intentions.
>
> Tous ces imbéciles qui ont produit du sens à la pelle, [...] qui contemplent leur addition au monde avec leurs sourcils froncés, les grands fournisseurs de sens qui vont parler dans les émissions littéraires. (*HH*, 10)

À juste titre, Marc Weitzmann constate : « Hostiles ou élogieux, les chroniqueurs sont tous d'accord pour voir en Yasmina Reza la même chose : classique, bourgeois, réac ».[7]

Ainsi, tandis qu'à New York on la traite avec une grande considération, en France elle ne parvient pas à gagner la faveur de tous, encore moins la sympathie des *happy few*, des dogmatiques de différents bords ou des esprits chagrins. Et la rumeur court…

Et Yasmina Reza passe du théâtre à ce qu'elle nomme la littérature. *L'Homme du hasard* présente déjà deux monologues en parallèle et semble ressortir à un récit plus qu'à une comédie. Les textes réunis dans *Hammerklavier* (1997) n'ont rien à voir avec la technique théâtrale. En somme, de 1995 à 1999, et en 1999 avec *Une désolation*, elle aborde la prose *romanesque* sans perdre en vivacité ni en arrogance. Au contraire. Loin de la contrainte des planches, elle déploie sa vision du monde. Vision d'une amertume cocasse ou plutôt d'une très amère cocasserie. Rien n'y est gratuit, même si, à l'occasion, l'écriture se présente sous des dehors, on pensera, faciles : elle affiche une spontanéité désinvolte. Riche en saillies, libre des entraves du bon goût, ne craignant ni la redite, ni l'expression crue, elle a l'air de courir au fil de la plume.

Or, quand on veut bien lire, et lire bien, ces phrases corrosives, violentes, douloureuses, parfois brusquement ensoleillées, parfois d'une pittoresque drôlerie, on aperçoit une exacte adaptation du langage à son objet, la conscience aiguë de l'altérité du réel, un souci constant de musicalité et l'obsédante présence du Temps, thème

---

[7] *Les Inrockuptibles*, 28 septembre 1997. Voir aussi le numéro du 31 août 1999.

majeur. Le Temps, basse continue de son œuvre, en forme l'ossature et en renouvelle les inflexions. *Basso ostinato*, disaient les maîtres de la musique baroque. Aussi, par-delà les procès d'intention, divers, fondés ou non, qui lui sont intentés, sans s'occuper des polémiques, c'est ce thème que l'on examine.

Auparavant, bien que jamais l'histoire d'une vie ne permette d'atteindre les arcanes de la création, bien qu'il ne faille pas confondre l'auteur et le narrateur,[8] on ne saurait éliminer tout détail biographique sur le premier sans risquer de s'aveugler sur le second. Nul ne peut faire fi des circonstances de sa naissance, de ses premières années, en un mot, de son enfance. Encore moins un écrivain.

Ce n'est pas l'enfance, en tant que telle, qui marque Yasmina Reza mais le milieu dans lequel elle a grandi et dont on retrouve maintes images, au fil de ses publications. Sa mère, Nora Heltaï, juive ashkénaze d'une famille d'industriels hongrois, joue du violon. Son père, Jean, juif sépharade, voit le jour à Moscou et troque son patronyme : Gedalia contre celui de Reza, aux consonances iraniennes. Il rencontre sa future femme à Paris, où naît Yasmina, le 1ᵉʳ mai 1959. Mélomane, comme son père elle joue du piano et vit « à la façon des orientaux aisés bien plus que selon les critères de la bourgeoisie occidentale », captivée par les personnalités « insensées » et les mœurs de la Mittel Europa.[9] Elle se reconnaît héritière d'une éducation privilégiée, d'une instruction littéraire et musicale raffinée, d'une tradition juive ouverte à la dérision comme à la tragédie, avers et envers d'une même médaille. Sa jeunesse lui a forgé un tempérament énergique et singulier. Davantage, elle l'a placée pour toujours sur ce que Marguerite Duras baptisait « la voie du gai désespoir ».[10] Cette référence n'est pas fortuite. Avec quelques-uns, Marguerite

---

[8] Voir Cioran, *Syllogismes de l'amertume*, Paris : Gallimard, 1952, 23 : « Il est incroyable que la perspective d'avoir un biographe n'ait fait renoncer personne à avoir une vie ». Cf. Reza qui fait dire à Paul Parsky :

Interdiction d'écrire une biographie.
Interdiction totale – totale – d'écrire une biographie après ma mort. [...]
La biographie d'un écrivain, une absurdité totale.
Qui sait quoi d'une vie ?
Qui peut dire quoi que ce soit de cohérent sur une vie ? (*HH*, 10)

[9] Dans *Le Figaro Madame, op. cit..* Voir aussi *Elle, op. cit.*, et *Lire*, septembre 1999.

[10] *Le Monde*, 17 décembre 1969. Repris dans *Outside*, Paris : Albin Michel, 1981.

Duras figure au Panthéon personnel de Yasmina Reza qui aurait aussi subi les influences de Tchekov, Sarraute, Fitzgerald, Borgès, *etc.*. Mais s'il faut relever des parentés plus sûres, on doit songer justement à Marguerite Duras parce qu'elle a « révolutionné l'écriture, y a introduit la musique, le silence, avec une ponctuation bien plus novatrice que celle du Nouveau Roman »,[11] vertus cardinales pour Yasmina Reza. Cioran lui est proche. Ce qu'il y a dans ses livres d'indifférence cruelle, de pensées caustiques ou acerbes, de mauvaise humeur et d'implacable lucidité se glisse en filigrane dans *L'Homme du hasard*, dans *Hammerklavier* ou *Une désolation*, si l'on s'en tient à ces textes.

Et l'on s'en tiendra à eux, à l'aspect *narratif* de l'œuvre. Ensemble, ils présentent une cohérence chronologique, paraissent former une trilogie et s'intéressent uniment aux approches les plus arbitraires du Temps.

Inutile de se rapporter à Saint Augustin ou à Bergson, de citer Villon, Lamartine, Proust, pour admettre que le Temps de la grande lyrique ne ressemble pas au Temps calendaire. À la métrique des horloges, il substitue la prévalence d'une durée tout intérieure. La mécanique s'efface devant la perception du temps vécu, variable en chacun. Le symbole de la Clepsydre, tôt vidée chez Baudelaire car « le gouffre a toujours soif »,[12] illustre la cadence de ce temps, non uniforme, non unitaire. Sylvie Anne Goldberg en fait le titre d'un essai. Elle y étudie la généalogie du temps juif, montre que le temps vécu dépend des mutations de l'histoire, de la culture et de la religion. Cette dernière lie la communauté des croyants par la Loi, d'essence extratemporelle, Loi qui redouble la temporalité séculière et s'en distingue. De là que dans le judaïsme toutes les heures ne sont pas pesées à la même aune et que, plus qu'ailleurs, le temps demeure une notion fluctuante, subjective.[13]

Yasmina Reza n'en disconvient pas pour qui le réel dans son entier réside au-dedans de soi. *L'Homme du hasard* se demande :

---

[11] *Télérama*, 8 septembre 1999. On remarquera l'importance de l'intertextualité dans les livres de Reza.

[12] Baudelaire, Charles, « L'Horloge », *Les Fleurs du mal*.

[13] Goldberg, Sylvie Anne, *La Clepsydre*, Paris : Albin Michel, 2000, *passim*.

« Qu'est-ce qui compte ? La durée ? L'instant ? » (*HH*, 21) ;
Hammerklavier enchaîne : « Le monde n'est pas hors de soi. Hors de
soi c'est l'illusion du monde et non le monde » (*H*, 120). Samuel
Perlman y revient : « Le monde n'est pas hors de soi. Hélas. [...]
l'homme ne connaît le monde qu'en soi et il ne peut sortir de lui-
même » (*D*, 54).[14] La partialité l'emporte sur la neutralité. Aucune
emprise objective ni sur le réel ni sur le temps. Pures expériences du
provisoire, tous deux ne s'imposent que par leur présence opaque et
confortent l'être dans son individualisme. Insidieux trompe-l'œil, ils le
brisent dans leur « pathétique machinerie » (*D*, 48). [15]

Vue désenchantée. La mort gagne. Elle est la plus fidèle compagne de l'homme : « Chaque jour le monde m'aura rétréci et
aujourd'hui, c'est le monde qui se rétrécit en moi. C'est ainsi. La vie
aura eu raison de moi » (*D*, 115). Sur la fuite inéluctable des jours,
sujet rebattu, Yasmina Reza brode les motifs qui peuplent son paysage
mental. Un vocabulaire familier, l'indiscipline de la syntaxe et la
liberté du ton recomposent les embuscades du Temps dont les héros
sont les victimes insoumises. Marta, par exemple, triche sur son âge.
Quelques jours après avoir montré à la narratrice une photographie
prise jadis plutôt que naguère, elle lui rappelle : « Vous vous étiez si
délicatement exclamée : Oh ? ! C'est vous ? Mais vous étiez très
belle ! ... Oui, ma petite, c'était moi et j'étais [...] très belle. Voilà le
temps. La méchanceté du temps ». La narratrice alors : « Prononce-t-
elle cette dernière phrase ? Non. Voilà le temps et sa méchanceté,
c'est moi qui le pense » (*H*, 23).

Parce que le Temps démoniaque porte atteinte à l'intégrité du
corps, les personnages de Yasmina Reza luttent contre le vieillissement. Sans espoir. D'avance certains d'un échec, souligné par la
remarque désabusée de Samuel Perlman, las de ses cheveux blancs.
Qu'y faire ? : « Grosso modo, si tu es teint, tu as l'air teint et si tu n'as
pas l'air teint, tu n'es pas teint du tout » (*D*, 52). Nancy range dans un
« réduit de démence » les onguents censés sauvegarder sa jeunesse et

---

[14] Voir aussi *Une désolation*, 25, 28, 103, 117, 150.

[15] Cf. Cioran : « Je me suis concentré sur le *passage* du temps, [...] sur l'interminable
désagrégation du présent. On ferait cette expérience sans interruption pendant toute
une journée, que le cerveau se désagrégerait à son tour », *Écartèlement*, Paris :
Gallimard, 1979, 96. Voir aussi *La Chute dans le temps*, Paris : Gallimard, 1964,
passim.

Samuel, impitoyable : « j'observe son visage abreuvé de toutes ces conneries du placard interdit, visage gentiment effondré, visage tremblant de bien faire, visage en route calme vers sa fin » (*D*, 50-51). Ensuite surgissent des regrets plus vastes.

Regret du temps passé, perdu, du *nevermore*, « refus du changement en ce qu'il détruit, colère impuissante face au temps destructeur, au temps qui fait plus que s'écouler : qui anéantit ».[16] Aussi bien est-ce sur une série de morts que s'ouvre *Hammerklavier* : mort du père, mort de Marta, mort de Mamoune ; mort de Serge, au début de *L'Homme du hasard* ; terre jetée sur un cercueil, à la première scène de *Conversations après un enterrement* ; mort de Léo Fench dans *Une désolation* rapportée par trois fois, avec des variations, ainsi que dans un thrène : « Un beau jour, un homme marche rue de Solférino d'un pas léger et le lendemain n'est plus » (*D*, 43).[17] Yasmina Reza sait confronter le lecteur à l'irréversible dont Wladimir Jankélévitch observe qu'il « n'est pas un caractère du temps parmi d'autres caractères [mais] la temporalité même du temps ».[18]

Cependant, il serait faux d'envisager ces textes comme des récits crépusculaires, voués au seul déterminisme du déclin. Quitte à frôler le passéisme, la réminiscence ravive la mémoire, fixe des précisions venues de circonstances désormais lointaines et leur rend fraîcheur et force. À Barcelone, la narratrice s'entend raconter par José-Maria F. la première des *Caprices de Marianne* en Avignon et le stupéfiant silence qui suivit : trente secondes. Elle poursuit :

> Quel bonheur d'avoir connu ce temps béni de *la non-participation*. […] un temps où il ne s'agissait pas […] d'être un *soi* bruyant et apparent. Où que nous allions aujourd'hui, me dis-je, les gens applaudissent sur la dernière note. Aucun silence. Pas une seule seconde de retrait. (*H*, 79).

Hammerklavier repose en partie sur une série d'antithèses entre hier et aujourd'hui. La vigueur de l'écriture tempère la mélancolie : découverte de l'identité juive vers six ou sept ans (*H*, 43), douceur d'une visite à Budapest (*H*, 115-17), fierté de comprendre Stefan

---

[16] Pontalis, Jean-Bertrand, *Fenêtres*, Paris : Gallimard, 2000, 52-53.

[17] Voir aussi *Une désolation*, 45, 157.

[18] Jankélévitch, Wladimir, *L'Irréversible et la nostalgie*, Paris : Flammarion, 1974, 11.

Zweig et de faire « à ce mortel, l'éclat d'un instant, office de Temps » (*H*, 69), rage de Samuel J. contre son fils où l'on entrevoit les premiers linéaments d'*Une désolation* : « Toi, que fais-tu ? [...] Tu fais des illustrations pour enfants [...]. Tu dessines des pandas qui escaladent la Tour Eiffel et tu es content » (*H*, 92). Content ? Heureux ? Que signifient ces adjectifs sans relief, tout juste capables de qualifier une détestable indolence ?

Au demeurant, se profile le rêve d'une vie calme. Mais ce rêve vaut pour autrui, non pour soi. On l'apprécie... de loin. On voudrait imiter Lionel, ce contemplatif tourmenté, qui regarde, au long des saisons, un marronnier devant sa fenêtre, de façon patiente, afin d'apprendre le détachement. Bonne méthode ? Oui, répond Yasmina Reza, mais inaccessible si admirable soit-elle : elle ne l'applique pas, mais l'idée que certains s'y tiennent la rassure.[19] Samuel et Lionel ne nourrissent-ils pas leur amitié de ce qui les oppose ? S'il n'offre pas, non plus, un modèle susceptible d'être suivi, *Eugénie Grandet*, avec ses lenteurs de province et sa beauté éteinte, s'accorde au mirage de l'immobilité :

> *Eugénie Grandet* fut mon *Désert des Tartares*, mon *Godot*, ma sépulture du temps.
>
> D'*Eugénie Grandet*, il reste le son lointain d'une pendule, [...] son égrené du manque et de l'ennui.
>
> D'*Eugénie Grandet*, il reste la vie *inatteignable*. (*H*, 85)

Ces chimères n'étant que chimères, les personnages se voient ramenés au tout venant des ans. Pour les rudoyer. Pour s'acharner contre l'Ennui qui, suivant Jankélévitch, représente, avec l'Aventure et le Sérieux, une des manières de considérer le Temps. L'Ennui possède un caractère paradoxal en ceci qu'il n'est pas la conséquence de la monotonie mais sa cause. Non pas conséquence de l'action, « mais du repos ; non pas du travail, mais du loisir, non pas du malheur mais plutôt du bonheur ».[20]

Ces affirmations éclairent le discours de Samuel Perlman. En anaphore, par trois fois, il s'écrie : « Moi dont la seule terreur est la monotonie des jours, moi qui pousserais les battants de l'enfer pour

---

[19] *Lire, op. cit..*

[20] Jankélévitch, Wladimir, *L'Aventure, l'Ennui, le Sérieux*, Paris : Aubier-Montaigne, 1963, 80 et ss.

fuir cet ennemi mortel » (*D*, 12, 24 et 56, avec de légères variations). Il apostrophe son fils. Trente-huit ans. Une ambition : la quiétude au soleil des Tropiques. Une satisfaction : avoir su s'adapter au monde. Un dessein : le bonheur. Pour son père, toutes preuves de décadence : « Le bonheur [...] offre un large flanc aux dégoûts mortels »,[21] écrit Wladimir Jankélévitch. Selon Yasmina Reza, selon Marguerite Duras aussi, le bonheur est la pente funeste qui confronte l'être à la mièvrerie, à l'étirement languide du Temps, par conséquent, objet d'un persiflage opiniâtre.[22] Dans *L'Homme du hasard*, Martha narre ses retrouvailles avec Georges, longtemps épris d'elle, maintenant marié, père de famille et : « ce qu'il y a de plus intolérable : heureux » (*HH*, 18). Heureux de promener son petit Éric en poussette... : « Le mot poussette dans la bouche de Georges ! Le moins domestique des hommes. Croyais-je. Un homme que j'avais connu scandaleux, insolent, réduit en miettes, dissous par la paternité » (*HH*, 19). *Une désolation* ne hiérarchise pas les perspectives et va dans le même sens. La réprobation touche le loisir où l'on s'enlise, l'étalc satiété. Doit-on oublier « l'épouvantable indifférence du temps » (*D*, 24) au moyen de ces piètres expédients ? Non.

Les gens heureux sont donc peu fréquentables. Ils n'ont pas d'histoire. Notamment aucune histoire d'amour. Au bonheur sans histoires, on préfèrera une histoire sans bonheur, mais féconde en imprévisibles surprises et en péripéties inattendues. L'amour et le bonheur se placent aux antipodes l'un de l'autre.[23] Paul Parsky corrobore les imprécations de Samuel Perlman qui rejoint *Hammerklavier* où se dénonce « le péril du bien-être » (*H*, 109). Rien n'atteint en grandeur les passions amoureuses où s'allient dangers et délices, où le désir suscite accidents et alarmes, désir qui brûle, emplit l'espace, le déleste de sa fadeur. Plutôt l'intensité que la longévité. Durant sa liaison avec Marisa, Samuel a connu l'illusion de la vie,

---

[21] *Ibid.*, 86.

[22] Cf. Marguerite Duras, « L'Amante anglaise », *Le Monde*, 29 mars 1967. L'écrivain justifie le crime de Claire Lannes par « le dégoût de l'opulence, de la graisse, de l'accommodation à la vie, du bonheur qu'on s'arrange, du bien-vivre, du confort ».

[23] Voir Pascal Bruckner, *L'Euphorie perpétuelle*, Paris : Grasset, 2000, 16-17 : « Le souci du bonheur est contemporain en Europe, dans sa forme laïque, de l'avènement de la banalité. [...] La banalité ou la victoire de l'ordre bourgeois : médiocrité, platitude, vulgarité ».

« d'autant plus violente qu'elle ne fut jamais [...] confondue avec le bonheur » (*D*, 129). Geneviève Abramovitz en est d'accord (*D*, 95). Tout amour s'accompagne d'un drame espéré. Il suit l'inspiration fatale qui le gouverne : « Dans le versant sombre de l'amour, le seul où l'on puisse se perdre, j'irai en secret et dans le silence car il n'y aura pas de jouissance qui ne soit solitude et pas d'extase qui ne soit Douleur » (*H*, 77).[24] Par ailleurs : « il n'est rien de plus triste, de plus décoloré que la chose réalisée » (*D*, 13). Reste l'attente indocile, mue par un devenir constant, tendue vers un futur dont on ne souhaite pas la survenance. Reste également un insolite bonheur, un bonheur à retardement, à contretemps, prisonnier d'un autrefois qui n'appartient plus à personne. « Le bonheur n'est su que perdu » (*H*, 31).[25] Jascha Steg surenchérit : « Dis-lui que tout est perdu dès l'origine, dis-lui que tout ce qu'on aime est perdu... » (*LK*, 40).

Toutefois, chez Yasmina Reza, le drame se dissimule derrière le vif-argent de l'intelligence et de la malice, la nervosité de bon aloi et devient « un pessimisme gai ».[26] Une coexistence belliqueuse entre le sourire et les larmes s'instaure chez ses personnages. Porte-à-faux qui explique les oscillations dont ils ne sont pas les dupes. S'en accommodent-ils ?

À l'instar de Cioran, ils bannissent le Sérieux, « ce péché que rien ne rachète ».[27] La liberté s'y abolit et il pèse sur le Temps. Il transforme le tragique en tragique « infinitésimal », le risible en risible « infinitésimal », car il comporte un élément « imperceptiblement grotesque ».[28] Cela ne signifie pas que rien n'est à prendre au sérieux. Mais on se défie du bon sens étroit, crispé sur lui-même, de la raison infatuée.

---

[24] Cf. Cioran, *Aveux et anathèmes*, Paris : Gallimard, 1987, 116 : « La grande, la seule originalité de l'amour est de rendre le bonheur indistinct du malheur ».

[25] Cf. Duras, Marguerite : « Vous avez pu vivre cet amour [...] en le perdant avant qu'il soit advenu », *La Maladie de la mort*, Paris : Minuit, 1982, 57 ; cf. *Hammerklavier*, 86-87, et cette phrase de Walter Benjamin, dans une lettre à Horkheimer du 28 mars 1937 : « Glück wird aus Verlust geboren, ewig ist nur, was verloren » (Le bonheur ne naît que pour être perdu, seul ce qui est perdu est éternel).

[26] *Télérama*, *op. cit.* et voir *supra*, note 9.

[27] Cioran, *La Tentation d'exister*, Paris : Gallimard, 1956, 117.

[28] Jankélévitch, *L'Aventure, l'Ennui, le Sérieux*, *op. cit.*, 219.

À l'instar de Marguerite Duras, ils élisent la connaissance inventive et non le savoir, l'expérience intime et non la supériorité sentencieuse des lettrés : « Ceux qui savent aplatissent le monde » déclare Samuel Perlman (*D*, 123) après avoir fredonné avec Lionel, aussi bouleversé que lui, l'*adagiosissimo* du *Cappricio sopra la lontananza del suo fratello dilettissimo*. Les spécialistes n'y voient qu'une aimable composition de jeunesse. Or, ce qui importe, en l'occurrence, n'a rien à faire de la musicologie. La complicité, l'émotion partagée suffisent. Les cuistres l'ignorent. Les voilà évincés… et leur science balayée en une courte phrase.[29] À ceux qui se cantonnent frileusement dans leur érudition empesée, Yasmina Reza propose un éloge de la futilité.

Cette futilité revêt les caractères que lui attribue Cioran : consciente, acquise, volontaire.[30] Ne se confondant point avec la facilité, elle prend le parti du paraître contre celui de la profondeur. Ainsi les Grecs, d'après Nietzsche : « Ah ! ces Grecs, comme ils savaient vivre ! Cela demande la résolution de rester bravement à la surface, de s'en tenir à la draperie, à l'épiderme, d'adorer l'apparence et de croire à la forme, aux sons, aux mots, à tout l'Olympe de l'apparence ! ».[31]

Dans *Une désolation*, Léo Fench s'installe au sein de la frivolité. Il ne croit pas en l'homme, duquel il n'attend rien, mais il croit en la vie (*D*, 47). Pareille, Martha qui se lie avec Georges parce qu'il est « légèrement » amoureux d'elle, « sans espoir de rien » (*HH*, 18). Pareil, Samuel et son dernier rendez-vous (manqué) avec Marisa. Leur passion chaotique s'est privée de temps, les gardant le plus souvent « sur des seuils, sur des paliers éphémères » (*D*, 129). Bousculés entre les menaces et les promesses du lendemain, s'ils ne doutaient de rien, tous miseraient sur la pérennité. Leurs angoisses, leurs perplexités les ayant rendus sceptiques, ils ont appris que la splendeur du monde apparaît au travers des seuls instants. À la lueur imprécise ou

---

[29] Cf. Duras, Marguerite : « Il faut fuir ces gens […] qui parlent de la musique dans la musique, qui, tandis qu'on joue une Suite pour violoncelle, parlent de Bach », *L'Été 80*, Paris : Minuit, 1980, 46. Et Cioran : « Voir tout de l'extérieur, systématiser l'ineffable, ne regarder rien en face », *Syllogismes de l'amertume*, *op. cit.*, 22.

[30] Cioran, *La Tentation d'exister*, *op. cit.*, 117.

[31] Nietzsche, Friedrich, *Le Gai savoir*, Paris : Gallimard, Folio-Essai, 1982, 27.

tremblante de la continuité résignée, ils opposent l'étincelante brillance du discontinu, à l'équilibre, l'art consommé du déséquilibre et substituent aux préceptes usés de la sagesse séculaire leur cortège de déchirements affolés et de bénéfiques extravagances : « Je n'ai que faire du calme, de la patience, cette molle agonie » dit l'une (*H*, 118), et l'autre : « je veux de la pure fantaisie » (*D*, 135), « tout est irréel hors l'instant » (*D*, 88). C'est pourquoi ils cueillent ces instants, à l'exemple de Ronsard, et cultivent le *Carpe diem*, sans être épicuriens. La frayeur du Temps demeure si pénible, qu'ils s'essaient aussi à une impossible union des contraires, passé et futur assemblés dans une minute éblouissante, tous deux en bagarre, afin que surgisse une présence quasi palpable du présent.

Proche des *novelle* italiennes, *Hammerklavier* se tisse d'instan-tanés, de fragments de vie, de tristes ou de divertissantes souvenances. Le quotidien personnel porte témoignage et acquiert une portée générale. La simplicité du fond n'implique pas, tant s'en faut, la simplicité de la réflexion. Écartelés entre désir et solitude, les héros et les héroïnes font leur miel de l'impertinence, de l'irrespect, de l'ironie, de la maxime piquante, de leurs erreurs, du mot d'esprit où Freud voyait une affirmation du principe de plaisir. Autant de dispositions qui donnent enfin de la grâce au Temps.[32] Personne ne reste à sa place. Personne n'est jamais là où il devrait être. Le vieux couple des Fortuny se livre à des pitreries charmantes (*D*, 121), le père de la narratrice entonne avec Raymond Barre le début du *Quintette K 516* de Mozart en pleine rue (*H*, 61-62) et Samuel implore Geneviève dont il a tracé ce portrait : « une femme extrêmement fine. Une femme avec qui tu pouvais rire ce qui est rare chez une femme » (*D*, 73). Il lui répète : « Riez, j'aime tant votre rire » (*D*, 138), et encore : « j'adore votre rire, votre rire me sauve » (*D*, 155).[33] Un regard qui ne cille pas se pose jusque sur la souffrance et la mort, après tout, « choses passagères » (*H*, 17).

Forçant à peine le trait, on avancera que l'œuvre de Yasmina Reza est un traité d'apprentissage au désespoir. L'écrivain ignore les

---

[32] Voir Cioran : « Laissez l'instant faire, laissez-le résorber vos rêves », *La Tentation d'exister, op. cit.*, 195. Cf. Jankélévitch, *L'Aventure, l'Ennui, le Sérieux, op. cit.*, 15.

[33] Voir aussi *Une désolation*, 88, 95, où, à nouveau, le rire « exquis » de Geneviève est mentionné.

orphelins des lendemains enchanteurs. Elle part à la conquête intré-
pide du sens de la vie qui tient en une continuelle insurrection. Sans
doute est-ce pourquoi elle conseille la lecture d'« Un peuple de
solitaires » au prétexte qu'elle ne connaît rien de plus « magnifique »
sur les juifs.[34] Plusieurs passages semblent mettre en lumière le
comportement de ses personnages dérangeants, secoués par des
quintes d'agressivité et le besoin du mouvement, insatiables, sans
patience (*H*, 119), cravachant leur vie.[35]

Aveuglés par la frénésie, ils souhaitent « le sort des armes » (*H*,
118), la transe des terroristes (*HH*, 28), voire la guerre (*H*, 83).
Pourquoi ce penchant vers le pire ? Est-ce une compensation à la
platitude de l'existence, comme pour Apollinaire ? Et, comme pour
lui, l'espoir ne se projetterait-il pas vers l'embrasement des batailles,
vers une immense fête meurtrière, dans un monde ivre des plus
bruyantes fanfares ? Ne l'a-t-il pas résumé en une formule troublante :
« Ah Dieu ! que la guerre est jolie ! » ?[36]

Dieu : c'est là qu'il faut en venir. La combativité qui, dans l'univers de Yasmina Reza, ne tombe jamais en désuétude, trouve à
s'exercer sur l'Éternel. Existe-t-il ? Peu importe, « on lui fait une
place » (*D*, 55). On s'interroge. La connivence avec lui se fonde sur
les anathèmes bibliques. Une fureur, sauvage, primitive, la domine :
« Que veut Dieu ? Dieu se cache et veut qu'on le cherche. Telle est la
réponse juive à cette question. Où se cache-t-Il ? Nous le savons
aussi : hors de la malédiction du temps. Cachette infernale et injuste
qui fait prendre en grippe son locataire » (*H*, 33).

---

[34] *La Tribune juive*, janvier 1987. Ce texte de Cioran est inclus dans *La Tentation
d'exister*, *op. cit.*, 69 et sq. Sur l'antisémitisme de Cioran, question controversée, voir
Patrice Bollon, *Cioran l'hérétique*, Paris : Gallimard, 1997.

[35] Cf. Cioran : « Sans eux les cités seraient irrespirables ; ils y entretiennent un état de
fièvre [...]. Une ville morte est une ville sans Juifs. [...] Quel que soit le pays qu'ils
habitent, ils s'y trouvent à la pointe de l'esprit », *La Tentation d'exister*, *op. cit.*, 81 et
ss.

[36] *Ibid.* : « Modèles de fureur et d'amertume, ils vous font acquérir le goût de la rage,
de l'épilepsie, des aberrations qui stimulent. [...] Leur course, avec ses errances et ses
vertiges, comment serait-elle comprise par une humanité pantouflarde ? ». Le vers
d'Apollinaire est extrait de *Calligrammes*, 1918. Cf. Bruckner : « Le crime de la
bourgeoisie ? C'est de préférer la sécurité au courage, la survie médiocre à la mort
glorieuse dans un bain de sang rédempteur. [...] Oui, plutôt être un terroriste, un
criminel qu'un petit fonctionnaire ou un petit actionnaire ! », *op. cit.*, 165.

On ne se prive pas « d'agiter Dieu » (*D*, 55, 104) ainsi qu'on agite l'existence, qu'on l'empoigne, avec l'idée qu'on pourrait avoir barre sur Lui autant que sur elle. Le prie-t-on ? Âprement, pour qu'il intervienne, cela va sans dire, contre le Temps et en faveur d'une subversion sans limites.

> Ô mon Dieu, fais-moi revivre une journée, une heure au temps des obsessions !
>
> Refais de moi un toqué, un fanatique, un criminel si tu veux. Redonne-moi l'horreur de la tranquillité, du paisible sous toutes ses formes. (*D*, 70)

Lorsqu'il n'est plus utile d'éperonner le Temps parce qu'il touche à son terme, on imagine de facétieuses stratégies pour être bien accueilli dans l'au-delà.[37] Le père d'*Hammerklavier* établit une liste de ceux qu'il entend rencontrer *post mortem* et la remet à sa fille :

> Par mon entremise il lui disait : Tu vois, je n'ai pas beaucoup mis le *talith*[38] et les *teffilines*[39] dans ma vie, je n'ai certes pas hanté les synagogues, j'ai mangé du porc plus que nécessaire et mon fils n'a pas fait sa *Bar-Mitsvah*,[40] mais regarde, ô Éternel, Loué sois-Tu ! dans quels bras je veux tomber pour l'éternité, Abraham, Moïse, Job... (*H*, 113-14)

La terreur du Temps, spectateur impassible des joutes de la damnation et du salut, conduit Yasmina Reza à la méditation éthique et métaphysique. Agnostique, elle est séparée du judaïsme sans que cette séparation soit en rien négligence. Le dépassement de soi par la religion demeure en elle sous la forme d'une attirance invincible. Lors d'une visite à *Méa Chéarim*, quartier de Jérusalem, elle distingue un groupe de juifs orthodoxes :

> Il y a quelque chose dans cette vie ritualisée qui fait mortellement envie. [...] à la fois serviteurs et maîtres du temps, ayant scandé les heures à leur guise, ces fidèles qui vont où je ne sais pas se sont soustraits à l'attente, notre pitoyable agonie. (*H*, 100)

---

[37] Cf. Cioran : « La prière passive, traînante, [...] déplaît de surcroît à leur dieu qui, au rebours du nôtre, supporte mal l'ennui », *La Tentation d'exister*, *op. cit.*, 83-84.

[38] Châle de prière utilisé par les hommes pendant le service religieux.

[39] Fines lanières de cuir terminées par de petites boîtes contenant des passages de l'Exode et du Deutéronome que le juif croyant porte pendant les prières du matin.

[40] Cérémonie tenue à la synagogue, par laquelle le garçon de treize ans acquiert le statut de l'adulte.

Le croyant ne s'asservit pas au Temps. Il en diminue l'oppression concrète en la sublimant, en consacrant ses heures à l'établissement d'une vérité dont la visée eschatologique le projette vers un ailleurs. En outre, si le judaïsme repose sur la rigueur normative de la tradition, il exige d'y réfléchir, de la discuter, de l'ajuster et de la réajuster ainsi qu'il en est dans les *yèshivot*.[41] Cette dualité fondamentale, cette division dans l'identique, fixité des commandements et invitation contradictoire à en débattre sans fin, assure la dynamique du judaïsme et retient l'attention de Yasmina Reza.

Mais, puisque le Temps englobe même la mort qui en est une part différée, le plus habile pour le supporter se trouve peut-être indiqué à la toute fin d'*Une désolation*. Geneviève et Samuel s'enlacent sur les accords des *Chants juifs pour violoncelle et piano*, du *Kaddish*[42] et du *Kol Nidrè*.[43] Leurs sombres harmonies rendent Samuel « immensément nostalgique » (*D*, 139). Il les abandonne et la soirée s'achève sur l'*Art de la fugue* de Bach qui a inspiré l'auteur dans la construction de son roman : « Il n'est que la musique pour créer une complicité indestructible entre deux êtres. Une passion est périssable, elle se dégrade comme tout ce qui participe de la vie, alors que la musique est d'une essence supérieure à la vie ».[44]

Les personnages de Yasmina Reza aspirent à une « vie entièrement chantée et dansée, [...] inexplicablement porteuse de joie » (*D*, 157-58), car la joie est le meilleur antidote du bonheur honni. Ils tournent le dos à la morosité et goûtent farouchement de courtes embellies. Leur allure fantasque, ils l'arrachent à la détresse. Détresse d'avoir à composer avec la chronologie, détresse de leurs questions sans réponses. Faut-il laisser s'écouler le temps, le donner, le perdre, le remplir, capturer ses battements, s'en remettre au souvenir, croire au seul avenir ? S'ils travestissent infortunes ou déceptions sous le

---

[41] Pluriel de *yèshiva*. En hébreu, séminaire rabbinique.

[42] De l'araméen *Kadosh* (saint), le *Kaddish* est une prière qui s'associe au rituel funéraire.

[43] *Kol Nidrè* (tous les vœux), prière récitée en araméen avant le *Yom Kippour* (Jour de l'Expiation). Beethoven en a inclus un extrait dans l'*adagio* du Quatuor à cordes n° 14, opus 131. Max Bruch utilise un thème du *Kol Nidrè*, opus 47, et Schœnberg compose un *Kol Nidrè*, opus 39, pour chœur et orchestre.

[44] Cioran, *Aveux et anathèmes, op. cit.*, 66.

dédain narquois, la bravade, l'emportement comique, c'est que, tout à la fois, ils figurent et tâchent de surmonter l'aversion que leur inspire la primauté du Temps. Leur manière d'être au monde se veut un défi ludique, transgressif, péremptoire et tranchant qui affecte le texte, l'auteur et le lecteur. Houle profonde cachée sous le *scherzando* des vagues écumeuses, assurément le Temps est un sujet beaucoup trop grave pour qu'on en parle sans humour, fût-il noir, cynique, grinçant.

Textes de Yasmina Reza

Tous les livres de Yasmina Reza ont été publiés chez Albin Michel. On indique ici les éditions ainsi que les abréviations utilisées.

Hammerklavier, Paris : Le Livre de Poche, 1997 [*H*].

Théâtre (*L'Homme du hasard* [*HH*], *Conversations après un enterrement*, *La Traversée de l'hiver*, « *Art* »), Paris : Le Livre de Poche, 1998.

Une désolation, Paris : Albin Michel, 1999 [*D*].

Le Pique-nique de Lulu Kreutz, Paris : Albin Michel, 1999 [*LK*].

Trois versions de la vie, Paris : Albin Michel, 2000.

Le *Chasseur Zéro* de Pascale Roze ou l'origine hallucinée de l'écriture
Anne-Marie Picard

Picard propose une lecture psychanalytique du délire de l'héroïne, Laura Carlson, dont le père a été tué par l'action d'un kamikaze à Okinawa durant la guerre. Elle montre comment la perte de son père a privé cette dernière de la fonction symbolique et comment Laura en arrive donc à confondre père, kamikaze et elle-même en une même marche vers la mort, qu'elle n'évitera que de justesse. L'expérience de la presque mort de Laura est aussi perçue à la lumière du récit autobiographique que fait Roze de sa propre presque mort dans Lettre d'été.

Pascale Roze's **Le Chasseur Zéro** *or the hallucinatory origin of writing*

Picard proposes a psychoanalytical reading of the delirium of the heroine, Laura Carlson, whose father was killed at Okinawa during the war as a result of a kamikaze act. She shows how Laura has been deprived of the symbolic function by the loss of her father, and how she thus comes to fuse father, kamikaze pilot and her own self in a progression towards death, a death she only just manages to avoid. Her near-death experience is also analysed in parallel with the auto-biograhical Lettre d'été *in which Roze deals with her own brush with death.*

> La douleur vient d'un seul coup, sur le côté droit de la tête. Je pense : mon visage se tord et mes yeux durcissent comme des clous. Phrase que j'ai écrite dans *Le Chasseur*. Et tout de suite j'enchaîne : tu le savais, tu le savais que l'écriture n'est pas innocente et que tu n'aurais pas dû écrire ça, cette histoire.[1]
>
> Peut-être sommes-nous plus malades que nos personnages ? (*LE*, 58)

Lire Pascale Roze, c'est penser à Marguerite Duras sans d'abord vraiment savoir pourquoi. Une certaine tonalité dans l'usage des mots, une certaine prudence, peut-être. Apprendre en plus qu'elle a été son interprète au théâtre, qu'elle aussi est née en Indochine où son père était officier de marine, les rapproche encore plus dans notre imaginaire. Et puis, dans *Lettre d'été*, effectivement, Pascale s'affilie à Duras comme à une mère qui l'« a mise sur un chemin » hors du silence (*LE*, 61), à Tolstoï aussi comme un passeur qui l'aide à traverser l'épreuve terrible de l'écriture.[2] Alors que l'on cherche une parole sur *Le Chasseur Zéro*, c'est donc Duras qui vient.[3] C'est sans doute qu'elle est la première à avoir parlé la folie, la fragilité de certaines femmes. Et puis, écrivant, toutes les deux, Marguerite et Pascale, semblent être dans une même douleur d'avoir à le faire sans pouvoir faire autrement.

> J'ai si peur que je t'écris comme en fermant les yeux, en jetant les mots contre l'écran de mon ordinateur pour qu'ils soient avalés par le noir. À peine un mot posé que je l'efface. (*LE*, 10-11)

---

[1] Roze, Pascale, *Lettre d'été*, 17. La liste des ouvrages de Pascale Roze figure en fin d'article, ainsi que les éditions consultées et les formes abrégées des titres. Les références à ces textes seront par la suite mises entre parenthèses.

[2] *Lettre d'été* est en effet une lettre à Tolstoï à qui elle raconte son amour de la vie, la joie découverte après sa convalescence à la suite d'une rupture d'anévrisme qui a failli lui coûter la vie en 1996.

[3] Pascale Roze a obtenu le Prix Goncourt et le Prix du Premier Roman en 1996 avec *Le Chasseur Zéro*. Elle avait publié un recueil de nouvelles *Histoires dérangées* en 1994 et publiera *Ferrailles* en 1999.

Être seule avec le livre non encore écrit, c'est être encore dans le premier sommeil de l'humanité. C'est ça. C'est aussi être seule avec l'écriture encore en friche. C'est essayer de ne pas en mourir.[4]

La mort est en nous dans son exacte réalité dès la naissance, et chaque fois que j'écris je creuse à l'aveugle, pourtant sans me tromper, le chemin qui m'en rapproche. (*LE*, 48)

Ça rend sauvage l'écriture. On rejoint une sauvagerie d'avant la vie. [...] Celle de la peur de tout, distincte et inséparable de la vie même.[5]

Qu'il soit possible de tout jeter diminue ma peur. [...] Écrire va rouvrir la carotide. (*LE*, 13)

Se trouver dans un trou, au fond d'un trou dans une solitude quasi totale et découvrir que seule l'écriture vous sauvera.[6]

Cette tonalité commune viendrait-elle alors de cette douleur et de cette peur des mots dans le temps même où elles les écrivent ? une peur proportionnelle au fétichisme qui parfois s'attache à l'écriture comme la seule voie possible vers la jouissance ? Duras parvenait à surmonter ce trop-de-jouissance par l'alcool. Ce que raconte Roze dans *Lettre d'été*, c'est justement comment elle a retraversé l'épreuve de la mort en convoquant Tolstoï comme son lecteur, une figure de mentor bienveillant qui va lui permettre d'éclairer certains enjeux psychiques de son écriture du *Chasseur Zéro*. Aura-t-elle passé l'épreuve ? Ses prochains ouvrages nous diront si elle a aménagé son rapport à l'écriture pour que celle-ci soit rentable, c'est-à-dire possible à moindre coût.

C'est dans un grand respect pour ce que cette écriture fait au sujet et du sujet que nous nous proposons, ici, d'examiner ce *Chasseur Zéro* comme une épreuve initiatique dont l'héroïne *et* son auteure ont fait les frais.[7] Nous montrerons en fait que Pascale Roze n'est pas Duras. Que l'héroïne de son livre, Laura Carlson, n'est pas Lol V. Stein. Même si elle est sans aucun doute très folle, elle possède un savoir sur le monstre qui l'habite. Ce savoir qui la place en position de narratrice

---

[4] Duras, Marguerite, *Écrire*, Paris : Gallimard, 1993, 37.

[5] *Ibid.*, 28-29.

[6] *Ibid.*, 24.

[7] « Que la publication du *Chasseur Zéro* et ma rupture d'anévrisme soient contiguës dans le temps est une coïncidence qui, trois ans après, me terrifie encore. J'avais rendez-vous le 6 mai avec mon éditeur pour remettre le manuscrit définitif. Mon anévrisme s'est rompu le 3. Pascale, tais-toi. Il est interdit de parler » (*LE*, 48).

de sa propre histoire est le savoir, inconscient sans doute, de son auteure sur ce qu'est l'écriture, sur ce que fait l'écriture. À la fois symptôme (signifiant corporéisé) et passage à l'acte (jeu avec la mort), ce qui, dans *Lettre d'été*, est tu car pressenti comme trop dangereux, est su dans *Le Chasseur Zéro*. C'est de ce savoir incompris qu'il s'agira ici.

Tendons l'oreille pour faire entendre la plainte du chasseur. Voici l'ouverture de son chant :

La mort en cause

> Dès le matin, avant même que le soleil se lève, le chasseur se met en route. Tout habillé de noir, sa charge mortelle arrimée au ventre, il démarre. Le moteur vrombit dans le silence de l'aube. L'hélice tourne. L'avion s'ébranle, feux éteints, roule sur la piste, lève le nez, commence son ascension. [...] Le jour est levé. De la mer et du ciel, des quatre bords de l'horizon, le chasseur est en vue. Je m'appelle Laura Carlson. (*CZ*, 9)

« Le chasseur est en vue. Je m'appelle Laura Carlson » : que vient donc faire ce nom de femme dans l'élan de ce « chasseur », mi-homme, mi-machine, personnage anonyme qui surgit avec le soleil et la mort, déjà. Lui aussi est arrimé à un article exophorique, qui se réfère à un savoir commun, universalisé par là même : « *le* chasseur ». Cette ouverture en est pleine : *le* matin, *le* soleil, *le* chasseur, *le* ventre, *le* moteur, *le* silence, *l'*aube, *l'*hélice, *l'*avion, *la* piste, *le* nez, *le* jour, *la* mer, *le* ciel, *les* quatre bords, *l'*horizon, *le* chasseur... et puis : Laura Carlson. Les protagonistes sont en place : le chasseur se met en route vers... Laura Carlson. Cette idée est confirmée plus loin avec une catalepse qui a l'allure d'une prophétie dont la lectrice attendra désormais la réalisation :[8] « C'était violent [le bruit de l'orgue]. [...] Le ciel semblait s'ouvrir. C'était *presque déjà* le bruit du chasseur » (*CZ*, 15 ; je souligne). « Presque déjà » : un destin est en route. Suspendu à ce fracas annoncé deux fois, la lectrice attend de comprendre ce que sait la narratrice. Le lien entre le chasseur et Laura est pourtant dit immédiatement. On a du mal à entendre :

---

[8] Une catalepse est une portion de texte qui annonce un événement à venir, créant ainsi un suspens.

Je m'appelle Laura Carlson. Je suis née le 10 janvier 1944 à New York. Mon père est mort le 7 avril 1945 à Okinawa.

Je ne possède que deux photos de lui. Sur l'une, on le voit debout au garde-à-vous à côté de ses hommes [...]. Son visage est figé, impassible, tendu dans l'obéissance, comme déjà parti vers la mort. [...] Je ne sais rien de l'Amérique. Quand maman est rentrée en France, je n'avais pas encore deux ans. [...] Les parents accueillirent la fille prodigue et avec elle la moitié d'inconnue que j'étais et qui leur roula dans les bras. [...]

Mon enfance fut sinistre. (*CZ*, 10)

« Le chasseur se met en route. [...] sa charge mortelle arrimée au ventre » (*CZ*, 9), « mon père [...] impassible, tendu dans l'obéissance, comme déjà parti vers la mort » (CZ, 10). C'est bien vers la mort, en effet, que marchent les trois premiers protagonistes de cette histoire : le chasseur, le père et Laura Carlson aussi. C'est ce que va raconter le livre. Laura en sera non seulement la narratrice mais la page d'écriture. Ces trois destins vont en effet se confondre et s'écrire comme symptôme à même le corps de Laura. Ce qu'elle écrira, à son corps défendant, servira à faire le lien entre l'assassin et sa victime. Car pour elle, fille du père disparu, nul sens n'éclaire sa venue à la vie. Entendre le bruit du chasseur, c'est entendre le début d'une histoire qui se prépare. Un raclement de gorge.

Son nom, Laura Carlson, d'ailleurs, est bien un nom d'héroïne de roman. Son extranéité semble en effet désigner le lieu même de la création romanesque comme le faisait ce nom recomposé de Lol V. Stein dans l'incipit du *Ravissement*. « Laura Carlson » réveille en effet des souvenirs : on associera librement ce nom à la Bibliothèque Verte de notre enfance : mi-jeune fille de bonne famille américaine, mi-détective privé comme Alice Roy et ses consœurs ; et puis, dans son envers, on l'associe à cette danseuse dégingandée et géniale, Carolyn Carlson, qui pourrait incarner l'oiseau de mort éthéré qu'était Anne-Marie Stretter dans *Le Ravissement de Lol V. Stein* : Carlson, Richardson, Laura, Lola... : Laura Carlson semble prédestinée à la littérature, à un héroïsme un peu à l'eau de rose. C'est en fait le genre « roman biographique » qui donne naissance à Laura comme il donnait naissance à Lol, étrangement : « Lol V. Stein est née ici, à S. Thala, et elle y a vécu une grande partie de sa jeunesse. Son père était

professeur à l'Université. Elle a un frère plus âgé qu'elle de neuf ans –
je ne l'ai jamais vu – on dit qu'il vit à Paris. Ses parents sont morts ».[9]

Laura Carlson est aussi née « ici » de son existence faite de mots.
Son père aussi est mort... L'histoire va s'écrire au nom de ce père,
mort trop tôt, sans avoir transmis les lois du langage à sa fille, sans
avoir existé dans le discours maternel. Il ne reste à Laura Carlson que
le nom du père, un signifiant sans queue ni tête. Elle ne pourra alors
que vouloir rejoindre ce silence dont elle est née. Cette perte de soi,
cette chute vers la mort (le *Niederkommen* freudien) sera par contre
étrangement mesurée, accomplie par une narration en connaissance de
cause, rationnelle. Sans rapport avec l'ineptie du récit de Jacques
Hold, celui qui ne tient rien. Entrer dans l'écriture, commencer un
roman, semble annoncer Pascale Roze, c'est paradoxalement courir à
sa perte tout en maintenant le fil rouge du sens. Pourquoi en effet faire
mourir le père dès l'incipit ? Pour Lol, Duras ne s'expliquera pas.
Pourtant ces morts, celle de Stein, celle de Carlson, sont fondamen-
tales à l'écriture elle-même, à la construction du sens de la vie des
filles de ces pères-là. C'est cette reconstruction qui est mise en scène
dans les deux livres.

OKINAWA : Le nom du cadavre

Le Chasseur Zéro révèle que son propre désir de raconter s'ancre sur
un manque, une absence à laquelle l'histoire va devoir donner forme,
piéger dans le symbole. L'homme dont je porte le nom, dit Laura sans
le dire, est un soldat inconnu auquel je dois un monument... paradoxal
puisqu'il m'a mise au monde et presque déjà à mort dans le même
mouvement, la même chute : jouir/mourir, du pareil au même. Ma
mère, mélancolique acharnée, est restée muette : enfermée dans sa
chambre pendant des années ou, telle une héroïne durassienne, courant
les rues de la ville à la recherche d'alcool et d'hommes. Elle n'a pas
raconté l'histoire de leur amour. Elle ne peut même pas prononcer son
nom. Comment alors saurais-je de quel désir je procède ? de quel sens
je suis l'aboutissement ? Carlson est donc pour elle un signifiant vide,
un bruit sans corps qui ne dit rien. Jusqu'au jour où quelqu'un jouera
le rôle de l'analyste : Nathalie, une fille de mon âge, une autre moi-

---

[9] Duras, Marguerite, *Le Ravissement de Lol V. Stein*, Paris : Gallimard, Folio,1964,
11.

même que j'aime à la folie, va jouer le jeu des vingt questions et me sommer de répondre.

[Mais après sa première visite chez moi, ma nouvelle amie] voulait savoir la maladie de ma mère, et où était mon père. Elle voulait savoir tout ce que je tâchais d'oublier dans ses yeux. Elle ne voulait pas que j'oublie. [...] Elle voulait que je souffre devant elle. Et moi, si je savais bien souffrir, je ne savais pas parler. Et [...] parce qu'elle m'éblouissait, je dis pour la première fois le rien, le rien que je savais, rien d'autre que le silence de ma mère et la mort de mon père. Mon père est mort à la guerre. C'était un officier de marine américain. Son bateau s'appelait le *Maryland*, si j'en crois la légende de la photo. [...] il n'y avait rien d'autre à dire.

Nathalie jugea inadmissible que je ne m'intéresse pas à mon père. [...] Elle m'expliqua le débarquement américain. [...] Je l'écoutais, éberluée. Il était donc possible que j'eusse une histoire [...] ! (*CZ*, 50-51)

– Où est-ce que papa est mort ?

Trois visages se tournent vers moi et s'immobilisent. Personne ne répond. Je répète ma question d'une voix mal assurée, implorante. Je suis au supplice. [...] Enfin grand-père laisse tomber :

– À Okinawa.

J'ai peur d'avoir mal entendu à cause de mes oreilles, et aussi parce que je ne connais pas ce nom-là. J'ai peur de l'oublier, de le perdre [...]. Je fuis dans ma chambre en bousculant maman au passage. J'écrivis le nom sur un bout de papier, tel que je l'avais entendu, ma première victoire. Et je m'endormis en rêvant aux yeux de Nathalie, qui ne manqueraient pas de briller d'excitation devant l'étrange nom d'Okinawa.

De ce jour, tout alla très vite dans ma connaissance des circonstances de la mort de mon père, dans la démolition de ma famille, dans l'amplification de mes bourdonnements d'oreille. (*CZ*, 55-56)

OKINAWA : tel est le premier nom du père. J'entends par là, le premier signifié de la coquille vide qu'était le signifiant Carlson. Il faut immédiatement le graver. Ses lettres deviendront alors de véritables hiéroglyphes, des lettres-choses chargées non seulement d'imaginaire et d'exotisme, mais de réel.[10] OKINAWA est le cadavre du père, son linceul. Mettre OKINAWA sur la table de cuisine, c'est en effet démolir la famille, détruire son unité imaginaire fondée sur un veuvage qui ne peut fonctionner comme une institution puisqu'il n'est ni parlé ni même représenté par aucune image (les photos sont cachées

---

[10] Dans le sens lacanien de ce qui ne peut être représenté par aucun mot, aucune image. Ainsi une expérience traumatique est littéralement revécue par le sujet (dans l'hallucination, par exemple) lorsqu'elle est chargée d'un fantasme, d'une jouissance inconsciente que le sujet se refuse d'admettre.

par la mère au fond d'un tiroir qu'elle n'ouvre jamais). La famille de la bien-nommée Rue de la Bienfaisance vit sous le joug de la malfaisance névrotique, incestueuse de la grand-mère qui maintient sa fille dans le désarroi pour se la garder pour elle. Aucun homme digne de ce nom ne jouera le rôle du tiers qui sépare avant l'apparition du futur beau-père de Laura (et elle a déjà dix-huit ans). Avec OKINAWA, mot assourdissant de l'interdit, de la jouissance incestueuse de la grand-mère, que seul le grand-père ose « laisser tomber », la séparation et l'écriture sont en route. C'est évidemment d'abord d'une écriture folle qu'il va s'agir, une écriture qui ne compte pas les lettres, qui n'orthographie pas les mots pour qu'un autre les lise. Okinawa est une formule magique qui convoque la Chose, le corps mort du père, pour qu'il puisse être offert à Nathalie en guise de reconnaissance : Okinawa mon amour. C'est l'oubli d'Okinawa qui est en marche.

Je mourrai à Okinawa

Le signifiant est un chiffre qui ouvre une crypte : Okinawa, ouvre-toi. Un signifiant, trésor de tous les autres à venir,[11] qui les contient tous. Laura peut alors devenir une lectrice. Elle va tout lire sur la guerre du Pacifique, tout apprendre pour pouvoir oublier, fascinée d'avoir une histoire grâce à ce mort devenu un personnage célèbre en quelque sorte :

> Sa mort était dans les livres. Je m'y jetai. Je découvris le vertige de la lecture, cette soif de pages noircies de signes qui coupent de l'espace et du temps [...]. J'ai dit que je ne savais pas penser. Je ne pensais pas quand je lisais. J'étais hypnotisée. J'avalais les mots. [...] C'était presque une envie

---

[11] Comme Hélène Cixous le disait d'Oran, la ville de son enfance : « Je me suis souvent perdue dans ma ville de naissance. Elle était une femme voilée. Elle était un signifiant. C'était ORAN. [...] Mon premier trésor a été le nom de ma ville natale qui était Oran. C'était ma première leçon. J'avais entendu le nom Oran et à travers Oran j'ai découvert le secret du langage. [...] Et puis j'ai perdu Oran. Puis je l'ai découverte, blanche, or, de la poussière dans ma mémoire pour l'éternité et je ne suis jamais retournée. Pour la garder. Elle est devenue mon écriture. Comme mon père. Elle est devenue une porte magique qui ouvre sur un autre monde », « The Scene of the Unconscious », cité par Anne-Marie Picard dans « *Cette tombe est une source* : le père de l'écriture » in *Hélène Cixous : Croisées d'une œuvre* (sous la direction de Mireille Calle-Gruber), Paris : Galilée, 2000.

de mourir, je crois. Une envie de mourir dans la guerre du Japon. (*CZ*, 64)[12]

Jusqu'au jour où, dans ce corps de lectrice, va se conjoindre un symptôme physiologique :

> Vers l'âge de douze ans, j'ai eu mal aux oreilles. Otites externes à répétition. [...] C'est là [dans ma chambre], dans la solitude de ces longues journées, que j'ai commencé à entendre des bruits. Souvent un léger ronronnement vibrait autour de moi. Je cherchais une mouche ou je demandais si on ne faisait pas des travaux à l'étage au-dessus. Je compris rapidement que ce ronronnement, personne d'autre que moi ne l'entendait. (*CZ*, 37-38)

et un effet de lecture :

> Il m'arrive de penser que si Nathalie était restée au Maroc, je n'aurais souffert jusqu'à la fin de mes jours que de banals bourdonnements d'oreille. (*CZ*, 39-40)
>
> Je reçus un paquet de Nathalie. Un petit livre intitulé *Je mourrai à Okinawa*, journal intime d'un kamikaze nommé Tsurukawa Oshi. Je n'ouvris d'abord pas le livre. [...]
>
> J'avais beaucoup lu sur la guerre du Pacifique. Ce n'était pas pour exercer ma pensée ou acquérir des connaissances, ni même pour savoir si mon père avait fait ceci ou cela les derniers jours de sa vie. Je lisais et relisais dans un état d'hypnotisme, fascinée par les noms de lieux, [...] les chiffres, les cartes, les photos. Mais ce livre-là, écrit à la première personne, par un jeune homme d'à peine dix-huit ans, je le dévorai, c'est-à-dire je le mangeai, c'est-à-dire qu'il ne fut plus devant moi mais en moi, que je n'eus plus besoin de l'ouvrir pour savoir ce qu'il y avait dedans, quoique je ne m'en privasse pas. Il fit la connexion de toutes mes facultés, raisonnement et imagination. Il fit mon unité autour de lui. Il la fit au détriment de mon père. Car l'incroyable est que j'oubliai totalement cet homme que j'avais entrepris de chercher. [...] Je devins la proie de ce livre. Désormais, chaque fois que j'entendis les bourdonnements [d'oreille], ils s'associèrent spontanément au chasseur de Tsurukawa Oshi. (*CZ*, 81-82)

Est-ce le signe que le meurtre symbolique du père est consumé ? L'œdipe traversé ? Au contraire. Ce qui se produit est un glissement métonymique plutôt que métaphorique. D'où le délire qui va s'en suivre. En effet, OKINAWA ne symbolise rien, ne remplace rien : il est consubstantiel à la scène de morts entremêlés qu'il convoque. Ce qui survient chez la jeune lectrice est dû à un glissement de référentiation fondé sur une erreur radicale de lecture. En effet, le sujet de *Je*

---

[12] N'entend-on pas Duras dans ces deux dernières phrases ?

mourrai à Okinawa n'est pas celui que cherche Laura, à savoir son père (mort effectivement à Okinawa), mais l'assassin de ce père. C'est lui qui va devenir le sujet de Laura, dans tous les sens. Pourquoi ? « Mais ce livre-là, écrit à la première personne, par un jeune homme d'à peine dix-huit ans, je le dévorai, [...] il ne fut plus devant moi mais en moi [...]. Il fit mon unité autour de lui. Il la fit au détriment de mon père. Car l'incroyable est que j'oubliai totalement cet homme que j'avais entrepris de chercher » (*ibid.*). L'assassin, l'ennemi, remplace le père pour différentes raisons. D'abord parce qu'il dit « je » et que le père n'a, lui, laissé aucune trace d'une existence, d'une pensée, aucune parole. De plus, de cette place maîtresse d'énonciateur, l'auteur enclenche un processus d'identification... parce qu'il a l'âge de la lectrice. Cette identification délirante avec le maître du « je » va permettre au Moi déstructuré de Laura de se trouver un nom universel « je », un « je » immédiatement inscrit comme sujet à la mort. Se lisant ainsi, la fille du mort d'Okinawa se donne un corps de lettres tout en revivant, dans la jouissance, la Passion christique d'un jeune homme sacrifié, qui en devient un père symbolique. Peu importe alors qu'il s'agisse, dans l'imaginaire, de l'assassin de son père, ce muet inconnu. Si cette erreur de lecture est délirante, c'est que le déictique semble ne pas avoir pour Laura le statut de case vide, une case dont la fonction serait de désigner l'énonciateur du « je » comme utilisateur du langage. Dans son univers, comme dans celui des psychotiques, il n'y a pas de case vide, pas de mot qui désignerait l'universel, la fonction symbolique elle-même ayant été atteinte par le manque de représentation : personne, en effet, n'a incarné cette fonction dans la structuration de son psychisme. La désignation du « je » se perd dans une multivocité qui causera les voix terribles des futures hallucinations auditives de Laura. Elle, son père et son assassin sont morts à Okinawa. Tous/toutes les participant-e-s de la scène fatale étant désigné-e-s par le sujet du verbe *mourir*. Tout est motivé dans le monde de Laura qui est celui de la pensée magique des contes de fées.[13] JE, c'est donc OKINAWA-mon père mort-son assassin-

---

[13] Comme Jean-Paul Sartre, son livre préféré est *Les Fées* (d'autres rapprochements avec *Les Mots* seront proposés plus loin) où on crache des perles ou des crapauds en parlant. Ce qui lui fait envie, mais : « Je comprenais confusément que parler, c'est montrer ce qu'on a dans le ventre. [...] Cette peur [de parler subséquente] eut la conséquence fâcheuse de me laisser croire que, dans le ventre, j'avais des kilos de

Tsurukawa Oshi – l'étrangeté de la langue japonaise jouant ici en
plein cette illusion réificatrice, cette chosification du langage, cette
fétichisation que les écrivains connaissent bien. Les lecteurs aussi
puisqu'elle est au cœur même du plaisir de lecture : lire « je mourrai », ce n'est pas mourir pour de vrai, mais c'est *presque déjà*
mourir.[14] Ainsi Pascale Roze nous donne, se donne une lectrice
comme premier personnage, une lectrice délirante mais que la lecture
sauve aussi de la folie pure et simple.[15]

À partir de ce moment-là, le récit va s'organiser au rythme d'une
ponctuation bien précise : les apparitions et les disparitions du chasseur. Comme si le lecteur était invité avec Laura à subir les effets
vertigineux de la lecture de son journal : la chute inexorable vers la
mort. L'effet de lecture est devenu une hallucination. C'est elle qui
constitue désormais le fil rouge du récit et, on le sait depuis l'ouverture, sa cause même. Le symptôme délirant est ainsi le véritable *sujet*
du récit. Laura Carlson n'est que l'effet de ce délire. Sujette à ce
symptôme, Laura, elle, ne fait rien (à part des mathématiques où là
encore le symbole parle tout seul). La narratrice, oui, elle raconte la
rencontre entre un livre et sa lectrice, entre le langage et son sujet.
Pour les mener vers leur seul et unique destin : la mort annoncée
comme titre du livre lu. Tsurukawa Oshi a aussi dix-huit ans. Il écrit,

---

perles. Lorsque j'y découvris les crapauds, ils étaient devenus des monstres » (*CZ*,
20).

[14] Nous jouons ici avec la catalepse « presque déjà le chasseur » mentionnée plus tôt :
tel un *flashforward*, elle annonçait la fin et le début de la folie de Laura. De la même
façon que la narratrice entend avec son héroïne le bruit de l'orgue et la compare au
moteur du futur délire, le lecteur qui lit « Je mourrai... » se voit annoncer son destin
(déjà), cette condition mortelle dont il sait quelque chose (*presque*) mais à laquelle il
ne croit pas (*pas encore*). Ce *presque déjà* nous servira encore plus loin pour faire
entendre ce paradoxe d'une prophétie marquée d'improbable.

[15] C'est aussi habillée en lectrice quasi fanatique de Tolstoï que Roze a pu écrire
Lettre d'été et sortir de la peur :

C'est à toi que j'écris, Léon Tolstoï.

*J'ai attendu longtemps. J'avais peur. Non pas de t'écrire. Tu es depuis
des années penché sur moi et je ne crains ni ta présence ni ton jugement.
J'ai peur de ce que j'ai à dire. Même si tu le sais déjà. Pourquoi t'aimer si
tu ne sais pas déjà tout ? [...]*

C'est à toi que j'écris, Léon Tolstoï, mon amour d'enfance. C'est parce que
tu es là que je peux écrire ça, ce que je veux écrire. (*LE*, 10-11)

vit et marche vers la mort, poursuivant la voie toute dessinée pour lui par une Loi implacable. *Je mourrai à Okinawa*. Le kamikaze devient ainsi le modèle de l'écrivain : un sujet au degré zéro qui écrivant « je » se condamne immédiatement à en mourir tombant sous le coup de la Loi perverse du symbolique. Quelle terrible représentation de l'écriture ! Quel appel de la mort ! Quel travail atroce de la pensée magique ! Quel vertige suicidaire fait-il tenir la plume à son auteure ? Écrire pour (ne pas) mourir...

L'écrivain-kamikaze

Sans souffrance car sans désir, assujetti entièrement à un destin épuré de toute angoisse, *assujet* (dirait Lacan) sans conscience, sans inconscient même, un fou que la Raison d'État rend raisonnable de folie ? Telle est la figure souveraine du Père idéal que cherche le psychotique, en vain. Car c'est pour s'y confondre, s'y fondre qu'il le cherche : *To zero in*, dit l'anglais, fondre sur un objet, au cœur de la cible. Cette figure tutélaire devient alors le monde tout entier, le sujet recroquevillé en son centre, attendant la frappe. Laura n'est plus un sujet. Fascinée, aveuglée par la pureté de la pulsion de mort anoblie comme idéal par le livre d'Oshi, elle tente de résister à la jouissance que la mort promet. Elle succombe à l'hallucination, à un réel assourdissant qui pénètre son corps désormais sans limites, sans bords.

> Il veut me tuer. Il veut me transpercer, pensai-je en essuyant mon corps trempé de sueur. [...] Il campe dans les airs pour m'abattre comme il a abattu mon père. Je suis seule jusqu'à la fin des temps. S'il revient je mourrai.
> [...] je me recroquevillai sur la descente de lit et n'en bougeai plus. (*CZ*, 89-90)

Il lui faudra trouver un moyen pour boucher les issues :

> Grand-mère s'inquiéta. Avait-elle mis au monde une lignée de folles ? Elle [...] essaya des mots gentils [...]. J'en saisis [...] un qui ne relevait ni du sentiment ni de Notre-Seigneur : boules Quiès. Je descendis immédiatement à la pharmacie. Oh, le bonheur d'étouffer ces deux trous constamment ouverts ! J'enfonçai, je tassai, je ne laissai pas le moindre soupçon d'interstice. Oh, le repos ! J'entendis mon cœur battre dans une tranquille régularité. J'étais en moi-même, j'étais une boule. Je pleurai. (*CZ*, 89-90)

Plus de bouche, plus de trous, tout fermer : faire le fœtus, apaiser la voix, le désir implacable de détruire qui s'agite au fond d'elle ; le moindre présage d'un baiser sur sa bouche, malade de silence et pleine de crapauds, fera naître le malaise, révèlera sa monstruosité :

Je me traînai sur le balcon. Je n'aurais pas dû. C'est par là qu'il arriva, le ventre chargé de bombes. Le sifflement suraigu. Il grossit. Il va fondre. [...] Ça hurle. Ça rugit. Ça me traverse, me révulse. Mon visage se tord, je le sens. Il se tord autour de mes yeux fixes comme des clous. Ils vont tous voir mon intérieur. Ils vont tous voir que je deviens un monstre. Je résiste. (*CZ*, 115)[16]

Ou, plus tard, vénérer Oshi comme maître des mots et de la mort – tel que le sera le Tolstoï convoqué dans *Lettre d'été*, un passeur qui sait « tout » –, et s'abandonner au délice de la soumission :

Si on me laisse ces enfants [ses élèves], si on ne me les enlève pas, je leur parlerai de Tsurukawa. [...] Chaque jour, je leur raconterai comment il apprit à piloter, comment il s'inscrivit le cœur serré sur les listes des volontaires pour la mort, comment il composa un petit poème au dernier soir [...] comment il récita la prière à son empereur dieu et but le saké avec son commandant, comment il s'éleva dans l'obscurité de la nuit seul dans son chasseur Zéro, [...] son cher avion qui l'emmenait mourir, [...] comment il se jeta les yeux ouverts sur le pont du *Maryland* et devint ainsi un héros, un être immortel, parce qu'il n'avait pas fermé les yeux en voyant la mort. (*CZ*, 173)

J'avais [...] lustré la carrosserie de ma voiture [...] et j'attendais. [...] Tsurukawa me dit que c'était le moment. [...] Il faisait un soleil éblouissant. [...] j'avais choisi l'est, pensant y être plus vite délivrée de la foule. [...] J'enfonçai le pied sur l'accélérateur et ne le lâchai plus. C'est le moment, Tsurukawa, c'est le moment. Je me suis si souvent refusée depuis que tu cognes à mes tympans. Aide-moi. Serre-moi dans tes bras. [...] Le soleil rougissait la terre dans mon dos. [...] Avant de piquer sur le navire, le kamikaze crie : « Je plonge. » Moi aussi, Tsurukawa, moi aussi je vais plonger. [...] je ne fermerai pas les yeux. (*CZ*, 185)

La subjectivation au chasseur est devenue une identification à son obéissance, à sa totale soumission à son empereur dieu, à son commandant avec qui il boit du saké. Le cérémonial fascine Laura. C'est à lui qu'elle succombe car il subjugue l'horreur du monstre, le maîtrisant par le symbolique, le geste, la mesure, la comptabilité de l'obsessionnel. C'est une façon de se sortir de la psychose effectivement. Précaire. Le délire du devoir masquant l'angoisse, un temps, une angoisse qui est le symptôme d'un désir incestueux (rejoindre le père, faire un avec lui) dont la satisfaction serait létale pour le sujet (de l'inconscient). Incapable structurellement d'inventer le sens de sa

---

[16] Roze reprend deux de ces phrases dans *Lettre d'été*. Ce sont ces mots-là qui lui sont venus lorsqu'elle a repris connaissance après sa rupture d'anévrisme (voir notre exergue).

vie, Laura s'est approchée très près de la folie. Paradoxalement, seule l'identification au kamikaze lui a donné un peu de consistance car lire, c'était presque déjà écrire.[17] Pourquoi ? c'est que le père, appelé jusqu'alors en vain, a répondu.[18] Il l'a fait par la voix d'Oshi, son double voué à la mort... en connaissance de cause. Qu'est-ce qu'a Oshi qui manquait au père ? une transcendance. Voué à son père idéal, l'Empereur dieu qui commande au héros de mourir en son nom, le narrateur-kamikaze permet à Laura d'halluciner la voix d'un père tué et qui, mourant, lui ordonne de le rejoindre dans une union éternellement incestueuse. *Je mourrai à Okinawa... avec toi* : expression d'un vœu pieux qui garde malgré tout le sujet dans un certain désir, même si c'est un désir de mort. Heureusement, elle ne pourra pas ne pas éviter la mort : « Moi aussi, Tsurukawa, moi aussi je vais plonger. Je vois grossir le camion, des phares m'aveuglent, je ne fermerai pas les yeux. Tsurukawa maintint fermement mon pied sur l'accélérateur mais *mes mains lui échappèrent*. Je donnai un coup de volant. Puis ce fut le noir » (*CZ*, 187 ; je souligne). Dans cet écart de conduite entre elle et le kamikaze, se glisse la pulsion de vie. Entre ce « chasseur qui se mettait en route » et le « je... Laura Carlson », accolés et inséparables dans l'ouverture, quelque chose a créé de la différence, un écart. La réponse est simple : la représentation symbolique de sa folie, l'œuvre artistique. Cette « écriture » est accomplie par un autre dans l'histoire : l'amant de Laura, Bruno, qui va transformer son histoire de folle, son cri, en une œuvre musicale qui va être reconnue par un grand public et qui va lui apporter notoriété... comme pour son auteure réelle, Pascale Roze.

Écrire comme on module un cri.

> C'est à nouveau l'été. Bruno a fermé les fenêtres bien qu'il fasse chaud et il m'a assise sur le canapé. Il a sorti une bande magnétique de son cartable et l'installe lentement sur le Revox, avec une maladresse qui trahit son émotion. [...] J'entends un imperceptible bourdonnement [...] je reste pétrifiée. C'est lui. C'est le chasseur. Il est dans le fond du ciel. Il se rapproche. Je ne veux pas. [...] L'hélice hache l'espace. J'entends tout. [Bruno] n'a rien omis [de ce que je lui ai raconté]. [...] Mais il a ajouté

---

[17] Comme le dit Duras dans *Écrire* : « Et lire, c'était écrire... », *op. cit.*, 44.

[18] Je prends ici à mon compte la formule de la psychose telle que la psychanalyste Danielle Lévy l'exprime brillamment : « Père appelé, père pas venu » (communication personnelle).

quelque chose de son invention : au beau milieu d'un froissement de tôle s'élève une voix de femme. Elle clame une interminable note suraiguë, à donner la chair de poule. Puis elle hoquette, rebondit, érafle les octaves, s'apaise [...] quand enfin elle se tait, survient un paisible clapot. Je suis paralysée. Je l'entends dire : « *Rondo pour voix de femme et avion.* C'est pour toi. » Je le regarde sans comprendre. [...] Je suffoquai. « Jette ça, jette ça immédiatement ! – Pas question. [...] Rien n'existe, Laura, rien n'existe que ça, ce petit morceau de bande magnétique. [...] Ton corps n'a pas explosé en mille morceaux. Réveille-toi, Laura, réveille-toi. (*CZ*, 148-49)[19]

Une nuit, [...] [je] tombai sur une émission consacrée aux jeunes talents de la musique contemporaines, c'est-à-dire à Bruno. Nous ne nous étions jamais revus [depuis notre séparation des mois auparavant]. Le speaker annonça le *Rondo*. Je ne fermai pas le poste. Au contraire je montai le son puis me laissai tomber dans le canapé. Ce fut un choc.

Quand le clapot final apparut, dans la lancinance d'une répétition où s'introduisait chaque fois davantage de silence – je n'avais entendu qu'une seule fois le *Rondo* et je me souvenais parfaitement de sa composition –, je souhaitai que jamais il ne s'éteigne. J'entendais le bercement de la mort. Oui, c'était le bercement de la mort, le calme des eaux après que le corps a sombré [...]. Et c'était un repos, et c'était une consolation que je sentais pleine et douce et que je désirais de toute mon âme. [...]

Je pris mon téléphone et appelai Bruno. (*CZ*, 180-81)

Bruno a donc écrit le cri, transformé le réel de l'hallucination de Laura en symbolique. Du délire, de l'incommunicable, il a fait une œuvre audible, sinon lisible. En tout cas, représentable. La deuxième écoute de Laura retrouve ce cri sublimé. Déjà autre, traversé des désirs d'un autre, de tous les autres qui l'ont entendu et aimé. Elle en tire la mauvaise conclusion : il lui faudra elle aussi mourir, s'apaiser après le bruit de tôle froissée, plonger pour toujours. Au pied de la lettre, la lectrice va passer à l'acte : jeter son automobile sur un camion. Mais, elle, elle va fermer les yeux. Le travail de sublimation accompli par Bruno aura joué son rôle de médicament pour son âme blessée. L'avion est devenu musique, modulation du cri et du silence, du cri du père et du silence de la mère. Voilà pourquoi la musique peut être parfois insupportable (toujours insupportable, disait Duras) car une modulation n'est pas tout à fait une sublimation. La musique n'est pas tout à fait de l'écriture. Elle est encore de l'imaginaire, du corps animal, sauvage, de la souffrance. Déchirement primordial du nourrisson ou plainte du mourant, elle les module comme on module l'emprise

---

[19] Le froissement de tôle est une des images qui provoquent pour elle l'écriture, nous révèle Roze dans *Lettre d'été*, 48.

dans la caresse,[20] jouant avec l'impossible qu'ils expriment : ce corps-à-corps incestueux et interdit au cœur de toute jouissance. Cette modulation en tant qu'elle est scriptible sur une partition et reproductible, fait toute la différence. Elle rend possible de « souffrir en mesure » comme le dirait Roquentin car pour lui, elle tranchait « comme une faux la fade intimité du monde ».[21] La musique est donc presque déjà du symbolique, un espace transitionnel entre l'imaginaire et le symbolique, car elle joue avec le cri, le rejoue et l'aménage par une technique transmissible et un support matériel concret, *jetable* : « rien n'existe que [...] ce petit morceau de bande »[22] dit Bruno – de même, Pascale Roze dira de l'écrit : « Qu'il soit possible de tout jeter diminue ma peur » (*LE*, 13). Entendu à la radio, le concert de Bruno prend une dimension universelle car il perd de son immédiateté, de la consubstantialité qu'il avait auparavant avec son auteur et son sujet. Il est déjà une narration au passé, une histoire, un bout de bande. Saisir cela permet à Laura de se séparer, de s'écarter pour pouvoir distinguer des différences ; ainsi, lorsqu'elle va chez Bruno après l'audition du *Rondo*, elle se dit qu'elle ne se souvenait pas « qu'il était si blond, si grand, si différent de Tsurukawa » (*CZ*, 182).

Dans le passage à l'acte de Laura, se jeter contre un camion à toute allure, nul symbolique. C'est le réel qu'elle cherche à confronter. Elle est encore la lectrice fanatique à la fois du journal – qui a noué pour elle le désir à la Loi (un désir mortifère car la Loi était une Loi perverse) –, et d'un *Rondo* – qu'elle a déformé pour en faire une promesse de paix éternelle. Mais la différence entrevue grâce à ce dernier, grâce au travail de sublimation – travail auquel elle a assisté jour après jour et dont il est le produit reconnu par un large public –, est un savoir qu'elle ne peut plus effacer et qui va la sauver : si Bruno n'est pas Tsurukawa Oshi, elle non plus ne l'est peut-être pas. C'est ce doute qui lui fait tourner le volant. Cet écart est un effet de la pulsion

---

[20] Je m'approprie encore ici l'idée d'un autre psychanalyste, Marc-Léopold Lévy (communication personnelle également).

[21] *La Nausée*, Paris : Gallimard, Folio, 1938, 246.

[22] Sans élaborer, rapprochons encore cette idée de celle que se fait Roquentin du ruban d'acier de la chanson « Some of These days » sur le phonographe : « Il y a un autre bonheur : au dehors, il y a cette bande d'acier, l'étroite durée de la musique, qui traverse notre temps de part en part, et le refuse et le déchire de ses sèches petites pointes ; il y a un autre temps », *op. cit.*, 44.

de vie, un lieu où elle pourra exister car elle s'y sépare à jamais de la confusion entre les cadavres, où vivants et morts, assassins et victimes, fille et père étaient inextricablement, incestueusement mêlés.

À l'inverse du kamikaze qui regarde la mort en face jusqu'au dernier moment, Laura s'écarte et ce faisant dit « non ! » à la pulsion de mort. Ce refus la tire du côté des vivants, lui autorisant un espace d'*ek-istence*.[23] Roze choisit de finir le livre de Laura dans une chambre d'hôpital d'où celle-ci raconte ou se remémore peut-être cette histoire de folie. L'hôpital représente cet espace neutre, hors du monde, d'où la vie pourra surgir à nouveau.

Auto-biographie/auto-dérision

Le Chasseur Zéro est bien une histoire de fou même si la narration réaliste choisie par Roze dénie le délire, une histoire de folle qui deviendrait presque écrivain. Le récit construit le savoir qu'elle a désormais (*L'aura* est son nom !). Pascale Roze tient à son héroïne et tient à elle à travers cette folie, exactement comme Jacques *Hold*, le bien-nommé, tenait quand même Lol V. Stein à bout de plume même si c'était avec des mots troués qu'il la nommait. Comme Lol, Laura possédait tous les symptômes d'une patiente *borderline* : délires hallucinatoires, repli sur soi, atonie, incapacité de fonctionner dans le social, d'avoir un métier, d'aimer et d'être aimée, une passion symptomatique pour les mathématiques et leur pureté symbolique, leur magie mégalomane qui croit pouvoir inventer des mondes. Laura est une matheuse et une hallucinée. Le paradoxe du livre de Roze est alors celui de tout récit raisonnable raconté par quelqu'un qui en serait psychiquement incapable.[24] Il aura donc fallu à la lectrice supposer que Laura aura d'abord échappé au délire et à l'hallucination, pour que ce récit soit devenu ce qu'il est : lisible. Telle est la condition nécessaire pour que la lecture soit possible : dénier l'impossibilité que l'histoire met en scène. La scène finale fournit la solution vraisemblable à tous ces *presque déjà*, ces futurs antérieurs d'une narration fondamentalement cataleptique : Laura reprend ses esprits en se reposant dans un hôpital après sa tentative de suicide, le bruit d'un

---

[23] Comme le dirait Lacan empruntant à Heidegger cette notion d'être en tant qu'« être hors de ».

[24] Voir à ce sujet notre article : « L'Enfant du *Torrent* ou le sujet de l'œuvre en puissance », *Voix et Images*, Vol. 25, n° 1, automne 1999, 102-25.

radiateur fournissant une explication raisonnable aux bourdonnements d'oreilles (*CZ*, 187). Le rêveur se réveille. Laura Carlson était bien après tout une héroïne de roman à l'eau de rose. Tout est bien qui finit bien : le délire et sa répétition, le principe de plaisir ont rencontré la réalité. La lisibilité de l'histoire se justifie ainsi de cet éveil à la raison. C'est en connaissance de cause, c'est-à-dire dans un temps symbolisable, mesurable, logique, que la narratrice a cerné pour nous les lieux d'enfermement, les ponctuations du symptôme dans la vie de Laura.[25]

Et pourtant, si on savait ! Ce sera aussi dans une chambre d'hôpital, auprès d'un mort qui peut entendre, d'un mort qui sait lire, que s'ouvrira *Lettre d'été*.[26] Tolstoï y jouera alors la fonction de déguisement du Père appelé, un père idéal qui, lui, répond. Sa réponse permet en fait à Pascale Roze, héroïne de son roman cette fois, d'écrire ce *nouveau* sentiment terrifiant qu'elle reconnaît désormais : une joie de *l'être* et de *l'été* après la mort. *Lettre d'été* est un livre autobiographique adressé au Père de l'écriture,[27] et en cela, il prolonge et éclaire l'aventure psychique que raconte *Le Chasseur Zéro*. C'est d'ailleurs seulement à partir de sa lecture que nous avons pu parler du *Chasseur*. On ne pourra plus faire autrement : il faut en passer par cet appel au Père pour entendre ce qui s'y pointe de l'origine de l'écriture, de son chiffre imaginaire : le zéro.

La coïncidence de l'accident cérébral mise à part, comment Roze se sort-elle de ce que représente Laura ? D'abord, en évitant d'être Jacques Hold *et* Duras justement, dans cette lourdeur paradoxale faite de l'hésitation à « faire sens ». C'est que chez M.D., l'écriture ne sublimait aucunement la folie de son auteure mais la prolongeait, la remettait en jeu – d'où la fascination exercée par sa phrase toujours *borderline*, par ses personnages, inexistants éternels. Ensuite, en travaillant l'organisation narrative pour qu'elle subsume justement

---

[25] Effectivement, même s'il ne s'agit pas véritablement de deux personnes fictionnelles, il faut penser la narratrice et Laura comme deux instances psychiques, ou du moins deux instants psychiques : la jeune Laura sous le coup de son délire aurait été bien incapable de raisonner comme la narratrice l'a fait.

[26] « Fais que je ne blesse pas tes yeux comme j'ai blessé les oreilles de l'homme à l'hôpital. Je t'aime et je sais que tu ne reposes pas en paix, là-bas à Iasnaïa. / C'est à toi que j'écris, Léon Tolstoï » (*LE*, 10).

[27] Ce Tolstoï qui entend et répond dans la fiction de Roze, est une fiction fondée sur un fantasme utile à la guérison : la reprise de l'écriture, la fin d'une certaine angoisse.

cette folie racontée, Roze a évité le discours auto-analytique fait d'associations libres, glissantes, métonymiques, cette jouissance de l'écriture qui évite de se plier à aucune loi. Roze prouve par son style qu'elle accepte cette castration par le symbolique (lois du genre, lois du langage). L'écriture doit être pour elle une sublimation de la jouissance. Son style, d'ailleurs, rappelle étrangement celui d'un autre déjà cité : celui de Sartre et particulièrement celui pour lequel il opte dans *Les Mots*. Est-ce parce qu'en fait, tous les deux, Sartre et Roze, racontent la même histoire ? Deux petits bouts de bande suffiront :

> Je m'appelle Laura Carlson. Je suis née le 10 janvier 1944 à New York. Mon père est mort le 7 avril 1945 à Okinawa. [...]
> Quand maman est rentrée en France, je n'avais pas encore deux ans. [...] Les parents accueillirent la fille prodigue et avec elle la moitié d'inconnue que j'étais et qui leur roula dans les bras. [...]
> Mon enfance fut sinistre (*CZ*, 10).

> En 1904, à Cherbourg, officier de marine, [... mon père] s'empara de cette grande fille délaissée, l'épousa, lui fit un enfant au galop, moi, et tenta de se réfugier dans la mort. [...]
> Sans argent ni métier, Anne-Marie décida de retourner vivre chez ses parents.[28]

Étonnant, non ? L'air de famille est la fameuse auto-dérision de Sartre, l'autobiographe, vis-à-vis de l'enfant qu'il fut. Lacan disait dans *Écrits* que « le style, c'est l'homme... à qui l'on s'adresse ».[29] À qui donc « s'adresse » cette auto-dérision ? Que fait-elle ? À qui sert-elle ? Si Laura et Sartre y ont recours, c'est parce qu'ils disent la même chose : tous les deux sont orphelins de père, un père officier de marine, tous les deux ont une mère qui retourne vivre chez ses parents dans la plus totale confusion des générations, tous les deux ne comprennent pas ce qu'on a voulu d'eux en les concevant... L'auto-dérision n'est pas ici un hasard. Elle est un mécanisme de défense contre une idée insupportable qui est au cœur même de la névrose de l'un, du délire psychotique de l'autre : ils n'auront été que les déchets, les déjections d'un père mort, homme que sa femme a simplement désiré oublier. Cependant, écrire leur histoire n'équivaudra aucunement à tenter de réhabiliter ce rejeton, en racontant l'histoire du vilain petit canard qui serait devenu écrivain, par exemple. Au contraire, ils

---

[28] Sartre, Jean-Paul, *Les Mots*, Paris : Gallimard, Folio, 1964, 16, 17.

[29] Lacan, Jacques, « De nos Antécédents », *Écrits*, Paris : Seuil, 1966, 14.

choisissent de le diminuer encore plus. Pourquoi ? Pour en fin de compte réhabiliter la figure de l'Autre, celui qui s'esclaffe à les voir si petits : l'auteur même du rejet dont les raisons se justifient ainsi *a posteriori*. C'est qu'à partir de ce qu'ils ont construit d'une position omnisciente, les deux autobiographes énoncent un savoir sur eux-mêmes. Ce savoir est en fait énoncé à partir de la place même du père mort. Réhabilitant cette place, les vilains petits canards espèrent tirer des bénéfices secondaires de cette auto-dérision puisque c'est finalement à leur géniteur qu'ils érigent ce monument. Ainsi, leur signature sera aussi celle de leur père. Laura Carlson. Le nom dit ce qu'il est : un nom étranger qui n'est plus un nom d'étranger. Ce nom a désormais un contenu : celui du livre même.

Comme Poulou, Laura ne possède que peu d'images de son père. Sur l'une d'entre elles (Sartre avait la même), il est habillé en uniforme d'officier « à côté de *ses hommes* » (*CZ*, 10 ; je souligne). L'image choisie par les deux « enfants » d'une part déguise le père mort en chef, mais de l'autre atteste de la soumission de ce père à une autorité supérieure. Le père en uniforme garantit cette double repré-sentation. Malgré et au-delà de sa disparition, il tient un tant soit peu son rôle symbolique d'être le représentant de la Loi. Cette image représente en fait une transcendance fondatrice pour le sujet mais aussi pour le dispositif biographique. Elle permet, soutient l'omni-science du narrateur qui est aussi une façon d'endosser l'uniforme. Ce sera le triste sort de Roquentin dans *La Nausée* de ne plus croire en cette place transcendante, tierce et il cessera alors immédiatement d'écrire la vie de Rollebon. La folie mélancolique le guettera à partir de là, une folie où les noms ne nomment plus, c'est-à-dire n'arrêtent plus la fuite des choses hors de leur signifiant arbitraire. Le sujet ne pourra alors qu'être en prise directe avec le réel, plongeant dans l'hallucination, le désêtre. Seule l'écriture du journal le sauvera car écrire, c'est désirer réhabiliter la fonction symbolique elle-même, surtout lorsque cette fonction a été représentée de façon défaillante par le père. L'écriture, en fin de compte, réhabilite… la possibilité de l'écriture ! Elle érige un monument à ses lois arbitraires… Elle est un culte au langage. Duras le disait ainsi :

> Je crois que la personne qui écrit est sans idée de livre, qu'elle a les mains vides, la tête vide, et qu'elle ne connaît de cette aventure du livre que

l'écriture sèche et nue, sans avenir, sans écho, lointaine, avec ses règles d'or, élémentaires : l'orthographe, le sens.[30]

Écrire de la place du narrateur omniscient, c'est en quelque sorte dire ce que le père n'a pas pu dire, faute d'assez de perversité : « C'est ainsi parce que je le veux ! ». S'autoriser à l'énoncer dans le roman, c'est faire preuve de cette perversion qui aura manqué au père réel, mort, oublié, déchu, ce père impuissant que la névrose maternelle a forgé. C'est la raison pour laquelle Laura commence par habiller son père en uniforme devant ses hommes. Elle tentera de le maintenir là pendant toute son histoire... jusqu'à en mourir. Presque. Elle ne s'en sort, comme nous avons tenté de le montrer, que par les castrations symboligènes (les coups de lois essentiels pour advenir comme sujet humain) qu'elle a subies lorsqu'elle s'est trouvée, enfin, confrontée au désir des autres (Nathalie, son beau-père et Bruno). L'appel au père mort est représenté dans *Le Chasseur Zéro* par les pathologies qui résultent de la non-réponse de ce père. Dans une mise en abîme littérale de la littérature comme réhabilitation de la fonction paternelle, *Le Chasseur Zéro* a transmis un savoir, celui-là même que Roze revendique dans *Lettre d'été* comme la tâche de son travail solitaire.[31]

Écrire les yeux fermés

« J'ai si peur que je t'écris comme en fermant les yeux, en jetant les mots contre l'écran de mon ordinateur pour qu'ils soient avalés par le noir. À peine un mot posé que je l'efface » (*LE*, 10). Si Pascale écrit les yeux fermés c'est pour ne pas voir ce qu'elle sait. « La mort qui s'approche, c'est peut-être comme un amour qui naît. Nous le vivons sans vouloir le regarder. Nous nous bouchons les yeux » (*LE*, 14). Son *Chasseur Zéro* comme sa dernière *Lettre d'été* sont en effet des histoires de mort évitée. Les deux narratrices sont parvenues à traverser quelque chose de l'ordre d'un trauma, trauma de naissance pour Laura, trauma de la mort rencontrée pour Pascale, puis trauma de la joie, de la solitude aussi, car la solitude est le prix à payer d'un savoir sur la mort. Entre le livre fou de la jeune fille kamikaze et le livre de la survivante, la même chambre d'hôpital : là où s'est projetée la lumière

---

[30] Duras, *Écrire*, *op. cit.*, 24.

[31] Il s'agit bien d'une mise en abîme littérale : le cadavre du père est au fond des eaux et le kamikaze-écrivain crie « Je plonge » pour l'y rejoindre.

de la mort, son aveuglement et le savoir incompris, impensable qu'elle charrie avec elle. « Écrire va rouvrir la carotide » (*LE*, 13).

Ces deux histoires sont terribles qui disent la charnellité du symbolique, son ancrage fantasmatique, son origine hallucinée et revécue, sa fonction thérapeutique qui guérit un peu de la maladie de la mort. Lire, c'était ne pas mourir pour Laura. Écrire *Le Chasseur* aura été *presque déjà* mourir pour Pascale Roze. Ce *presque* est ce qui lui reste, ce qui nous reste, pour poursuivre :

> Ô Liova, il n'y a pas de lieu pour recommencer. Le vent emportera tes feuilles comme il emportera ma lettre. Nous serons dispersés, nous serons séparés. Il n'y aura eu que ce petit temps, ce petit temps sur terre, où je t'aurai connu, ce petit temps qui me fut donné en sus, ce petit temps où j'aurai porté dans ma tête, à côté des quelques mots et maux que j'aurai réussi à en extraire, le souci impuissant de faire plaisir et la solitude de ma joie. (*LE*, 81)

Textes de Pascale Roze

Si l'édition originale n'est pas l'édition consultée, celle-ci est indiquée entre parenthèses. Les abréviations de titres utilisées dans l'article figurent entre crochets.

Histoires dérangées, Paris : Julliard, 1994.

Le Chasseur Zéro, Paris : Albin Michel, 1996 (Le Livre de Poche, 1998 [*CZ*]).

Ferrailles, Paris : Albin Michel, 1999.

Lettre d'été, Paris : Albin Michel, 2000 [*LE*].

Lydie Salvayre : « Parler au nom d'Olympe »[1]
Brigitte Louichon

Louichon expose les différentes formes de subversion que Salvayre fait subir aux conventions des discours oraux, soit en incorporant des éléments de la vie privée et intime dans les discours publics, soit en ayant recours aux registres ou à la rhétorique de l'écrit et même du littéraire. Le but de Salvayre est de donner la parole aux démuni-e-s, à ceux et celles qui ne l'ont pas. Toutefois elle ne leur prête pas une parole vraisemblable, mais une parole dotée de toute la puissance de la littérature.

Lydie Salvayre : « Speaking in the name of Olympe »
Louichon reveals the diverse forms of subversion which Salvayre imposes on the conventions of oral discourse, either by incorporating in public exchanges intimate aspects of private life, or by resorting to written, even literary, registers and rhetoric. Salvayre's aim is to give a voice to the deprived, those who cannot articulate. Yet the voice she gives them lacks verisimilitude ; rather, she endows them with all the power of literature.

Dans *La Déclaration*, premier roman de Lydie Salvayre, le personnage énonciateur rapporte : « C'est comme si le Christ était descendu parmi nous et qu'il nous parlait en direct avec les mots les plus justes ». L'émergence de cette parole pure et efficace, comme dégagée du récit (biblique) est comparée à un « miracle » (*D*, 102).

Cet extrait de *La Déclaration*, que nous considérons comme emblématique de l'œuvre de Lydie Salvayre, nous servira de fil conducteur. Nous chercherons à montrer comment le personnage « parle en direct », quel type de parole il utilise et comment il est « descendu parmi nous ». En d'autres termes, nous interrogerons le système énonciatif des romans, la langue utilisée et le référent spatio-temporel

---

[1] Salvayre, Lydie, *Les Belles Âmes*, 57. Les références aux textes de Salvayre seront par la suite indiquées entre parenthèses dans le texte. Les éditions consultées ainsi que les formes abrégées des titres sont mises dans la bibliographie à la fin du texte.

diégétique pour essayer, en dernier lieu, de comprendre ce « miracle » d'une écriture forte et très originale.

« Lire un roman de Lydie Salvayre, c'est entendre une voix. Ou plutôt une voix mise en forme dans un discours et se jouant de cette forme ».[2] Tous les romans de Lydie Salvayre sont en effet des discours qui se coulent dans des formes plus ou moins convenues d'énonciation orale. Pour certain-e-s, il s'agit même de ce que l'on peut appeler un « genre oral ». On entend par là un mode énonciatif oral qui a ses règles propres. Ainsi en est-il de *La Conférence de Cintegabelle*, constitué d'un discours d'un conférencier sur la conversation. Dans *Quelques conseils utiles aux élèves huissiers*, le personnage fait un cours magistral ; *La Médaille* est composé d'une succession d'allocutions prononcées à l'occasion d'une cérémonie de remises de médailles. Dans ces romans, les personnages de locuteurs-trices comme ceux d'interlocuteurs-trices appartiennent clairement à la diégèse : le conférencier parle à ses auditeurs-trices, l'huissier à ses élèves, les personnages de *La Médaille* aux participant-e-s à la cérémonie. Ces interlocuteurs-trices sont le plus souvent silencieux-ses mais leur présence même participe du sens du discours produit. On pourrait presque parler pour ces romans de ce que l'analyse théâtrale nomme « la double énonciation » : le personnage parlant à un autre personnage parle aussi au lecteur/à la lectrice.

Dans les autres romans, les choses sont un peu différentes : dans *La Puissance des mouches*, le personnage principal, incarcéré à la suite d'un meurtre, monologue tout au long du livre face à quatre interlocuteurs : un juge, un avocat, un psychiatre et un infirmier. Mais là encore, locuteur, interlocuteurs et situations de communication sont clairement définis de même que le « genre » des discours prononcés : déposition au juge, récit visant à nourrir une plaidoirie pour l'avocat, récit de type plus ou moins psychanalytique au médecin et discours plus informel à l'infirmier. La parole directe de ces interlocuteurs est toujours absente du texte mais elle est parfois intégrée au discours du locuteur sous forme de reprises. Cette parole indirecte énonce une attente par rapport à ce que l'on hésitera ici à appeler un « genre » mais qui relève néanmoins d'une communication qui a ses lois. Ainsi, par exemple, le juge demande à l'inculpé de fournir des preuves de

---

[2] Czarnu, Norbert, « Reality tour », *La Quinzaine littéraire*, 1-15 septembre 2000, 10.

l'amour que lui voue sa femme (*PM*, 14), l'avocat lui demande de
« cracher le morceau » (*PM*, 43), le médecin de raconter ses souvenirs
(*PM*, 59) tandis que l'infirmier lui demande s'il lit (*PM*, 25). Chacun
de ces personnages, au même titre que le lecteur/la lectrice, au vu de la
situation, attend un énoncé relativement stable dans ses formes et ses
enjeux.

   La Vie commune et *La Compagnie des spectres* relèvent aussi du
monologue. Le premier est constitué du discours de l'héroïne, secrétaire à quelques années de la retraite, veuve, discrète, qui raconte sa
vie depuis qu'elle doit partager son bureau avec une jeune collègue.
Ce discours, pour partie adressé à son médecin, pour partie non
adressé, relève de la paranoïa et révèle l'immense détresse du
personnage. Mais un certain nombre de questions se posent : la narration tantôt semble très postérieure aux événements, tantôt mime la
contemporanéité. Pour exemple, le chapitre 19 commence par « pour
l'instant, je l'observe » (*VC*, 101) et deux pages plus loin, durant la
même scène : « Puis elle prononce cette phrase à laquelle je n'ai cessé
de penser durant des mois et des mois » (*VC*, 103). Il n'y a pas
d'interlocuteur-trice et pourtant une présence se devine : « On ne peut
pas tirer des conclusions à partir d'un seul cas, c'est pas scientifique.
J'en conviens » (*VC*, 69). La forme concessive suppose théoriquement
la présence d'un-e autre que l'on cherche à convaincre. De même, ce
discours paraît écrit mais entre les chapitres 5 et 6, il n'y a ni point ni
majuscule, la typographie mimant le flux oral, comme c'est le cas de
manière systématique dans *La Conférence de Cintegabelle* et à
plusieurs reprises dans *La Compagnie des spectres*. Dans ce roman, le
texte est constitué par le discours de Louisiane qui raconte comment
un huissier est venu dans le petit appartement qu'elle partage avec sa
mère et comment elles l'ont mis dehors. La forme pourrait en paraître
plus traditionnelle si le roman ne débutait par ces mots : « Et alors
même que » qui semblent convoquer un hors-texte discursif qui
donnerait à lire le roman comme une partie d'un discours, sans doute
adressé à quelqu'un-e.

   La Déclaration pose la question du titre du roman. À quoi réfère-
t-il ? Quel mode de lecture inscrit-il au seuil du texte ? Si
« déclaration » il y a, à qui s'adresse-t-elle ? Le verbe « déclarer » ne
se construit pas absolument, il appelle nécessairement un objet et un
destinataire. Le premier chapitre semble combler cette attente du
lecteur/de la lectrice puisqu'il s'ouvre sur ces mots : « Tu es bonne.

Tu as une âme. Elle est grosse » (*D*, 7) pour se clore ainsi : « Tu as l'air triste. Je t'imagine morte » (*D*, 13). Le texte se donne alors à lire comme une déclaration de haine d'un homme à sa femme. Mais le « tu » du premier chapitre disparaît ensuite. L'épouse qui a abandonné l'énonciateur n'est plus celle à qui il s'adresse mais devient un « elle », la non-personne – pour reprendre la terminologie de Benveniste –, celle dont on parle puis dont on ne parle plus. Le texte est envahi par le « je » de l'homme abandonné. Commence alors un récit de ce qui suit la rupture, auquel se mêle le passé, l'enfance du personnage, et qui le conduit jusqu'à la folie, le silence et la nuit, épreuves dont il renaît enfin puisque le livre se ferme sur ces mots : « La vie revient » (*D*, 126).

La place de l'interlocution n'est pourtant pas absolument vide. Quelques très discrètes traces linguistiques marquent une présence : « ... une âme, *vous dis-je*, ne tient pas debout... » (*D*, 22 ; je souligne) ou encore : « Je divague entre les débris de pensée que je ne parviens pas à saisir et des échos de voix perçues dans la journée : *excusez-moi*, plusieurs fois » (*D*, 81 ; je souligne). Il y aurait donc bien un destinataire de cette déclaration, destinataire discret, silencieux, invisible. Mais ces incises laisseraient supposer que cette énonciation est orale, or, malgré le peu d'éléments qui réfèrent à l'acte énonciatif lui-même, il n'en est rien puisque le personnage déclare : « Tout ce que je peux *écrire* aujourd'hui » (*D*, 97 ; je souligne). D'autre part, on hésite aussi sur le moment de son énonciation. Ce n'est pas une confession totalement rétrospective, celle d'un homme qui aurait survécu à une grave crise et la raconterait pour se comprendre ou édifier un narrataire implicite. C'est une narration presque au jour le jour, qui saisit et interprète les événements au plus près de leur avènement. Ce qui suppose donc qu'elle soit parfois le fait d'un énonciateur à la limite de la folie. Or, rien dans le langage et la pensée ne permet de percevoir cette folie, qui ne s'énonce pas mais se donne à voir à travers une série d'événements comme remis en cohérence par le personnage.

Ainsi, le lecteur/la lectrice se trouve immergé-e dans un discours parfaitement clair, structuré, mettant à jour une histoire individuelle, familiale et sociale qui semble justifier la dérive du personnage. Et, en même temps, ce discours échappe. Le lecteur/la lectrice se trouve partie prenante d'une histoire dont le personnage principal n'a pas de nom, qui n'est qu'un « je », c'est-à-dire qu'il est uniquement désigné comme « celui qui parle ». On ne sait à qui il s'adresse, quand exactement et pourquoi le discours est produit. On lit un roman dont le titre ne réfère apparemment ni au sujet du discours, ni à son objet mais à l'énonciation elle-même. Cette insistance sur le mode énonciatif est bien l'une des caractéristiques de l'œuvre de Lydie Salvayre.

Enfin, le dernier roman, *Les Belles Âmes*, présente encore un autre cas de figure. En voici les premières lignes :

> Ici le jour ne ressemble pas au jour. Le jour est comme un morceau délavé de la nuit. L'accompagnateur, par ces mots, veut gifler les esprits. Il a l'âme d'un prêtre, prompte à redresser, à faire peur. Prompte à violer les consciences, eût dit celui que je ne peux nommer. (*BA*, 11)

On voit clairement comment l'auteure joue avec les attentes du lecteur/de la lectrice. Les deux premières phrases, qu'aucun signe typographique ne signale comme étant du discours, semblent relever d'un narrateur/d'une narratrice. Alors, une instance narrative signale qu'elles sont le fait d'un personnage. Cette instance narrative porte ensuite un commentaire sur le discours proféré, comme il est de mise dans un roman. La dernière phrase qui s'amorce par une reprise (« prompte ») est typique d'une énonciation orale qui se construit dans l'ajustement. Et elle est de fait parole, mais parole hypothétiquement rapportée, produite par une instance mystérieuse, que le « je » ne peut nommer. Le lecteur/la lectrice est ainsi subtilement désarçonné-e, passant du récit au discours pour se retrouver dans une forme de récit qui est aussi du discours. Car la narration est assumée par un personnage qui dit « je », qui dit que les autres personnages ne sont que des personnages inventés, que nous sommes dans du roman, qui commente, explique, doute souvent et affirme la liberté de celui qui écrit : « Lafeuillade est une caricature, et je le veux ainsi » (*BA*, 132). Depuis *Jacques le fataliste*, ce vertige du roman qui s'affirme n'est pas nouveau. Ce qui l'est ici, c'est que ce personnage de romancière-narratrice est aussi un personnage mystérieux dont on ne sait rien. Seule sa voix, ou plus exactement les mots utilisés le définissent. Et parmi ces mots qui tissent l'histoire, survient souvent une expression précisée par une formule récurrente : « eût dit celui que je ne peux nommer » (*BA*, 103). Les mots se constituent ainsi en produit d'une histoire personnelle, douloureuse et proprement indicible.

Ainsi, tous les romans de Lydie Salvayre s'écrivent hors des cadres de la narration omnisciente. Ils ne sont que discours de personnages, uniquement caractérisés par les mots qu'ils profèrent. Ce sont des textes au sein desquels le personnage parle « en direct ».

Mais que dit-il ? et comment ? quels sont donc ces « mots les plus justes » ? Le conférencier de *La Conférence de Cintegabelle* se propose de revivifier l'Art de la conversation. Structurée en trois parties annoncées en introduction, illustrée d'exemples et d'axiomes, obéissant parfaitement aux lois du genre oral auquel cette conférence appartient, elle est, dans le même temps, énonciation intime. En effet, le conférencier, violant cette fois les lois du genre, parle de lui. Il est veuf depuis peu et au travers de son discours se révèle une histoire personnelle douloureuse : homme de culture et de parole, il a épousé une femme qui semble à l'opposé de ces préoccupations. Cette femme l'a entretenu et il a souffert des sarcasmes de sa belle-famille pour laquelle il est un raté. L'intérêt de ce texte réside dans la manière dont le discours sur la conversation et le discours du « je » se nourrissent l'un l'autre. Voici un exemple de ce fonctionnement textuel :

Le Confort du derrière.

Nous venons d'évoquer la présence charnelle des interlocuteurs, indispensable à toute causerie. Attachons-nous à présent à cette partie qui est la plus postérieure […].

Avec la perspicacité qui est la nôtre, nous avons observé que, mieux le corps d'un parleur reposait sur son séant, plus sa pensée s'élevait et gagnait en agilité […].

À l'inverse […].

Il suffit, pour vous en convaincre […].

Si l'on se réfère au critère susmentionné, nous pouvons d'ores et déjà retenir que seront classés dans la catégorie des inaptes à converser : […].

D'autres observations d'une égale sagacité ont établi que l'amplitude du derrière, où l'âme aurait son siège, mais pouvons-nous nous avancer aussi loin ? je ne sais, que l'amplitude du derrière jouait aussi un rôle déterminant dans le brio d'une conversation. […]

Il existe toutefois des exceptions à cette règle. Ma Lucienne en fut une. Exception. Car autant son derrière était considérable, autant sa parole était discrète. Discrète n'est pas le mot. Car les rares substantifs dont elle disposait, elle les beuglait. Elle mettait en toute chose tant d'énergie, tant de passion, ma Lulu ! Abruti, beuglait-elle, dans l'intention de me charrier. Elle aimait me charrier. Nous aimions nous charrier. Par une sorte de pudeur affectueuse. Grosse pouffe, lui disais-je, en retour, me délectant à la vue de son énorme postérieur. Grosse vache, lui disais-je, alors qu'en mon for intérieur je l'appelais ma Vénus callipyge. (*CC*, 33-36)

On voit comment toute la partie expositive obéit aux règles du genre : emploi du « nous » qui vise à installer locuteur et interlocuteur-trice dans une communion de pensée, utilisation de connecteurs logiques, et même marques d'une oralité soutenue (« mais pouvons-nous nous avancer aussi loin ? »). L'invasion du texte par le discours intime se fait ici dans la logique discursive : l'exemple personnel doit venir illustrer le propos général mais il finit par le dévorer. L'intérêt du lecteur/de la lectrice se porte alors moins sur ce que le personnage rapporte de sa vie intime que de l'interprétation qu'il en propose. Le texte fonctionne par glissements successifs : discrète/beugler passion/abruti/pudeur affectueuse/grosse vache/Vénus callipyge. À un terme positif est associé un terme négatif auquel est ensuite associé un terme positif... Ce faisant, le discours révèle la violence et la misère conjugales mais surtout le point de vue totalement perverti du personnage sur sa propre histoire.

Ainsi, *La Conférence de Cintegabelle* fait entendre un discours absolument inouï : faisant éclater le genre dans lequel il s'inscrit, il fait coexister deux mondes qui s'éclairent mutuellement. Car le discours intime, s'il subvertit le genre, ne détruit pas le discours sur la conversation. Le plaidoyer pour la conversation demeure, d'autant plus pertinent et convaincant que le brillant conférencier se révèle acteur d'une vie de misère. On trouve, dans *La Médaille*, le même procédé, avec l'effet inverse : les discours prononcés par les récipiendaires des médailles qui visent théoriquement à remercier la direction et à servir une image valorisante de l'usine, dans la mesure où ils réfèrent à l'intime, révèlent l'inhumanité du monde de l'usine. Les ouvriers-ères modèles disent leur vie ratée, la violence conjugale, la solitude, la maladie mentale, les sacrifices inutiles et douloureux. Dans ce cas-là, le discours intime qui nourrit l'allocution vient infirmer le discours des dirigeants.

Une des modalités d'écriture de Lydie Salvayre est donc la subversion du genre discursif par l'individuel. Le « je » se dit, se raconte, se révèle par et dans les interstices du langage imposé. « Pour une déposition ? Et que dois-je déposer, je vous prie ? » demande le personnage principal de *La Puissance des mouches* à la première ligne du roman. Cette interrogation initiale sur le genre du discours que l'on attend de lui est le signe d'une attention particulière au langage et d'un refus annoncé des normes énonciatives.

Cette potentialité du sujet à se révéler, à se comprendre, par le langage adressé à un interlocuteur/une interlocutrice dont la présence est plus ou moins manifeste mais toujours silencieuse, évoque évidemment la cure psychanalytique.[3] Le discours des personnages a toujours un objet initial qui se perd dans le discours effectivement proféré. Ainsi, dans *La Déclaration*, le personnage s'adresse au début à sa femme et doit apparemment parler de sa rupture ; ce faisant le personnage de sa mère envahit son discours. Dans *La Vie commune*, la narratrice croyant parler de sa collègue, parle d'elle-même. La vie commune (à deux), objet annoncé du discours se transforme en discours sur la vie commune (ordinaire). « Parler d'elle m'amène invariablement au dégoût de moi » (*VC*, 23), comprend Suzanne, révélant que le sujet du discours renvoie profondément au discours du sujet. Tout comme le personnage de *La Puissance des mouches* parlant de Pascal, parle encore de sa mère, de son père et du drame de son enfance : « à la lecture des *Pensées*, ce passé s'est mis à bouger dans ma mémoire comme un enfant dans le ventre d'une femme » (*PM*, 26). On reconnaît, dans ce déplacement du discours, une des modalités de la psychanalyse : le patient/la patiente va entrer en discours à partir d'un symptôme, d'un objet, et ce discours va lui permettre d'en dire les causes, qui se situent toujours dans un ailleurs, un plus loin, plus enfoui, plus complexe du sujet.[4] Or, pour que ce déplacement s'opère, il faut à la fois un cadre et une règle.

Dans la cure psychanalytique, la « neutralité » de la thérapeute, la régularité des séances, leur durée toujours identique, et leur paiement obligatoire constituent ce cadre dans lequel la parole va pouvoir se

---

[3] On sait que Lydie Salvayre est psychiatre.

[4] « Pour en revenir à la règle fondamentale, celle-ci implique que ce n'est pas là où le patient attribue la cause de ses symptômes qu'elle se situe, mais dans un ailleurs, un plus loin qui se complexifie inévitablement dès lors que l'expérience révèlera que la causalité traumatisme ou conflit-symptôme n'est pas linéaire mais s'inscrit de façon particulièrement complexe dans l'ensemble de la personnalité, au point même que le plus souvent ledit symptôme n'apparaît plus comme élément parmi d'autres d'un malaise relationnel ou d'un mal être plus général et amène le patient à aborder et repenser l'ensemble des conflits, l'ensemble du champ de ce qui le constitue », Mijolla, Alain de et Mijolla-Mellor, Sophie de (sous la direction de), *La Psychanalyse*, Paris : PUF, Coll. Fondamental, 1996, 564.

proférer. On peut voir de la même manière, dans l'œuvre romanesque de Lydie Salvayre, un cadre rigoureux au sein duquel se construit la parole intime : celui du genre par lequel elle s'énonce.

Enfin, la règle est bien connue, il s'agit de dire tout ce qui vient à l'esprit, sans rien trier ou rejeter. Les personnages ne s'en privent pas. Ils disent tout de leur misère, de leur mariage et de la haine qu'ils finissent par éprouver à l'égard de leur conjoint-e, de leur enfance, de leur mère détruite voire assassinée par un père odieux, de la violence du monde dans lequel ils vivent ou survivent. Cette vérité, à la fois individuelle et sociale, se révèle au travers d'un discours qui n'est jamais linéaire, qui se complexifie au fur et à mesure et utilise des voies bien connues : les associations d'idées, les passages du sens figuré au sens propre ou les lapsus. En voici quelques exemples : « Les bras vous en tombent ? » demande le conférencier de *La Conférence de Cintegabelle*, « ramassez-les » (*CC*, 49). Ce n'est pas un calembour visant à égayer un discours parfois austère, c'est, du point de vue de l'énonciateur, un rapport au langage différent.[5] Dans *La Compagnie des spectres*, le discours fonctionne totalement par associations : « L'huissier [...] se dirigea vers le canapé et nota : un canapé deux places traditionnel, revêtu de reps vert, élimé et déchiré au niveau de l'accoudoir droit, [changement de chapitre] C'est sur un canapé comme celui-ci que ta grand-mère s'effondra » (*CS*, 82-83). Le langage, irrépressible, révèle alors le monde et sa violence :

> Quelqu'un qui viole le domicile des gens, excuse-moi, mais ça s'appelle comment ?
>
> Un violeur, dis-je.
>
> Et qui s'empare d'objets ne lui appartenant pas ?
>
> Un voleur, dis-je. (*CS*, 57)

Il révèle encore, plus simplement, l'inanité des choses : « un temps pour se réaliser comme dit Marie-Jo, ma coiffeuse, qui n'en dispose d'aucun, dans sa vie mise en plis, dans sa mort permanente » (*CC*, 7).

Ainsi, l'éruption du discours intime déplace ou transforme l'objet du discours annoncé mais ne le fait pas disparaître. Tout comme *La Vie commune* parle de la vie commune dans les deux acceptions, *La Conférence* est à la fois conférence et récit d'une vie conjugale. C'est

---

[5] Cf. aussi à propos des hommes politiques : « Ils le trouvaient, en un mot, impayable. Ils avaient tort. Car il savait se payer grassement sur le butin de la patrie » (*CC*, 112).

par cette tension que s'opère la subversion du discours et la construction du sens :

> C'est précisément lorsque les discours sont rodés, convenus et faits d'une seule pièce, lorsque leur rhétorique est immuable et usée jusqu'à l'os, lorsque la conviction qui les porte est aussi inébranlable qu'un mur, c'est lorsque les discours, disais-je, sont finis, rectilignes, et qu'ils connaissent dès le commencement leurs conclusions, qu'ils ont toute chance de dire n'importe quoi. (*CC*, 82)

Il n'est pas étonnant que ce soit dans un discours sur le discours (une conférence sur la conversation), texte proprement métadiscursif, que s'énonce un des aspects les plus singuliers de la poétique romanesque de Lydie Salvayre.

Le deuxième mode de subversion d'une « rhétorique immuable » renvoie de manière plus spécifique à l'oralité. La subversion du discours oral s'opère par l'écrit et par le littéraire. *La Compagnie des spectres* est composée pour l'essentiel de discours de la fille, Louisiane, à l'huissier, de discours de la mère, Rose, à sa fille et à l'huissier et enfin, de discours de Louisiane à elle-même. Cette énonciation orale est explicitement et régulièrement marquée par des incises (dit-elle, dis-je, me dis-je). Les discours portent certaines marques d'oralité. La présence de l'interlocuteur-trice, « monsieur l'huissier », « ma chérie » est constamment rappelée et on trouve des faits de langue encore plus spécifiquement oraux comme le réajustement : « Si vous entrevoyez une solution à ce mer, pardon, à cette gabegie » (*CS*, 31). Mais ce discours oral porte des marques lexicales, syntaxiques ou textuelles qui sont propres à l'écrit. Le lexique est souvent abstrait et appartient à des registres de langue spécialisés : « Le béret n'est pour elle qu'un objet métonymique » explique Louisiane à l'huissier (*CS*, 37) ou encore, lorsqu'elle explique qu'elle ne travaille pas : « ma mère prétend, monsieur, que la *praxis* nous éloigne de l'être » (*CS*, 153). Ailleurs, le discours des deux femmes est parsemé d'« aposiopèse[s] » (*CS*, 35) ou de « paralipomènes » (*CS*, 44). On parle à l'imparfait du subjonctif : « Peut-être espérait-il secrètement que je me jetasse sur lui, que je le tripotasse et que je l'étreignisse » (*CS*, 145) et la syntaxe est complexe, spécifique d'une énonciation écrite :

> Si bien que je me vois obligée, monsieur, en vue de satisfaire mes appétits imaginatifs, qui sont considérables, pour ne pas dire débridés, particulièrement en ce qui touche les affaires du sexe, de me rabattre sur

des écrivains antiques, tels Sénèque, Callimaque, Pindare ou Marcel
Proust, les seuls à passer officiellement la douane maternelle, ou d'user de
mille ruses pour introduire en contrebande les livres que me prête Nelly et
qui traitent du seul sujet présentant à mes yeux un intérêt : l'amour
contrarié et ses figures afférentes. (*CS*, 178)

Mais la romancière va plus loin. En effet, le discours oral
s'énonce non seulement dans une langue de l'écrit mais dans une
langue qui relève du littéraire. Certains des personnages baignent dans
un univers livresque. D'une certaine manière, on peut ainsi considérer
que *La Puissance des mouches* est une glose sur Pascal ; la mère de *La
Compagnie des spectres* vit parmi les livres dans sa « salle de bains-
bibliothèque » et sa fille déclare à l'huissier : « maman aime les livres.
Maman aime les livres à la folie. Maman aime à la folie la folie
enfermée dans les livres » (*CS*, 177). *Les Belles Âmes*, avec la
présence du personnage de Flauchet et celui de la romancière, est
aussi un double discours (négatif et positif) sur la création romanesque
tandis que l'on peut lire toute *La Conférence de Cintegabelle* moins
comme un éloge de la conversation que comme un éloge de la
littérature. « L'homme de la conversation, en un mot c'est moi » (*CC*,
85) déclare le conférencier dans une formule qui renvoie à l'histoire
du roman.

Outre cette présence affirmée du littéraire dans l'univers de certains personnages, leurs discours eux-mêmes procèdent d'une énonciation parfois spécifiquement littéraire. Le procédé rhétorique de
l'anaphore est extrêmement fréquent, à l'image de cet extrait :

Cependant, cette autre vie rêvée d'Olympe ouverte à l'infini et aux
béatitudes, cette autre vie plus belle et plus radieuse, cette vie inimaginable
mais à laquelle elle donne la forme de Tizo parce qu'il faut bien lui donner
une forme tangible, cette autre vie vers quoi elle tend de toute son âme,
cette vie sans nul mot pour se dire sinon le mot Tizo répété comme on prie,
cette autre vie d'Olympe n'existe pour personne. (*BA*, 68)

À la fois figure de l'art oratoire et figure poétique, l'anaphore donne
aux discours, aux monologues, mais aussi aux récits, une forme
incantatoire dont participe également un usage récurrent de l'allité-
ration[6] et de l'énumération (*CS*, 37-38 et *BA*, 82). Enfin, certains faits
ne relèvent pas de l'art oratoire ou même d'un art poétique qui

---

[6] « vos plaies, vos pleurs, vos pus [...]. Et vous qui extorquez du crédit aux crédules »
(*CC*, 59). « des juifs comploteurs carnivores et crochus » (*CS*, 61). « résister aux
répugnants remugles » (*VC*, 25).

procède pour partie d'une rhétorique de l'oral mais réfèrent, soit par la référence, soit par le procédé, au littéraire écrit. On retrouve ainsi un art du portrait inspiré des *Caractères* de La Bruyère dans *La Conférence de Cintegabelle* : « Les mondains, parlons-en ! [...] Voici Féfé, né à Paris, fils de personne, pute finie. [...] Féfé court d'une meute l'autre. Débite, ici, un compliment. Jette, là, une médisance » (*CC*, 90).[7] Dans *La Compagnie des spectres*, Rose raconte : « et un jour sombre de janvier, chez le buraliste qui vendait » (*CS*, 107), suit une liste de deux pages d'objets divers à la gloire de Pétain. À la fin de l'énumération, le récit reprend : « ta grand-mère se planta devant le portrait » (*CS*, 109). La structure même de la phrase comportant une infinité de compléments d'objet est propre à l'écrit. Le lecteur/la lectrice peut en effet revenir en arrière et retrouver le début de la phrase, pratique interdite en énonciation orale et remplacée par des formes de répétitions ou pour le moins de reprises, absentes ici. Le discours de Rose est donc un discours que seule la lecture rend compréhensible. De plus, cette énumération se clôt sur une liste de dix-sept groupes nominaux dont :

> des cartes postales à l'effigie de Pétain,
> des mouchoirs à l'effigie de Pétain,
> des cendriers à l'effigie de Pétain,
> des épingles de cravate Pétain,
> des boucles d'oreilles Pétain, [...]
> des scapulaires Pétain, [...]
> des pipes Pétain.

Ils sont classés par taille et la disposition typographique crée un effet très particulier plus proche du calligramme que de la conversation.

De même, le conférencier de Cintegabelle se lance dans une déclinaison adjectivale pour tenter de qualifier la conversation : « La conversation est tour à tour acide, adorable, africaine, elle ajoute à l'ombre, bizarre, buissonnière, un bien sans mal ne lui plaît pas, [...] chuchotée, combative, comique [...] tendre, téméraire, et triste comme la vérité, vibrante, walletienne et zingue, voilà la conversation ! » (*CC*, 81-82).

---

[7] On reconnaît ici un pastiche d'un des portraits les plus célèbres de La Bruyère, celui du mondain Phédon. Cf. aussi le portrait d'Odile B. (*BA*, 82).

On reconnaît une forme de contrainte (l'alphabet), identique à celle que depuis ses origines (le dizain de Maurice de Scève, l'alexandrin de Racine ou les techniques de l'Oulipo), la littérature s'impose pour mieux s'inventer.

« Les mots les plus justes » des personnages de Lydie Salvayre sont donc tout à la fois les mots de l'intime, les mots du langage oral, parfois vulgaires, argotiques, et les mots rares, les mots écrits, les mots de la littérature qui insufflent vie aux discours figés. C'est par ce mélange et ces contrastes de registres que s'énonce une vision du monde, de notre monde. Car, ne nous y trompons pas, Lydie Salvayre est bien une romancière du réel, ses personnages sont « parmi nous ».

L'enjeu de l'écriture est posée au début de *La Vie commune* : « J'ai lu hier que les cordes des violons étaient faites de tendons d'animaux. Je me suis longtemps arrêtée sur cette phrase. Comment tirer des accords musicaux de tout ce mal que l'on vit ? » (*VC*, 9). Le « mal que l'on vit » n'est pas absent de l'œuvre de Lydie Salvayre. Le protagoniste de *La Déclaration* sombre dans la folie à la suite d'une enfance marquée par la violence du père. Suzanne dans *La Vie commune* est la triste héroïne d'une vie ratée dont elle est à la fois l'artisane et la victime. Les récipiendaires de *La Médaille* meurent de vivre dans l'univers de l'usine. Le conférencier de Cintegabelle énonce la misère d'une vie vécue entre fantasme de culture et réalité triviale. Tous ces personnages, toujours ambivalents et pour lesquels le lecteur/la lectrice éprouve tour à tour répulsion et compassion, disent un monde où l'incommunicabilité et la misère individuelle sont loi. Mais les textes de Lydie Salvayre parlent aussi de la misère du monde. La mère et la fille de *La Compagnie des spectres* disent non seulement l'errance d'une époque qui a perdu la mémoire mais la réalité matérielle d'une vie de misère, une vie qui se déroule dans une cité, avec la « cafète » comme seul lieu de communication, la télé et le tabac comme seuls dérivatifs, la violence des autres, le chômage… Quant au dernier roman, *Les Belles Âmes*, il manifeste plus que tous les autres cet engagement de la romancière. Il raconte un voyage touristique organisé par l'agence Réal Voyages (!) qui a pour objectif de faire découvrir aux voyageurs-ses (les belles âmes) la réalité du monde de la misère. Voyageurs-ses et lecteurs-trices sont embarqué-e-s dans un tour d'Europe des cités, de l'émigration clandestine, de l'exploitation, de la drogue :

> Une usine éventrée. Noire de suie. Ouverte au vent. Glaciale. Nauséa-
> bonde. D'une saleté indescriptible. Dont la proximité avec Milan, ville
> riche s'il en est, ne fait qu'accuser la misère.
>
> À l'intérieur, des jeunes gens somnambuliques errent, pieds nus, en
> loques, avec des airs d'un autre monde et trébuchent en aveugle sur des
> décombres entassés où l'on distingue des seringues.
>
> Ils vivent là, dans l'attente de mourir. (*BA*, 126)

Le monde est ce qu'il est et peu de mots suffisent à dire simplement sa
laideur et sa violence. Tout comme le voyage est inutile, le roman qui
se donnerait pour vocation de « représenter » le monde serait inutile.
Lydie Salvayre poursuit un autre but : donner la parole à ceux qui ne
l'ont pas.

La Médaille, constitué d'une alternance de discours de cadres de
l'usine et de discours d'ouvriers-ères, est néanmoins traversé par une
intrigue : à l'extérieur de la salle, une révolte gronde. Une partie des
ouvriers-ères manifestent, se moquent des discours proférés et
menacent la direction. Pourtant, à la fin du roman, les manifestant-e-s
sont manipulé-e-s par le dernier orateur. Ils/Elles finissent par se taire
et applaudir. Dans l'œuvre de Salvayre, le pouvoir du langage est le
pouvoir suprême dont sont privés les pauvres, à l'instar de ce père de
famille décoré sous le régime de Pétain et qui ne peut « que balbutier
Merci beaucoup » (*CS*, 133) et dont les enfants ont honte. Car « nul
n'est puissant [...] s'il n'empêche la parole de l'autre par quelque
moyen » (*CS*, 20). La misère, c'est « toujours la même rengaine. Le
travail qui tue et la langue qui manque » (*BA*, 115).

L'univers romanesque de Lydie Salvayre est donc peuplé de
personnages qui prennent la parole. Le protagoniste de *La Déclaration*, en osant l'impensable, en proférant l'indicible, ouvre une vanne
langagière qui le délivre. À la fin, « la vie renaît », renaissance opérée
par le discours. Mais cette parole offerte par la romancière à celui qui
en est dépourvu, n'est pas une parole mimétique. Louisiane dans *La
Compagnie des spectres*, a dix-huit ans, ne fait pas d'études, vit dans
une cité, passe son temps à rêver devant les séries américaines. Son
discours soutenu, truffé de références littéraires, d'analyses historiques et d'interprétations psychologiques est proprement irréaliste.
Mais c'est bien en ce sens qu'elle peut dire le vrai. Dans *Les Belles
Âmes*, Flauchet, un romancier, voyage pour tenter de saisir le réel afin
de le retranscrire ensuite : « L'écrivain va essayer d'extorquer à Jason
tout ce qu'il peut lui extorquer car il croit stupidement qu'à coups de

mots extorqués et de vies extorquées il saura extorquer à la Littérature son mystère » (*BA*, 80). Faire œuvre romanesque, c'est tout le contraire, ce n'est pas prendre, c'est donner :

> La véritable misère a ceci de singulier qu'elle ne peut jamais sortir de la bouche de ceux qu'elle afflige. Ce qui rend les choses compliquées. Pour ne pas dire impossibles. Car nul ne peut parler à la place d'un autre. Or c'est cela même à quoi je m'autorise. Parler au nom d'Olympe. Sans l'ombre d'un scrupule. Pire, avec la certitude présomptueuse de ma légitimité. Avec le sentiment très assuré que, le faisant, j'obéis à Olympe, ainsi qu'à moi-même. (*BA*, 57)

Toute la poétique de Lydie Salvayre est résumée dans ces lignes : écrire est un devoir, une nécessité, et écrire, c'est donner la parole, non reproduire la pauvre et inefficace parole des faibles, ni même parler humainement et avec beauté de la misère (comme le fait, sans pouvoir être entendu, le personnage de l'accompagnateur des *Belles âmes*). Il s'agit de doter les silencieux-ses d'une parole violente, percutante, efficace. Dès lors, cette parole se donnera à entendre dans une langue à la fois violemment argotique et soutenue, riche, littéraire. Donner la parole, chez Lydie Salvayre, revient à donner aux faibles la force de la littérature, qui en contrepartie, ressort grandie et renouvelée de ce don.

« Le temps de la misère est révolu. *Germinal*, *L'Assommoir*, tout ça c'est du passé. *Finito* ! La page est tournée » déclare le Directeur des Relations humaines de l'usine de *La Médaille* (*M*, 39). Non, ce temps n'est pas révolu, répond Lydie Salvayre. Mais oui, la page est tournée. L'engagement littéraire demeure mais la littérature de la fin du XXe siècle emprunte des voies radicalement différentes. Zola a cherché à ouvrir la littérature à la parole des faibles et des silencieux-ses ; plus d'un siècle plus tard, Salvayre ouvre cette parole au littéraire. Ce faisant, son travail romanesque s'inscrit bien dans une histoire du genre qui, au moins depuis Balzac, cherche à faire entendre une voix du personnage, différente de celle du narrateur/de la narratrice.[8] L'originalité de Lydie Salvayre, c'est de refuser le mimétique quelle qu'en soit sa forme. Rien n'est plus éloigné de son travail que les tentatives de transcription du flux d'une conscience comme chez Virginia Woolf, celles de Nathalie Sarraute de faire entendre une

---

[8] « L'objet principal du genre romanesque, c'est l'homme qui parle et sa parole », Bakhtine, cité par Dominique Rabaté, *Poétiques de la voix*, Paris : Corti, 1999, 113.

voix qui permette de relier le « dedans et le dehors »[9] de l'être ou celles d'Annie Ernaux qui, dans ses romans de paroles que sont *Les Armoires vides* ou *Ce qu'ils disent ou rien*, invente une sorte de monologue intérieur polyphonique. C'est en référence à ces auteures que l'on a souvent écrit que l'une des caractéristiques de l'écriture féminine était « l'oralitude ».[10] Si tel est le cas, Lydie Salvayre est une écrivaine très particulière. En effet, il ne s'agit par pour elle d'inventer une écriture qui mime la parole, ni donc de s'aligner sur ces écrivaines qui revendiquent l'oralitude comme un mode d'expression essentiellement féminin, par opposition à un mode d'expression dit écrit qui serait dans cette même perspective qualifié de « typiquement masculin ». Si Lydie Salvayre est une écrivaine de l'oral, elle l'est en convoquant des genres constitués et en les subvertissant. La voix des personnages de Lydie Salvayre est une voix plus souvent masculine que féminine, qui s'énonce d'une chaire, une voix haute, puissante, riche, violente, dérangeante.[11] Hommes ou femmes, ses personnages prennent la parole, comme un orateur/une oratrice la prend mais ils la plient à leurs désirs. Ce faisant, ils profèrent des énoncés proprement inouïs.

Telle est l'esthétique romanesque de Lydie Salvayre, cette perpétuelle tension entre intime et social, rires et larmes, réalisme de l'univers de référence et invention langagière. Cette esthétique du don[12] est évidemment aussi une éthique : « j'ai peur. Peur de ce monde qui va buter droit contre un mur si je le quitte du regard. Alors je garde les yeux ouverts jusqu'à me faire mal et souris pour amadouer le désastre » (*CC*, 61). « Amadouer le désastre », tel est peut-être le seul objectif que puisse se donner l'écrivain-e à la fin d'un XXe siècle tellement désenchanté. L'écriture romanesque de Lydie Salvayre manifeste un pessimisme douloureux et, dans le même temps, un immense amour des êtres. Lorsque le personnage de la romancière « parle au nom d'Olympe » et qu'elle le fait, dit-elle, en obéissant à la fois à Olympe et à elle-même, entendons qu'elle obéit à ses propres

---

[9] Sarraute, Nathalie, *L'Ère du soupçon*, Paris : Gallimard, 1956, Folio, 1998, 117.

[10] Cf. Didier, Béatrice, *L'Écriture-femme*, Paris, PUF, 1981, 30-31 et Planté, Christine, *La Petite Sœur de Balzac*, Paris : Seuil, 1989, 88.

[11] « J'aime les grands mots » dit le conférencier (*CC*, 40) ; « je cause à ravir », constate Louisiane (*CS*, 50).

[12] « Je fais don de mon silence à l'autre qui me fait don de la parole » (*CC*, 40).

nécessités et ce faisant, à Olympe, c'est-à-dire à un personnage, un être de papier, à une logique qui est celle de la fiction et du roman. « Parler au nom d'Olympe », c'est prendre le contre-pied d'une époque qui « parle d'Olympe ». C'est affirmer la force, la pertinence et la nécessité d'une écriture romanesque toujours renouvelée, toujours réinventée. Et même si la fiction ne change pas le monde au sein duquel elle s'écrit et se donne à lire, elle constitue ce « miracle » dont le protagoniste de *La Déclaration* comme le lecteur/la lectrice peuvent dire : « L'atmosphère de miracle a duré plusieurs jours. Je m'en souviens » (*D*, 102).

Textes de Lydie Salvayre

Si l'édition originale n'est pas l'édition consultée, celle-ci est indiquée entre parenthèses. Les abréviations de titres utilisées dans l'article figurent entre crochets.

La Déclaration, Paris, Julliard, 1990 (Paris : Verticales, Points, 1997 [*D*]).
La Vie commune, Paris : Julliard, 1991 (Paris : Verticales, 1999 [*VC*]).
La Médaille, Paris : Seuil, 1993 [*M*].
La Puissance des mouches, Paris : Seuil, 1995 [*PM*].
La Compagnie des spectres, Paris : Seuil, 1997 [*CS*].
Quelques conseils utiles aux élèves huissiers, Paris : Verticales, 1997 [*QC*].
La Conférence de Cintegabelle, Paris : Seuil/Verticales, 1999 [*CC*].
Les Belles Âmes, Paris : Seuil, 2000 [*BA*].
Et que les vers mangent le bœuf mort, Paris : Verticales, 2002.

Présentation des contributeurs et contributrices

Victoria Best est *Newton Trust Lecturer* à l'Université de Cambridge et professeure de langue et de littérature françaises à St. John's College. Spécialiste de la littérature française du XXe siècle, elle s'intéresse surtout aux textes écrits par des femmes. Elle est l'auteure de *Critical Subjectivities : Identity and Narrative in the Work of Colette and Marguerite Duras* (Peter Lang : Bern 2000) et de *An Introduction to Modern French Literature* qui sera publié chez Duckworth en 2002. Elle a également co-édité avec Peter Coller *Powerful Bodies : Performance in French Cultural Studies* (Peter Lang : Bern 1999).

Bruno Blanckeman est maître de conférences en Littérature Française (Université et IUFM de Caen). Spécialiste de littérature narrative d'expression française au présent, il est l'auteur d'un essai *Les Récits indécidables : Jean Échenoz, Hervé Guibert, Pascal Quignard* (Presses Universitaires du Septentrion, 2000). Il a écrit de nombreux articles sur le roman contemporain (« Aspects du récit littéraire actuel », *19/20*, 1996), en particulier sur Pascal Quignard (« Vie secrète : le titre capital », *Revue des Sciences Humaines*, 2000), Antoine Volodine (« Remuer le fond des rêves », *Prétexte*, 1998), Jean Échenoz (« Échenoz SDF », *Critique*, 1997), Marguerite Yourcenar (« L'instant éthique », *Roman 20-50*, 1997).

Universitaire (Nice-Sophia Antipolis) et spécialiste de la littérature française du XXe siècle, **Christiane Blot-Labarrère** a publié dans de nombreuses revues (*La Nouvelle Revue Française, Europe, La Revue des Sciences Humaines, Les Cahiers de l'Herne, L'Autre, Nord,* etc.), des articles consacrés à Jean Cocteau, André Gide, Julien Green, Raymond Radiguet et, surtout, Pierre-Jean Jouve et Marguerite Duras. Elle dirige la collection « Jouve » aux Éditions des Lettres Modernes-Minard (Paris). En 1992, elle a publié *Marguerite Duras* (Seuil) qui fait autorité. En 1993, à la demande de l'écrivain, elle a rassemblé, organisé et préfacé les textes du *Monde extérieur* de Marguerite Duras (P.O.L.). Elle est aussi l'auteur d'un essai sur *Dix heures et demie du soir en été* de Marguerite Duras (Gallimard, 1999).

Ancienne élève de l'École Normale Supérieure, agrégée, titulaire d'une thèse d'État, **Madeleine Borgomano** a enseigné à l'Université de Rabat (Maroc), d'Abidjan (Côte d'Ivoire) et d'Aix-en-Provence (France). Elle a publié des livres et articles sur des écrivains contemporains, français et francophones, comme Le Clézio et Ahmadou Kourouma. Elle s'intéresse particulièrement aux écritures de femmes. Elle est l'auteure d'une thèse et de livres sur Marguerite Duras, y compris *Duras, une lecture des fantasmes* et *L'Écriture filmique de Marguerite Duras,* ainsi que de monographies et de *Voix et visages de femmes en Afrique francophone.*

Senior Lecturer à l'Université de Stirling au Royaume-Uni, **Lucille Cairns** est l'auteure de *Marie Cardinal : Motherhood and Creativity* (1992), *Privileged Pariahdom : Homosexuality in the Novels of Dominique Fernandez* (1996), et *Lesbian Desire in Post-1968 French Literature* (2001), ainsi que de nombreux articles et chapitres portant sur la sexualité dans la littérature et le cinéma français. Actuellement elle édite un volume sur les cultures gay et lesbienne en France qui paraîtra en 2002 aux éditions Peter Lang.

Anne Cousseau est maître de conférences à l'Université de Nancy 2 où elle enseigne la littérature française du XXe siècle. Elle a soutenu une thèse de doctorat en 1997 sur l'écriture de l'enfance dans l'œuvre de Marguerite Duras, publiée chez Droz en 1999 sous le titre *Poétique de l'enfance chez Marguerite Duras.* Ses travaux de recherche portent sur le récit contemporain (Duras, Beckett, Des Forêts), et s'intéressent également à l'évolution actuelle du roman français (sur ce sujet, a participé notamment au colloque « Quelles périodisations pour l'histoire de la littérature du XXe siècle ? », organisé à Rennes 2 en mai 2000, par Francine Dugast et Michèle Touret).

Francine Dugast-Portes, professeure émérite à l'Université de Rennes 2, a dirigé l'Institut National de Recherche Pédagogique à Paris. Elle a participé à plusieurs ouvrages d'histoire de la littérature du XXe siècle. Elle a écrit des articles principalement sur les romanciers, d'André Gide à Jean Rouault, en passant par Drieu La Rochelle, Louis Guilloux, Simone de Beauvoir, Jean-Marie G. Le Clézio,

Nathalie Sarraute, Marguerite Duras, Claude Simon. Elle a publié récemment les *Lettres de Colette à Annie de Pène et Germaine Beaumont* (Flammarion, 1997), *Colette : les pouvoirs de l'écriture* (P.U.R., 1999), *Le Nouveau Roman : une césure dans l'histoire du récit* (Nathan, 2001).

Johan Faerber est professeur certifié et enseignant-chercheur en qualité d'allocataire moniteur depuis 1998 à l'Université Paris III-Sorbonne Nouvelle. Il prépare une thèse sous la direction du professeur Marc Dambre portant sur l'esthétique baroque du Nouveau Roman (soutenance prévue en 2002). Membre du centre d'études du Roman du Second demi-siècle, il est co-responsable dans ce cadre du colloque de littérature contemporaine « Autour des premiers romans » prévu pour octobre 2002 à l'Université Paris III-Sorbonne Nouvelle. Il a été lauréat en 1996 du concours de jeunes écrivains « La Nouvelle » de l'Université Paris III pour « Extraits d'un roman » (in *Jets de vapeur*, Presses de la Sorbonne Nouvelle, 1998). Membre de ce même jury en 1998 et 2000.

Margaret-Anne Hutton, *Senior Lecturer* à l'Université de Nottingham, a publié trois livres : *Countering the Culture : The Novels of Christiane Rochefort, Michel Tournier's* Vendredi ou les limbes du Pacifique et *Text(e)/Image* (sous la direction de), ainsi que plusieurs articles sur des écrivain-e-s contemporain-e-s (Calixthe Beyala, Marie Cardinal, Annie Ernaux, Annie Leclerc, Sylvie Germain, Patrick Grainville). Elle travaille à un manuscrit sur les témoignages écrits par des déportées françaises publiés entre 1945 et 2000.

Shirley Jordan est *Lecturer* à l'Université d'Oxford Brookes. Ses domaines de recherche principaux sont le rapport entre les arts plastiques et la littérature depuis 1945, la méthodologie ethnographique comme outil d'apprentissage culturel et la production littéraire des femmes en France. Elle a publié la monographie *The Art Criticism of Francis Ponge*, une étude du rapport entre Ponge et le cinéaste Jean-Daniel Pollet, et de nombreux articles et chapitres de livre sur l'ethnographie. Elle rédige actuellement une monographie sur six auteures contemporaines intitulée *French Women's Writing : Women's Visions, Women's Voices, Women's Lives*.

Brigitte Louichon est maître de conférences à l'Institut Universitaire de Formation des Maîtres d'Aquitaine et membre de l'équipe de recherche Modernités de l'Université Michel de Montaigne-Bordeaux III. Elle a soutenu une thèse en 1997 intitulée *Ces voix qui se sont tues – Le Roman féminin de 1794 à 1830*. Elle s'intéresse en priorité à la poétique romanesque de Rousseau à Flaubert et tout particulièrement aux problèmes de réception, d'intertextualité et de genre. Elle a publié une quinzaine d'articles sur ces questions.

Nathalie Morello est *Lecturer* à l'Université du Pays de Galles, Swansea. Ses recherches sont centrées sur la littérature française contemporaine, en particulier sur l'écriture des femmes et les écrits autobiographiques. Elle a publié divers articles sur Françoise Sagan, ainsi que deux monographies : *Sagan : Bonjour tristesse* (1998) et *Françoise Sagan : une conscience de femme refoulée* (2000). Elle a également publié sur *La Place* et *Une femme* de Annie Ernaux et travaille actuellement sur une série d'articles se rapportant à la littérature de Lorette Nobécourt.

Anne-Marie Obajtek-Kirkwood est *Assistant Professor* à l'Université de Drexel, Philadelphie. Elle détient une maîtrise d'études élisabéthaines et jacobéennes de l'Université de Lille III, un CAPES d'anglais et un doctorat de l'Université de Pennsylvanie. Ses principaux centres d'intérêt et de recherche sont le roman du XXe siècle, la représentation littéraire et filmique de l'Occupation et d'autres événements ou faits de civilisation française, l'autobiographie et les minorités en France. Elle a publié sur Modiano, Beauvoir, Jean-Noël Pancrazi dans *Französisch Heute*, *Francographies*, *Simone de Beauvoir Studies* et *Présence francophone*. Elle travaille en ce moment sur l'intertextualité chez Modiano et prépare une anthologie de textes sur de multiples formes d'exclusion.

Anne-Marie Picard est *Professor* à l'Université de Western Ontario au Canada. Elle travaille principalement avec la psychanalyse sur l'écriture et la lecture, leurs pathologies et leur imaginaire. Elle participe aux travaux de l'Unité de psychopathologie de l'Enfant et de l'Adolescent de l'Hôpital Sainte-Anne à Paris sur les pathologies du langage écrit chez des enfants de 9 à 13 ans. Elle a publié de nombreux articles, entre autres sur Hélène Cixous, Marguerite Duras, Anne Hebert et Marie Redonnet, un ouvrage collectif intitulé *L'Imaginaire de la théorie* (*Texte,* Presses universitaires de Toronto, 1996). Elle prépare actuellement deux ouvrages qui s'intituleront : *Hystérie et sublimation ou comment l'écriture vient aux femmes* et *Le Sujet à la lettre : lecture, illettrisme et psychanalyse.*

Catherine Rodgers est *Senior Lecturer* dans la section de français à l'Université du Pays de Galles, Swansea. Ses recherches portent sur les théories féministes françaises. En particulier elle a publié plusieurs articles sur Marguerite Duras, et a co-dirigé *Marguerite Duras : lectures plurielles* (Rodopi, 1998), une collection d'essais issus d'un colloque international qu'elle a co-organisé sur cette auteure. Elle a aussi publié plusieurs articles sur Simone de Beauvoir, et son dernier livre *Le Deuxième Sexe : un héritage admiré et contesté* (L'Harmattan, 1998) est une collection d'interviews réalisées avec des féministes françaises. Elle travaille actuellement sur des auteures contemporaines (Darrieussecq, Laurens, Nothomb).

Table des matières